江南文化资源研究

JIANGNAN WENHUA ZIYUAN YANJIU

刘士林 主编

百花洲文艺出版社
BAIHUAZHOU LITERATURE AND ART PRESS

图书在版编目（CIP）数据

江南文化资源研究 / 刘士林主编.——南昌：百花
洲文艺出版社, 2019.12
　ISBN 978-7-5500-2895-1

　Ⅰ.①江… Ⅱ.①刘… Ⅲ.①地方文化 – 文化产业 –
研究 – 华东地区 Ⅳ.①G127.5

　中国版本图书馆CIP数据核字(2018)第143006号

江南文化资源研究

刘士林　主编

出 版 人	章华荣	
责任编辑	周振明	
书籍设计	方　方	
内文制作	黄敏俊	
出版发行	百花洲文艺出版社	
社　　址	南昌市红谷滩世贸路898号博能中心A座20楼	
邮　　编	330038	
经　　销	全国新华书店	
印　　刷	江西华奥印务有限责任公司	
开　　本	720mm×1000mm 1/16　印张 20.5	
版　　次	2019年12月第1版第1次印刷	
字　　数	310千字	
书　　号	ISBN 978-7-5500-2895-1	
定　　价	59.00元	

赣版权登字　05-2018-283

邮购联系　0791-86895108
网　　址　http://www.bhzwy.com
图书若有印装错误，影响阅读，可向承印厂联系调换。

目录

绪论　江南与江南文化的界定及当代形态

　　在当下，江南研究正在成为一个新的理论热点，这主要表现在三个方面：一是在学科形态上，由传统的以区域文献、区域经济和区域社会生活为主体的历史学研究逐渐发散为文学、美学、人类学、文化学等多元学科的集群性研究；二是在本体阐释上，以区别长江文化与黄河文化为空间背景追溯江南文化的文化背景与渊源，以区别江南文化与齐鲁文化为区域背景揭示江南文化的诗性与审美本质，以江南轴心期为理论基础还原江南美学与文化的历史生成的"江南诗性文化理论"，正在使江南文化的历史源流、深层结构与精神本质获得越来越清晰的现代知识形态；三是在当代都市化进程背景下，建立在古典美学之上、以江南乡镇为核心的传统江南人文研究，正在迅速开拓建立在都市文化学之上、以长三角城市群为主要空间对象的江南都市美学与审美文化研究新方向①。但其中也有一些基本问题，特别是江南区域的界定、江南文化的源头与精神，以及传统江南与当今长江三角洲的关系，一直缺乏正面的研究与深入的阐释，本书拟对此进行初步的探讨，以期为江南文化研究的可持续发展提供一些有益的参照。

---

　　① 刘士林：《都市文化学：结构框架与理论基础》，《上海师范大学学报》（哲学社会科学版）2007年第3期。

一、以明清太湖流域"八府一州"为核心区的江南区域概念

研究江南文化，首先要明确的是江南的地理范围。但这又是一个很难解决的问题，由于历史上不同的行政区划，江南在空间形态上屡有变化，并在学术研究方面形成了一些不尽相同的观点。大体上看，古代的江南往北可涵盖皖南、淮南的沿江部分，往南则可以达到今天的福建一带，往西则沿着长江一直延伸到四川盆地边沿。在某种意义上讲，要想在这一问题上取得基本共识，首先需要找到一种进行正确界定的理论方法，而不是通过常见的历史文献考证、方言调查、人口迁移或其他实证途径去解决，这是因为具体的实证研究从本性上就是"多"，同时由于"婆有婆理，公有公理"的原因，因而很难达到理论研究所需要的"一"。有鉴于此，我们不妨借鉴马克思"人体解剖对于猴体解剖是一把钥匙"的方法论，即"低等动物身上表露的高等动物的征兆，反而只有在高等动物本身已被认识之后才能理解"[①]。正是基于这一认识，马克思研究商品不是从有商品交换的古希腊开始，而是从商品经济走向成熟形态的资本主义社会开始，所以说"资本主义经济为古代经济等等提供了钥匙"。我们研究江南，也应从江南地区真正走向成熟形态的时代开始。尽管魏晋以后，由于北方与中原的人口、文化等社会资源大量南移，江南地区在经济与文化上后来居上，但真正具有成熟形态的江南，却是在封建社会后期的明清两代。就国内而言，明代的南京、苏州、常州、镇江、松江（今上海）、嘉兴、湖州、宁波、扬州等均是全国最重要的工商城市。就全球而言，"18世纪全世界超过50万人口的大城市一共有10个，中国占了6个……中国6个超过50万人口的城市是北京、南京、苏州、扬州、杭州、广州。而世界上超过50万人口的城市还有4个：伦敦、巴黎、日本的江户（就是现在的东京）以及伊斯坦布尔"[②]。由此可知，在这一时期，无论是经济还是文化，江南地区不仅远远超过了中原与其他区域，同时在当时的世界格局中也占有相当重要的地位。此外，由于经济与

江南文化资源研究

---

① 中共中央编译局：《马克思恩格斯选集》第2卷，人民出版社1972年版，第108页。

② 戴逸：《论康雍乾盛世》，见《中南海：历史文化讲座四十讲——著名学者与中央高层讨论的问题》（上册），内部资料，第96页。

文化的发达，江南地区的政治地位也变得举足轻重起来，因而说明清时期的江南地区已成为影响中国封建社会的轴心，是一点也不为过的。

据此，我们就可以把明清时期的江南看作是江南地区在古代世界的成熟形态，而关于江南地区的界定与认同也应以此为基本前提与对象。就此而言，李伯重关于江南地区的"八府一州"说是最值得重视和关注的。所谓"八府一州"，是指明清时期的苏州、松江、常州、镇江、应天（今南京）、杭州、嘉兴、湖州八府及从苏州府辖区划出来的太仓州。

这一地区亦称长江三角洲或太湖流域，总面积大约4.3万平方公里，在地理、水文、自然生态以及经济联系等方面形成了一个整体，从而构成了一个比较完整的经济区。这"八府一州"东邻大海，北濒长江，南面是杭州湾和钱塘江，西面则是皖浙山地的边缘。这个地域范围，与凌介禧所说的太湖水系范围完全一致：南以浙江（钱塘江）为界，北以扬子江为界，西南天目绵亘广宣诸山为界，东临大海。江海山峦，构成了一条天然的界线，把这"八府一州"与其毗邻的江北（即苏北）、皖南、浙南、浙东各地分开，这条界线内外的自然条件有明显差异。其内土地平衍而多河湖；其外则不是，或仅具其一而两者不能得兼。

这"八府一州"在地理上还有一个极为重要的特点，即同属一个水系——太湖水系，因而在自然与经济方面，内部联系极为紧密。太湖水系，古有"三江五湖"之称。实际上，严格地说，应当是"一河二溪三江五湖"。"一河"，即江南运河，北起镇江，南抵杭州，纵贯江南平原中心地域，是京杭大运河的南段。"二溪"，即太湖水系的上流和水源，在西北是荆溪，西南是苕溪。荆溪、苕溪两水系，把太湖西部的宁、镇、常、湖、杭五府，与东部苏、松、嘉三府联系了起来。人们一般都认为"三江"是介于长江与钱塘江之间、位于太湖东面的入海河流。这些河流情况变化很大，到了明代中叶以后，只有黄浦江成为太湖东部的主要河流和太湖水出海的主干。当然，中小河流仍然很多，形成了著名的江南平原水网，把太湖以东苏、松、嘉三府紧密地联系在一起。太湖上纳"二溪"之水，下通"三江"出海，形成了太湖水系的中心。太湖水系的主要河流，都是东西流向。而江南运河则纵贯南北，将东流各河连贯起来，使江南水网更为完备。另外，应天府的大部分地区本不属于太湖水系，但通过人工开挖的胥溪，亦与江南水网相接。这说明"八府一州"确实是一个由太湖水系紧密联系的整体。①

从"人体解剖对于猴体解剖是一把钥匙"的视角出发，不难发现，在历史上，尽管由于行政区划的变化，江南地区在地理版图上时有变化，但以"八府一州"为中心的太湖流域作为江南核心区却始终如一。同时，这一界定也与江南概念的历史演化相符合。根据相关学者的考辨，"江南"概念可分为广义与狭义两种，前者是指"长江以南的除四川盆地外的广大陆地地区，它大致与南方的概念是等同的"；后者主要是指"长江中下游以南的范围"，"相当于江苏省的南部、浙江省的北部和安徽省的东南地区"。从广义到狭义的过渡，是一个相当漫长的历史进程。具体说来，在先秦到西汉时期，"江南"还没有成为一个专有名词，范围也非常广泛，"包括长江以南、南岭以北，包括现今的湖南、江西及湖北的长江以南的广大地区"。至东汉时期开始"较多地指称吴越地区"，至魏晋南北朝时期，"江南"概念的政治内涵比较突出，"越来越多地代指南方朝廷，尤其是以建康为中心的吴越地区"。因而在唐代以前，江南的主要意思"'江'之'南'"，由于"江"在古代也可作其他河流的简称，因而江南还可指浙江以南、汉水之南。只是到了唐代特别是中唐以后，"江南"才"越来越多地被用于指称长江下游以南的吴越地区"②。由此可知，无论是作为逻辑上最高环节的江南成熟形态，还是作为历史上江南区域地理与地缘政治演化的结果，最终都指向了明清时代太湖流域的"八府一州"。

当然，"八府一州"说也不是没有问题，由于过于偏重古代的太湖流域经济区，这一界定有时也会显得机械和不够灵活，特别是忽略了与其在商贸与文化联系密切的周边城市，如"江南十府"说中提到的宁波和绍兴，③还有尽管

---

① 李伯重：《多视角看江南经济史（1250—1850）》，生活·读书·新知三联书店2003年版，第448—449页。

② 景遐东：《唐前江南概念的演变与江南文化的形成》，《沙洋师范高等专科学校学报》2008年第1期。

③ 马学强：《近代上海成长中的"江南因素"》，《史林》2003年第3期。

不直接属于太湖经济区，但在自然环境、生产方式、生活方式与城市文化上却联系十分密切的扬州和徽州，以及由于大运河和扬子江共同编织的更大水网而后来被纳入长三角城市群的南通等。①如何解决这个矛盾，我们不妨借鉴区域经济学的"核心区"概念，将"八府一州"看作是江南区域的核心区，而其他同样有浓郁江南特色的城市则可视为其"外延"部分或"漂移"的结果。瑕不掩瑜，作为江南区域在历史上自然演化与长期竞争的结果，"八府一州"不仅圈定了江南地区的核心空间与主要范围，其在江南经济社会与文化上的主体地位，也是很难被其他相关的地理单元"喧宾夺主"的。这是我们选择明清太湖流域"八府一州"作为江南区域界定的主要原因。

二、以长江文明为渊源、以诗性文化为本体的江南文化范畴

文化是一个内涵极其复杂的概念。关于文化的概念解释，至今已有160多种，一些主要说法之间的差别也相当明显。文化基础理论研究的这种多元现状，是影响江南文化的界定与阐释的主要原因之一。在关于江南文化的认识上，学界常见的表述是"一分为三"，即从文化小传统的角度将之划分为"吴文化""越文化"和"海派文化"。这一划分尽管便于应用和描述，但由系统论"整体大于部分之和"这一基本原理可知，作为有机整体的江南文化必然大于"吴文化""越文化"和"海派文化"，不但大于它们中的每一部分，同时也大于三者相加之和，因而对三者的单体或共性研究绝不等同于江南文化研究。一旦以"吴文化""越文化"和"海派文化"取代江南文化，就直接遮蔽了江南文化作为一个整体的起源与本质。但在某种意义上，以"吴文化""越文化"和"海派文化"的研究取代江南文化研究，又恰恰是相关研究中最普遍的现象与事实。与我们前面在界定江南范围时相似，要想在深层结构上解决界定江南文化的困难，首先也需要建立一个合法性的解释框架。这是因为，"任何解释都是运用语言去描述和表现主观体验、解读与建构对象的存在，由于这

---

① 刘士林：《大运河城市文化模式初探》，《南通大学学报》（社会科学版）2008年第1期。

一切都是通过语言这样一种特殊的实践工具进行的，因而要想按照一个对象自身的存在把它阐释出来，使之进入澄明之中，首先需要解决的问题则是所使用的代码、语境以及话语主体的'合法性'问题。……古往今来，人们对江南文化的界定、言说不可胜数，而且由于观察角度与价值立场的差异所造成的歧义与矛盾也层出不穷。而所有这些阐释与矛盾，可以说都是由于对话语、语境与主体的'合法性'的追问付之阙如造成的"[①]。具体到江南文化语境的建构，可从原始发生与精神本质两方面进行探讨。

从原始发生的角度看，在江南文化起源的研究中，长期以来占据统治地位的是"黄河文化语境"。它根源于我们熟悉的"黄河是中华民族的摇篮"，即"中华文明的起源是一元的，其中心在黄河中下游，由之向外传播，以至各地"。由此导致的一个直接后果是，对包括江南在内的中国相关区域文化的认识与判断，均以作为黄河文明核心的齐鲁文化理论谱系为基本语境。但由于黄河文化叙事的核心是"政治—伦理"原则，而江南文化的精髓在于"审美—诗性"精神，所以，以前者为文化语境解读后者，结果往往是"风马牛不相及"或适得其反。如古代道学家一讲到江南民风便嗤之以鼻，以至于古代色情小说也主要以江南的苏、杭作为发生地。这在很大程度上扭曲了江南文化的真实精神与感性形象，也相当严重地干扰了人们对江南文化的认识与评价。如果说，江南文化在发生过程中确系黄河文明传播而来，以黄河文化语境研究与阐释江南文化，自然无可非议。但在实际上，正如李学勤指出，一元论最根本的问题是"忽视了中国最大的河流——长江"。而当代考古的大量新发现，"使新石器时代的长江文化第一次以全新的面貌出现在世人面前，对传统的中国文化以黄河文化为单一中心的论点提出了强有力的挑战！"[②]。考古证明，早在史前时代，独立于黄河文明的长江文明就已经存在，其主要证据如下：

第一，早自史前时代，长江地区已有相当高度的文化。例如浙江的河姆渡文化，年代不晚于仰韶文化，而有着很多自身的特点，其发达程度已使许多人

---

① 刘士林：《中国话语：理念与经验》，上海三联书店2006年版，第99页。

② 李学勤等主编：《长江文化史》，江西教育出版社1995年版，第7—8页。

深感惊奇。

第二，夏商周三代的中原文化中不少因素实源于长江流域的文化。比如说三代最流行的器物纹饰饕餮纹，便很可能系江浙一带良渚文化玉器上的花纹蜕变而成。

第三，从上古到三代，南北之间的文化交往实未间断。以前人们总是过分低估古人的活动能力，以至长江流域一系列考古发现都出人意料。20世纪四川广汉三星堆商代器物坑和江西新干大洋洲商代大墓的发现，轰动海内外，是最典型的事例。

第四，中原王朝在很多方面其实是依赖于南方地区。一个例子是，商周时期十分繁荣的青铜器工艺，其原料已证实多来自南方。在江西、湖北、安徽等地发现了当时的铜矿。还有线索表示，有的原料或许出于云南（有待进一步证实）。

第五，南方还存在通向异国的通道。已有一些科学证据告诉我们，早在商代便有物品从东南亚运到殷墟，同时商文化的影响也伸展至遥远的南方。[①]

以上古时代自成一体的长江文明为背景，才能找到江南文化发生的真实的历史摇篮。也可以说，只有首先解构了黄河文化语境在江南文化研究中的合法性，才能为真正的江南文化研究以及南北文化比较提供一种可靠的语境。

在精神本质的层面上，是要弄清楚江南文化最独特的创造与深层结构。任何文化，在广义上都包括政治、经济、文化三方面，江南文化也不例外。如果说本质是一个对象所独有的东西，那么关于江南文化的本质，就可以通过与其他区域文化的比较来寻找。与其他区域相比，江南最显著的特点是物产丰富与人文发达。但同时江南也更是诗与艺术的一个对象，是"三生花草梦苏州"的精神寄托，也是"人生只合扬州老"的人生归宿。它可能很大，如白居易诗中的杭州，也可能很小，如李流芳画里的横塘，但作为超功利的审美存在却毫无疑问是它们的共同特征。

"从这个角度出发，第一，仅仅有钱、有雄厚的经济基础，即政治家讲的'财赋'，并不是江南独有的特色，在中国，'天府之国'的巴蜀，在富庶

---

① 李学勤等主编：《长江文化史·序言》，江西教育出版社1995年版，第3页。

上就可以与它一比高下。第二，政治家讲的文人荟萃，也不能算是它的本质特征，这是因为，孕育了儒家哲学的齐鲁地区，在这一方面是更有资格代表中国文化的。……与生产条件恶劣的经济落后地区相比，它多的是鱼稻丝绸等小康生活消费品；而与自然经济条件同等优越的南方地区相比，它又多出来一点仓廪充实以后的诗书氛围。……在江南文化中，还有一种最大限度地超越了儒家实用理性、代表着生命最高理想的审美自由精神。儒家最关心的是人在吃饱喝足以后的教化问题，如所谓的'驱之向善'，而对于生命最终'向何处去'，或者说心灵与精神的自由问题，基本上没有接触到。正是在这里，江南文化才超越了'讽诵之声不绝'的齐鲁文化，把中国文化精神提升到一个新境界。"[1]

如果说，在江南文化中同样有伦理的、实用的内容与北方文化圈一脉相通，那么也不妨说，正是在审美自由精神这一点上，才真正体现出古代江南民众对中国文化最独特的创造。在这里也需做一点补充，把审美精神看作是江南文化的本质，并不是说中国其他区域没有审美创造，而只是说这不是它们最显著的贡献。以齐鲁文化为例，如孔子尽管最赞同的人生境界是"莫春者，春服既成，冠者五六人，童子六七人，浴乎沂，风乎舞雩，咏而归"[2]，但在儒家文化主流中，更明显的却是审美与伦理的紧张关系，所以孔子又严格区分了"德"（伦理本体）与"色"（感性存在），可见它们在根本意义上是无法和平共处的。由于沾染了过于浓重的道德色彩，儒家经常发生"以道德代审美"的异化。但在江南文化中，由于一方面有比较丰厚的物质基础，另一方面审美精神本身也发育得比较正常与健全，因而其现实的与道德的异化相对要小得多。中华民族生命本性中的"审美—诗性"机能，正是在江南获得了健康成长的生态环境。由于审美存在代表着个体生命的最高理想，所以还可以说，人文精神发生最早、积淀最深厚的中国文化，是在江南诗性文化中实现了自身在逻辑上的最高环节。一言以蔽之，江南诗性文化是中国人文精神的最高代表。由此可知，江南文化本质上是一种以"审美—艺术"为精神本质的诗性文化形态。

①　刘士林：《西洲在何处——江南文化的诗性叙事》，东方出版社2005年版，第209页。

②　金良年：《论语译注·先进十一》，上海古籍出版社2004年版，第128页。

此外，由于江南文化的特殊魅力，从古代开始，"江南"就开始了"文化漂流"，如我们熟知的"塞北江南""邹鲁小江南"等。但无论在哪里出现了"江南文化"现象，除了物产丰富和较高质量的物质生活，美丽的自然景观和较高层次的审美文化享受，也一定是不可或缺的内容。这也反过来证明，江南诗性文化是江南文化的核心内涵与最高本质。

三、以长三角城市群为载体的当代江南形态

作为传统农业大国的一个重要部分，江南在现代化进程中的巨变是不言而喻的。现代化进程的程序与技术手段固然繁多，但城市化无疑是最核心与最重要的机制。与古代社会相比，当今世界主要是一个城市的时代。与现代世界相比，城市群已成为当代城市发展的大趋势与人类文化最重要的空间载体。在江南文化的现代转换与当代形态建构的意义上，人们熟知的长三角城市群已成为传统江南文化的主要载体与最新形态。这是研究江南文化最需要关注的现实背景与发展趋势。

传统江南地区在当代之所以备受关注，与长三角城市群的形成与发展密切相关。城市群理论的开创者是法国地理学家戈特曼，1961年他发表了《都市群：美国城市化的东北部海岸》，第一次正面提出了"都市群"（megalopolis）概念。城市群作为一个规模空前、内在联系紧密的城市共同体，既是城市化进程发展到更高阶段的产物，也把城市的形态与本质提到更高的历史水平上。最值得关注的是，戈特曼1976年在《城市和区域规划学》杂志发表《全球大都市带体系》，认为世界上已有6个大都市带：一是从波士顿经纽约、费城、巴尔的摩到华盛顿的美国东北部大都市带；二是从芝加哥向东经底特律、克利夫兰到匹兹堡的大湖都市带；三是从东京、横滨经名古屋、大阪到神户的日本太平洋沿岸大都市带；四是从伦敦经伯明翰到曼彻斯特、利物浦的英格兰大都市带；五是从阿姆斯特丹到鲁尔和法国西北部工业聚集体的西北欧大都市带；六是以上海为中心的城市密集区，他还特意强调这是一个研究比较少的大都市区。[1]

---

① 刘士林主编：《2007 中国都市化进程报告》，上海人民出版社2008年版，第120页。

此后，以长三角经济区、长三角都市经济圈的规划与建设为核心，关于长三角城市群的经济社会与文化的研究层出不穷。但其中也有一个很严重的疏漏。尽管城市群是一个西方概念，长三角城市群是一个当代概念，但实际上，长三角城市群并不是无本之木，而是以古代江南城市的经济发达与文化繁荣为基本条件的。以作为成熟形态的明清江南城市为例，从工商业的角度看，在明代全国50个重要的工商城市中，位于江南的就有南京、苏州、常州、镇江、松江、嘉兴、湖州、宁波、扬州等。至鸦片战争前夕，江南已成为大中小城镇遍布、经济发展水平居全国之冠的地区，从芜湖沿江到宁、镇、扬，经大运河到无锡、苏州、松江、杭州，再沿杭甬运河到绍兴、宁波，10万人口以上的城市共有10个，这一数量占当时全国的一半。[①]从城市文化繁荣的角度看，"明清时代的南京是一个包含多个卫星城（如苏州、扬州等）的中心大都会。……1595年，利玛窦到达南京，他的第一感觉就是：'论秀丽和雄伟，这座城市超过了所有其他的城市。'（《利玛窦中国札记》第3卷）而在给友人的一封信中，他又把南京称为'全中国最大最名贵、差不多是全国中心点的都市'。富裕的江南地区不仅在经济上支持着整个国家机器的现实运转，同时它在意识形态、精神文化、审美趣味、生活时尚等方面也开始拥有'文化的领导权'。在这一时期的都市文化中，它所呈现出的许多新特点与现代都市文化在内涵上都十分接近"[②]。此外，还有其他一些重要线索，如1980年代的长三角经济区概念，其雏形可追溯到明清时期的太湖流域经济区。而1990年代以后的长三角城市群，其胚胎或基因实际上早在古代江南城市发展中就已开始培育。古代江南地区高度发达的经济与文化，是中国现代化与城市化进程在江南地区开始最早，并一直遥遥领先于中国其他城市或地区的根源。

与古代江南在地理上不断发生变化一样，当代长三角城市群在内涵上也处于持续的变动与建构过程中，这是我们在研究江南文化时必须关注的一个具有现代性意义的重要论题。与地理学上的长江三角洲不同，当代语境中的长三角

江南文化资源研究

---

① 长江三角洲城市经济协调会办公室编：《走过十年——长江三角洲城市经济协调会十周年纪事·序言》，文汇出版社2007年版，第1页。

② 刘士林：《江南都市文化的历史源流及现代阐释论纲》，《学术月刊》2005年第8期。

是改革开放以来的新概念。1982年，国家领导人提出"以上海为中心建立长三角经济圈"，当时主要包括上海、南京、宁波、苏州、杭州。至1983年1月，姚依林副总理在《关于建立长江三角洲经济区的初步设想》中指出：长江三角洲经济区规划范围可先以上海为中心，包括长江三角洲的苏州、无锡、常州、南通和杭州、嘉兴、湖州、宁波等城市，以后再根据需要逐步扩大。至1986年，长三角经济圈的概念扩大到"五省一市"，即上海、江苏、浙江、安徽、福建、江西。这个概念一直使用到1990年代初，最终由于经济区内一体化发展的矛盾、分歧过多而归于沉寂。与此同时，由于西方城市群理论在中国的影响不断扩大，特别是上海1993年正式提出推动长三角大都市圈发展的构想，使长三角逐渐由一个经济区概念演化为城市群概念。其标志是1992年召开的长江三角洲及长江沿江地区经济规划座谈会，在这个会议上推出的长江三角洲协作办（委）主任联席会议，成为1996年长江三角洲城市经济协调会的前身。新长三角经济区范围由此得到明确，包括上海、杭州、宁波、湖州、嘉兴、绍兴、舟山、南京、镇江、扬州、常州、无锡、苏州、南通。在之后一段时间内，这个长三角经济区只有局部修改和扩充，如1996年地级市泰州的设置，使长三角城市群扩展到15个城市。[①]2003年8月台州市进入长三角经济区[②]，又使长三角城市群扩展到16个城市。此后，以16个城市为主体的长三角框架一直保持稳定，并得到普遍的认可。对此作进一步的还原就不难发现，它的核心仍是明清时代的太湖流域经济区。在当下，对长三角概念的最大冲击与挑战，系由2008年9月16日国务院的《关于进一步推进长江三角洲地区改革开放与经济社会发展的指导意见》（以下简称《指导意见》）而起。该文件首次在国家战略层面上将长三角区域范围界定为苏浙沪全境内的26个城市，主要是加进了苏北的徐州、淮阴、连云港、宿迁、盐城和浙西南的金华、温州、丽水、衢州。[③]这在使长

---

① 长江三角洲城市经济协调会办公室编：《走过十年——长江三角洲城市经济协调会十周年纪事》，文汇出版社2007年版，第132页。

② 长江三角洲城市经济协调会办公室编：《走过十年——长江三角洲城市经济协调会十周年纪事》，文汇出版社2007年版，第211页。

③ 徐益平：《26城市"引擎"轰鸣"大长三角号"强力启程》，《东方早报》2008年11月12日。

三角概念的内涵变得更加丰富的同时，也使以16个城市为主体的长三角概念面临解构的挑战。对此可从两方面理解，首先，《指导意见》主要是出于行政管理方面的考虑。如同古代江南可以"溢出""外延"到江西、安徽、福建等地一样，对苏北五市与浙西南四市也可作类似的解释。其次，更重要的是，无论是经济上还是文化上，新加入的城市主要是一种附属角色，而不可能影响16个城市在长三角城市群中的主体地位。由此可知，以中国历史上"八府一州"为核心区的江南，正是在当代长三角城市群的框架下获得了新的生命形态。

正如古人说："青山依旧在，几度夕阳红。"尽管当今长三角与往昔江南已有不小的变化。但由于两个基本面——地理上的长江中下游平原及包括古代吴越文化和现代海派文化在内的江南诗性文化——仍是长三角城市群的核心地理空间和主要文化资源，所以完全可以把长三角城市群看作是古代江南的当代形态。另一方面，今天的长江三角洲，已成为一个比以往任何时代联系更加密切的经济共同体，承担着建成"具有较强国际竞争力的世界级城市群"的光荣使命，而江南地区特有的人文地理、社会结构及文化传统，不仅在历史上直接铸造了古代江南地区的繁荣和辉煌，还将在更深的层次上影响着长三角城市群的可持续发展。在这个意义上，对江南文化研究的一些基本问题进行界定与阐释，不仅有助于学术研究的系统和深入发展，同时还可为长三角城市群的精神文明建设提供一种合法的理论基础与解释框架，以及为中国当代文化大发展大繁荣提供一种具有"地方性知识"意义的参照框架。

第一章　文化资源理论与江南文化资源分类框架

文化资源是指在文化产业链中以"文化"为生产对象的生产资料。按照我们的研究，文化资源可以分为物质文化资源、社会文化资源和审美文化资源三类：物质文化资源主要包括自然景观资源（主要是特殊的地质、地貌或水系）、生态系统资源（如可进行文化开发的土地、森林公园等）、土特产品资源、古建筑资源（如老街、老房子等）以及它们的具体情况；社会文化资源，主要包括农业文化资源（可为都市人提供农村生活体验的传统农业系统与景观）、工业文化资源（可为都市人提供工业生活经验的现代工业系统与景观，既包括工厂、车间、作坊、矿场等不可移动实体，也包括机器设备、工具、档案等可移动实体，还包括工艺流程、传统工艺技能等非物质工业文化内容等）、历史文化与民俗文化资源以及它们的具体情况；审美文化资源主要是各种世代相承、有地区文化特色、与群众生活密切相关的口头文学、音乐歌舞、游戏竞技、民间艺术等。[1]文化资源是文化发展直接的现实对象，是潜在的自然文化遗产和文化生产力要素，不仅决定了文化产业的方式、规模与性质，也是一个地区或城市文化事业发展的客观环境与条件。对于文化资源现状以及可开发潜力的详细调研是文化发展中十分重要的一部分。它不仅是软实力发展的基础，而且制约着软实力的前景与提升途径。认真研究文化资源的构成与获得的发展机遇，对软实力的提升，以及由此推动的社会全面发展具有重要意义。

---

① 刘士林：《上海浦江镇文化资源与发展框架研究》，《南通大学学报》（社会科学版）2009年第2期。

中国文化是诗性文化，这一点在江南文化中表现得尤其明显。从明清时代开始，"江南"越来越多地被用于指称太湖流域的"八府一州"，这个区域风景优美、物产丰富、人文发达，成为众多中国人的精神家园。江南文化的魅力来源于何处？我们在过去的研究中曾做过这样的总结："江南之所以会成为中国民族魂牵梦萦的一个对象，恰是因为它比康熙最看重的'财富'与'文人'，要再多一点东西。……与生活条件恶劣的经济落后地区相比，它多的是鱼稻丝绸等小康生活消费品；而与自然条件同等优越的南方地区相比，它又多出来一点仓廪充实以后的诗书氛围。一般说来，富庶的物质基础与深厚的文化积淀已经够幸运了，特别是在多半属于孟子说的'救死恐不赡'的古代历史中，但真正拉开江南文化与其他区域文化距离的，老实说却不在这两方面，而是在于，在江南文化中，还有一种最大限度地超越了儒家实用理性，代表着生命最高理想的审美自由精神。"[①]江南文化正是以这种诗性精神为内核，而物质文化资源、社会文化资源、审美文化资源，正是构成江南诗性文化的鼎立三足。

第一节　江南文化资源的构成

太湖流域在秦汉时期还是中原人士眼中的蛮荒之地，司马迁的《史记·货殖列传》中这样记载："江南卑湿，丈夫早夭。……楚越之地，地广人希，饭稻羹鱼，或火耕而水耨。"[②]经过"永嘉之乱""安史之乱"和"靖康之难"三次波澜，江南地区后来居上，成为全国的经济文化中心。江南以其物质文化资源的繁荣、社会文化资源的茂郁、审美文化资源的丰富，造就了中国文化地图上一片永恒的青山绿水。

一、物质文化的繁荣

江南的富足似乎无须多言，"苏湖熟，天下足""衣被天下"这些民谚

① 刘士林：《西洲在何处——江南文化的诗性叙事》，东方出版社2005年版，第209页。
② 司马迁：《史记》卷一百二十九《货殖列传》，线装书局2006年版，第541页。

妇孺皆知。丰厚的物质基础促进了物质文化的极大繁荣,以饮食为例,江南人在日常生活中创造了精致细腻的饮食文化。富贵人家自不待言,即使是贫家小户对待饮食也十分讲究。苏州人沈复和妻子陈芸寄人篱下,家境颇为困窘,但这并不妨碍他们的生活情趣,对于喝茶与吃酒这样的琐事,也必定精益求精。"夏月荷花初开时,晚含而晓放,芸用小纱囊撮茶叶少许,置花心,明早取出,烹天泉水泡之,香韵尤绝。""余爱小饮,不喜多菜。芸为置一梅花盒:用二寸白磁深碟六只,中置一只,外置五只,用灰漆就,其形如梅花,底盖均起凹楞,盖之上有柄如花蒂。置之案头,如一朵墨梅覆桌……"①巧妇难为无米之炊,秀外慧中的陈芸却在经济窘迫的情况下也不忘对于美的追求,难怪林语堂赞其为"中国文学中最可爱的女人"。

根据西方地理环境决定论,一个民族的心理特点取决于这个民族赖以发展的自然条件的总和。这种论点固然失之偏颇,但江南区域文化带有明显的地理环境的烙印却是无可置疑的,同时,一个地区物质文化的繁荣,也总是深深植根于得天独厚的自然环境之中。江南的水乡景观、耕织传统和蚕桑习俗离不开当地特殊的地理环境,同时也是江南人征服自然、融于自然的最好表征。

二、社会文化资源的茂郁

社会文化是江南社会发展过程中积淀下来的重要文化资源,包括运河文化资源、都市文化资源、工业文化资源、红色文化资源等。

江南自唐宋以降已经成为全国的经济文化中心,经济的繁荣、社会的稳定、城市的扩张、人文的醇厚,使得江南学术传统源远流长。这从文人的社会地位可见一斑:"吾少时乡居,见闾阎父老、阛阓小民同席聚饮,恣其谈笑。见一秀才至,则敛容息口,惟秀才之容止是观,惟秀才之言语是听。即有狂态邪言,亦相与窃笑而不敢短长。秀才摇摆行于市,两巷人无不注目视之,曰此某斋长也。人情重士如此,岂畏其威力哉?以为彼读书知礼之人,我辈村粗鄙俗,为其所笑

---

① 沈复:《浮生六记》卷二《闲情记趣》,书目文献出版社1993年版,第46、45页。

耳。"①这在某种意义上表明了后现代学者所谓的知识与话语也是权力的观点。也正是由于这些原因，中国历史上那些手无缚鸡之力的文弱书生，在民族危亡之际往往能挺身而出，以天下兴亡为己任，前仆后继，开革故鼎新之先河。工业文化资源、红色文化资源，是这些前辈留给后人的宝贵记忆。

运河文化资源、都市文化资源也是江南社会文化中不可或缺的内容。"长城是凝固的历史，大运河是流动的文化"，京杭大运河在江南地区分为江北运河与江南运河两部分，流经徐州、宿迁、淮安、扬州、镇江、常州、无锡、苏州、嘉兴、杭州等10个城市，也留给了运河儿女一笔深厚而丰富的文化遗产。②"世界历史，即是城市的历史"，从这个角度而言都市文化也是整个人类文化的缩影。六朝时期即获得蓬勃发展的江南都市在穿越千年沧桑之后依然不改亮丽的容颜，盛大欢腾的都市节日、独树一帜的都市建筑以及特色鲜明的市民风尚，都形成了都市独特的气质与形象。

三、审美文化资源的丰富

江南文化的精髓在于其超出儒家实用理性的自由审美精神，审美文化的丰富淘洗了江南文化中的富贵气和俗气，超越了奢华与节俭，使之达到了"清水出芙蓉，天然去雕饰"的最高境界。

江南园林无疑是江南审美精神的最高体现。童寯《江南园林志》曰："吾国凡有富宦大贾文人之地，殆皆私家园林之所荟萃，而其多半精华，实聚于江南一隅。"③园林是江南士绅的栖居之所，也是其财力的象征，"家财多寡，非局外所能知。巷议街谈，原系得诸风闻，厥藉以测断者，厥为各户煊赫之程度，而各户最易争其斗胜者，唯有修建园林一途而已"④。更值得思量的是，园林不是簪缨望族、巨商富贾的专利，贫家小户也可是实践自己对园林的审美理想。例如沈复，他一生窘迫，构建园林无异于痴人说梦，但是他对于园林有

---

① 吕坤：《吕坤全集》（中册），中华书局2008年版，第920页。

② 刘士林：《大运河城市文化模式初探》，《南通大学学报》（社会科学版）2008年第1期。

③ 童寯：《江南园林志》，中国建筑工业出版社1984年版，第3页。

④ 南浔镇志编纂委员会：《南浔镇志》，上海科学技术文献出版社1995年版，第392页。

自己的见解："若夫园亭楼阁，套室回廊，叠石成山，栽花取势，又在大中见小，小中见大，虚中有实，实中有虚，或藏或露，或浅或深。"[①]所以，他跟妻子陈芸寓居扬州时，就依照此法在小小的两间屋内安排布置，以至于"上下卧室、厨灶、客座皆越绝，而绰然有余"[②]。

此外，山林文化和戏曲文化也是江南地区重要的审美文化资源，与北方实用理性文化相比，江南文化的诗性特质正是在这些亚文化的细节中展露无遗。细细推敲江南审美文化的源头，我们就又回到了论述的原点：物质文化的繁荣。顾颉刚先生在考究苏州文脉的繁盛之时曾经这样概括："从前苏州人生活于优厚的文化环境，一家有了二三百亩田地就没有衣食问题，所以集中精神在物质的享受上，在文学艺术的创造上，在科学的研究上。一班少年人呢，就把精力集中到科举上，练小楷，作八股文和试帖诗，父以此教，兄以此勉，每个读书人都希望他由秀才而举人、进士、翰林，一步步的高升。所以满清一代，苏州的三元一人，状元多至十八人，有的省分还盼不到一个呢。"[③]

第二节　江南文化资源的类型

一、江南古镇文化资源

江南古镇我们并不陌生，鲁迅先生笔下的乌篷船、社戏、江南雪，朱自清的桨声灯影、梅雨绿潭，郁达夫的钓台春昼、秋山桂花，以及戴望舒的"丁香一样结着愁怨的姑娘"，这些近代文学大家以精致、忧伤的"江南叙事"笔触将江南古镇独有的文化景观表现得淋漓尽致。烟柳画桥、杏花春雨、寻常巷陌，成为全体中国人的集体江南记忆，江南古镇也成为承载这些记忆的梦里水乡。小桥流水人家是江南古镇最为典型的物质文化景观，水网密布、舟楫往

---

① 沈复：《浮生六记》卷二《闲情记趣》，书目文献出版社1993年版，第37页。

② 沈复：《浮生六记》卷二《闲情记趣》，书目文献出版社1993年版，第38页。

③ 顾颉刚：《苏州的历史和文化》，《苏州史志资料选辑》第2辑。

来、粉墙黛瓦，已经成为古镇的象征符号。除了这些外在的景观之外，水乡古镇还有许多故事，需要有心人去仔细阅读品味。

最为引人瞩目的莫过于财富的故事，江南古镇多富商巨贾，仅南浔一镇就有"四象八牛七十二墩狗"，据《吴兴农村经济》记载："南浔以丝商起家者，其家财之大小，一随资本之多寡及经手人关系之亲疏以为断。所谓'四象、八牛、七十二狗'者，皆资本雄厚，或自为丝通事，或有近亲为丝通事者。财产达百万以上者称之曰'象'。五十万以上不过百万者，称之曰'牛'，其在二十万以上不达五十万者则譬之曰'狗'。所谓'象'、'牛'、'狗'，皆以其身躯之大小，象征丝商财产之巨细也。"[1]

人们关注富人，议论富人，这跟明清以来江南地区的重商氛围有密切关系，富人多为巨商大贾，商人阶层的社会地位有了显著提高，有些文人甚至在科考无望的情况下主动选择经商。但这并不代表读书人没有市场，"万般皆下品，唯有读书高"的思想仍然是社会的主流思想，而江南小镇的文脉之盛是其最为脍炙人口的话题。据统计，宋元明清期间乌镇出过近200位举人和进士，同里有近140位，南浔有进士42位，周庄有进士和举人20多位，甪直有进士近50名，而西塘明清两朝出现了19名进士、31位举人。文脉之盛，令人叹为观止。

江南古镇文风鼎盛，甲于天下，所以有"书声与机杼声往往夜分相续"的说法，以至于不仅读书人蕴藉儒雅，连商人也养成了爱书成癖的习惯。嘉业堂藏书楼主刘承干，是南浔"四象"之一刘墉的孙子、富甲一方的大地产商，也是"中国近代史上私家藏书最多，花费精力、金钱最多的一个"。长期在书籍中浸染，刘承干已经全然是一位儒雅的读书人，所以在他60岁寿辰的请帖上，他对祝寿的亲友提出了这样的要求："朋旧亲姻有所见贶，概不敢受，如有宠以文字者，虽重违勤厚之盛意，亦未敢劳驾写屏轴，俟定制诗笺，再行奉求，谨当汇装册叶，传之子孙，永矢勿谖，属于干戈饥馑，未忍铺张，宾诞为一日娱，敬将宴资5000元移助善举，戒杀澹灾，藉为亲友造福，是日敬谢。"[2]刘

---

① 南浔镇志编纂委员会：《南浔镇志》，上海科学技术文献出版社1995年版，第392页。
② 沈允嘉：《君子之风》，《南浔通讯》1996年5月29日。

承于此举，可以说尽得江南读书人的风流。

文化是人化，小桥流水人家是江南古镇投注了人的智慧的物质文化资源，而这些人文故事却是江南古镇的灵魂之所在，是其文化的精髓。

二、江南农桑文化资源

《管子》曰："一农不耕，民或为之饥。一女不织，民或为之寒。"[①]故中国自古以农立国，农业文化源远流长，其中最为典型的劳作就是耕种与纺织，也就是首先要解决吃饭和穿衣的基本需求。太湖流域是中国农耕文化的起源地之一，这里气候温暖，光照充足，雨量充沛，河湖纵横密布，加上地势平坦、土壤肥沃，很适合野生稻的生长和繁衍。考古发现证实，早在6000～7000年前，江浙地区就是我国稻作文化的最早发源地，河姆渡遗址中所发现的稻谷实物，不仅是中国最早的稻谷实物，而且也是世界上已知年代最早的栽培稻。泰伯奔吴，带来了中原地区先进的农业生产技术，江南地区的农业逐渐占据了重要地位，宋代就有了"苏湖熟，天下足"的说法。

有"衣被天下"之称的松江地区在元代以前没有大规模地种植棉花，棉纺织技术也非常落后，元人陶宗仪在《南村辍耕录》中说："松江府东去五十里许，曰乌泥泾，其地土田硗瘠，民食不给，因谋树艺，以资生业，遂觅种于彼（闽广——笔者注）。初无踏车椎弓之制，率用手剖去子，线弦竹孤置按间，振掉成剂，厥功甚艰。"[②]元初黄道婆从海南岛回到家乡后，改进捍、弹、纺、织之具，生产技术迅速发展，松江府为核心的长三角地区竟在不长的时间内超越了闽广地区以及中国北方地区而走在了全国的前列，逐步成为全国性的手工棉纺织业的中心。到了明清时期，"种稻之处十仅二三，而木棉居其七八"[③]，整个江南地区的经济结构由原来的农业经济转变

---

① 房玄龄注，刘绩补注：《管子》卷二十三《轻重甲》，上海古籍出版社2015年版，第455页。

② 陶宗仪：《南村辍耕录》卷二十四《黄道婆》，上海古籍出版社2012年版，第270页。

③ 林则徐：《林文忠公政书·江苏奏稿》卷二《太仓等州县衔帮续被歉收请缓新赋折》，商务印书馆1935年版，第30页。

为手工业经济。

不仅如此，乌泥泾手工棉纺织技艺还影响了上海地区的文化人格。陈勤建指出："与传统的家用的'男耕女织'不同的是，原松江七县一府的现上海市地区，明末清初的女织已脱离'自给自足'状态，而成为当时社会重要的流通商品，从而也改变了上海地区女性在家庭的地位，并影响到恋爱婚姻的状况。女性有了一定的自主权。全国闻名的上海男人和女人恋爱婚姻家庭生活所具有的别具一格的地域文化人格，就是那个时期这种生产生活定下的基调。"[①]

中国的丝织品出口历史源远流长，生丝出口却是16、17世纪以来才发生的事情，"湖丝"是出口生丝的主要来源。明万历年间，南浔七里村的村民改良蚕种，生产出以"细、圆、匀、坚"著称的"七里丝"，《涌幢小品》中记载："湖丝惟七里者尤佳，较常价每两比多一分，苏人入手即识，用织帽缎，紫光可鉴。"[②]鉴于七里丝在市场上的受欢迎程度，江浙很多地区所产的丝都冠以"七里丝"的名头，以至于1844—1847年里上海口岸输出生丝中七里丝占了55.1%，1844年清政府送给英国维多利亚女王的诞辰庆典礼物也是七里丝。

生丝出口贸易如此红火，不仅造就了一批富商，还直接推动了江南地区蚕桑习俗的形成与发展。例如起源于宋代的含山轧蚕花庙会，历明清而益盛；时间分头清明、二清明、三清明，从开始到结束，要闹上10多天。庙会上群体性的祀神、娱神兼及娱人的活动可谓丰富多彩。以含山轧蚕花庙会为代表的浙江桐乡蚕桑习俗已经入选国家级非物质文化遗产名录，与乌泥泾棉纺织技术一起重新走进大众的视野，也成为当地宝贵的文化资源。

三、江南饮食文化资源

"食色，性也"，江南士庶对于美食的追求，已经远远超越了"食不厌精，脍不厌细"的境界。尤其是明代中期以后，"在明清士大夫、民众及妇女的生活中，逸乐是一个不容忽视的因素，甚至衍生成一种新的人生观和价

---

① 陈勤建：《非物质文化遗产的保护：生态场的恢复、整合和重建》，《湖南文理学院学报》（社会科学版）2009年第2期。

② 朱国祯：《涌幢小品》，上海古籍出版社2012年版，第38页。

值体系"①。

以八大菜系之一的苏菜为例，它起始于秦汉时期，唐宋以后，与浙菜竞秀成为"南食"两大台柱之一，在明清时代形成流派，由淮扬菜、金陵菜、苏锡菜和徐海菜四个地方风味构成。苏菜的形成因素有很多，但值得关注的是文人儒士的参与。最有代表性的就是"乾隆三大才子"之一袁枚，他嗜爱美食，"每食于某氏而饱，必使家厨往彼灶觚，执弟子之礼"，如是40年，积累了丰富的经验，为了与大家分享，他撰写了《随园食单》。这本书不仅介绍了许多具体的烹饪方法，还论述了随园主人的美食主张，例如谈到调和之道，他说："凡一物烹成，必需辅佐。要使清者配清，浓者配浓，柔者配柔，刚者配刚，方有和合之妙。"上菜也有窍门："上菜之法：咸者宜先，淡者宜后；浓者宜先，薄者宜后；无汤者宜先，有汤者宜后。且天下原有五味，不可以咸之一味概之。度客食饱则脾困矣，须用辛辣以振动之；虑客酒多则胃疲矣，须用酸甘以提醒之。"②以袁枚为代表的文人士大夫已经将饮食提升到审美的层面，它不再是纯粹的生理需求，还代表了文化品位和素养。

在物资匮乏的年代，君子必须"食无求饱，居无求安"，如果他"志于道而耻恶衣恶食"，那就不配称君子，像颜回那样"一箪食，一瓢饮，在陋巷"也其乐融融的人是值得学习的楷模。但是在超越了温饱之后，饮食文化不仅不是罪恶，而且是非常宝贵的资源。据调查，我国入境游客中，有近60%的人对中国的饮食文化抱有浓厚的兴趣，感受饮食文化是他们选择中国游的主要目的之一。从这个角度而言，发扬饮食文化也是生产力，不可简单视为淫靡之风。

四、江南都市文化资源

路易斯·沃斯说："现代人生活方式的鲜明特征是：中心城市集聚着大量人口，而次级城市围绕在它们周围。我们称之为文明的观念就是从这些中心传

---

① 李孝悌：《恋恋红尘：中国的城市、欲望和生活》，上海人民出版社2007年版，第8页。
② 袁枚：《随园食单》，三秦出版社2005年版，第8、17—18页。

播出来的。"①都市往往是文明的中心，代表了一地最高的文明水准。自华夏文化中心南移以来，江南地区的都市文明不仅是该区域的文明风向标，甚至是全国的旗帜。对于都市文化而言，节日庆典、城市建筑和市民风尚是形成其风格和气质的关键所在。

时间是线性展开的，如果没有节日庆典，时间便如流水一般滔滔而来，汹涌而去，没有源头，亦没有节点。节日庆典就是时间洪流中的刻度与标记，是具有特殊意义的时间节点。它规律性地出现在日常生活之中，在日常生活的空间中加入审美的节奏与意义，使人们趋于麻木与疲惫之时可以兴奋起来与获得解放。②节日庆典本无城乡之分，由于城市经济的富庶、人口的集中、技术的先进，所以在节日庆典的规模、频率以及形式方面更为巨大、频繁和丰富，而且还富有地域特色。同样是元宵节，吃元宵的习俗各地皆有，但是元宵的做法大有不同。杭州吃元宵就分为十三日与十五日两次，《江乡节物诗》中记载："十三日上灯节，家家户户以糯米粉搓成小粉团，煮以供祖先，称为上灯圆子。十五夜，用糯米粉搓成大圆子，其中馅有切得细细的胡桃、花生、芝麻、枣子、鸡油、豆沙之类，名曰：灯圆。"③扬州则流行"上灯圆子落灯面"，《仪征岁时记》中说："元宵者，搓糯米粉，包桂花卤于中而为团，所以象月圆也"，"十八日落灯，人家啖面，俗谓'上灯圆子落灯面'"。④除了传统节日，很多城市还拥有许多现代节日庆典，例如上海的国际艺术节、国际旅游节等，这些都是城市靓丽的名片。

建筑是凝固的音乐、立体的诗，城市建筑承载着城市的记忆，也是城市文化内涵最直观的显现，而且也是重要的旅游吸引物。以上海为例，老城厢、

---

① 路易斯·沃斯：《作为一种生活方式的都市生活》，赵宝海、魏霞译，见孙逊、杨剑龙主编：《阅读城市：作为一种生活方式的都市生活》，上海三联书店2007年版，第3页。

② 仲富兰：《民俗文化学与上海都市民俗文化资源保护》，见胡惠林、陈昕、王方华主编：《中国都市文化研究》第1卷，上海人民出版社2009年版。

③ 厉鹗：《江乡节物诗》，见张智主编：《中国风土志丛刊》，广陵书社2003年版，第360页。

④ 胡朴安：《中华全国风俗志·仪征岁时记》（下编），河北人民出版社1986年版，第193页。

外滩、人民广场、陆家嘴四处的建筑见证着上海城市发展的历史。开埠前，城隍庙和豫园是上海县城的中心，也是海派文明的发源地；租界时期，外滩成为中心，万国建筑显示的是华洋之间、多种文化之间的冲突与融合；新中国成立以后，人民广场成为新的政治、文化、商业中心，上海市政府、上海城市规划馆、上海大剧院和上海博物馆等建筑环绕在人民广场周围，凝聚了上海人民新的文化创造；浦东开发以后，陆家嘴的东方明珠、金茂大厦、环球金融中心等摩天大楼拔地而起，标志着上海已经朝着"世界之上海"的目标前进。城市意象的构建、城市形象的塑造、城市文化的传承，都离不开城市建筑。

如果说建筑是城市文化的硬实力，那么市民风尚就是城市文化的软实力，也是城市风格、气质形成的重中之重，归根到底文化是由人来创造的。例如扬州人不论贫富贵贱，都十分喜爱花卉。大家富户一般都有花园，稍次一点的也有花房。这些花园、花房里一年四季都是繁花似锦、花木葱茏。据李斗《扬州画舫录》记载，当时扬州北郊的梅花岭、傍花村及堡城、茅山、雷塘一带皆有花院，园种户植，接架连荫。该书说道："湖上园亭，皆有花园，为莳花之地。……养花人谓之花匠，莳养盆景，蓄短松矮杨杉柏梅柳之属。海桐黄杨虎刺，以小为最。花则月季丛菊为最。冬于暖室烘出芍药牡丹，以备正月园亭之用。"[1]一般市民就喜欢逛花市，新城外智禅寺就是扬州花市的起源。对于爱花的习俗，郑板桥在诗里写道："千家养女先教曲，十里种花算种田。"爱花只是扬州人生活的一个侧面，戏曲、园林、声色、饮食、绘画等这些多姿多彩的身影都在城市中活跃着，从而让扬州城弥漫着一种脱俗雅致的韵味。

五、江南工业文化资源

古往今来，大量描写江南的诗词歌赋以及文章都在摹写江南阴柔的一面，而工业文明带来的是隆隆的火车、烟囱林立的工厂和气味难闻的副产品，所以江南的工业文化资源被遮蔽，直到最近几年在城市更新和文化产业的推动下才重新走进了大众的视野。

---

[1]　李斗：《扬州画舫录》卷二《草河录下》，中华书局1960年版，第35页。

一百多年前被誉为"中国第一厂"的江南造船厂（前身为江南机器制造总局）落户高昌庙路（现在的高雄路），揭开了中国百年工业史的序幕。到1890年代，它已发展成为中国乃至东亚技术最先进、设备最齐全的机器工厂，被誉为"中国第一厂"。但是时间逼近21世纪，它却遭受了前所未有的危机：囿于浦江水深及南浦、杨浦大桥通航高度的限制，只能建造8万吨级以下的船舶，这显然无法满足上海作为航运中心的需要。适值上海申博成功，根据世博会的总体规划，江南造船厂将整体搬迁至长兴岛，规模是原来的5倍，将拥有4个大型船坞，并具备450万吨的年造船能力。

长兴岛的造船基地已经投入使用，完成历史使命的旧厂房静静地矗立在世博园区，等待华丽转身。作为中国近代工业的摇篮，江南地区拥有很多江南造船厂这样的工业遗址。有"小上海"之称的无锡也拥有众多的工业遗产。光绪二十一年（1895）由杨宗濂、杨宗瀚兄弟创办的业勤纱厂，拉开了无锡走上近代大工业机器化生产的序幕。到1948年无锡解放前夕，无锡民族工业在半个多世纪里得到了迅猛的发展，形成了杨氏、周氏、薛氏、荣氏等六大民族资本集团为龙头的工业群体，积累了永泰丝厂、茂新面粉厂、庆丰纱厂、鼎昌丝厂、申新三厂、丽新纺织印染厂、协新毛纺织厂、开源机器厂等工业文化资源。在城市更新的过程中，无锡市对这些工业遗址进行了保护和改造，像北仓门生活艺术中心已经成为城市新的文化景观。[①]

六、江南运河文化资源

京杭大运河汩汩流淌在江南大地上，流过江南的城市和乡村，在社会结构、生活习俗、道德信仰以及人的气质和性格上都给它们打上了深深的"运河"烙印。运河景观、运河风俗，都是运河馈赠给江南大地的礼物。

大运河上最常见的莫过于南来北往的过客，他们的羁旅愁思往往会激发蓬勃的诗情，使得运河景观也随之名扬天下、留名青史。枫桥就是典型的例子。

---

① 刘士林：《从"富骄贫谄"到"富而好礼"与"穷者尚文"——对上海现代都市文化建构的社会心理考察与阐释》，《上海师范大学学报》（哲学社会科学版）2010年第3期。

"月落乌啼霜满天，江枫渔火对愁眠。姑苏城外寒山寺，夜半钟声到客船。"
（张继《枫桥夜泊》）一个云淡霜浓的秋夜，诗人张继泊船在苏州城外运河上的枫桥畔，没有月亮，点点渔火格外醒目，夜阑人静，寺庙里悠远的钟声惊醒梦中人，一缕淡淡的客愁被点染得朦胧隽永。《枫桥夜泊》不胫而走，枫桥、寒山寺也成为大运河上最具诗意的所在。同样是苏州，山塘街也与运河有着不可分割的联系。唐代大诗人白居易任苏州刺史时，下令开凿了山塘河，山塘河在阊门与大运河相接，乾隆六下江南都是经山塘河到虎丘游览，孝圣宪皇太后有一次同行，深深陶醉在山塘街的景色之中，回宫后仍然念念不忘，以至于乾隆特意模仿山塘街在宫中修建了一条苏州街，以此作为太后七十寿诞的礼物。山塘街景色固然美，如果没大运河的贯通，它也不会拥有今时今日的名气。

枫桥、山塘街仅仅是大运河沿岸景观中的一小部分，大运河从北到南，造就了无数的景观，也深深影响了沿途的风俗习惯。杭州作为大运河的终点，南宋的都城，在很多方面都彰显着"运河之都"的风采。南宋迁都杭州后，因袭汴京旧制，沿运河两岸设瓦子多处，供老百姓看戏。至近代，拱宸桥边还有独具风韵的阳春茶园、天仙茶园、荣华茶园等卖茶兼演戏的茶园。表演的剧种多种多样，除了正剧外，杂艺、曲艺、杂技、魔术、皮影一应俱全。著名的戏剧演员谭鑫培、刘鸿声、盖叫天、袁雪芬等都曾在运河小剧场中演出。此外，运河庙会、运河龙舟、运河集市都是明清杭州的盛事。

七、江南红色文化资源

《汉书》里记载："吴、粤之君皆好勇，故其民至今好用剑，轻死易发。"[①]可见，江南文化传统中有着刚健尚勇的基因，但后人对江南的描述都着重于其柔美绮靡，忽视了血雨腥风、虎狼当道的年代里江南人民的抗争。

近代以来，江南地区一直是新思想、新风气的首倡者，中国共产党在上海的成立就是很好的例子。1921年7月23日起，中国共产党第一次全国代表大会在上海一间石库门房子里举行，出席这次大会的有毛泽东、董必武等13名代

①　班固：《汉书》卷二十八《地理志》，中华书局1999年版，第1328页。

表。会议被一个法国巡捕房密探察觉，代表们立即撤离现场，到浙江嘉兴南湖的一条游船上继续举行。这次大会宣告了中国共产党的成立，给灾难深重的中国人民带来了光明和希望。

中共"一大"在上海的召开表明上海是中国共产党早期活动的重要舞台，1915年，陈独秀主办的《青年杂志》（1916年9月改名为《新青年》）在上海创刊，后成为中共中央的机关刊物；1920年，陈望道翻译的中国第一部中文全译本《共产党宣言》在上海出版；1927年，中国共产党领导的第三次工人武装起义胜利并建立临时政府；1931年，中共临时中央在上海成立。

同时，近现代史上各种进步运动、各方仁人志士也将上海视为必争之地，例如"左联"在上海的活动，蔡元培、鲁迅、马相伯、陶行知、邓中夏、瞿秋白、邹韬奋、宋庆龄、何香凝等风云人物都齐聚上海，共同谱写了中国近现代史的辉煌篇章。当然，思想迸发、群英荟萃的上海也有很多悲惨的记忆，例如龙华，1927年3月，国民党淞沪警备司令部（初为上海警备司令部）在龙华镇（今龙华街道）设立后，杀害和囚禁无数共产党人和革命志士。有诗为证："龙华千古仰高风，壮士身亡志未穷。墙外桃花墙里血，一样鲜艳一样红。"（张恺帆《龙华悼念死难烈士》）如今，龙华已经成为凭吊先烈、追忆峥嵘岁月之地。

江南地区在近现代史上的特殊地位造就了一批红色文化资源，有陵园类、故居类、旧址类、纪念馆类等，这些文化资源的存在，诉说着一个与人们感性经验中不一样的江南。

八、江南山林文化资源

有诗曰："南朝四百八十寺，多少楼台烟雨中。"（杜牧《江南春》）佛教自东汉传入中土后发展迅速，尤其是在江南地区。以杭州为例，"虎林（即杭州）梵刹之盛。至南宋而极，至胜国（指元朝）诎其十之五，入我明递兴递废，而存者十之二三耳"[①]。佛寺林立、梵刹悠扬成为江南地区独特的景观。

江南地区的山林资源极其丰富，如扬州的大明寺、杭州的灵隐寺、镇江的

---

① 吴之鲸：《武林梵志》，杭州出版社2006年版，第167页。

金山寺、苏州的寒山寺、观音道场普陀山等，可谓家喻户晓、妇孺皆知。大明寺与鉴真和尚的关系、灵隐寺与济公和尚的传说、金山寺与白娘子的故事、寒山寺悠扬的钟声以及海天佛国普陀山的仙踪都是人们耳熟能详的话题。同时，寺庙在古代不仅是庄严肃穆的宗教圣地，还是重要的休闲娱乐场所，是重要的公共空间，很多民间习俗都植根于佛教文化。

"天下名山僧占多"，其实江南地区不仅佛教文化资源极为丰富，道教、基督教和伊斯兰教的资源也为数不少，例如在江南地区广为传播的道教上清派的发祥地就在江苏的句容县，有远东第一大教堂之称的佘山圣母大教堂位于上海，沿海四大清真寺中有两座在江南地区，分别是扬州仙鹤寺和杭州凤凰寺。同样，这些宗教资源也是宝贵的文化资源。

九、江南园林文化资源

江南地区的园林发端于魏晋，兴于宋，元代和明朝初年受到政治礼法的束缚一度衰落，明末清初又蔚为大观。童寯在《江南园林志》中说："南宋以来，园林之胜，首推四州，即湖、杭、苏、扬也。"[①]"风流总被雨打风吹去"，经过几百年的风风雨雨，江南地区的园林大多湮没不可考了，幸运保留下来的主要是扬州园林、苏州园林，而这两者又代表了两种不同的生活态度。

扬州园林多是盐商的旧居，雄厚的财力与炫富的心理使得扬州园林大多金碧辉煌、极尽奢华；苏州园林的主人多半为知识分子，其风格多为含蓄淡雅，自然清新，正如刘敦桢先生在《苏州古典园林》中所言："园林建筑的色彩，多用大片粉墙为基调，配以黑灰色的瓦顶，栗壳色的梁柱、栏杆、挂落，内部装修则多用淡褐色或木纹本色，衬以白墙与水磨砖所制成灰色门框窗框，组成比较素净明快的色彩。"[②]苏州园林被视为江南园林的代表，其小中见大、咫尺重深的风格和芥子纳须弥的壶中天地的意境也被视为江南园林的典范。

江南园林名闻遐迩不仅是因为其景色怡人，同时也是因为它是各种文化

---

① 童寯：《江南园林志》，中国建筑工业出版社1984年版，第28页。

② 刘敦桢：《苏州古典园林》，中国建筑工业出版社2005年版，第5页。

活动得以开展的重要空间和舞台。冒辟疆的水绘园就曾是名动江南的园林，曾汇集天下名士，"如皋冒氏水绘庵，累石屹立，有携取五岳之势。垣墉不设，环以碧水，竹树蓊郁，群鸦集于此者万计。庵四周多林园，鸟不止他屋而止水绘。先生于其中征歌唤妓，无朝非花，靡夕不月。海内贤士大夫未有不过从，数数盘桓不忍去者。负贩之交，通门之子，云集于是，常数年不归，主人为之致饩，不少倦。名贤题咏水绘，积至充栋。四十载宾朋之盛，甲于大江南北"①。一个世纪之后，袁枚的随园又成为文人向往的乐土，"四方士至江南，必造随园，投诗文，几无虚日。君园馆花竹水石，幽深静丽，至棂槛器具皆精好，所以待宾客者甚盛。与人留连不倦"②。名人与名园相得益彰，水绘园、随园的景致也得以流芳青史。

江南园林与江南诗性文化如此相投，以至于官场的名利是非、各自偏执的分殊之理，在沧浪之水的洗濯下，在永恒之月的照映下，在壶中天地的美学范式中，显得那样虚幻苍白无聊。正是在这种语境下，我们才能欣赏江南园林的妙处，才能理解江南园林在江南文化中的不可替代的地位。

十、江南戏曲文化资源

与江南园林同为世界遗产的昆曲被誉为百戏之祖，当然也是江南戏曲的代表。昆曲发端于元代，与起源于浙江的海盐腔、余姚腔和起源于江西的弋阳腔，合称明代四大声腔。明朝嘉靖年间，杰出的戏曲音乐家魏良辅对昆山腔的声律和唱法进行了改革创新，造就了细腻优雅、集南北曲优点于一体的"水磨调"，通称昆曲。昆曲一改"止行于吴中"的局面，成为江南梨园的翘楚，"金陵吴趋余杭之里，邸第相望，鼓钟不绝，所奏伎乐皆尚吾邑魏良辅所定之昆腔"③。

与江南园林不同，昆曲雅俗共赏，不仅登上文人雅士的大堂，也频频出没于

---

① 万久富、丁富生主编：《冒辟疆全集·同人集》卷三《匿峰庐记》，凤凰出版社2014年版，第852页。

② 姚鼐：《惜抱轩诗文集》卷十三《袁随园君墓志铭》，商务印书馆1936年版，第171页。

③ 黄裳：《禁本小记（下）》，《读书》1987年第5期。

寻常巷陌。正如丰子恺在《深入民间的艺术》中所说："他们所关系的，所得知的艺术，仍还是历代传沿下来的花纸儿和戏文两种。"[1]"庙会前好些日子，各人便忙着搬亲戚，从外祖起一直到自己的女儿，女儿的小姑，几世不走动了的亲戚，因此也往来起来"[2]，看戏已经成为一个借口、一个标志、一种仪式。

士大夫对昆曲的嗜爱更上一层楼，很多人置办家班，以便于随时欣赏，张岱、申时行、何良俊、屠隆、邹迪光、钱岱、包涵所等人的家班都名动一时。冒辟疆的水绘园不仅有家班的经常性演出，还时常邀请外班到寒碧堂、得全堂内演出《牡丹亭》等昆曲大戏。对于冒辟疆而言，昆曲不仅仅是香艳绮靡的休闲娱乐，还寄托了他的郁愤之思："予之教此童子也，风雨萧萧则以为荆卿之歌，明月不寐则以为刘琨之笛，及其追维生死、凭吊旧游，则又以为谢翱之竹。"[3]一语道出了士大夫的心曲。

除昆曲外，江南地区的越剧、竹枝词以及吴歌等，都是宝贵的口头文学资源，都有失传的危险。不知它们是否能像昆曲般幸运，能够有白先勇等弘扬者出现，老树新花，重获新生。

第三节　江南文化资源的现代困境

"江南可采莲，莲叶何田田"（《江南》），"春水碧于天，画船听雨眠"（韦庄《菩萨蛮·人人尽说江南好》），江南青山绿水、软玉温香的形象已经根深蒂固地烙在每一个寻求诗意栖居的心灵上，江南文化也成为哺育诗性智慧的不竭源泉，然而当代江南面临的种种困境，正颠覆着人们的精神家园，肆意践踏着各种宝贵的资源。

---

[1]　丰陈宝、丰一吟、丰元草编：《丰子恺文集》第3册，浙江文艺出版社、浙江教育出版社1990年版，第383页。

[2]　臧克家：《社戏》，《申报》1934年4月17日。

[3]　万久富、丁富生主编：《冒辟疆全集·同人集》卷三《得全堂夜燕记》，凤凰出版社2014年版，第847页。

一、生态环境的恶化

历史上江南的地理范畴相当于今天的长三角地区，该区域人口密集、经济发达、社会繁盛，是中国三大都市群之一，也是中国经济最发达的地区之一，2008年在全球金融的冲击下，其财政收入仍逼近6000亿大关，人均年可支配收入达到16878元。改革开放40多年来，苏浙沪地区犹如腾飞的雄鹰，创造了一系列的奇迹，使长三角人迅速摆脱了贫困，但为此也付出了巨大的代价，生态环境的破坏就是其中之一。

江南文化是水文化，太湖是江南水文化的母亲湖，"最美不过太湖水"是江南人对母亲湖最恰当的褒扬，而无锡蓝藻事件无疑是人们对母亲湖最大的亵渎。2007年6月，大规模的蓝藻覆盖了太湖水域，使得沿岸城市臭气熏天、用水告急。无锡蓝藻事件不仅仅是环境污染问题，也是对江南意象的巨大破坏："在太湖上疯狂生长与腐烂的无锡蓝藻，正如面目姣好的江南女子被画上了一个巨大的'蓝眼圈'，尽管它是如此的不中不西，不今不古，不伦不类；但另一方面，与现代派画家加在《蒙娜丽莎》上的两撇小胡子相类似，这个巨大的'蓝眼圈'本身也具有重要的审美现代性内涵。正如西方现代美学被称作丑学，其主题也由古典和谐理想转变为现代性的破碎、荒诞与'恶'一样，对于习惯了小桥流水、雾里看花、以优美与安宁为核心的古典江南美学而言，无锡蓝藻以其刺眼的色泽、现代性的腥臭气、古典审美主体无法接受的形式感与心理体验，向当代人展示了一个真实而沉重的审美对象世界。"[①]"江南好，风景旧曾谙"，如果诗性江南仅仅成为诗词歌赋中的存在，如果江南的美好仅仅成为一种记忆，那么经济再发达、生活再富足，也不可能真正实现人类劳作和奋斗的意义。

二、外来文化的冲击

近代以来，外来文化的源源流入成为江南文化生存的最大障碍。欧风美雨

---

① 刘士林：《无锡蓝藻事件凸显江南诗性文化的现代性问题》，《探索与争鸣》2008年第1期。

的浸淫、西学东渐的日炽，江南正渐行渐远，慢慢退出了人们的意识形态。时至今日，从摩天大楼到汽车飞机，从麦当劳到好莱坞大片，从巴黎香水到纽约股市，从韩国电视剧到日本动漫，人们对于传统文化不再感到满足、骄傲和着迷，他们的眼光早已穿越时空的羁绊，紧紧地盯住大洋彼岸的一举一动。

有人用"三片文化"来形容美国文化的强势入侵，这三片分别是大片、薯片和芯片，而今的中国人尤其是年轻人看的是好莱坞大片，吃的是乐事薯片，用的是英特尔芯片，传统文化的弘扬与传承受到了极大的挑战。1980年代的日剧热和近几年的韩剧热，又使得年轻人为日本和韩国的文化竞折腰。韩剧的热播不仅使中国老百姓认识了一个个韩国偶像，还迷恋上剧中营造的那种精致、唯美的文化，以至于韩服、韩妆大受欢迎，有些年轻女孩甚至刻意模仿韩剧中女演员的说话、走路方式，上演现代版"邯郸学步"。

"在后冷战的世界中，人民之间最重要的区别不是意识形态的、政治的或经济的，而是文化的区别。人民和民族正试图回答人类可能面对的最基本的问题：我们是谁？他们用人类曾经用来回答这个问题的传统方式来回答它，即提到对于他们来说最有意义的事物。人们用祖先、宗教、语言、历史、价值、习俗和体制来界定自己。……非西方社会，特别是东亚社会，正在发展自己的经济财富，创造提高军事力量和政治影响力的基础。随着权力和自信心的增长，非西方社会越来越伸张自己的文化价值，并拒绝那些由西方'强加'给它们的文化价值。"[1]说这番话的亨廷顿先生已然与世长辞，但是今天的长三角以及中国都有必要牢牢记住这段话，只有具有民族自信心和文化自信心的民族，才能在文化竞争中不被淘汰出局。江南文化正是长三角的根，把根留住，才能长出蓊郁的参天大树。

三、审美精神的迷失

现代化进程与都市化进程改变了人们的生产生活方式，从农业文明到工业文明，从田野到车间，人们的想象力、创造力以及审美能力都受到了极大的

---

[1]　塞缪尔·亨廷顿：《文明的冲突与世界秩序的重建》，新华出版社1999年版，第6页。

束缚。江南文化的超越之处在于其审美自由精神，而现代化过程最严重的问题就是审美精神的迷失。都市是名利场，都市中的男女早已经失去了"月上柳梢头，人约黄昏后"的兴致和耐心，人们的休闲娱乐方式也发生了惊人的转变。例如上海的一些女白领，流行拍裸体艺术照，不仅要留下青春的美丽，还会拿给自己的朋友同事欣赏。生活节奏越来越快，生存压力越来越大，只有以更刺激的方式和新花样，才能满足人们越来越疲劳的性审美。①

更高、更快、更远，使得人们的灵魂越来越孤独、心性越来越浮躁，从而丧失了原有的审美机能。以昆曲为例，陈从周在《园林美与昆曲美》中说："而昆曲呢？亦正为此，一唱三叹，曲终而味未尽，它不是那种'崩擦擦'，而是十分婉转的节奏，今日有许多青年不爱看昆曲，原因是多方面的，我看是一方面文化水平差了，领会不够；另一方面，那悠然多韵味的音节适应不了'崩擦擦'的急躁情绪，当然曲高和寡了。这不是昆曲本身不美，而正仿佛有些小朋友不爱吃橄榄一样，不知其味。"②

生态环境的恶劣、外来文化的冲击和审美精神的迷失已经成为江南诗性文化传承面临的最大的现代困境，只有驱散都市化进程和现代化进程带来的内虚燥热，守护人们内心的一份澄澈，才能使江南文化成为启蒙、培育中国民族的个体性的传统人文资源，这是保护江南文化和弘扬江南诗性精神的根本之所在。

江南文化资源研究

① 刘士林：《2008 中国都市化进程报告》，上海人民出版社2009年版，第248页。

② 陈从周：《园林清议》，江苏文艺出版社2005年版，第127页。

第二章 江南物质文化资源梳理与创意研究

第一节 江南水利工程文化资源

一、江南水利工程

"圩田岁岁镇逢秋，圩户家家不识愁。夹路垂杨一千里，风流国是太平州！"

这首南宋著名诗人杨万里的《题广济圩》，以形象的笔触勾勒了江南地区一种叫"圩田"的水利工程创造的繁荣社会景象。这种繁荣不只是发生在江南某一村一地，而是整个江南地区。江南水利工程与技术的发展对江南自然地理环境的变迁和江南社会政治与经济关系的发展至关重要。

中国古代的水利工程主要有运河工程、灌溉工程和堤防工程三大类型。[①]
而在江南这个泽薮之国，水是人们世代生活的主要交往对象，水利则是人们立身泽国的利器。江南雨水充沛、江河水网发达，但是雨量丰沛往往也会伴随一定的水患，水淹四乡、倒灌城池之事偶有发生。此外，江南又多丘陵山地，有雨则径流迅疾，容易造成灾害，无雨则山溪顿成涓流，地亢即会受旱，雨水的蓄积往往又成问题。这些都需要有相应的水利工程对水进行调节蓄储，防范水灾，便利农业生产和发展航运。正如著名水利史专家郑肇经先生所言："太湖水利史，是人民群众利用自然、改造自然的历史。千百年来，太湖人民为了开

---

① 参见杜石然等：《中国科学技术史稿》（上册），科学出版社1982年版，第102页。

发水土资源，发展社会经济，世世代代同海潮、风浪、洪涝、干旱、泥沙等进行了艰苦卓绝的斗争。开运河、筑海塘、修塘浦、造闸坝，围湖围海，辟土造田，将太湖地区的沮洳下湿之地，逐步改造成为沟渠纵横、良畴棋布的'鱼米之乡'。……水利是农业的命脉，是社会生产力的一个重要方面。水利的发展与其自然和社会的条件有着密切的联系。由于太湖地区特殊的自然环境以及历史时期社会政治、经济关系的演变，太湖水利在漫长的发展过程中，有许多独特的创造，具有它本身的特点和规律。"[1]江南的水利工程是人们利用自然、改造自然，与水斗争的必然结果，同时也是水利工程与技术的创造与成熟的结果。从先秦时代起，人们在不断筑造陂塘，开凿运河，设置闸堰，兴创圩田，疏江通海，筑堤防海潮的实践中，创造了许多伟大的水利工程，许多先进的水利技术和治水思想至今仍然被人们所沿用。江南在三大水利工程类型的实践中都取得了瞩目的成就。乃至于像"上有天堂，下有苏杭"的江南城市，既离不开以水利工程为基础的物质供给，也离不开水利工程在防洪、灌溉、饮水和航运交通等方面的支撑。

自古以来，江南极为注重水利工程的营建和维护，水利工程数量庞大，水利设施的类型也极为丰富。如"浙江省有漫长曲折的海岸线，水利资源丰富，建有4000座水库和千里的海塘。……浙江水利事业从八千多年前的跨湖桥和其后的河姆渡、马家浜开始，大禹治水，钱王射潮，贺循凿西兴运河，白居易、苏轼筑白堤、苏堤，茅以升设计建设钱江大桥，以及近年来防台御潮的千里标准海塘、防洪减灾的千里江堤、百城防洪工程等等"[2]。而古代江南在水利工程上所形成的完备系统，不仅极大地推动了江南农业的迅速发展，也很好地促进了水陆交通的便利和经济的广泛流通，对江南社会经济的繁荣发挥着极为重要的作用。随着唐宋时期中国经济重心南移到江南，形成"国家财赋之仰于东南"[3]。然而，在农业经济形态下，生产的丰收和赋税的稳定，其根本原因却

---

① 郑肇经主编：《太湖水利技术史》，农业出版社1987年版，第1页。

② 王毅蓉：《发挥区域优势　服务水利行业——析谈浙江水利资源特色数据库的建设》，《图书馆工作与研究》2012年第3期。

③ 章如愚：《群书考索·续集》卷四十六《东南财赋》，书目文献出版社1992年版，第1187页。

是江南的水利工程的完备。

二、江南水利工程的资源类型

江南水利工程的文化资源类型主要有运河型资源、陂塘型资源和圩田型资源。这几类文化资源包括水面、斗门、河道、闸坝、堤防、植被等在内的有形文化资源，是水利文化赖以存在的基础。水是生命之源，水利工程是人类利用水资源的伟大杰作。"在漫长的历史发展过程中，人类积累了相当丰富的水利经验，同时也形成了不同的与水有关的思想、信仰、精神、风俗等，从而产生了不同的水利文化。"[1]水利工程蕴含丰富的水利文化内涵，是人类在利用水资源兴利除害的历史实践活动中所创造出来的物质文化与精神文化的总和。
"我们更应看重水利工程、水利活动、水利人自身具备的灿烂文化，只有肯定它们的文化价值，才能使我们的水利文化得到真正意义上的传承与发扬，才能更好的为水利工作提供精神上的保证和支持。"[2]只有这样才能充分认识和发掘江南水利工程的文化资源的内涵与价值。

（一）运河水利工程

江南是人工运河的最早开创地，也是大规模使用人工运河为社会生产生活服务的地区，其开发历史可以追溯到春秋时期。《太湖水利技术史》指出，早在春秋战国时期，"由于劳动者生产积极性的提高，铁制农具的逐渐广泛应用，为大规模开发水土资源提供了新的条件。当时分据太湖地区的吴越两国，为了增强国力，图谋霸业，'通渠三江五湖'，先后开凿胥溪、胥浦、蠡渎、渔浦、棠浦、百尺渎，以及北出长江的人工运道。这些浦渎分布在太湖周围，沟通着'三江五湖'，改善了水运条件，促进了低湿洼地的垦殖和围田的开拓，推动了农业和整个地区经济的发展，为吴越争霸奠定了物质基础"[3]。人

---

① 李可可、陈玺：《浅谈水利历史文化及其展现与传承》，《中国农村水利水电》2007年第4期。

② 梅芸、韩春玲：《水利文化——物质水文化与精神水文化的结合》，《中国水运》（下半月刊）2010年第10期。

③ 郑肇经主编：《太湖水利技术史》，农业出版社1987年版，第11页。

工运河改善了江南地区的水运条件，促进了低洼地区的农业围垦开发，因而对江南地区的社会经济发展起到了关键性的作用。不仅如此，江南地区在开凿和使用运河的过程中，还发明了许多重要的水利技术和思想。

公元前497年，吴王阖闾决心对庞大而看似强悍的西邻楚国发动一场战争。战前，为了给前线的吴军迅速补给粮草，缩短物资运输的路线，吴王接受谋臣伍子胥的建议，全力开凿一条穿越茅山山脉，能直接连通长江流域与太湖流域的水路运输线——胥溪。同年胥溪凿成，吴王阖闾即任命伍子胥和孙武率领吴军分水陆两路进攻，破袭千里，一举攻下楚国都城郢都。虽然最终吴国没有达到亡楚的目的，但两国之间的这场战争，却开启了中国历史上一种新的水利开发模式，即人工运河这种伟大的水利工程。胥溪开凿之前，人们都是利用自然水道航行，利用湖泊引水灌溉，从未尝试过用人力方式将不同河流连接起来。这种以人工改造水系的模式，让人们在改造自然、利用自然的面前迈出了巨大一步。

当时开凿胥溪，伍子胥被委派负责工程的实施。他全面考察茅山山脉和河流走势后，选择了太湖支流的荆溪和长江支流的青弋江、水阳江之间的东西长仅15里的茅山丘陵地段，征发数万民夫将之开凿成河。虽然选择的这段茅山丘陵地段最高处海拔仅20米，但越岭海拔高程的两边有较大落差，以西地区降至8米左右，以东降至6米左右，这样的海拔落差显然无法实现东西水域正常平流衔接。为解决这一难题，伍子胥创造性地采用了沿丘陵布置堰埭的方法予以巧妙解决。这种方法是在丘陵山体上"通过分级筑坝拦截和蓄积地表水入堰而形成水道，由堰坝集中了地形和水面的高差，而形成若干梯级航道，船只只需在过坝时用人力或畜力挽拽，使本无水源的丘陵地区得以水运"[1]。根据宋代记录，胥溪15里间设有5处堰埭，自东而西为余家堰、何家堰、苦李堰、分水堰、银林堰，分水堰和银林堰的位置最高。当时胥溪堰埭的设置充分考虑了堰埭的间距和高度对坡水东西分流比例的影响。[2]

埭是河道中的拦水横坝，可以使落差过大的河道形成一段水位平衡的

---

① 周魁一：《中国科学技术史·水利卷》，科学出版社2002年版，第235页。

② 周魁一：《中国科学技术史·水利卷》，科学出版社2002年版，第236页。

堰。若每隔一段离距置一堰埭，整条落差较大的水道就会形成一个个梯级蓄水、平水堰，从而保证通航。船过堰埭时需要翻坝，即将船拖上坝，再下放于下一堰段内行船。翻坝用人力或牛拉，小船可以直接拖，大船就需要绞盘等简单机械。伍子胥用设置堰埭抬高水位和保持运河水量的方式，改善航运条件，是中国古代水利工程技术上的一大突破。这种建坝蓄水消除落差的设施与技术一直在后世的运河工程中被广泛运用。最典型的案例是同样横贯茅山山脉的破岗渎。破岗渎位于胥溪北面，为三国孙吴赤乌八年（245）孙权派陈勋率屯田兵3万人所开。破岗渎西起句容小其，与建康秦淮河通，东入江南运河，在长约50里的航道上，设置有12处堰埭，平均三四里路一个。这一技术手段也被广泛运用到后来的京杭大运河和其他运河工程上。著名的堰埭有京杭大运河上的京口丁卯埭，江南运河上的浦阳南津埭、北津埭，浙东运河上的西陵埭、柳浦埭。

　　胥溪虽然只开凿了很短的一段距离，仅是沟通两个水系间小支流上的水道，远没有后来其他运河的恢宏气势，但是作为中国历史上第一条人工运河，它在中国水利技术和水利思想的发展史上有里程碑意义。胥溪这种以人工挖河将相邻两个水系连通而开辟水道的思路，令人们在改造水系、开辟航运水道的思维上打开了广阔空间。此后鸿沟、邗沟、江南运河、灵渠、京杭大运河、浙东运河等著名运河工程的陆续建造，无不是受益于胥溪的启发和经验。胥溪开凿的成功经验，也使吴国认识到人工运河在军事上的巨大价值。11年后（前486），吴王夫差为了争霸中原，准备北伐齐、晋，又开凿了一条直接连通长江与淮河的运河，即历史上著名的邗沟。吴国的优势水军从长江循着邗沟进入淮河，再沿泗水、沂水迅速直达齐国边境，对齐国形成压倒性军事优势。[①]最终吴国打败齐国，威慑晋国，建立了霸权。虽然胥溪、邗沟的开凿是直接为军事目的服务，但在军事功用淡去以后，由于能有效连通不同水系，它们身上兼有的航运、灌溉、防洪等功能逐渐凸显。尤其像邗沟这样跨两大水系运河的建设，为日后全国内河航运网的形成奠定了基

---

① 　孙保沭主编：《中国水利史简明教程》，黄河水利出版社1996年版，第11—12页。

础。如隋朝开凿大运河就部分地利用邗沟的原有水道。而由运河构建的内河航运网，是中国古代南北政治统一、人员流动、经济融合和文化交流的主要载体，对中国未来的影响极为深远。

在运河的开凿上，把两个没有衔接的水系视作一个完整的水运体系，充分体现了江南水利工程系统思维的发展。秦汉以后，随着单一军事功能的消退，运河在交通、政治、经济、文化等方面的价值日益凸显，人们对工程技术的系统思维及创新也越加注重。

此外，梯级堰坝和陂渠也是在运河梯级堰埭思路和技术的基础上进一步发展完善的江南丘陵灌溉水渠体系。"所谓梯级堰坝，就是根据梯田的高低，于溪涧分级筑坝截流，引水灌溉。"①著名水利专家郑肇经在《太湖水利史》一书中指出："这种梯级堰坝，分级蓄水，上下相承，左右沿山开沟，输水入田，使各级梯田自上至下都能自流灌溉。陂渠串联是通过盘绕于山区的渠道把大小塘坝串联起来，形成类似'长藤结瓜'式的蓄水、引水紧密配合的水利系统。这种水利形式在西南天目山区较多，武康的万宝堰就是其中的一个。万宝堰位于余英溪上游，始创年代不详。据《东南水利略》的记载：余英溪上游为合溪，合溪以上诸溪纷萦，小堰很多；合溪以下谷地逐渐开阔，'堰于是乎始广'。著名的堰坝有9座，万宝堰是其中最大的一座。堰建在南北两山之间，长15丈。'水自合溪而下，二十五里至于堰，浩然大泽'，形成一座较大的蓄水陂塘。同时又有三条沟渠把万宝堰和附近其他溪流上的坝堰串联起来。这样，通过陂塘、沟渠、坝堰的相互串联，构成上下贯通、左右逢源、统筹使用的蓄水、引水系统，从而使灌溉效益更有保证。《东南水利略》称：'是堰溉田二万余亩，纵广十里，他堰之溉者半之'。说明'陂渠串联'，进一步提高了塘坝工程的灌溉能力，是山区水源利用上的一大进步。"②

（二）陂塘水利工程

在水利工程中，陂塘是一种蓄水灌溉工程。江南雨水丰富，地表径流量大，很早人们就已利用有利的自然地形筑堤堰拦蓄河水成塘或湖，设置闸涵

---

① 郑肇经主编：《太湖水利技术史》，农业出版社1987年版，第68页。

② 郑肇经主编：《太湖水利技术史》，农业出版社1987年版，第68—69页。

（斗门）来调节水量以便引水灌溉或蓄泄防洪。芍陂是江南最早见于记载的大型陂塘水利工程。芍陂据说是春秋时期楚庄王八年（前606）由楚国令尹孙叔敖（一说为楚大夫子思）主持修建，位于今安徽寿县安丰城南，所以又叫安丰塘。芍陂"陂堤长二三百里，有五门（即引水口），可灌田万顷。经历代维修，沿用至现代"①。像芍陂这样的早期陂塘，对江南地区早期农业的发展起到过非常重要的推动作用。早期陂塘的功能较为单一，仅灌溉和防洪，但随着水利工程技术的发展和经济活动复杂，后来的陂塘在功能上逐渐综合化，在规模上往往是大型的人工湖泊。而在陂塘水利工程中，以"东南第一水利"的练湖为典型，它是太湖西北高亢平原地区的一个兼有济运、灌溉和防洪效用的巨型人工湖。

练湖，又称练塘，始创于西晋，位于江苏省丹阳县城西北，紧邻江南运河。唐代转运使刘晏曾这样描述练湖的功能："春夏雨水涨满，侧近百姓引溉田苗，官河水干浅，又得湖水灌注，租庸转运及商旅往来，免用牛牵，若霖雨泛溢，即开渎泄水，通流入江。"②意思是说，练湖是一个集灌溉、济运和滞洪、通航为一体的大型综合性水利工程。事实上，练湖建坝蓄湖，最早的用途就是为了阻遏丹阳、丹徒一带山洪危害，起到引水灌溉的作用，促进太湖西北农业经济发展。丹阳一带属太湖西北的高亢平原，县西北为地势较高丘陵地带，地势自西北向东南倾斜。这种地势，一下大雨就会山洪泛滥，浸没田畴，冲毁村庄，春夏雨或愆期，则大片农田又缺水灌溉。为了解决水旱无常的问题，人们曾用一户开姓的一片土地筑堤蓄水，建成开家湖。但开家湖工程规模不大，蓄水能力不足，抵御山洪和灌溉的作用极为有限。③306年，陈谐征令数万民夫和士兵将练湖筑成，大堤长40里，围湖面积达2万余亩，蓄水超过3000余万立方米④，练湖流域面积约180平方公里，可溉田数万亩。练湖的建

① 孙保沐主编：《中国水利史简明教程》，黄河水利出版社1996年版，第10页。

② 刘晏：《奏禁隔断练湖状》，见董诰等编：《全唐文》卷三七〇，中华书局1983年版，第3762页。

③ 郑肇经主编：《太湖水利技术史》，农业出版社1987年版，第58页。

④ 《太湖水利史稿》编写组编：《太湖水利史稿》，河海大学出版社1993年版，第57页。

成，使"丹阳西北长山、骊山等84条溪流的来水通过练湖得到潴蓄和调节，不仅初步解除了这个地区的洪潦为害，并使丹阳、金坛、延陵一带数万亩农田收灌溉之利"①。在脍炙人口的《练湖颂》中，唐代李华曾用最为形象的语言指出了修建练湖的重要意义："大江具区，惟润州其薮曰练湖，幅员四十里，菰蒲菱芡之多，龟鱼鳖蜃之生，赡饫江淮，膏润数州。"②由此可知，练湖工程的创建对太湖西北丘陵地区的农业发展具有重要的作用。而东晋、南朝时期，丹阳能形成发达的农业，同练湖水利的兴修也是分不开的。

到隋唐时期，随着中国经济中心的南移，江南经济地位的逐步上升，大运河的作用变得越来越重要。但是，由于江南运河丹徒、丹阳段所经过的大小夹岗一带地势较高，运河的水源要依靠引用江潮维持，可是在枯水期长江水位低落，江潮无法进入运河来抬高水位，因而运河常常因水浅而使漕运受阻。为了维持这一段河的正常通航，古人想到利用练湖蓄水输入运河从而抬高水位的办法，巧妙地解决了这一问题。"从唐代开始，练湖除了灌溉以外，又被作为运河上的一个重要水柜，承担接济徒（丹徒）阳（丹阳）河段水源的任务。"③虽然练湖最初修建时并未考虑借水以助运，但练湖位置实际高于运河，湖区范围大，蓄水极为丰富，距运河又近，这为引湖水救济运河提供了现实条件。从唐代开始，由于江南运河漕运日益繁忙，丹阳、丹徒段缺水情况严重影响正常航运，不得不寻求解决办法。因此"以练湖之水，济漕运之厄"的这个重大举措，自然在唐代又得到了运用。练湖初创的目的是蓄水灌田，但隋唐以后随着江南经济和江南运河地位的日益重要，练湖开始兼有引湖水济运的功能，宋代以后则发展成以济运利漕为主。唐代中后期，当地豪强地主一直觊觎练湖湖底肥美的土地，总想设法围垦湖区造田，因此不断筑堤侵蚀。"大族强家，泄流为田，专利上腴"，致使湖面严重缩减，调蓄机能削弱，造成"旱则悬耜，水

---

① 郑肇经主编：《太湖水利技术史》，农业出版社1987年版，第59页。

② 李华：《润州丹阳县复练湖颂》，见董诰等编：《全唐文》卷三一四，中华书局1983年版，第3193页。

③ 郑肇经主编：《太湖水利技术史》，农业出版社1987年版，第59页。

则具舟"。①从时人李华《练湖颂》中所描述的后果看，豪强地主的侵湖造田对练湖的正常蓄泄功能已造成了极大破坏。

到唐代中期韦损进行全面整治和扩建，使练湖由原来的周长40里扩大到80里，又进一步修复和增设湖堤的闸堰，"疏为斗门，既杀其溢，又支其泽，沃堉均品"②。湖的容积扩大和闸堰的新增修复，使练湖的滞洪蓄枯的效用得到恢复和扩大。《新唐书·地理志》记载说："永泰中，刺史韦损因废塘复置，以溉丹阳、金坛、延陵之田，民刻石颂之。"③即使"大雨时行，群潦奔流，水得所入，盈而无伤"④。韦损为了持久维护练湖的工程效用，杜绝对湖的侵占和盗垦，刻石立碑，严申湖禁，规定"盗决者罪比杀人"⑤。由于湖禁很严，管理较好，"晋唐以来，其法为甚备，而其利赖亦为甚薄"⑥，使练湖灌田济运的效用维持了百余年之久，这说明养护管理对于练湖工程效用的发挥具有重要的意义。练湖因持久的巨大经济效用，也被后人称为"东南第一水利"。韦损在修复和扩建练湖时，并没有将横截湖中的湖堤给毁掉，而是加以利用和改造，从而为后来大规模引湖济创造了条件。韦损通过保留和增高湖中横堤，以增加上湖蓄水面积，在横堤上设涵闸，调节上下湖之间的水量。在湖的东堤上设斗门，用来放水济运，而湖的西堤、南堤上设涵闸，用于引水灌田。由于上湖地势高于下湖，而下湖地势又高于江南运河和周边农田，通过湖堤、斗门、函闸等完备工程体系的控制，可以有效做到放水济运、引水灌田。唐代中后期以后，练湖在灌溉之外，就逐渐为枯水期的江南运河输水接济水位，保证冬春季节运河正常通航。南唐吕延桢曾指出："当为湖日，湖水放一

---

① 李华：《润州丹阳县复练湖颂》，见董诰等编：《全唐文》卷三一四，中华书局1983年版，第3193页。

② 李华：《润州丹阳县复练湖颂》，见董诰等编：《全唐文》卷三一四，中华书局1983年版，第3193页。

③ 欧阳修等纂：《新唐书》卷四十五，中华书局1975年版，第1057页。

④ 李华：《润州丹阳县复练湖颂》，见董诰等编：《全唐文》卷三一四，中华书局1983年版，第3193页。

⑤ 脱脱等：《宋史》卷九十七《浙西运河》，中华书局1977年版，第2405页。

⑥ 陈乾惕：《练湖修复已完蓄水济漕有奏疏》，转引自郑肇经主编：《太湖水利技术史》，农业出版社1987年版，第62页。

寸，河水涨一尺，旱可引灌溉，涝不致奔冲。"①从放湖水一寸运河水涨一尺的描述中可知，练湖对江南运河的水量补给能力是非常强的，而湖的超级容量又使运河无浅涸之患。唐宋以后国家日益依赖大运河，在明清时代更是把大运河看作生命线，这就是为什么人们对运河的畅通极为重视，而对江南运河又尤重之的原因。为了江南运河的畅通，两宋时人们就重视发挥练湖贮水济运的功能，到明清时练湖的功能定位被彻底改变，"演变为七分济运，三分溉田"②，从而使济运与灌溉的矛盾变得日益突出了。

练湖是一个兼有灌溉、防洪和济运多重功能的综合水利工程。"自隋唐至清代的一千二三百年间，在防御水旱灾害、保证运渠通航方面，练湖始终起着重要的作用，对太湖地区社会经济的发展作出了积极的贡献。"③但从水利技术的角度来讲，"引湖济运"恰恰是它的最大特点，是江南水利实践上的典范创举。练湖"引湖济运"的举措和成功实践经验，对元代开凿京杭大运河过程中解决运河部分河段水位低、水源不足的问题提供了重要思路，对后世运河工程的发展有着极为重要的意义。

（三）圩田水利工程

圩田是江南地区极为普遍，也极为重要的一种农田水利工程。圩田的开创主要依赖圩堤构筑，以堤围水造田，以堤障水，属于典型的堤防型水利工程。相传早在春秋时期，吴国就在固城湖畔"筑圩"，越国在淀泖湖滨"围田"④，这些圩田成为当时吴越的沃土，是诸侯争霸的经济基础。公元前248年，楚国春申君在无锡西北开凿无锡湖，即今天的芙蓉圩，则标志着江南已形成了较为成熟的圩田工程技术。《越绝书》记载："无锡湖者，春申君治以为陂，凿语昭渎以东到大田；田名胥卑，凿胥卑下以南注大湖，以写西野。"⑤春申君所围的陂不同于灌溉水利的陂湖，是以堤围湖，将湖底变成水田的陂

① 吕延桢：《复练塘奏状》，见董诰等编：《全唐文》卷八七一，中华书局1983年版，第9116页。

② 郑肇经主编：《太湖水利技术史》，农业出版社1987年版，第59页。

③ 郑肇经主编：《太湖水利技术史》，农业出版社1987年版，第60页。

④ 杜石然等：《中国科学技术史稿》（上册），科学出版社1982年版，第297页。

⑤ 袁康、吴平：《越绝书》卷二《吴地传》，浙江古籍出版社2013年版，第13页。

田，而且有专门的泄水渠道，圩内有耕田面积5000顷。此外，据研究，当时吴国的"胥卑虚""鹿陂"都有筑堤围田的迹象。[1]这些足以证明早期江南圩田技术的发达。

到唐宋时期，随着太湖流域的大规模开发，河网湖区的系统治理，江南圩田技术在总结前人经验的基础上取得了系统性发展。江南各处沿江沿湖创建了数量极为庞大的圩田。唐代圩田以苏州、嘉兴最发达，据时人李瀚的记载，"嘉禾土田二十七屯，广轮曲折，千有余里"[2]。到中唐时，从苏州经平望至吴兴环太湖东南岸的大半圈都被圩田的长堤所连接包围了。两宋时圩田更多，据《嘉定建康志》记载，江宁府上元（今南京）、江宁、溧阳、溧水四县圩田共达82万2000余亩，宣城一县就有圩田179所[3]，浙西有私圩1489所。这时期，江南的许多大型圩田，往往一座圩田周长达几十里，有数万甚至十几万亩田，成为当时的高产农业区。如太平州（今安徽当涂）境内"圩田十居八九，皆是就近湖泺低浅处筑围成埤"[4]，州内有官圩"广济圩长九十三里有余，其圩与私圩五十余所并在一处，坐落青山前，各系低狭。埤外面有大埤。堤，一条，包逐圩在内，抵障湖水"[5]。建康永丰圩，庐江杨柳圩，无为佳成圩，和州三历阳圩，芜湖万春圩、陶新圩、政和圩，宣城化城圩、惠民两圩等，都是周长几十里的超大型圩田。万春圩则是历来江南最典型的大圩田之一，国家每年从中可得租粮36000斛，菰蒲鱼桑等杂项收入50万两。由于对所获得的效益极为满意，宋仁宗给这座圩田赐名为"万春圩"。除此以外，还有一项溢出效益是当时修建时所没有预料到的。万春圩建成4年后，恰逢南方普遍遭遇严重水灾，宣城和池州一带被冲毁的圩田数以千计，万春圩不但岿然不倒，还在直接抵御东面大湖的洪水时，保护了附近众多小圩田的安全。万春圩自从修复后，其因规模与效益的巨大而名声大噪，当时便有"江南第一圩"之称。

---

① 缪启愉：《太湖地区塘浦圩田的形成和发展》，《中国农史》1982年第1期。

② 李瀚：《苏州嘉兴屯田纪绩颂》，见姚铉编：《唐文粹》，浙江人民出版社1986年版，第11页。

③ 徐松辑：《宋会要辑稿》第151册，中华书局1957年版，第5874—5913页。

④ 徐松辑：《宋会要辑稿》第152册，中华书局1957年版，第5941页。

⑤ 徐松辑：《宋会要辑稿》第124册，中华书局1957年版，第4930页。

圩田是古代江南农业丰收的坚实基础。圩田这种以水利工程保障水田农作的方式，可以有效抵御旱灾与水涝对农田生产的冲击，带来了水稻的高产。"东西相望五百圩，有利由来得无害。……请看今来禾上场，七百顷地云堆黄。"（韩元吉《永丰行》）"周遭圩岸绕金城，一眼圩田翠不分，行到秋苗初熟处，翠茸锦上织黄云。"（杨万里《圩田》）这两首诗描绘了当时江南圩区的丰收景象，较好地注解了当时圩田在农业生产中的巨大贡献。以圩田为基础的农业经济发展，令唐宋时代中国经济重心由北向江南转移，形成国家经济依赖东南支撑的局面。每年从江南所征发的漕粮、赋税，成为国家财政来源的主要支柱，而这些财富通过京杭大运河输送到京城，直接维系着庞大帝国的运转。江南圩田的高产量，范仲淹在《答手诏条陈十事》中曾有这样的描述，他说苏州"一州之田，系出税者三万四千顷。中稔之利，每亩得米二石至三石，计出米七百余万石。东南每岁上供之数六百万石，乃一州所出"[1]。因此他大声呼吁国家要重视江南圩田水利的建设，否则就会"失东南之大利"。事实上，当时北宋每年用于维持160万军队的巨大经费，有六分之五是来自江南的田赋。南宋初期，甚至因江南粮赋征收不足造成军粮短缺，一度影响到政权稳定，使统治者狼狈不堪。正是依靠圩田技术的成熟与圩田工程的快速建设，江南沿江沿湖低洼地区得到迅速开发，农业生产得到发展，尤其是太湖地区变为全国最重要的粮仓，因而才有像"苏湖熟，天下足""天上天堂，地下苏杭"这样的谚语在南宋的出现与流行，并取代此前的"天下根本，在于江淮。天下无江淮，不可以足用。江淮无天下，自可以为国"[2]的说法。可以说，在农业经济立国的时代，是圩田的发展创造了古代江南社会的高度繁荣。

唐宋时代，江南圩田已发展得极为成熟。一座圩田就是一个大型农田水利工程，圩内则沟渠四通八达，以备灌、排水及运输之用，圩岸遍植杨柳，堤下种植菱苇，用以护堤防浪。"整个圩田形成了圩堤、河渠、堰闸三者相结合

① 范仲淹：《范仲淹全集》（中册），四川大学出版社2002年版，第534页。

② 李觏：《李直讲先生文集》卷二八《寄上富枢密书》，见曾枣庄、刘琳主编：《全宋文》第42册卷八九四，上海辞书出版社2006年版，第3页。

的一个有机整体。"①范仲淹曾描述北宋圩田说："江南旧有圩田，每一圩方数十里，如大城。中有河渠，外有门闸。旱则开闸引江水之利，涝则闭闸拒江水之害。旱涝不及，为农美利。"②从范仲淹的描述可知，江南圩田的形制复杂，规模庞大，每一圩即相对独立的水利工程体系。而在这个体系中，非常强调圩内的规划和布局，圩内外水系调节的技术手段也很成熟系统。在规划布局的系统性上，唐末五代吴越国创建的塘浦圩田系统，堪称是江南圩田的最佳典范。

塘浦圩田是以塘、浦为圩田的四周边界，塘浦深阔，圩大堤高，圩与圩隔河相连成片。塘浦圩田的规划和布置非常周密和科学。"圩内根据地形整治沟渠、修筑堤塍。沟渠和堤塍可通船和行人，在大堤所围成的区域内俨然是一方独立的工程体系，行政管辖亦是相对独立的'王国'。"③北宋水利学家郏亶在《吴中水利书》中曾记述过吴越国这种治塘浦的方法。④在江南滨湖低地上依照河流走势，以五里、七里开一纵浦，七里、十里修一横塘，形成圩田棋布，纵浦横塘交错，门堰泾沥相间的状态。纵浦的作用是雨潦时排水入江湖泄洪，天旱时引水入圩灌溉；横塘的作用是潴蓄积水，用闸堰控制排灌，调节水量。塘浦圩田的堤岸用开浦塘的泥土建造。为保证圩田的安全，塘浦要挖得深阔，宽10余丈至30余丈，深2~3丈；堤岸要修得高厚，高至2丈，不低于1丈。它在综合规划和利用圩田与塘浦水系的同时，实现了治水与治田的相结合，是江南圩田在滨湖滨江地区的特殊发展。圩田与塘浦的逐渐结合，使湖沼的原有出入河道变成了圩田的塘浦沟渠，既实现原有泄水通畅又增强了圩田引灌、蓄水和排水的能力。吴越国通过大力发展塘浦圩田，使太湖及周边地区的滨湖沿江低地、沼泽区域得到极大开发，也为其偏居东南87年提供了坚实的经济基础。以至于北宋前期在大型圩田上获得的巨大成绩，实质上都是吴越国塘浦圩

---

① 杜石然等：《中国科学技术史稿》（上册），科学出版社1982年版，第297—298页。

② 范仲淹：《范仲淹全集》（中册），四川大学出版社2002年版，第533页。

③ 周魁一：《中国科学技术史·水利卷》，科学出版社2002年版，第225页。

④ 归有光编：《三吴水利录》卷一《吴中水利书》，见伍云主编：《丛书集成新编》第91册，新文丰出版公司1985年版，第61页。

田系统及技术延续的成果。

到北宋中期时，随着土地国有、大庄园主经济的瓦解，个体农民分散经营的方式确立，江南塘浦圩田系统也随之大部分解体，由浜泾小圩取代。[5]尽管如此，塘浦圩田系统对后来江南低洼地区的开发、农田水利的发展，仍有着深刻的影响。塘浦圩田系统的成熟，对太湖地区河网化的形成奠定了基础，也是后来江南水乡市镇格局形成的重要基础。明清时，江南水乡以十字河、丁字河、一字河等为水道和街道的市镇形态，与吴越时创建的塘浦圩田水网形态有着密切的历史渊源。在水利技术和治水治田思想上，塘浦圩田的影响也没有终结。明清时期，联圩并圩措施和分级分区排水经验，就是吴越塘浦圩田治理思想的延续和创新发展。

明清时，太湖下游圩田多分化成被称为"鱼鳞圩"的小型圩田，一般面积为三五百亩，甚至几十亩。鱼鳞圩的圩堤由于都是农民自行修筑，堤身矮小单薄，质量较差，故防洪能力很低。明万历三十二年（1604），著名水利学家耿橘出任常熟知县后，大兴水利，为提高鱼鳞圩的抗洪能力，经亲调查研究，提出规划说："惟看地形，四边有河，即随河做岸，连搭成围。大者合数十圩，数千百亩，共筑一围。小者即一圩数十亩，自筑一围亦可。"[6]耿橘的规划即在考虑水路畅通的情况下，有计划地并联各圩大堤，使众多鱼鳞小圩圩堤并联成一体而兼有大圩、小圩在防洪排涝方面的优点。[7]耿橘的这种联圩并圩法，取得了巨大成功，使常熟县成为当时江南水利改革的范本。耿橘的成功经验一直延续到清末，常熟县为缩短防洪战线，将全县小圩田合并成380处联圩。[8]他总结治水经验的《常熟水利全书》，曾被苏州府当作治水规范，要求下属各县学习参考。

分级分区控制排水的思想和工程系统，是明清时代对塘浦圩田系统的另一种创新发展。由于地势总是有高低不等，圩田内部随着地势起伏也有高低

---

⑤　《太湖水利史稿》编写组编：《太湖水利史稿》，河海大学出版社1993年版，第99页。

⑥　耿橘：《大兴水利申》，见徐光启：《农政全书》卷十五，岳麓书社2002年版，第234页。

⑦　《太湖水利史稿》编写组编：《太湖水利史稿》，河海大学出版社1993年版，第293页。

⑧　《太湖水利史稿》编写组编：《太湖水利史稿》，河海大学出版社1993年版，第238页。

差别。高低不平导致雨水水流常积低处，既造成低田积涝，又造成高田容易缺水。古人为解决这一问题，创造了分级控制排水的办法。分级分区控制排水系统，是在圩田内的高田与低田之间筑围堤，在塘浦上设置斗门堰闸，实行分级、分区控制圩田内的水情，使高地不受旱，低地不患涝。明初何宜的"径塍"分区防御，是这一办法较早的理论和实践尝试。何宜主张根据圩田的大小，在其内筑一条或几条贯穿的直坝，将圩田截成几部分，从而便于不同高度的圩田都可在旱季蓄到水，在洪涝时可以及时人工排水，互不干扰。明万历时，耿橘进一步发展了分区法。他提出在大圩内高区浚河，低区筑岸，即根据地势高低分区间另筑较高堤岸。这样即使大圩溃决，也只有部分圩田会被淹，其他圩田可以免难。

孙峻《筑围图说》的成功筑圩经验，真正解决了圩田内中心洼地遇大雨被淹、无法排涝的问题。青浦地区低洼，圩田基本上都呈四周高、中间低的仰盂状，且只有圩岸，没有内部分级措施。一遇大雨，圩田就被淹没，水无法排出。筑圩也无法阻水淹田，因而老百姓都不愿意再筑圩堤了。但是孙峻经过研究，认为不是圩岸无效，而是圩田内没有分级控制措施，造成高田水积成灾，使整个圩田受牵连。针对圩田这种仰盂状，他提出用围岸、戗岸实行分级控制，高低分派的办法。他的具体措施是：先选择圩内最高地段作为村庄生活、生产区域，以免受水淹。然后将圩内农田按地形高低分成上、中、下三级塍田，在每级间构筑大戗岸，使各级农田形成高低分开的独立区域。下塍田区，四周以围岸全部包围。戗岸或围岸内外均挖深渠通流、储水。在圩田中心最低洼部分开凿溇沼，直通外河，以溇口连接下塍田内部，以便下塍田的泄水或引水。再将各区内的田以20、30亩分作一格，筑小戗岸进行分格控制。最后，各区向外开沟渠与外河相连，在阙口处均设闸控制，又在上塍田与中塍田之间开倒拔沟，用来引外河水或中塍田多余的水灌溉上塍田。这种利用各区和大小分戗的格相互配合，通过闸门形成梯级控制，达到大水时高田水不进入低田，低水时高低片之间河水通流、可以行船的效果。孙峻所总结的"孙家圩"分区排水经验，做到了高水高排，低水低排，各行其道互不干扰。根据县志记载，这种方法推行后当时取得了很好的成效，以至于其后30年里青浦县再没有发生过水患，一些低洼荒区也因此得到开辟。孙峻的这一办法，后来被推行到上海、嘉兴、昆山、吴江、震泽等太湖低洼区域，对清代太湖流域的圩田农业的发展做出了巨大贡献。

三、江南水利工程资源的文化创意与开发利用

正如有的学者在论述江南水文化的价值时所言："吴越水文化是古代最主要的水文化，早在春秋时代这里的治水工程就很发达。秦汉时代在江南开挖了不少河流，东晋时代水利工程规模更加扩大。由于这里山川秀丽、物产丰富，成为全国最富庶的地区，积累了丰富的水文化。从春秋时代起，一直到明清，长盛不衰，影响深广。"①大量水利工程的创建，尤其是那些著名水利工程的创建，对古代江南社会的经济发展起到了积极的作用。但在当代，随着人们对于水资源的认识逐渐走向系统化和全面化，对水利工程价值的认识就不再局限于蓄泄调节、灌溉乃至航运的功能以及经济工具，人们把水利工程看作是自然环境、物质资源、工程技术和社会文化、文化审美众多资源融为一体的资源。它们有的是工程的物质实体、自然环境，有的是工程技术、设施场所，有的是文化理念、人与环境的关系，但都是展现人们改造自然、实现人类伟大精神力量的文化资源。"对于水利旅游资源而言，其旅游吸引力主要来自于资源的观赏价值、文化价值和生态价值三方面。"②针对江南水利工程文化资源的特点，我们认为可以从自然环境再造和水利景观、工程技术和物质文化的角度，以及文化记忆与审美体验等角度进行资源性的开发利用，充分发掘这些水利工程所蕴含的丰富的资源价值，可以将水利工程文化资源变为文化资本。

（一）江南水利工程性景观建设与审美休闲性开发利用

1.开发江南水利工程的水利景观观光

"水利风景资源是指水域水体、相关联的水利工程设施及所属的山体、岸地、岛屿、植被、建筑、园林、历史遗迹等各种景观元素在空间关系上的和谐组合。水域景观依托自然或人工水体，以湖泊水库河流运河干渠为主体，同

---

① 游宏滔、王士兰：《江南水乡城市水文化探析》，《上海城市规划》2007年第6期。

② 丁枢：《水利旅游资源分类开发模式研究》，《中国水利》2011年第14期。

当地地形地貌结合，或平原或阡陌或山岭或丘壑，加上各种水利工程设施：堤坝、泵站、渠闸、枢纽、码头、渡口等，形成丰富而独特的水利风景景观风貌。"[1]水利工程能在自然环境和水资源系统中形成完美融合，并能塑造和改变自然环境，创造更为优美动人的水利景观和自然美景。水利工程是水利资源系统中的一部分，是人与自然环境之间进行交换的中介。水利工程一旦建造，一方面对原有自然环境的地形地貌进行了破坏和改变，另一方面也对自然环境起着重新塑造的作用。因而水利工程是能对自然环境产生巨大改变的积极因素，是人类将自身力量作用于自然界的最大体现之一。水利工程在建造中往往要削山浚河，拢截深渊，洼地起平湖，为保护堤坝往往又要在堤坝上大量植柳种树，这些活动固然改变了原有的地理风貌，但也往往美化了环境和塑造了新的自然景观。因而，对江南水利工程资源在自然环境方面的利用就是首先被关注的对象。在这一方面，由于江南山川清秀，自然柔美，气候宜人，加上雨水充沛，因此江南水利工程一旦造就，在自然环境的美化和水利景观的塑造上就更具有观赏性和环境优雅的特点。如宋代台州胡氏家族所开的南塘水库"一年而荷生，二年而鱼肥，三年而柳成，四年而鸥鸟驯，五年而堤上之竹秀。既而游者、来渔者、入涤者至汲者集"[2]，这记载了一个水利工程塑造全新自然景观的实例。南塘不仅是一个有效的农田水利工程，而且还是一个环境优美、生气勃勃的景观，是宋代台州人最为推崇的审美休闲的场所。

在水利工程的景观设计上要充分凸显水利风景的独特性和审美价值。"工程设施的弱势在于其景观雄伟之余稍嫌单调，如果没有配套景点，很难留住游客。为此，应考虑多方拓展景区的景点群，既可以对某一大型景观从不同的角度加以展示，也可以兴建相关的文化设施对工程内涵加以深化。以胡佛大坝为代表的美国的水电旅游开发有许多值得借鉴之处：在水电站枢纽设计阶段，就考虑到除了满足水电站的各项功能外，还要顾及景观设计。例如，预留适当

① 刘晓惠、罗枫：《以资源特色为基础的水利风景旅游开发策略——以江苏为例》，《南京工业大学学报》（社会科学版）2009年第1期。

② 胡融：《南塘记》，见顾宸辑：《宋文选》卷十一，顺治十八年（1661）辛丑辟疆园刊本，南京图书馆藏。

的位置当作观景点，方便摄影者拍摄到令人心醉的画面；在合适的地方以很少的花费竖起永久性纪念标志牌，牌子上写清楚水坝的名称、建设时间、建设者等，为游客拍照留念提供便利。此外，很多水电站还建有专门的展览室，以文字和图片的形式介绍水电站的布局、设计、建设和运行情况。"①在当代江南水利工程文化资源的开发上，人们可以充分利用水利工程在水域环境、景观设施和水利风景等方面的特点，下大力气塑造完美的或别致的独特景观风景，以营造充分和独特的水利景观体验。例如淮安洪泽湖大堤、周家大塘和三河闸，扬州的瓜洲古渡、锦春园和御码头等这样的水利工程，在开发其资源时就特别需要突出其独特的景观视觉冲击力和深厚的历史文化意蕴、审美内涵。

2.开发江南水利工程的水资源环境的系统体验

现代人们对于水资源的认识突破了单纯的物质资源性，凸显一种新的水文化观。"现代水文化的核心理念是人水和谐。在不断强调科学发展与和谐发展的今天，人水和谐的提出无疑为城市如何处理与水的关系提供了一个新的思路。"②人水和谐意识是利用水资源的文化基础，也是每个民族维持水资源可持续发展的文化基础。"人水和谐的理念有助于人类平衡人与自然之间关系，这种理念是人类长期以来和自然共存的过程中积累发展起来的，是基于人类对于水与人类生存之间的关系的深刻理解，以及水与人类社会文明进程的理解之上的。有了对水的深刻理解，人们才能亲水、保护水、爱惜水，注重平衡水与可持续发展之间的关系。"③正是因为水利工程与水环境紧密关联，与自然环境最能形成融合和再生，所以充分体现了人与自然的和谐共生。如清人陈祖范在《昭文县浚河记》中记载了乾隆十一年（1746）夏昭文县疏浚河道工程，原已荒废的河道由此变成一道美丽景观："琴川古迹，湮久难复。昭文县境，有渠纵贯其中，东西水道皆属焉。……乾隆十一年夏，止山张侯毅然撤而浚之，……秋水时至，川流淑淑，步有新舡，港停远筏，鹅鸭游泳，山郭清

---

① 丁枢：《水利旅游资源分类开发模式研究》，《中国水利》2011年第14期。

② 郑大俊、刘兴平、胡芬娟：《从城市与水的关系看水文化的发展》，《河海大学学报》（哲学社会科学版）2008年第1期。

③ 郑大俊、刘兴平、胡芬娟：《从城市与水的关系看水文化的发展》，《河海大学学报》（哲学社会科学版）2008年第1期。

照。"①这种环境的改变不单是自然条件改善，也是水与人之间的整体系统的优化。

江南地区的江河、湿地、滩涂大多交错在一起，在水利工程景观的设计上可更多体现江南水资源环境的系统性，使水域景观类型得到丰富体现。从江、河、湖、海到滩涂、草荡、湿地等多种水体形式与风光在水利工程为介质的基础上能够完美结合，因而可以充分利用古今构建的大量各类水利工程建筑，如坝、泵、闸等，和水工遗址，如堤、塘、码头等，构成与水域景观系统融合的水利景观体系。这样"体现了自然景观与人文景观的高度融合，历史与现代水工构筑交相辉映，构成别具一格、积淀深厚、丰富多样的水利风景类型。尤其是结合了古今水利构筑的大型水利工程，体现了人类开拓精神和现代科技水平，具备了水利风景的鲜明特征"②。同时，各种类型水资源形式的融合又可以让体验者充分感受到自然资源的多样与和谐统一及与水利工程的调和。有学者指出："水域风光类旅游资源除了带动、串联其他旅游资源外，其自身还可以派生出大量的旅游资源。在本区，由于人类开发历史悠久，文化积淀深厚，许多派生的旅游资源也有很高的价值，甚至超出水体本身。"③因而通过各种近水设施打造与水亲近的活动场所，形成醒目的连续近水设施工程构造群，能够极大提升游者的体验感。例如射阳河闸旅游项目规划设计就强调立足湿地风光、大河芦苇荡、鸟类天堂、沿海大闸、参天林木、广阔田野，以露营、摸鱼、钓鱼、烤鱼为新体验，构建能够让游客享受田园生活、感受渔耕露宿、体验返璞归真的意境。④例如浙江新安江水库的大坝与江上的白沙江雾能形成水体互映互衬特殊景观，从大坝上既可体验人工巨湖的宏阔，又能感受新安江江水的自然神奇和奇妙曼丽。

---

① 陈祖范：《昭文县浚河记》，见谭其骧主编：《清人文集地理类汇编》第4册，浙江人民出版社1987年版，第717页。

② 刘晓惠、罗枫：《以资源特色为基础的水利风景旅游开发策略——以江苏为例》，《南京工业大学学报》（社会科学版）2009年第1期。

③ 范今朝、程玉申：《杭州市水域风光类旅游资源的状况、特征与开发思路——杭州市旅游资源普查部分结果分析》，《浙江大学学报》（理学版）2004年第2期。

④ 朱建伟：《江苏射阳河闸旅游经济发展对策》，《水利经济》2006年第3期。

（二）物质技术资源和社会文化资源的开发与体验休闲

1.水利工程物质资源与工程技术资源的开发利用

水利工程是一种包括众多物质实体和技术内涵的资源。每个江南水利工程必然要建设相应的工程建筑实体和制定技术规范，如堤坝、调输水源的渠道、闸斗涵洞、船闸、堰埭、施工器具、工程技术方法和技术操作规范、夯土法、取土法、特殊施工技术、堰闸修筑形制标准、堤坝的养护措施、水位监测技术标准等，它们都是文化资源，是水利工程呈现的文化赖以存在的基础。江南水利工程在物质和技术方面都有非常丰富的资源，既展现了江南水利工程的物质性成就，也呈现和承载了精湛的技术创造和深邃的文化思想。针对工程技术的丰富性和创造性、精巧性突出的特点，江南水利工程文化资源的开发可以充分挖掘工程技术性的物质资源而予以系统化和全面化利用。如仪征、扬州、淮安、泗洪和高邮等地运河上所建的79座斗门、水闸，以整体协调的技术方法保持运河从长江到黄河段水位的平衡，从而保持航道水位和调节航深，充分展现了江南运河设施的完善体系。而其中始建于北宋时期的双门船闸的布局和运用，已与近代船闸一般无二，并且时人发明了被称作澳闸的具有节水功用的船闸，这些水利工程技术的发明足以令世人惊讶。像这样的系统性工程技术方法的开发，可以充分将分散的资源有机组合起来，将所有相关物质设施和技术工具、规范流程融合呈现，构建一个完善的文化资源体系，而不是单独开发某一个设施。又如著名的余杭南湖的灌溉蓄洩工程的技术精巧与独特。水利专家指出："南湖工程主要由湖堤、'龙舌嘴'和'五亩塍''西函'等组成，它们合理布置、紧密配合，构成一个有机结合的整体，以收调蓄山洪、蓄水灌溉之利。"①而余杭南湖的技术精巧集中体现在"龙舌嘴"的设置上。"'龙舌嘴'位于湖的西北面南苕溪的南侧，是分溪水入湖的进水口。苕溪发水时，势甚汹突，为了避开山洪奔注之势，进水口没有直对南苕急流，而是与苕溪水流方向约成45°夹角，使溪水徐徐流入。从龙舌嘴到南湖之间的进水渠叫做'沙溪'，长约二里左右。沙溪微微弯曲，略呈月牙形，借以延长渠线，缓和流

---

① 郑肇经主编：《太湖水利技术史》，农业出版社1987年版，第54页。

速。溪水入湖处用块石砌筑，以防冲刷，叫做'石门函'。总之，由龙舌嘴、沙溪和石门函紧密配合，组成一个比较完整的进水工程体系。"[1]像余杭南湖这类著名江南水利工程，则可以被打造成以水利工程技术体验为核心的兼具自然观光、生活体验的游览文化资源。

2.社会文化资源的开发利用

任何一个水利工程除了拥有物质文化资源外，也拥有相应的社会文化资源。所谓"社会文化资源，主要包括农业文化资源（可以为都市人提供农村生活体验的传统农业系统与景观）、工业文化资源（可以为都市人提供工业生活经验的现代工业系统与景观，既包括工厂、车间、作坊、矿场等不可移动实体，也包括机器设备、工具、档案等可移动实体，还包括工艺流程、传统工艺技能等非物质工业文化内容等）、历史文化与民俗文化资源以及它们的具体情况"[2]。江南水利工程在纯粹的工程设施基础的建设和技术性手段和操作规范外，还与社会生活紧密联系，并由此形成许多内涵丰富的社会文化资源。

一是提供水利工程管理制度的文化体验，开展水利技术文化的主题旅游项目开发。像工程组织制度、工程施工保障制度、工程管理法律制度、工程日常管理维护规范与危机应对处理机制体系，以及工程附属性建筑物，如工程养护物资的贮备场地、管理人员的办公与管理屋舍和护栏、亭台、桥梁、道路、园林物等。这些一整套繁复多样的管理制度和附属性建筑物是江南水利工程的社会文化资源的基础。例如由水则碑衍生的判定田地等次以及水则线影响田地交易价格的社会经济行为，就具有极为丰富的社会性内涵和意义。著名的吴江水则碑是北宋时设立在吴县垂虹桥北左右两侧的水则，而垂虹桥位于太湖出水口与大运河交汇处，水位的控制至关重要。左水则碑，称作"横道水则碑"，碑长7尺，上刻7道横线，反映太湖水位的高程与周边农田的淹没情况的具体关系。右水则碑，称作"直道水则碑"，上刻12大格，分注12个月，每大格下又分3小格，意示每月上中下三旬，用来记录每月不同时段太湖水位高程变化，

---

① 郑肇经主编：《太湖水利技术史》，农业出版社1987年版，第54—56页。

② 刘士林、刘永：《上海浦江镇的文化资源与发展框架》，《南通大学学报》（社会科学版）2009年第2期。

据以判断附近农田受涝灾的程度。由于吴江水则碑清晰地反映了太湖一般水位高程变化，以及由此能较准确判断太湖周围田地浇灌的便利程度和受旱涝时受灾程度情况，因而人们在田地的买卖中，也依据吴江水则碑水线的变化情况来决定田地的交易价格。吴江水则碑的这种功能的衍化是典型的水利工程的社会化内涵生成，具有重要的社会文化意义。此外，像南宋建立的宁波月湖“平字碑”水则，也是由技术方法演化为水利管理制度、城市水系统安全和解决水事纠纷的社会平衡法则的典型。对这类水利工程的社会文化资源，在开发和利用时应充分发掘其物质或技术之外的社会性内涵和在社会生活与社会制度层面上的价值和意义，将这类资源的社会性内涵通过形象生动的图片和影像故事的方式阐发透彻。

二是围绕江南水利工程形成的历史记忆与民俗、口头传说、技艺的文化体验旅游。一个水利工程，尤其是著名水利工程，总是会有一些历史人物和伟大事迹的出现，也有许多民间传说据此形成和流传，以及工程促成或带来的民俗信仰、社会庆祝活动和手工技艺等。如白居易与苏轼疏浚西湖、陈谐创建练湖、张颙与谢景温建万春圩等的历史记载，沈括记述《万春圩图记》、耿橘编纂《常熟县水利全书》，以及钱王射潮传说、余杭南湖成因传说等等，江南水利工程更重要的存在形式已经转化为丰富多彩的社会文化和生活。“如园林、灌区、运河、提水设施、港口等人文景观，如溶洞、滩地、岛礁、江雾等自然景观，如一些康复疗养地等，甚至如一些礼仪、节庆活动，如新安江九姓渔民婚礼等，也与水体有密切关系。水体周围，也往往组合了大量的各种类型的旅游资源，成为资源密集区。”[①]江南水利工程的更高价值在于其社会性内涵的衍生和文化价值的赋予，正如许多水利风俗之于水利的意义。“水利风俗：也可以称为‘水风俗’，是水利历史文化在民间生活层面上的反映，它虽然是民俗文化，但却深刻地反映了中华文化中有关水和水利的思想、价值观念及由水而形成的行为习惯，甚至是一段历史时期人们水利实践活动的浓缩与映射。……这些水风俗，或庄严肃穆，或活泼热闹，无不折射出人类在水面前既

① 范今朝、程玉申：《杭州市水域风光类旅游资源的状况、特征与开发思路——杭州市旅游资源普查部分结果分析》，《浙江大学学报》（理学版）2004年第2期。

欲亲近又有所畏惧,既感恩崇拜又心存戏耍与反抗的复杂心理。水风俗从一个侧面反映出人与自然之间的关系以及人类在自然面前的心态。"[1]这类文化资源的开发,可以尝试采用声光电、音像图和模拟等多种手段和形式,全面地展示江南水利工程的相关历史人物、科技著述、传说民俗和典籍制度、水风俗等。这样不仅会丰富博物馆的展出内容,而且可以向参观者全面展现水利工程的历史文化。

(三)以文学诗意审美体验为核心的水利工程审美文化资源的开发利用

江南水利具有良好的自然美和水利景观美的特征,使人们容易发现其美并欣赏,进而写下大量的诗文来描写和讴歌所见之美。甚至一些江南水利工程由于淤塞、侵占、崩坏等因素导致其水利功能退化或丧失,但是其审美意象依然鲜明留存着,成为人们审美欣赏的专门对象,反而令地方文人雅士流连忘返。例如:"明末清初,对南湖水利颇为重视,修治的次数也不少。但因盲目垦山恶性发展,溪流挟持入湖的泥沙越来越多,下南湖终于在旋浚旋淤中迅速趋于萎缩。到清道光、咸丰年间(公元1821—1861年)下南湖已淤积成陆,'骤难浚复'了。湖底浅水一勺、微波涟漪,成为士大夫游观之区,完全失去了调蓄山洪的意义。"[2]又如有"东南第一水利"之称的著名练湖,其在水利与农田矛盾日益激化从而导致湖区日益缩小后,也完全成为地方士人骚客游赏鉴赏的审美对象,其水利功能完全废弃了,而描写游览的作品不胜枚举。

江南水利工程的审美性文化资源是指直接描写、歌咏水利工程及其相关景象、场景的诗词散文等文学作品,以及各种与水利相关的口头文学、音乐歌舞、民间艺术等富有审美性内涵的资源。一项水利工程的倡议提出、组织募集、施工、困难克服、告成,往往都有相应的议、疏、述、记、祷文、祭文等文章来记载表彰功绩或记述故事。如刘毓崧的《盐阜潮河新筑长圩记(代)》、王荣商的《移筑永丰塘石口记》、唐仲冕的《浚吴淞江工竣善后

---

① 李可可、陈玺:《浅谈水利历史文化及其展现与传承》,《中国农村水利水电》2007年第4期。

② 郑肇经主编:《太湖水利技术史》,农业出版社1987年版,第53页。

议》、毛奇龄的《请罢修三江闸议》、邵廷采的《水利略》、程廷祚的《与苏常诸公论开秦淮通丹阳书》等这样的经世文，翻查各地方志文献不计其数。自古以来水利工程作为征服自然、体现人类力量的巨大成果，在改造自然同时与自然浑然融合、增美自然，并且创造独特的水利景观，曾吸引了无数文人墨客。他们在水利工程创造的自然美与人工美的面前不吝笔墨，挥毫写下无数诗歌词赋，尽情讴歌眼中所见之诗意景象和胸中所感之化美境界。因而，围绕一个水利工程，历代名人雅士写的诗歌词赋文章可以说不可胜计，像明人张国维编撰的《吴中水利全书》，清人特东阿纂修的《东湖志》、马承照辑的《当湖外志》、民国陶元镛辑撰的《鸳鸯湖小志》、周易藻辑的《萧山湘湖志》《续志》、黎世序辑的《练湖志》、汤谐辑的《练湖歌叙录》等著书及江南各地的方志大量搜罗汇集的相关作品，有着各种关于相应水利景观的诗意描写和审美想象、体验。这些审美性的文化资源具有良好的可感性、审美想象性和体验性特点。这种以文学审美想象为核心的诗意审美体验可以被迅速产业化开发和利用。

由于水利工程及其附属审美资源具有深厚的古典诗词文学积累，在开发以水利诗意体验为核心的审美文化资源时，要集中力量对关于江南水利工程的古典诗词、散文进行收集和整理，挖掘出关于水利工程的景观和诗意景象的经典场景，再现和重建经典景象的体验场景和文化空间。例如，开发一个体验清人宋荦夜游宝带桥的审美体验项目："康熙三十四年七月十五日午后，与族子……出盘门，泛舟至宝带桥。桥迤俪五十三洞，长以尺计者八百七十有五。相传唐刺史王仲舒鬻宝带助建，桥因以名。其右为震泽，左为澹台湖，一望弥淼。维舟步桥上，时日将落，楞伽、灵岩、阳山诸峰如积翠浮水面，余霞散绮，映带其间。顷之，圆月东上，烂如银盘，与波荡漾，俨然金碧图画。渔人网得白鱼，呼奚奴买之，坐船头煮鱼小饮。已复登桥，徘徊微风清露中，流萤闪闪作团，飞入稻畦，欸乃之声隐起别浦，数月以来，此乐得未曾有。归途倚舷望月华，抵署，漏下二十刻矣。拟作诗纪游，而吟兴不属，聊书此付幼子筠，仿东坡例也。"[1]文学审美性文化资源的开发与利用，具有高度诗意内涵

① 宋荦：《记游宝带桥书付筠》，见谭其骧主编：《清人文集地理类汇编》第6册，浙江人民出版社1990年版，第681页。

和审美想象特征，因而可以再以经典场景为核心拓展诗意审美空间的文化主题体验。例如可以重建一个清人全祖望《桃花堤记》所描写的桃花堤审美想象文化体验区域，恢复和仿设相应的遗迹设施，同时塑立相关人物雕塑，充分做好相应的文字解说和活动介绍工作。还可以大力挖掘其他类型的审美文化资源，开发相应的审美体验项目和主题旅游。如全面系统地收集和整理的口头文学、民间故事、水特产和相关技艺，打造一座以水利工程为活动基地的水文化体验馆。各地存在着浓厚的与水有关的传统民俗活动和非物质文化遗产，如河神祭祀、治水先贤祭祀以及祭水祈祷、龙王庙、捕鱼禁忌与习俗等，因而可以将非物质文化遗产和民俗的整理与传承作为江南水利工程文化资源的基础，建立水文化民俗和非物质文化遗产体验馆，并广泛介绍与传播水文化文化遗产、民俗文化保护等活动。

第二节　江南农桑文化资源

中国自古以农立国，自唐末以来成为全国经济重心的江南地区拥有着丰厚的农业文明。"苏湖熟，天下足""衣被天下"等形容江南地区丰饶的谚语更是为人所熟知，尽管这些说法可能由于各地经济发展水平的普遍提升而不再具有现实意义，但地域文化中对各个地区的描述与想象却深远地影响着各地的文化形象的建构。从历史上看，江南农桑文化资源同北方相比具有显著的稻作文化特点，而同南方的巴蜀文化、荆楚文化相比，拥有精耕细作水平较高、多种经营能力较强、自然条件利用较为充分的显著优势，形成了"天下之利，莫大于水田"的农田景观与"鱼羹饭稻"的特色农业种植体系，也在根本上为"传家二字耕与读"的江南乡镇文明奠定了物质基础。

一、江南农桑文化资源的历史分期

由于江南地区在历史上并不是一个固定的地理区域，因而在展开论述之前，根据"江南核心区"的概念，将明清时期的苏州、松江、常州、镇江、应天、杭州、嘉兴、湖州八府及从苏州府辖区划出来的太仓州作为主要区域。①如果从传统农业"天""地""人"的"三才"角度对江南地区的农业生产条件与生产技术进行考察，位于长江中下游地区的江南地区为亚热带季风性气候，水热资源充沛，全年气温在0℃以上，多数地区农作物全年可生长，年降雨量在800毫米以上，湿润多雨，光热水季节配合较好。从"地"的角度来看，这一地区分为江南平原、浙西山地和宁镇丘陵三部分，其中江南平原地区面积最大，河网径流较多，水资源丰富，但低地较多，浙西山地和宁镇丘陵山地较多，且山区丘陵多为酸性土壤，均不适宜农作物生长。江南地区虽不乏面积较小的肥沃冲积区，仍无法同华北平原大面积的肥沃冲积区相比。从"人"的角度来看，江南地区的农业生产潜力必须在前期经过大规模的人工地貌改造才能够逐渐显现出来。同北方地区，尤其是同华北平原、黄土高原相比，江南地区在"天"上更胜一筹，然而"地"的主要优势在人力不足、技术落后的原始农业耕作活动下比较不容易取得更加规模化的效益。这既是江南地区的稻作文化同北方粟作文化几乎同时起步，却在相当长的时间内落后于北方的原因，也是江南地区能够在唐末之后凭借人口的数次迁移和耕作技术的提升从而赶超北方地区的原因。本书根据江南地区的农业劳动力供给情况和对江南地区自然环境条件充分利用的程度，将江南地区农桑之事具体分为以下三个时期。

（一）先秦至六朝的"微事耒耜"时期

在先秦到六朝的漫长历史中，江南地区人口数量较少，不存在对自然地理环境进行大规模开发的人力基础，同时落后的农业种植技术也使得这一时期的农业很少使用肥料，只能以土地的自然肥力为基础，在耕作模式上以扩大土地耕作范围作为增加农业收入的主要手段。因而这一时期的江南农业以"刀耕火种""火耕水耨""微事耒耜"，对自然开发利用程度较小为主要特征，具体可分为以下两个时期：

1.先秦至汉的沉寂时期

江南地区早期农业活动可追溯至同中原仰韶文化时期略相当的太湖平原马

---

① 刘士林：《江南与江南文化的界定及当代形态》，《江苏社会科学》2009年第5期。

家浜文化、宁绍平原等地的河姆渡文化，以及稍晚以太湖平原为中心的良渚文化。河姆渡文化的遗址上出现了由鹿和水牛肩胛骨制成的骨耜，在炊器上出现了三足架支撑的圆底釜和利用蒸汽蒸米饭的甑，此外还有饲养猪、狗等家畜，进行捕鱼活动的证据，这说明了江南地区在这一时期已经能够从事农业生产，其时间同北方是基本相当。这一时期出土农作物为水稻，证明江南农业在发轫时期便形成了同北方粟作文化明显相区别的稻作文化。在稍晚的良渚文化时期，江南地区的农业生产工具开始得到较大改进，出现了用于水田耕作的石制犁铧、用于开沟的斜把破土器以及收获用的石刀石镰等，同时还出现了谷物加工所用的木杵和锥臼，并出现了绢片，这证明养蚕栽桑在江南已然出现。《禹贡》有云，"淮海惟扬州，……厥土惟涂泥，厥田唯下下"[1]。周文王时，太伯（一作"泰伯"）到吴越一带建立国家，自号"句吴"。尽管此时吴国只是一个蛮夷之地的小型国家，但"泰伯奔吴"事件却成为中国北方较为先进的生产技术同江南地区相融合的较早范例，江南地区开始有意识地修筑水利设施，利用河网密布的自然条件进行农业灌溉，《吴越春秋·吴太伯传》载，"人民皆耕田其中"[2]。西周初年周王朝的势力达到江南地区，继太伯、仲雍之后，周章被封于吴地，自此北方周文化对吴越地区的影响继续加深，在可能范围内改造江南地区地貌以适应农业种植的活动未曾停歇。吴王夫差为北上同春秋诸侯争霸还下令开凿邗沟，以沟通江淮，虽耗费了国力但后来邗沟两岸的农田却尽得灌溉之利，为此后长江流域的开发打下了基础，[3]因而有了吴国"其民殷众，禾稼登熟，兵革坚利，其民习于斗战"[4]的景象。考古实物证明，春秋时期的吴国已经大量使用犁耕，并出现了青铜制的铲、锄、耨等农具。战国时期的春申君也曾经营江南，《史记》载其在吴地大规模围田，建立粮仓。

然而尽管如此，这一时期的江南地区的农业开发能力仍远低于北方地区。直至汉代，司马迁《史记》仍称"江南卑湿，丈夫早夭"，"楚越之地，地

① 冀昀主编：《尚书》，线装书局2007年版，第38页。
② 赵晔：《吴越春秋》，江苏古籍出版社1999年版，第4页。
③ 惠富平：《中国传统农业生态文化》，中国农业科学技术出版社2014年版，第120页。
④ 袁康、吴平：《越绝书》卷十《越绝外传吴王占梦》，浙江古籍出版社2013年版，第64页。

广人希，饭稻羹鱼，或火耕而水耨，果隋嬴蛤，不待贾而足，地势饶食，无饥馑之患，以故呰窳偷生，无积聚而多贫"。[1]"火耕"意为"烧草"，而"水耨"意为"下水种稻，草与稻并生，高七八寸，因悉芟去，复下水灌之，草死"[2]，或者"苗生大而草生小，以水灌之，则草死而苗无损也"[3]。《汉书》中记载汉武帝年间江南曾遭水患，为此汉武帝认为："今水潦移于江南，殖隆冬至，朕惧其饥寒不活。江南之地，火耕水耨，方下巴蜀之粟致之江陵，遣博士中等分遁行，谕告所抵，无令重困。"可知直至汉代江南地区遭水患仍需要四川地区外运粮草才能度过饥荒。相比而言，战国之后北方黄河流域已经出现了大规模农田水利灌溉工程，克服了低地潮湿和干旱，并能够根据黄土地区河流含沙量较大的特点，运用河沙增加土地肥力和改造盐碱地，郑国渠和漳水十二渠便是这方面的杰出代表，至汉魏时期北方旱地的精耕细作体系已经完成，已经可以做到通过农业技术的提升和人力的增加提升单位土地的产量。[4]此时江南地区人口仍较为稀少，传统农业劳动力严重不足，在此前提之下保持"火耕水耨"的耕作方式，以"不烦人力""为功差易"，既是权宜之计也是无奈之选。此后北方历次的政治动荡和军事战争使得江南地区的人口保持着增长的态势，据《汉书·地理志》所载，元始二年（2）秦岭—淮河以南地区人口仅为全国总人口的五分之一。而到了永和五年（140）的时候，人口已增长至全国总人口的五分之二，为后世江南农业开发奠定了基础。

　　2.六朝至隋的发展准备期

　　汉末以来，屡经战乱的北方农田水利工程废多兴少，人口大量南迁，建国江南的孙吴政权一方面广泛接纳逃避北方战乱的人口，另一方面迫使原居此地的"山越"出山。4世纪初的永嘉之乱又一次使得中原人口大规模南迁。由于劳动力的补充，江南地区的自然环境条件开始得到规模性改造，太湖平原水

江南文化资源研究

---

　　① 司马迁：《史记》卷一百二十九《货殖列传》，线装书局2006年版，第541页。

　　② 裴骃：《史记集解》，转引自刘玉堂、雷家宏、徐凯希编著：《荆楚经济史话》，武汉出版社2013年版，第34页。

　　③ 张守节：《史记正义》，转引自郭仁成：《楚国经济史新论》，湖南教育出版社1990年版，第60页。

　　④ 李根蟠：《中国农业史》，文津出版社1997年版，第101、217—218页。

利工程开始系统化，周围地区的屯田活动大力开展，水利设施和土地开垦持续进行。左思在《吴都赋》中写道："其四野，则畛畷无数，膏腴兼倍……国税再熟之稻，乡贡八蚕之绵。"①具体而言，西部山地丘陵地区也已修筑坡塘灌溉系统，平原地区的塘浦系统也开始逐渐建立，太湖平原地势较高的西部地区开发程度较高，东部低洼地区囿于人力与技术开发仍然有限。会稽郡出现"带海傍湖，良畴亦数十万顷，膏腴土地，亩值一金"②的情况，而地跨江海地区和太湖流域的海虞县也由于新建塘浦圩田获得较为稳定的丰收，于梁大同六年（540）正式更名为常熟。谢灵运《山居赋》称"蔚蔚丰秫，苾苾香秔，送夏蚤秀，迎秋晚成。兼有陵陆，麻麦粟菽，候时觇节，递艺递熟"③。总体而言，虽然江南地区"自晋氏迁流，迄于太元之世，百许年中，无风尘之警"，"地广野丰，民勤本业"④，但直至唐初，江淮以南地区的农业技术和农业规模仍无法同北方黄河流域相比，江南地区之中，各地发展仍不平衡，劳动力与农业技术仍然不足，一些地区仍延续着火耕水耨的"畲田"，其中一个重要的原因仍是"不烦人力"。西晋的杜预曾在淮南进行屯田，最后却不得不承认"诸欲修水田者，皆以火耕水耨为便，非不尔也"⑤。隋炀帝也曾动过迁都江南的主意，却被人以"江南卑湿，地狭州小，内奉万乘，外给三军，吴人力屈，恐不堪命，且逾越险阻，非社稷之福"⑥为由所阻，这足以证明江南农业的实力虽然随着北人南迁而逐渐崛起，但这一时期综合水平仍难担全国经济之重。

（二）唐宋元"以江淮为国命"时期

如果说六朝与隋代已经为江南农桑之事的崛起做好了铺垫的话，江南富庶的历史终于在唐朝徐徐揭开了帷幕。这一时期历代中央政府对江南地区农业生产能力均抱有很大希望，江南地区人口不断增加，农业耕作技术不断提高，精耕细作体系已逐渐替代火耕水耨的粗放耕作方式，江南地区在其优越的自然条件得到充

---

① 左思：《吴都赋》，见萧统编：《昭明文选》，吉林人民出版社2007年版，第81页。

② 沈约：《宋书》卷五十四《列传第十四》，中华书局1974年版，第1531页。

③ 顾绍柏校注：《谢灵运集校注》，中州古籍出版社1987年版，第324页。

④ 沈约：《宋书》卷五十四《列传第十四》，中华书局1974年版，第1540页。

⑤ 房玄龄等：《晋书》卷二十六《食货志》，中华书局2000年版，第511页。

⑥ 刘昫等：《旧唐书》卷一百八十五《李桐客传》，中华书局1975年版，第4785页。

分利用之后并未出现大规模的生态环境破坏，进入了"以江淮为国命"的时期。

　　在唐朝，经过数百年的开发，江南农业已基本奠定生产规模，前朝的水稻种植也大大改善水田土壤质量。安史之乱和黄巢起义的连年战争导致河南地区"人烟断绝，千里萧条"，而"半乎九州"的河北地区又因割据而鞭长莫及。在朝廷能有效控制的关中、江南东西、剑南、岭南等地区中，只有江南东道的两浙地区和剑南道的淅川地区有望成为新的经济产粮区，在此期待之中江南地区凭借数百年来的农业积累一跃成为"以江淮为国命"的重要之地，成为唐朝在中晚期维护国家统一局面的重要物质基础。唐朝江南农桑之事的进步主要体现在以下几个方面：其一是水利工程的兴建。唐代前期江浙地区在继承前代成果的基础上基本形成了海塘系统，这为今后围涂垦殖和太湖开发奠定了基础。中唐之后水利修筑的重心南移，江南地区水利工程修建数量增加，并且丘陵平原以陂湖灌溉为主，低湿洼地以水网圩田为主，①使得江南地区水资源丰富的自然优势进一步转化成农业生产优势；其二是生产工具出现了令人瞩目的改进，以江东犁为代表的曲辕犁和牛耕开始在江南大范围进行使用，江东犁又称"曲辕犁"，因首先出现在唐江南地区而取"江东"之名，其形制可以在低速牛力下保证碎土效果，并更加适于南方的黏重土壤。②此外灌溉用水车等工具也十分普遍，据《旧唐书》记载，唐文宗时期江南翻车在关中地区有效推广，足见江南地区翻车使用的普遍性；③其三是桑蚕养殖方面出现了桑树密植的现象，此前江南地区由于以水田为主，无法大规模种植桑树，只能以散植的方式种植，虽然单株产量较高，但采叶和亩产量均不及北方的桑粮间作，而唐朝时期水利工程的兴建和劳动力的提升使得桑树密植开始在江南出现。刘禹锡在安史之乱前经吴淞江时也只是留下了"吴越古今路，沧波朝夕流。从来别离地，能使管弦愁。江草带烟暮，海云含雨秋"（刘禹锡《松江送处州奚使君》）的诗句。安史之乱时李白在建议迁都金陵时曾言"天下衣冠士庶，避地东吴，永

---

①　汪家伦、张芳编著：《中国农田水利史》，农业出版社1990年版，第231、235页。

②　李根蟠：《中国农业史》，文津出版社1997年版，第185页。

③　梁家勉主编：《中国农业科学技术史稿》，农业出版社1989年版，第323页。

嘉南迁，未盛于此"①，似乎还对江南的经济实力不抱以十足的信心。而安史之乱之后，白居易作诗"长洲草接松江岸，曲水花连镜湖口"，此处"曲水"被认为是修建塘浦而出现的景观。②而到了中晚唐时，"赋之所出，江淮居多"已是朝廷承认之事，韩愈言"当今赋出于天下而江南居十九"③，杜牧言"今天下以江淮为国命"④。贞元二年（786）"关中仓廪竭，禁军或自脱巾呼于道曰：'拘吾于军而不给粮，吾罪人也！'"⑤，幸亏时任江淮转运使的韩滉自南方运来了3万斛粮食才解了围。据统计，盛唐天宝年间的江南户数是隋代江南户数的6倍，而中唐元和年间的江南户数是隋代的3.4倍。⑥这一空前的人口增长终于改变了江南"不烦人力"的历史问题，为农桑之事奠定了可贵的人力基础，也使得"火耕水耨"这种虽不需过多劳动力，但也难以创造出可观的食物数量的耕作方式逐渐退出。

宋朝时江南经济重心地位日益巩固，自北宋中期开始东南地区成为赵宋王朝的强大财政支柱，此时南方垦田数和赋税总额均已超过北方。宋初朝廷以"国家根本，仰给东南"为由对江南水利设施又进行了大规模的修建，并施行劝课农桑的各种条令，使得江南地区农业继续"甲于天下"。据《宋史·食货志》记载，太平兴国六年（981）江淮运往京师的漕粮为400万石，至道元年（995）为580万石，大中祥符元年（1008）为700万石。此中漕粮"江南所出过半"⑦，包拯言"东南上游，财赋攸出，乃国家仰足之源，而调度之所出也"⑧，王安石称"苏常湖秀，膏腴千里，国之仓庾也"⑨，"苏

① 李白：《为宋中丞请都金陵表》，见钱志熙、刘青海：《李白诗选》，商务印书馆2016年版，第109页。

② 王建革：《水乡生态与江南社会（9—20世纪）》，北京大学出版社2013年版，第144页。

③ 韩愈：《送陆歙州诗并序》，见屈守元、常思春主编：《韩愈全集校注》，四川大学出版社1996年版，第111页。

④ 杜牧：《上宰相求杭州启》，见陈允吉校点：《杜牧全集》，上海古籍出版社1997年版，第158页。

⑤ 司马光：《资治通鉴》卷二百三十二《唐纪》，中华书局1956年版，第7469页。

⑥ 李伯重：《唐代江南农业的发展》，农业出版社1990年版，第68页。

⑦ 脱脱等：《宋史》卷二百八十八《任中正传》，中华书局1985年版，第9669页。

⑧ 包拯：《请令江淮发运使满任》，见张田编：《包拯集》，中华书局1963年版，第47页。

⑨ 范仲淹：《范文正公文集》卷四《奏议》，中华书局1985年版，第41页。

湖熟，天下足"的俗谚便在两宋时期开始流传。此外南宋时江南地区的不少地方已经将棉种植当作比较稳定的生产项目，并开始向黄河流域推广。总体而言，宋代农桑之事的进步是全方位的，既有钢刃农具的创制与推广，进一步促进了江南低洼地的开垦，也有水稻品种和施肥的更新，还有水利工程的进一步兴修。值得一提的是，面对"层层增高，灌溉不及"的梯田，当时已经有了完备的梯田陂堰修筑技术和完备的管理制度，如南宋名臣范成大修复的千年陂堰通济堰，其《堰规》之体例完善，涉及方面之广，成为"百世可遵守也"的名篇。

值得注意的是，经过数百年的农业积累，虽然这时期江南地区农业的增收还是主要依赖于耕地面积的增加，但是其精耕细作的种植体系已初见雏形。南宋后期蜀人高斯得为宁国知府，认为蜀中人的农事已经无可挑剔，而到了浙江却发现了另外一般景象：

> 浙人治田比蜀中尤精，土膏既发，地力有余，深耕熟犁，壤细如面，故其种入土坚致而不疏；苗既茂矣，大暑之时，决去其水，使日曝之，固其根，名曰靠田；根既固矣，复车水入田，名曰还水，其劳如此。还水之后，苗日以盛，虽遇旱暵，可保无忧。其熟也，上田一亩收五六石，故谚曰："苏湖熟，天下足。"虽其田之膏腴，亦由人力之尽也。[1]

高斯得所见的这种稻作之法一直沿用至今，虽然"苏湖熟，天下足"在后世历史中已变成了"湖广熟，天下足"，但江南精耕细作的农桑传统却仍然没有停滞。宋辽金蒙之际中国又呈现了北方战乱频繁、东南地区相对稳定的局面，元朝官员由于在平定江南时已经积累了较多的统治经验，因而并未采取"草木畅茂，以为牧地"的极端手段，不仅一般民众没有受到过多侵犯，连宋代官员的家产也得以保全。[2]大德元年（1297）江南诸道御史大夫彻里称"江

---

① 高斯得：《耻堂存稿》卷五《宁国府劝农文》，中华书局1985年版，第99页。
② 蒙思明：《元代社会阶级制度》，中华书局1980年版，第20—22页。

浙税粮甲天下，平江、嘉兴、湖州三郡当江浙什六七"①，江南地区承接宋代以来的积累继续成为国家经济的重心，但也因繁盛的农业经济承担了极高的税粮份额。

（三）明清"岁有百十万之益"时期

明清时期，在国家长期和平统一的局面下，江南土地被大量开垦，农业种植区域空前扩展。这一时期的江南地区在农业种植技术较为先进、人口压力较大的基础上"尽地力之教"，挖掘农田生产潜力，在农作技术、土地利用效益、经营方式、劳动分工等各个方面锐意改进，以多种农业多种经营和商品化为主要特点，在原本有可能因人口膨胀走向停滞或者后退的危险中继续经营着富庶的江南。明代王士性称江南"人既繁且慧，亡论冠盖文物，即百工技艺，心智咸俱巧异常。虽五商辏集，物产不称乏，然非天产也，多人工所成，足夺造化"②，这正是这一时期的真实写照。

由于可开垦的农地基本已开垦完，这一时期的江南农业主要是"尽地力之教"地进一步发挥劳动力充足的特点改善江南自然环境，尽最大努力充分利用自然条件优势。这主要体现在以下几点：其一是扩大棉田与桑地，明清之际江南地区从以水稻为主的种植结构转向以经济作物为主的种植结构，主要是因为江南人逐渐意识到将少于水稻种植所需的劳动力投入棉花、桑树等经济作物种植中可以获得数倍的回报。江北通州、海门与江南太湖平原东部太仓、松江及崇明岛等沿江沿海的高田地带多沙质微碱性土壤，因而种植耐旱并有抗碱能力的棉花，太湖平原南部杭、嘉、湖三州之地的低田地带则种植桑树，太湖北部、东部为水稻产区，形成了愈加细分的种植结构，进一步提高了种植收益。其二是在耕作中投入更多劳力，发展了深耕、套耕等精耕细作技术。《沈氏农书》记载嘉湖地区深耕时，称头次为"垦"，再次为"倒"，需"棱层通晒，彻底翻身"。江南人民特别注重粪肥、河泥、绿肥、豆饼等肥料的施用，发展了"垫底"（基肥）、"接力"（追肥）等合理施肥技术。清代江南以"粪多

---

① 李修生主编：《二十四史全译·元史》第4册，汉语大词典出版社2004年版，第2441页。

② 王士性：《广游志》，见周振鹤编校：《王士性地理书三种》，上海古籍出版社1993年版，第227页。

力勤"为核心，充分利用江南地区的自然环境条件。[①]这一时期江南地区所种植的粮食作物在总量上虽有减少，一些地区还因缺粮需外地输入，但从江南整个区域来看，无论是口粮还是税粮都是有盈余的，[②]并且因为多种种植的方法和经济作物的普及，全国经济重心的位置仍然无法撼动。

清代中前期江南农业的合理利用程度相比明后期又有了提高，不仅是耕地方面，对于人力的利用也更为合理。但同时，太湖平原等地区进入了实质性缺粮的阶段，清代太湖流域的水稻亩产量比明代下降了100余斤[③]，造成"松江府、太仓州、海门厅、通州并所属之各县……是以种花者多，而种稻者少，每年口食全赖客商贩运"[④]，无锡一带"每岁乡民棉布易粟以食，大抵多藉客米，非邑米也"[⑤]。由于经济作物更多依赖工商业的转运、交换和加工，这一时期江南地区的工商业又得到了进一步的发展。明清时期的江南基本形成了城市、乡镇等多层级的商业市场网络。

二、江南农桑文化资源的主要类型与地理分布

从历史上看，江南地区经历了由先秦到隋代的沉寂准备之后，便迎来了长时间"甲于天下"的繁盛时期。在这里江南地区的自然环境不断被开发，农作物的种植结构也不断多样化和更新。这里以"江南核心区"概念为核心，根据明清时期江南地区对自然条件开发最为充分和细致的最高级农作物种植分区为参照，将其分为江南平原、宁镇丘陵和浙江山地三部分。

（一）江南地区的地形划分

1.江南平原

江南平原在地理位置上主要包括苏州、常州、松江、嘉兴四府以及湖州、

① 惠富平：《中国传统农业生态文化》，中国农业科学技术出版社2014年版，第8页。

② 韩茂莉：《中国历史农业地理》（下册），北京大学出版社2012年版，第936页。

③ 闵宗殿：《宋明清时期太湖地区水稻亩产量的探讨》，《中国农史》1984年第3期。

④ 高晋：《清海疆禾棉兼种疏》，见魏源：《魏源全集》第15册，岳麓书社2004年版，第142页。

⑤ 黄印：《锡金识小录》卷一《力作之利》，成文出版社1983年版，第56页。

杭州二府的东部平原，占江南地区总面积的一半以上。[1]江南平原虽然在自然条件上较适合水稻等农作物生长，但需经过大规模的农田水利建设与土地整治才能够完全发挥其农业潜力，因而自战国到南朝，这一地区的土地开垦以地势较高的西部为主，东南的低洼区由于劳动力和技术等原因开发程度一直较低。直至宋代江南地区仍有"环湖之地常有水患，而沿海之地常有旱灾"[2]、"苏、秀、湖三州，地形益下，故为害滋甚"[3]的记载，因此在唐宋之时反而是宁镇丘陵和浙西山地地区成为江南农业开发之处。经过南宋、元、明初数百年积极有为的治水实践，明代前半期太湖以东平原的中心部分已经被改造为肥沃的耕地，江南耕地品质优良的特点才显现出来。至清代江南地区已经演变为三个界线较为明显、作物相对集中的种植区，主要分为沿海沿江的高田地带、太湖北部的低田地带和太湖南部的低田地带。其中高田地带以棉花种植为主，太湖北部低田地带以水稻种植为主，太湖南部低田地带以桑树种植为主。

2.宁镇丘陵

宁镇丘陵包括清江宁、镇江二府，主要分为北部沿江平原地带和南部丘陵地带，在地形上由下蜀黄土所组成的岗冲为主，起伏平缓，海拔在20~40米，高于江南平原。宁镇丘陵地区天然河湖较少，农业用水主要依靠降雨，土壤质地粘重，透水性差。文献记载三国时期孙权常来此游猎，据《三国志·吴志·孙权传》记载，建安二十三年（218）"权将如吴，亲乘马猎虎于庱亭，马为虎所伤"[4]，可知此地开发程度尚低。由于此地地势高亢，多南迁北人聚居，因而有修建陂塘水利、推广北方麦作技术的历史。[5]其在唐代之前的重要性不下于太湖平原，因而种植水稻必须兴建陂塘。至清乾隆年间，其

---

① 李伯重：《江南农业的发展（1620~1850）》，王湘云译，上海古籍出版社2007年版，第67页。

② 郏亶：《治田利害》，见范成大：《吴郡志》卷十九，上海古籍出版社1999年版，第266页。

③ 杨矩：《重开顾会浦记》，见姚文灏编，汪家伦校注：《浙西水利书校注》，农业出版社1984年版，第32页。

④ 陈寿：《三国志》卷四十七《吴书二》，中州古籍出版社1996年版，第498页。

⑤ 陈刚：《试论六朝时期宁镇丘陵陂塘灌溉农业区的形成》，见江苏省六朝史研究会等：《"六朝历史文化与镇江地域发展学术研讨会"论文汇编》，2010年。

桑蚕业兴盛。

3.浙西山地

浙西山地由杭州和湖州两地的西部山区组成，地形主要为河谷平原和山地。其河谷地区因冲积土壤早在明以前就得到了比较充分的开发，然总体而言仍然难以用于大面积耕种。这一地区的特色是梯田。明代之前浙西山地曾是桑蚕业中心，明代重心移至江南平原，而这里并未衰落，清代主要开发山地，清前中期广泛种植了茶树等经济作物，清中叶时广泛种桑与竹。浙西山地适宜种植桑、茶、竹、木等经济作物。

（二）江南地区的农田形态

江南地区虽然在自然条件上适宜农作物生长，但是也在形态上有"地势洿下，云雨阴霖"的水乡泽国特点，大部分地区无法直接进行农业种植。经过漫长的开发与经营，江南民众已经将《禹贡》中属于"下下等"的土地变成了"所谓'天下之利，莫大于水田，水田之美，无过于浙右'"[①]的福地。具体而言就是，花费大量的人力对农田进行长时间改造，通过各种方式将低湿的地区和山地改造为适宜作物生长的各色农田，以充分扬"天"之长，避"地"之短进行农业生产。这一改造活动的数量和规模在安史之乱后有了显著提升。其措施主要有两种：其一是围水造田，比如围湖造出的圩田，围海造出的涂田，还有人工或自然架浮水面的葑田；其二是在山地丘陵地区开垦的梯田。其中圩田是江南水乡环境下的主要土地利用方式，宋之后圩田的形态不断多样化。而梯田则是江南地区山区不可忽视的重要农田形态。

1.周遭圩岸绕金城，一眼圩田翠不分——圩田

最早的圩田是趁枯水季节在湖滩地区种植作物，其后演变为放干湖水或者围湖筑堤以开垦土地，太湖地区四周高仰，中部地势低洼，尤其是苏州以东平原大小湖泊汇集，要发展农业必须创造圩田。《越绝书》记载吴国迁都到苏州地区时，在苏州城外开垦了大量"大疁""鹿陂"等土地，据考均为圩田，越破吴后继续围田，此时的圩田多称为"塘"。南北朝时也有"决

---

① 周文英：《三吴水利》，见姚文灏编，汪家伦校注：《浙西水利书校注》，农业出版社1984年版，第87页。

（湖）以为田"的说法。杨万里言"江东水乡，堤河两岸，而田其中，谓之圩。农家云：圩者围也，内以围田，外以围水，盖河高而田反在水下，沿堤通斗门，每门疏港以溉田，故有丰年而无水患"①，这说明圩田围田为同一所指。大规模的圩田建造势必要涉及太湖水系的综合治理问题，并非一乡一村之力所能及。因而在先秦到六朝的长时间中，大片水域的孤零河道、圩田与芦苇植物成了主要的农业景观。②唐代的大规模围田活动同开发江南的国家意志，以及开挖塘浦解决洪涝问题密不可分。至五代十国时，吴越国的钱氏政权继续整治土地，使整个圩田区同河道形成系统，自此"五里七里一纵浦，七里十里一横塘"的河网既可灌溉又可排涝，亦可航行，构成了江南地区的别样景致。北宋初年太湖流域的塘浦圩田系统已趋瓦解，数万亩的大型圩田大多分割为以泾浜为界的数百亩的小圩，加之这一时期江南地区小农经济抬头，圩田在物质景观上逐渐由"大"转"小"，此后圩越来越小，河道也越来越窄。发展到元初，苏州的常熟、吴江、昆山等地就有圩田8829座。此外圩田中还有一类沙田，其是依靠周围丛生的芦苇减少流水冲击的田地，并不像其他圩田那样有坚固的围堤，因而废复无常。

2.变斥卤为膏腴，易沮洳为肥美——涂田

除围湖造田之外，江南地区还注重围海造田，称为涂田。沿海涂田的开发同海堤的修建几乎同步，自南朝以来为配合太湖平原东部的开发，零散的塘堤也开始向系统的海塘进行过渡。江苏、浙江、福建在宋之前便大体建成了海堤工程，宋元时期根据需要进行了增补，此时海涂围垦有了进一步的发展，围涂造田由后海滨滩地向海滨推进，如范仲淹曾在苏北地区筑海堤，其后一批土地化为良田。据《续资治通鉴长篇》记载，北宋时的围涂造田大多分布在温州、台州和明州沿海，熙宁六年（1073）台州与温州已有沙涂田1100余顷。沈括曾针对这三地的情况建议"温、台、明州以东海滩涂地，可以兴筑堤堰，围裹耕

---

① 杨万里:《诚斋集》卷三十二《圩丁词十解》，见纪昀编纂：《文渊阁四库全书》，（台北）商务印书馆1986年版，第7页。

② 王建革：《水乡生态与江南社会（9—20世纪）》，北京大学出版社2013年版，第137页。

种。顷亩浩翰，可以尽行根究修筑，收纳地利"①。南宋乾道时人们在今上海的东南部建成里护塘，使30余里的海滩成为田地。宋元之际余姚、上虞地区海田也不断向外扩展。元代的《王祯农书》载：

> 书云，淮海惟扬州，厥土惟涂泥。大抵水种皆须涂泥。然濒海之地，复有此等田法：其潮水所泛，沙泥积于岛屿，或垫溺盘曲，其顷亩多少不等；上有咸草业生，候有潮来，渐惹涂泥。初种水稗，斥卤既尽，可为稼田。所谓"泻斥卤兮生稻粱"……又中土大河之侧，及淮湾水汇之地，与所在陂泽之曲，凡潢污洄互，壅积泥滓，水退皆成淤滩，亦可种艺。秋后泥干地裂，布扫麦种于上，此所谓"淤田"之效也。②

3.百级山田带雨耕，驱牛扶耒半空行——梯田

江南地区虽以水田为主，但很早也出现了山地农业，《王祯农书》载："夫山多地少之处，除磊石及峭壁例同不毛，其余所在土山，下自横麓，上至危巅，一体之间，裁作重磴，即可种艺。"③《诗经·小雅·正月》有"瞻彼阪田，有菀其特"之句，宋玉《高唐赋》也有"长风至而波起兮，若丽山之孤亩"之言，其"阪田""孤亩"均为山上的农田之意。

《吴越春秋》记载，越国始祖开始农耕时便是"随陵陆而耕种"。唐宋时南方地区的水田已基本开始精耕细作，但是山区仍存在着烧荒的"畲田"。随着宋代南方人口的迅速增长，江南地区的山民也开始"向山要地"，如浙江天台山东麓奉化一带"凡山巅水湄有可耕者，雷石垫土，高寻丈而延袤数百尺，不以为劳"④，此外温州、处州间的苍括山区冯公岭上也有"百级山田带雨耕，驱牛扶耒半空行"（楼钥《冯公岭》）的梯田景象。梯田相比于畲田，

---

① 徐松辑：《宋会要辑稿》第5册，中华书局1957年版，第4919页。
② 王祯：《王祯农书》，农业出版社1981年版，第192页。
③ 王祯：《王祯农书》，农业出版社1981年版，第190页。
④ 罗濬等：《宝庆四明志》卷十四《奉化县志》，转引自傅璇琮主编：《宁波通史·民国卷》，宁波出版社2009年版，第248页。

最大优势在于克服了严重的水土流失而使山区土地资源可持续利用。但梯田一般需相应水利设施的配合，南宋时陈旉便认为高田须凿塘蓄水，具体而言是每田十亩须挖塘二三亩，而到了清朝的中前期则变为每田一亩凿塘一亩。[⑤]细究起来，梯田水利技术有修筑塍岸、引溪谷泉源、兴修山塘堰坝、利用农机具汲水等，而浙江天目山地区的"承天田""佛座田"则属于在梯田田唇修筑塍岸。[⑥]

4.播匪艺之芒种，挺自然之嘉蔬——葑田

葑田，又称架田，其成因系湖泊外缘滋生的水草等植物遗体日积月累沉积于湖底，导致湖底越垫越高，植物湖心生长，浮在水面上的水草根部缠绕连成一片，地理学上称之为"飘浮植毡"。加之植毡上混杂泥沙，滋长各种喜水植物，使得水草向湖心扩展，古人称之为"菱蔚"，由此形成了自然葑田。古代的农民仿照这一原理在水面上制作木架，填满带泥菰根，以人工令水草生长，便成了人造葑田，也名为架田。[⑦]《周礼·稻人》有"泽草所生，种之芒种"的诗句，陈旉释其为葑田。东晋郭璞的《江赋》载：

> 标之以翠藦，泛之以游荪。播匪艺之芒种，挺自然之嘉蔬。鳞被菱荷，攒布水蓲。翘茎漢蕊，濯颖散裹。随风猗萎，与波潭沲。流充潜映，景炎霞火。[⑧]

苏轼也曾云：

> 及钱氏有国，置撩湖兵士千人，日夜开浚。自国初以来，稍废不治，

⑤ 李伯重：《江南农业的发展（1620~1850）》，王湘云译，上海古籍出版社2007年版，第74页。

⑥ 汪家伦、张芳编著：《中国农田水利史》，农业出版社1990年版，第355—356页。

⑦ 惠富平：《中国传统农业生态文化》，中国农业科学技术出版社2014年版，第148—149页。

⑧ 郭璞：《江赋》，转引自李根蟠：《中国农业史》，文津出版社1997年版，第205页。

水涸草生，渐成葑田。……更二十年，无西湖矣。^①

南宋时期的葑田"以木缚为田坵，浮系水面，以葑泥附木架上而种之，其木架田坵随水高下浮泛，自不淹浸"^②为特点，即可以用绳子拴在河岸边以防止漂走。南宋范成大《晚春田园杂兴》中有"不看荚青难护岸，小舟撑取葑田归"之句，说明葑田可像小船一样撑走，颇具风趣。

三、江南农桑文化资源的人文文化意义与利用现状

近代以来，以石油引擎、电力马达为动力的新式农业生产方式开始进入中国，江南地区由于近代经济的发达与地理位置的便利，在全国率先采用了机械化农业技术。1897年，浙江省镇海县乡董集资购买灌溉机械开办自来水灌田公司，标志着新式灌溉机械正式进入江南地区，新中国成立之后农业集体化改造更是为农业的规模化、机械化耕作铺平了道路。在现代农业技术高歌猛进的同时，传统农业一度因"近（现）代人对过去的傲慢与偏见"而被当作落后、效率低下的代名词在生产领域被逐渐摒弃。^③然而传统农业并未因此而退出历史舞台，早在19世纪，乡村旅游因为现代人在闲暇时需要以田园牧歌式的生活体验来缓解城市快节奏生活方式而逐渐发展壮大起来。1970年代以来，人们愈加注意到以化肥、农药、除草剂、生长素等外源性物质为特点，重生产效率而轻可持续的现代化常规农业在对传统农桑生产方式进行"创造性破坏"，带来农作物大规模增产的同时，不可避免地导致了生态破坏、环境污染、土壤侵蚀退化和食品安全等严重问题。作为中国现代化"排头兵"的江南地区在长时间的农业现代化时期虽然保持了全国经济社会发展的领先地位，同时也付出了沉重的环境代价。2007年无锡市爆发"蓝藻事件"，专家经分析后认为外部污染

---

① 苏轼：《经进东坡文集事略》（下册），文学古典刊行社1957年版，第586—587页。

② 陈敷：《农书》（上卷），中华书局1985年版，第2页。

③ 李伯重：《江南农业的发展（1620~1850）》，王湘云译，上海古籍出版社2007年版，第196页。

源主要有工业污染、农业面源污染、围网养殖和城市生活污染等。[①]因而可以说，属于前现代范畴的江南传统农业生产方式是在"生态""可持续"的物质生产诉求和"振兴农村""保留传统乡村文化记忆"的文化产业、旅游业发展诉求下被"文化化"为农桑文化资源的。这主要有以下两种作用：

其一是为当代江南地区现代农业的可持续发展提供了历史参照，现代农业在旧有江南农业的精耕细作、地尽其用、多样化、循环经营中选取适合本地的资源节约、环境友好生态农业路径。在近千年的江南农业文化发展过程中，江南地区不仅出现了稻田养鱼、架田等特色农耕技术，还出现了"相继以生成，相资以利用"的多样化种植技巧，明清时期的江南地区县志以及张履祥《策邬氏生业》等文献中均有记载。而这些种植方式历经数百、数千年虽然不能说完全不存在环境破坏的因素，但相比于现代农业来说，其环境破坏程度是可选择的现实生产方式中较小的。现代农业在不到200年的推广过程中，单在土壤方面就出现了土地板结、硬化、地力下降、酸碱度失衡、有毒物质超标等一系列严重问题。在联合国粮农组织（FAO）发起的全球重要农业文化遗产（简称GIAHS）项目中，全球重要农业文化遗产被定义为"农村与其所处环境长期协同进化和动态适应下所形成的独特的土地利用系统和农业景观，这种系统与景观具有丰富的生物多样性，而且可以满足当地社会经济与文化发展的需要，有利于促进区域可持续发展"[②]。而我国农业历史研究和农业文化遗产保护研究自开始之时便不是完全同现实物质生产相剥离的单纯"博物馆式保护"。[③]2005年，浙江青田县的"稻鱼共生系统"被联合国粮农组织列入首批"全球重要农业文化遗产保护项目"。该地的稻田养鱼至今已有1200多年的历史，清光绪《青田县志》曾记载"田鱼，有红、黑、驳数色，土人于稻田及圩池养之"[④]。其种养模式生态高效，鱼为水稻除草、除虫、耘田松土，水稻为

①　《蓝藻危机的寓言式悖论：太湖治污16年功败垂成》，中国经济网2007年6月8日。

②　闵庆文、张丹、何露等：《中国农业文化遗产研究与保护实践的主要进展》，《资源科学》2011年第6期。

③　李根蟠：《农史学科发展与"农业遗产"概念的演进》，《中国农史》2011年第3期。

④　雷铣修，王棻纂：（光绪）《青田县志》卷四《风土志》，成文出版社1975年版，第240页。

鱼提供小气候、饲料，减少化肥、农药、饲料的投入。如今的青田县成立了稻鱼共生农业文化遗产研究推广中心，制定了稻鱼共生产业发展规划，出台了产业发展扶持政策，加快发展传统稻鱼共生产业，可谓是江南农桑文化资源运用到现实农业生产层面的重要参照。①此外青田田鱼与青田民间艺术结合，还派生出了一种独特的民间舞蹈——青田鱼灯舞。

其二是为当代江南农村改善产业结构、振兴乡村经济、维持乡村传统提供了切实可行的路径。由于江南城市工商业在明清时期的发达，江南文化可明确分为以农业为主的乡镇文化与以商业为主的城市文化。其中城市文化拥有较多的消费文化特点，更偏重于个体内在欲望的满足和精神的自由宣泄，其纸醉金迷、及时行乐和奢侈糜烂的特点也较为显著，具有"去道德"和"去教化"的色彩。而江南的乡镇文化则不然，其"耕读为本"的朴素生活方式和"勤俭持家"的重伦理价值观念成为江南地域文化的重要方面。虽则农桑文化资源在类别上属于物质文化的范畴，但这种物质生产方式是江南的乡镇文化的重要物质生产基础，同社会文化和审美文化存在着潜在的必然性纽带，同士大夫文化、工商业文化共同组成了乡镇文化。②费孝通先生在1990年代面对全球化文化多样化减少时就曾经指出，"人类通过文化的创造，留下来的、可以供人类继续发展的文化基础，就叫人文资源"③，"开发和利用人文资源不仅能产生新的人文精神，同时也能创造新的经济价值，因为现在的人们不仅需要丰厚的物质享受，也需要高尚的精神享受……这一切正蕴藏在丰富的人文资源中，要靠我们去提炼和发展"④。而在文化产业成为当代国家重要文化实现形式和新经济增长点时，我们可以认为："文化资源是指作为人类精神生产与文化实践对象的生产资料……文化资源是精神生产和文化创造最直接的现实对象，是潜在的自然文化遗产和文化生产力要素。"⑤因而可以说，江南农桑文化资源构成了

---

① 《浙江青田稻鱼共生系统》，中华人民共和国农业农村部官网2013年5月30日。

② 刘士林等：《风泉清听——江南文化理论》，上海人民出版社2010年版，第161—176页。

③ 费孝通、方李莉：《关于西部人文资源研究的对话》，《民族艺术》2001年第1期。

④ 方李莉：《费孝通晚年思想录——文化的传统与创造》，岳麓书社2005年版，第96—97页。

⑤ 刘士林：《江南文化资源的类型及其阐释》，《江苏行政学院学报》2011年第5期。

江南地域文化中的重要光谱，成为文化产业、文化旅游中展现江南文化的重要方面，通过传承至今的活态农业遗产，是维护乡村本土特色景观、传承传统农耕文化记忆、保护地域文化多样性独特性，并在文化产业中不断创造经济社会效益的重要渠道。如今在江南传统村落的旅游开发中，大多数村落将传统农桑工具与技术的展示作为乡村旅游的重要标志，其局限性在于只停留于被动的"博物馆式"展览阶段，开发方式的多样性有待提升。

第三节　江南现代工业文化资源

工业文化资源是社会文化资源的一种，因其特有的现代工业系统与景观满足都市人的工业生活体验与需要而彰显出其独特意义。工业是人类社会为人类自身发展供给资源的独特形式，在物质生产的同时，其产出也作为人类精神生产的对象和载体促进着人自身的生产。作为工业活动重要产出的物质化器物，在人类与自然共生过程中扮演了重要的角色，人类在成器活动中延伸了自身生存与发展的能力、视野与格局。器物制造是人类谋取基本物质生存条件的开始，并一直同物质生活状态的改善直接相关。一个基本事实是，成器活动从很早的时候就已经超越了单纯追求生存的物质事实的界限，并以此建立起器物世界和包括人类精神现象在内的生活世界之间的彼此呼应与联系。器物由此而成为构筑社会群体关系的载体和中介，人类也通过人为器物不断地、直观地呈现着其精神的丰富性。

人类在造物活动过程中缔结起来的人造器物同生活世界之间的紧密关联一直伴随着人类造物历史的进程而延续、演化和发展。事实上，包括工业生产活动在内的造物活动是我们观察人类在不同历史时期的技术状况、生产组织方式、社会制度、风俗习惯乃至价值观和世界观取向的重要入口。因此可以认为，工业文化资源是精神生产和文化创造最直接的实物对象，也是潜在的自然文化遗产和文化生产力要素，它们不仅决定了文化产业的方式、规模与性质，也明确了一个地区或城市文化事业发展的客观环境与条件，并在客观上制约着一个地区或城市软实力的发展前景与路径。对工业文化资源现状及其开发潜力的详细调研和战略研究是文化发展规划的重要内容。

尽管造物活动有史以来就同人类精神生活发生着广泛的联系，但它的发展历史却表明了其越来越多地由处理物质性事实的技术"文明"所接管，而同以人类精神为主题的"文化"领域日益分离。这一状况是人类精神生活与物质生活分化和分裂过程的衍生物。后一个过程的起因可以一直追溯到人类思想的发源之处。在中国，它以《周易》提出道、器之间的明确界限为标志；在西方，则以柏拉图区分意见与真理为开端。中西思想日后的发展都形成了一个不思器物、不思制作的传统，而器物则随同有行迹的和作为感性对象的事物一道逐渐从人类思想的视野中隐失了。①

古希腊哲学家亚里士多德所提及的制造之学，按照今天的知识分类看，包括了应用科学、手工艺及艺术这三类具体层面的形式，之所以被统括到制作性之下，是因为在古希腊人看来，制作的对象既可以是一件有用的物品，也可以是一件观念性作品。这三者日后的发展使这种情形发生了明显的变化，迄今为止，应用科学已经变成了科学的应用，艺术发展成了纯艺术，只有实际物品的制作还残留在制作性领域之内。而且，物品的制造在今天司空见惯的机器工厂的组织方式下已日益退化为单纯的体力付出，以至于当今天的人们说到制造时，更多意味着制造一件物品，并且这种制造还是不太费脑力和心力的体力劳动。②不过这种科学和艺术与制作的分野事实上反映了科技的或知识性的力量日益扩张成为造物活动本身最主要的支持力量以及取得进步和发展的主导性动因，带来这一人类造物史上重要变化的根源是现代工业的"出场"。但是从更高的视角观察，基于现代工业的造物活动所体现出的科学、手工艺和艺术之统一性和整合性已经表达为通过对人类社会生活方式进行改变来反映出其延伸人类自身生存与发展的能力、视野与格局的宏大影响力，而其微观层面的表达似乎已经难以观察。

---

① 徐飚：《成器之道：先秦工艺造物思想研究》，江苏美术出版社2008年版，第11页。

② 徐飚：《成器之道：先秦工艺造物思想研究》，江苏美术出版社2008年版，第12页。

一、地理与历史概况

"江南"一词在秦汉史籍中就屡见记载，但明清以来，江南的地域范围一般都限定在长江三角洲地区的浙北杭、嘉、湖和苏南苏、锡、常以及上海。江南地区有着悠久的社会文明和丰富的成器文化。战国时期为吴、越、楚所辖，自秦统一六国之后，郡县行政体制推广于整个江南。经过艰辛的开发历程，到东汉一朝，江南与中原地区的经济差距趋向缩小，江南地区迅速成为一个颇具特色的经济区，不仅自然资源丰富，人口上升，出现南粮北调现象，而且手工业显著进步，交通开拓，商业渐兴。事实上，江南经济及其特色的发展，始终伴随着中国社会政治中心与经济重心的分合演变。

（一）秦汉时期的江南手工业

秦至西汉时期，江南和全国一样推行郡县制，政治、经济政策统一，各项制度文明也体现出了统一、中央集权的特点。然而，其社会经济与黄河中下游的中原地区比较却显得相对落后。记载表明，至少在汉武帝以前江南地区的开发是较差的。主要表现在：（1）地广人稀。据考，每平方公里平均只有2~3人①，人口分布甚为疏落。由于缺乏足够的劳力，大部分土地尚未得到开发和利用，人民"率依阻山泽"②，以渔猎山伐为业，稻作耕种方法或采用"火耕水耨"；（2）民无积聚而多贫。虽然地势饶食，自然资源丰富，但由于告窳偷生，习惯于满足现状，故"楚、赵之民均贫而寡富"③，未能出现豪富之家；（3）气候暑湿，疫疾多作，加之文化风俗滞后，断发文身，"不知礼则"④，"信巫鬼，重淫祀"⑤，因此，中原人民往往以远涉江南为畏途。

但在西汉末年至东汉时期，由于政府对江南行政管辖的加强，推行有利于发展生产的措施，南北文化交流日频，加之气候环境的变迁等，故江南社会经济发生了显著变化。东汉时期随着社会经济的进步，江南地区在民族融合、社

---

① 据班固《汉书》卷二十八《地理志》统计。
② 班固：《汉书》卷九十九《王莽传》，浙江古籍出版社2000年版，第1245页。
③ 桓宽：《盐铁论》卷一《通有第三》，上海人民出版社1974年版，第7页。
④ 范晔：《后汉书》卷七十六《循吏列传》，太白文艺出版社2006年版，第558页。
⑤ 班固：《汉书》卷二十八《地理志》，浙江古籍出版社2000年版，第576页。

会风俗方面亦发生了引人注目的变化。西汉之时，江南被视为"缘边"之地，汉廷对江南地区所采取的统治方式与中原有别，往往"因俗而治"，"初郡无税"，或"少输租赋"。但到东汉，由于行政管辖加强，"蛮夷率服"，故"增其租税"，与中原划一。加之北人南迁，进一步打破了地区上的区隔，促进了汉族与蛮、越少数民族的交往。过去有所谓"卑薄之域"[1]"不知礼则"的现象，而这时乃"修庠序之教，设婚姻之礼""邦俗从化"[2]，封建化水平显著提高。

具有久远文明基础的江南，由于经过长期开发，至两汉时期，已逐渐成为颇有特色的经济区，在不少方面取得了令人瞩目的成就。

首先是农业生产力提高，出现南粮北调的现象。江南是我国最早栽培水稻的地区，到了汉代尤其是东汉，农业生产有了明显的发展。最有代表性的是铁器、牛耕的推广。农业生产力提高，促使耕地面积扩大。在耕作技术方面，这时亦进而精耕细作。随着战胜自然的能力增强和耕作技术的改进，粮食产量有显著提高，突出表现在当时出现了南粮北调的现象。

其次，手工业进步，制作工艺精湛。江南是我国最早的手工业发源地之一，先秦之时已有令人瞩目的成就。秦汉时期，随着社会经济的发展，这里的陶瓷、铜器、造船等手工业获得了长足的进步。制陶是传统手工业之一，江南人民在这方面的贡献主要有两个：一为釉陶；二是创制青瓷。釉陶是在普通陶器上施有光亮的釉层，其颜色或青、或绿、或黄，器形多样，具有吸水率低、坚实耐用而又美观的特点。制陶业的辉煌成就尤为重要的是青瓷的创制。江南是青瓷的著名发源地，由于注重原料的精选、釉料配制和施釉技术的改进、窑炉结构的逐步完善、火候的掌握等，陶器开始由原始青瓷向成熟青瓷发展，由此我国成为世界上首创瓷器的国家。

铜矿资源丰富的江南，在前代文明的基础上，到了汉代，铜器制造业取得了新的突破。当时铜币铸造规模较大，吴王濞"王四郡之众，地方数千里，

---

① 范晔：《后汉书》卷五十三《周黄徐姜申屠列传》，太白文艺出版社2006年版，第388页。
② 范晔：《后汉书》卷七十六《循吏列传》，太白文艺出版社2006年版，第558页。

采山铜以为钱"①。吴国在豫章郡开采铜矿，"招致天下亡命者盗铸钱"②，其铜钱的铸造在全国名列前茅。再就是铜制的器物很多，既有铜兵器、铜车马饰，更有大量的生活用器，包括鼎、盘、釜、壶、钫、盆、灯、带钩、熏炉、熨斗、印章、铜砚台等，不仅种类多，而且器型也复杂多变。制造技术上的成就主要表现在：错金银与镶嵌工艺较以前更为精湛；鎏金技术有明显发展，使器物外表色泽金灿优美；铜器上的细线刻纹更富有地方特色；同时还出现了鎏金"铜扣"的新工艺。另外，江南铜镜很有名，铜镜制作精致，镜面光亮微凸，扩大了镜面映照范围，具有立体感，背面纹饰美观，也是铜器制作新发展的一个标志。

造船业开始于江南。这里江河密布，适于行船。春秋战国时期，吴、越等国便有了相当规模的造船业。到了汉代，造船基地已分布很广，长江流域多地都有造船的历史，是造船工业的中心地。造船的数量相当可观，除民用外，还广泛用于组建水军。当时水军出动的战船，动辄数千艘之多。

漆器业是江南手工业的又一特色，司马迁说："陈、夏千亩漆"，"此其人皆与千户侯等"，"木器髹者千枚"，"此亦比千乘之家"。③新中国成立后，江南地区出土的漆器很多。这些漆器中，有盛放食物的鼎、盒、盘、盆；有盛酒的钟、壶；有盥洗的匜、沐盘；有梳妆用的奁、盒；有文娱用品瑟、陆博；还有室内陈设用的屏风、几案以及髹的兵器、木棺等。从出土的上述漆器看，其胎质有木胎、夹纻胎、竹胎三种。器物上涂有膜黑、朱红、褐、深棕和金等色。饰纹以变化多端的云气纹为主，还有龙凤纹、几何纹、鸟兽、花草等。颜色鲜艳，绚丽多姿，工艺水平很高。④

诸多史实表明，秦汉江南地区的手工业有显著发展，取得了可喜的成就。尽管某些方面受到中原先进文化的影响，但由于江南人民的智慧和长期实践，江南地区不少手工业产品富有鲜明的地域特色。有的产品，无论在技术上或艺术风格

① 班固：《汉书》卷四十五《蒯伍江息夫传》，浙江古籍出版社2000年版，第708页。

② 司马迁：《史记》卷一百〇六《吴王濞列传》，线装书局2006年版，第441页。

③ 司马迁：《史记》卷一百二十九《货殖列传》，线装书局2006年版，第542页。

④ 黄今言主编：《秦汉江南经济述略》，江西人民出版社1999年版。

上，都逐渐接近甚至优于北方。但是总体而言，在历史上相当长的一个时期里，中国经济的重心一直在北方，直到唐宋以后，中国经济重心才转移到南方。

（二）唐宋时期的江南工商业

很久以来，我国的政治、经济、文化中心都集中在黄河流域，江南地区一直没有得到足够的重视，丰富的自然资源没有得到开发和利用。三国时期，为躲避战乱，大批北方人民南迁，初步开发江南。南北朝时期，北方人民继续南迁，带来了劳动力和先进的生产工具、生产技术，使得江南经济迅速发展。唐宋之际，江南成为中央财赋的主要来源之地，中国经济重心已基本转移至南方。

这一经济重心的南移有三个明显特征：（1）北方人民南迁，带去了代表当时生产力最高水平的先进技术和经验；（2）南移趋势往往在国家分裂或社会动荡时期尤为突出；（3）政治中心的南移对经济重心的南移有一定的影响。

从地理学的角度看，长江的存在是长江中下游经济文化中心区出现并必然超过黄河文明的根本原因。农业经济时代的经济文化中心应当产生在大河流域，因此在中国广袤的版图上的两条大河——黄河和长江，应当形成两个经济文化文明区。在黄河中游文明已然形成的时代，长江流域已经存在一个潜在的文明区，这个文明区的出现迟了一些，可能主要是由于河塘湖泊多、土质坚硬、农耕技术要求高，不像北方黄河流域土质松软、气候温和、四季分明、农耕技术容易掌握。实际上大约在黄河文明产生的同时，长江中下游也开始有了渔业和农业生产，只是开发的速度不如黄河流域。宋代以前粮食主要以旱地作物小麦、粟为主，适合这类作物生长的环境是北方的温带大陆气候。北宋时占城稻传入，到南宋成为主要农作物，水稻不适宜在温带大陆性气候下种植，而适宜在江南的亚热带季风气候区内种植，这里光热条件好，雨热同期，水资源丰富，水利工程开发好。江南多以平原丘陵区为主，土层深厚，易于开垦和操作。茶树、甘蔗、柑橘这些经济作物更是适宜在江南种植。北方水土流失严重，土地面积减少，自然资源遭到破坏，环境恶化，影响了农业生产。这种情况主要是人为地烧毁森林、滥垦荒地造成的。另外，交通运输及对外贸易也促进了江南的发展。魏晋南北朝、唐末五代时期北人南流，带去了北方较为先进的农耕技术，加之这一带相对多安宁、少战乱，到隋唐时期便大幅度地发展起来，成了又一个经济文化中心区。到唐宋之际尤其是北宋时期，江南地区已经明显超过了北方黄河流域，成了全国最大的经济文化中心区。某种程度上，北方的战乱等原因只是客观上加快了长江中下游文明开发的速度而已。

需要指出的是，向南转移并不意味着北方已经全面落后，北宋时期，北方的山东河南一带农业手工业经济并不落后，在宋代经济全局中占有重要位置。但总体上看，北不如南；而这样的重心南移，到南宋才基本完成。

中唐以后南方的水稻农业获得了长足发展，人们大兴水利，促使稻作农业向集约化方向扩展；曲辕犁被广泛使用于水田；插秧技术得到推广，早熟的品种被引进到江南，这一切促使着稻米产量大幅度提高。"苏湖熟，天下足"，江南的稻米对减轻全社会生存压力有重要意义，也是唐宋时期国脉所系。粮食产量提高了，丘陵旱地也被开垦出来了，有更多的土地可以用来种植经济作物。茶叶在唐代就成为包括一般平民百姓在内全社会的日常消费品，茶树、桑树、漆树、竹子被广泛栽植。

经济作物的发展即手工业的发展，江南人民以特有的灵秀（其实是生产经验累积的结果）制造漆器，编织竹器，纺织精美的丝织品。在过去是北方出绢帛，南方产麻布，现在南方也有精湛的制造技艺。陶瓷制造业唐代前期的中心在北方，以后逐渐南移。此外像盐业、矿冶业，江南都有长足进展。农业和手工业的发展，为江南的工商业繁荣奠定了物质基础。

（三）明清时期的江南工业

明清时期，江南的早期工业化已经非常明显。作为当时的工商业中心，苏州的变迁与江南的早期工业化过程密切相关。在明代以前的1000多年中，苏州一直是一个重要的地区行政中心，到明代中叶，苏州作为全国首要工商业城市的地位才最终确立。可以说，苏州城市的变化主要是工商业发展推动的，而且相对而言，工业发展所起的作用更大。

明清时期的江南市镇，已经积聚了比从事农业的人口更多的从事工商业的人口，以及数量颇多的外来商人与工匠。①这促进了市镇的中央性机能与城市生活由集市性质的地方农产品交易场所转向工商业发达的专业市镇的发展。

江南的工业发展，可以分为农村工业和城市工业两类。农村工业基本上是一种很小范围内的地方自给性工业，主要依靠的是本地原料和市场，属于农家副业生产，专业化程度和工业水平、产业层级都较低；而城市工业则主要是一种"外向型"工业，即其所使用的原料大多数来自外地，产品也有很大一部分供给到外地市场，在生产的专业化程度、工艺水平和产业层级等方面都处于较高层次。以纸张加工业为例，在此工业中，烧纸、油纸的制造主要在农村，依靠本地原料，供给本地市场，生产技术较为简单，产业层级也较低。②而笺纸制造的原料来源与市场都在外地，生产工艺比较复杂，产业层级较高。

清代城市工业发展更为明显，当时的碾米业、榨油业、酿酒业所使用的原料已有很大部分（甚至是主要部分）来自远地，产品也绝大部分输出外地。③即使是依靠本地原料比较严重的草编业，也出现了类似的趋向。④虎丘织席业所需的席草早在明代后期就已经不能自给，要从吴江等地输入。到了清代，因为生产扩大，席草输入也随之大增，因而康熙时虎丘镇已有席草行专司其事。⑤其所产草席则远销各地，"南津、北津、通安等席市，每日千百成群，凡四方商贾皆贩于此，而宾旅过'浒墅'关者亦必买焉"⑥。因而虎丘的织席业到了清代已经是一种原料和市场都主要在外地的工业了。"浒墅席"在当时以样式好、品质佳著称，成为四方商贾和过往宾旅的必选，表明了其在技术上

---

① 李伯重：《江南的早期工业化（1550—1850）》，中国人民大学出版社2010年版，第424—425页。

② 沈藻采编《元和唯亭志》卷三《物产》记载，乾隆时元和县唯亭镇的悬珠、荡上村，"比户切纸为业"。

③ 李伯重：《江南的早期工业化（1550—1850）》，中国人民大学出版社2010年版，第30—46、266—286页。

④ 顾禄《桐桥倚棹录》卷十一中说："环山居民多种草，织席为业，四方呼为虎须席，极为工致，他处所不及也。"

⑤ 苏州历史博物馆、江苏师范学院历史系、南京大学明清史研究室合编：《明清苏州工商业碑刻集》，江苏人民出版社1981年版，第201—202页。

⑥ 凌寿祺纂修：（道光）《浒墅关志》卷十一《土产》，江苏广陵古籍刻印社1986年版。

的领先地位。

在明清时期，苏州的工业门类已经非常齐全，而棉布加工业、丝织业与丝织品加工业、成衣业、碾米业、酿酒业、榨油业、纸张加工业、印刷业、草编业、砖瓦石灰业、铁器制作业及珠宝制作业等12个行业尤为突出。以丝织业为例，苏州是明清江南丝织业中心之一，其丝织品加工业（主要是染色）也在江南首屈一指。这些工业基本上都位于苏州府城内，大体可分为官营和私营两个部分。嘉靖时官营苏州织染局额设织机173部，各色工匠共计667名，岁造𫄧丝1534匹。[①]到了清代初期，苏州织局的额设织机增至800部，雍正时减至710部，乾隆时再减至663部，织造匠役为2175人，岁造缎匹大约3500匹。此种情况一直延续到道光年间。[②]因此在自明至清的3个世纪中，苏州官营丝织业的规模至少扩大了一倍以上。在此同时，私营丝织业的发展更为引人注目。万历二十九年（1601）曹时聘说，苏州"染坊罢而染工散者数千人，机坊罢而织工散者数千人"[③]。顾炎武则说，明末苏州"城中机户数千人"[④]。因此万历时代苏州织工人数当有数千人之众，殆无争议。参照一机三人的比例，此时苏州织机总数当在一千数百部之谱。到了清康熙初年，织机总数增至1500～3400部，织工达5000～10000人。道光时苏州丝织业已不如乾隆时之盛，但据海关税务使统计，尚有织机12000余部。[⑤]按照同样的比例，织工总数当为36000人。加上丝织品加工（主要是染色）的从业人员，则直接从事丝织品生产与加工的人员的总数，还要更大得多。

明清时期江南的棉纺织业比较发达。究其原因：（1）地理条件优越，有丰富的原材料来源；（2）自西晋永嘉南渡以来中国经济重心逐渐南移，北方

---

① 王鏊等纂：（正德）《姑苏志》卷十五《田赋》，上海书店出版社1990年版。

② 范金民、金文：《江南丝绸史研究》，农业出版社1993年版，第162、177、187—188页。

③ "中央研究院"历史语言研究所编：《明神宗实录》卷三百六十一，"中央研究院"历史语言研究所1966年版，第6742页。

④ 顾炎武：《顾亭林诗文集》，中华书局1983年版，第156页。

⑤ 参阅范金民、夏维中：《苏州地区社会经济史·明清卷》，南京大学出版社1993年版，第455—456页；范金民、金文：《江南丝绸史研究》，农业出版社1993年版，第200—201页。但据王卫平《明清江南地区的城市化及其局限》所引用的《东西商报·苏州市情》，此数据为乾隆时期的数据。

大量手工业人才的南迁带来了技术；（3）明清时期国家的大一统提供了稳定政治环境；（4）古代商品经济的发展导致资本主义萌芽出现，推动了棉纺织业发展，明清商品经济的发展使这里的棉纺织业更为发达；（5）元代黄道婆把先进的棉纺织技术带回松江，促进了当地棉纺织业的迅速发展。

在纸张加工业方面，早在明正德时，府城内的大众化笺纸生产已颇盛。到了清代中叶，生产更为兴盛。至乾隆中后期，府城内印纸作坊已有30余家，并合建了同业会馆——仙翁会馆。[①]值得注意的是，清代中期府城内印纸作坊的企业规模已颇大，生产过程的专业化水平也颇高。例如乾隆时代的30多家纸坊雇佣工800余人，平均每坊20余人；生产的笺纸，有丹素、脑脂、红金、砂绿、山木红等色，工艺颇为复杂，有推、刷、洒、梅、插版、托边、楼、拖、刀剪等10余个工种。这些纸坊中工作的工匠"悉系江宁、镇江等处人氏"，他们在苏州纸坊的工作是专业性和常年性的。

还有印刷业，明代后期苏州的印刷业基本上集中在府城内，书坊已知其名者就有37家，几乎都集中在阊门一带。[②]清代府城内的印刷业更加兴旺，因而在康熙十年（1671）印刷业主成立了同业公会——崇德公所，[③]道光时更发生了严重的劳资纠纷，不得不告官解决。[④]除了这些书坊外，清代中期还出现了许多印制宗教与民俗用品和图片的作坊，例如各纸马香烛铺在腊月间售卖。城厢附郭的印刷业在清代也发展了起来，例如著名的苏州木刻年画的印制，康熙时主要集中在桃花坞。但是到了乾隆时，阊门外山塘街成为与阊门内桃花坞齐名的年画印制中心，有画铺多家，涌现了一批著名画铺与画师，制品远销浙、皖、赣、鄂、鲁、豫及东北地区，甚至日本。[⑤]日历印刷，清代中叶府城附近最盛，"阊、胥一带，书坊悬卖，有官版、私版之

---

① 段本洛、张圻福：《苏州手工业史》，江苏古籍出版社1986年版，第132页。

② 张秀民：《中国印刷史》，上海人民出版社1989年版，第369—372页。

③ 江苏省博物馆编：《江苏省明清以来碑刻资料选集》，生活·读书·新知三联书店1959年版，第72—73页。

④ 苏州历史博物馆、江苏师范学院历史系、南京大学明清史研究室合编：《明清苏州工商业碑刻集》，江苏人民出版社1981年版，第97页。

⑤ 段本洛、张圻福：《苏州手工业史》，江苏古籍出版社1986年版，第132页。

别。官版例由理问厅署刊行；所谓私版，民间依样梓行印成，仍由理问厅署钤印，然后出售"①。

苏州的珠宝玉器制作业也已独领风骚。早在明代，苏州府城的珠宝玉器制作水平就已领先全国各地，故宋应星说："良玉虽集京师，工巧则推苏郡。"②在清代，苏州的珠宝玉器制作也一直以高工艺水平著称。此时的珠宝玉器制作都在府城内，主要集中在阊门里专诸巷及天库前吊桥一带。玉器制作已形成细致的行业分工，出现了开料行、打眼行、光玉行等；各作坊生产也各有特色。玉器工匠主要是苏州本地人，但清代中期有大批南京玉工迁入，当地称之为"京帮"。其人数颇多，与苏帮不相上下。据后人追溯："苏地业此者三数百，商而工则三千余人。"③

明清江南工业发展是一个很复杂的历史现象，其推动力量也不止一种，但是最主要的应当是劳动分工和专业化的发展。据证实，在明清时期，中国国内市场不仅在绝对规模上，而且在扩大的速度上，都是惊人的。由于江南是大一统的明清帝国的一部分，而且在这两个帝国中占据着最佳交通位置，因而江南可以通过和平的方式，从巨大的中国国内市场中获得地区劳动分工和专业化的优势。此外，明清时期东亚地区国际贸易的发展，导致了一个以中国为中心的东亚贸易圈的形成。而在这个贸易圈中，江南也处于中心地位。由于这种地位，在包括中国在内的东亚地区的地区劳动分工与专业化的发展中，江南逐渐成为附加值高的轻工业产品的生产中心。由于东亚地区此时正处于一个经济加速成长的时代，因此到了清代中期，由地区劳动分工与专业化推动的江南早期工业化，还具有很大的发展空间，远未达到其发展的极限。

江南在早期工业化方面曾有出色的表现，从而一度成为世界上最发达的工业地区之一。这个早期工业化由于各种原因，虽没有发展为自发的近代工业化，但是它毕竟为后来的近代工业化提供了一个相当好的基础，到了1930年

① 顾禄：《清嘉录》卷十二，转引自李伯重：《江南的早期工业化（1550~1850年）》，社会科学文献出版社2000年版，第185页。

② 宋应星：《天工开物》，广东人民出版社1976年版，第453页。

③ 《玉业商人代表杨吟梅呈苏州总商会》，转引自范金民：《明清江南商业的发展》，南京大学出版社1998年版，第42页。

代，江南已是亚洲最发达的地区之一，也是当时世界上主要的纺织工业中心之一。在整个20世纪，它也一直在中国的工业化进程中扮演着火车头的角色。如今在中国经济腾飞引起的产业结构大调整中，它又站在大潮前沿，成为中国高新技术产业的基地。江南工业在19世纪中期以后的表现，虽与其在明清时期的情况有天渊之别，但若仔细寻去，仍能感到二者间的承继关系。

（四）清末与民国时期的江南工业

清末，江南工业的发展开始与洋务运动和军事工业发展紧密关联。洋务运动从时间上可分为前期和后期两个阶段。洋务派从1860年代至1870年代，以"自强"为旗号，采用西方先进生产技术，创办了近代军事工业，主要有曾国藩创设的安庆内军械所、李鸿章成立的江南机器制造总局、左宗棠开办的福州船政局和崇厚经营的天津机器制造局等24家企业。这些军事工业有如下一些共同特点：第一，这些企业使用新式机器生产，出现了新的生产力，带有资本主义的性质；第二，江南机器制造总局仿制的毛瑟枪赶上了德国的水平，制造的无烟火药达到了世界水平，反映出中国科技人员和工匠们的聪明才智；第三，这些企业都是官办的，也就是用国家的经费由官吏来办理，产品由清政府分配给军队使用；第四，洋匠受雇期间，挟技奇居唯利是图，西方列强并不希望中国富强，对当时的清末工业界封锁了许多关键技术。

洋务派在1870年代到1890年代，为解决军事工业资金、燃料、运输等方面的困难，陆续兴办了航运、煤矿、电讯、纺织等民用工业，洋务运动的重点开始由军事转向经济。比如，1872年李鸿章在上海开办轮船招商局，它是中国近代第一家轮船公司；1890年张之洞在湖北筹办汉阳铁厂，它是中国第一个近代化钢铁工业。清末的近代化主要表现在引进西方先进生产技术和设备，例如张之洞从英国进口全套纺织设备。洋务企业的兴办，还刺激了地主、商人投资近代工业，在客观上刺激了中国民族资本主义的发展。另外，民用工业生产的产品，除了供给国家和军队使用外，还投放到市场上去，在客观上对外国经济势力的扩张起到一定的抵制作用。轮船招商局经营3年，在华外国轮船公司就损失了白银1300万两；开平煤矿出产的煤逐渐取代了洋煤在天津市场的地位；张之洞创办湖北织布局后，洋布每年进口数量减少10

万匹；等等。

值得关注的是，为了适应洋务运动的需要，洋务派创办了新式学校，到1896年达20余所，又选送留学生出国深造，从而培养了一批翻译、军事和科技人才，为后来的民族工业发展积累了重要的资源。

（五）中华人民共和国成立后的江南现代工业

随着科学技术的进步，19世纪末到20世纪初，江南地区进入了现代工业的发展阶段。从1940年代后期开始，江南工业以生产过程自动化为主要特征，采用电子控制的自动化机器和生产线进行生产，改变了机器体系。从1970年代后期开始，进入1980年代后，江南工业以微电子技术为中心，包括生物工程、光导纤维、新能源、新材料和机器人等新兴技术和新兴工业蓬勃兴起。这些新技术革命，正在改变着江南工业生产的基本面貌。一个重要的转变是江南工业中心的转移和上海工业化的崛起。

近代上海的兴起，可以追溯到太平天国时期，从那时起江南工商业的显要地位开始由苏州转移到上海。开埠至今，上海已经成为中国最大的现代工业城市和商业、科技和文化中心，引领着整个江南现代工业经济的发展。1949年新中国成立以来，上海进一步发展了轻纺工业，同时迅速发展了重工业、冶金、石油化工、机械、电子等工业，成为覆盖轻工业制品、重工业和尖端科技产业的综合性工业基地，以及创新设计和先进制造业聚集地。上海的工业总产值占全国的十分之一，上海税利约占全国的五分之一。

如今，同世界一道，江南的经济发展已经进入知识经济时代，2013年我国制造总量已占全球制造总量的20%以上，居世界首位，成为举世公认的制造大国。承载着江南现代工业贡献的航天航空、高铁北斗等的蓬勃发展标志着我国重大工程装备系统集成创新和设计制造能力已居国际前列。目前，中国与欧美发达国家站在"第三次工业革命"同一起跑线上，不仅会推动技术基础、生产组织和生活方式的变革，也会引发管理变革和社会资源配置机制的变革。近年来，中国制造、中国两化融合、两化深度融合、战略性新兴产业与产业转型升级等战略的提出正是对这一全球产业变革的响应，处在这一宏观背景之下的江南现代工业将发挥更大的作用。未来10年将是我国全面深化改革，实现发展方式转型，提升发展质量效益，实施创新驱动发展战略，迎接新产业革命的机遇和挑战，加快创新型国家建设的关键时期。被委以重托的以上海为中心的江南工业必将以其独有的诗性智慧，以人文型智慧为理想，以科技型智慧为支撑，以管理型智慧为中介，为世人构筑幸福和梦想。

二、江南工业文化的主要类型及特点

（一）江南工业文化资源的主要类型

首先，从工业产业生态视角看，考察江南工业文化资源可以从产业生产资源的结构进入，从生产原材料、工业设施设备、人力资源的层面逐一展开。其次，根据工业活动的对象及其特点，工业文化载体的形态包括造物构画、工业资源获取、制造过程与设备工艺、制造结果相关的要素、实物、空间（作坊、工厂、园区）和逻辑（作坊、制造局、集团、产业链、产业集群）形态的方方面面。再次，江南工业发展过程中的关键企业、关键人物、关键事件，也参与了工业文化要素的构成。最后，如果沿着工业自身发展的逻辑，工业产出类型从实物成果拓展到虚拟成果，其成果也分别用来满足生理、安全、社会归属感、尊重和自我实现等由较低层次到较高层次的不同需求。其所反映出来的工业文化形态已经显得异常丰富。

江南工业文化资源尤为丰富，总体而言，可以分为主要历史人物、主要工业机构场所、主要工业档案三个类别。

1.江南工业的主要历史人物

（1）黄道婆

黄道婆（1245—？），宋末元初知名棉纺织家，松江府乌泥泾镇（今上海市华泾镇）人。她出身贫苦，少年受封建家庭压迫流落崖州（今海南三亚西北崖城），以道观为家，劳动、生活在黎族姐妹中，并师从黎族人学习运用制棉工具和织崖州被的方法。元代元贞年间重返故乡，在松江府以东的乌泥泾镇，教人制棉，传授和推广"捍、弹、纺、织之具"和"错纱配色、综线挈花"等织造技术。她所织的被褥巾带，其上折枝团凤棋局字样"粲然若写"。乌泥泾和松江一带百姓迅速掌握了先进的织造技术，一时"乌泥泾被不胫而走，广传于大江南北"。当时的太仓、上海等地都加以仿效。棉纺织品五光十色，这些地方呈现出空前盛况。黄道婆去世以后，松江府曾成为全国最大的棉纺织中心，获"衣被天下"之美誉。为感念她的恩德，松江百姓在顺帝至元二年（1336）为她立祠，岁时享祀。后因战乱，祠被毁。至正二十二年（1362）乡人张守中重建并请王逢作诗纪念。明熹宗天启六年（1626）张之象塑其像于宁国寺。清嘉庆年间，上海城内渡鹤楼西北小巷，立有小庙。

如今坐落于华泾镇东湾村（乌泥泾镇旧址）13号的黄道婆墓，坐北朝南，占地1000多平方米，墓院内设两层台梯。墓冢四周砌有50厘米高的大理石护圈，中为椭圆形石圈土墓，墓冢前立有一汉白玉墓碑，其正面镌刻有中共原上海市委书记魏文伯题写的"元黄道婆墓"。上海的南市区曾有先棉祠，并建有黄道婆禅院。在黄道婆的故乡乌泥泾，至今还传颂着"黄婆婆，黄婆婆，教我纱，教我布，二只筒子二匹布"的民谣。

（2）张謇

张謇（1853—1926），字季直，号啬庵，江苏南通人，世代耕读传家，兄弟五人，排行第四。他幼年聪慧好学，3岁启蒙，4岁入塾，5岁时"命背诵千文，竟无伪"。1885年，他赴京参加顺天乡试，高中第二名，1894年又考中状元。中日甲午战争成为他人生道路的分水岭，深重的民族危机最终促使他毅然放弃传统的仕宦之途。鉴于国弱民贫的现实，张謇提出"实业救国"和"教育救国"的口号，并冲破阻力在家乡大搞教育与实业。[①]从1895年起，他在南通先后创办了大生纺织公司、垦牧公司等工业以及教育、文化、科普事业。他利用海滨盐荒兴办盐垦公司，推广植棉，是全国的首创。南通师范学校、通州女子师范学校、南通博物苑等，开全国风气之先。他提高南通各专门学校的学习水平，扩建校舍，添增教学设备，把它们合并为南通大学。他欣然接受西方文明，重用外国人才，但反对将国外的教育方法简单"嫁接"过来，而是主张结合中国实际情况，实行严格教育。他认为："师道贵严，中外同轨。非是则无所为教，无所学。……凡教之道，以严为轨；凡学之道，以静为轨，有

---

① 张光武：《重读张謇：百年中国的民族工商、民生和文化转型》，《中国民商》2013年第8期。

害群者去之，无姑息焉。"①此外，他在军山设立气象台，"一方面为农事的测候预防，一方面为农学生实习气候的地方"②。一战期间，张謇的大生企业系统获得了突飞猛进的发展。据统计，到1923年，它的资本总额达到了3448余万元，是当年申新、茂新、福新企业系统资本总额的3.5倍以上。此后，受内外等多种因素的影响，南通实业走向衰落。但张謇基于中国人自己的理念，通过较为全面和有一定创造性的规划、建设和经营，直接开启并促进了南通地区的近代化，使得南通成为中国近代城市建设和民族工业发展的杰出代表，堪称"中国近代第一城"，为全国树立了楷模。

张謇在民国时期有着较高的声誉，得到胡适等人的交口称誉，这与他在中国实业、教育等方面的突出成就是分不开的。1950年代，毛泽东在与黄炎培、陈叔通等人谈及民族工业发展时说："中国最早有民族轻工业，不要忘记南通的张謇。"③由于张謇在南通的特殊地位，他的名字与南通已紧紧联系在一起。

（3）荣德生

荣德生（1875—1952）原名宗铨，别号乐农。1876年生于江苏无锡。他早年在上海钱庄做学徒，1893年前往广东三水河口厘金局帮理账务，1896年与其兄荣宗敬在沪自营广生钱庄。但荣德生早年在广东接受了南国的新思想、新风气，意识到这个世界上还有比钱庄更能赚钱的实业，像美国化工大王杜邦、石油大亨梅隆，都是靠办实业发财、使家强盛的，于是决定投资实业。1900年10月，他们以6000元钱庄盈利为资本，与人合伙创办了第一个面粉厂——保兴面粉厂，产品极受欢迎。

到1921年，荣德生共开设面粉厂12家，产品畅销全国，其"兵船"牌面粉更是销售到英、法、澳及东南亚各国，一战期间出口达80万吨，在国内外市场上享有盛誉。荣氏兄弟为中国民族面粉工业的发展立下了汗马功劳，成为中国有名的"面粉大王"。

面粉厂经营的成功，进一步激发了他们投资实业的浓厚兴趣。1915年，荣

① 李明勋、尤世玮主编：《张謇全集》第4册，上海辞书出版社2012年版，第208页。

② 张孝若：《最艰难的创业者：状元实业家张謇传》，新世界出版社2016年版，第201页。

③ 张敬礼：《回忆毛泽东、周恩来论张謇》，《海门县文史资料》第8辑。

氏兄弟出资18万元，创办申新纺织公司。1922年，申新已有4个厂，拥有纱锭达13万枚，成为一个具有相当规模的纺织企业。申新的发展速度当时远远超过了其他民族资本家经营的纺织厂，1920年代的纱锭增长率甚至超过了在华日商纱厂。因此，荣氏兄弟又被誉为旧中国的"棉纱大王"。

荣德生1918年当选江苏省议员，1921年当选北洋政府国会议员。除主管无锡各厂外，他还在无锡兴建著名的"梅园"风景区，创办公益小学、中学等。1924年为与外国资本相竞争，他对无锡申新三厂进行管理改革，延聘拥有专门知识的人才取代领班、工头，使企业面貌改观。

1930年代初期，申新纱厂发展至9个厂。因连年举债扩充，企业搁浅，荣德生赴沪与其兄多方周旋，才免于帝国主义和官僚资本的吞并，后经锐意整顿，经营有所好转。"七七"事变后，荣德生到汉口，致力于申新第四纺织厂和福新第五面粉厂的经营，获利甚丰。上海各厂有的毁于炮火，有的遭日军军管。1938年其兄去世后返沪，除逐步偿清旧欠外，还将被日军强占的几个厂收回，并拒绝与日本人合作经营。①

抗战胜利后企业分给其子侄掌管，荣德生则在无锡投资兴建天元实业公司，建成天元麻、毛、棉纺等厂及开源机器工程公司，还创办了江南大学。

荣氏企业能不断发展的原因，正如荣德生所说："非恃有充实之资本，乃有充实之精神，精神为立业之本。"②荣德生采取"非扩大不能立足"的方针，即使借债，也不放过任何一个扩展规模的机会，并注重开拓创新，在引进先进设备和更新旧设备的同时，还十分重视原料的改良和技术人才的开发，这对他们在中国民族工业的艰难时期立于不败之地并不断发展发挥了重要作用。

2.江南工业的主要工业机构场所

（1）江南机器制造总局

江南机器制造总局，又名"上海机器局"或"江南机器局"，简称"沪局"，是洋务运动时期规模最大的军事工业，"为各省制造最大之厂"。③

---

① 葛红：《荣德生与共产党的合作历程》，无锡市史志网2012年6月11日。

② 金宝山：《荣氏一门的百年辉煌》，《纵横》2008年第12期。

③ 李鸿章：《李文忠公全集》第77卷，商务印书馆1921年版，第2页。

李鸿章在同治元年（1862）于上海成立过一个上海制造炮局，由其亲信丁日昌督率筹办，招募英法两国兵匠，从香港购买造炮器具，铸造"开花炮弹"和"自来火"等件。到同治四年（1865），李鸿章收购了上海虹口的一个洋人机器铁厂。据说该厂"能修造大小轮船及开花炮洋枪各件，实为洋泾浜外国厂中机器之最大者"①。在收购这个铁厂以后，李鸿章把原来设在苏州、由丁日昌及韩殿甲主持的两个炮局也归并到这个厂里来。同时，曾国藩派人从美国购买的机器，也已经运到上海，随即归并一局。再加上原有的上海制造炮局，将它们合并成为一厂，改成江南机器制造总局。

同治四年，李鸿章所创办的江南机器制造总局，便是在这样一个购买外国机器、铁厂及归并一些旧局的基础上建立起来的。它的厂址设在虹口，每年房租需银六七千两，后因机器增加，厂地狭窄，不能安置。同治六年（1867）夏，李鸿章又在上海城南兴建新厂，厂房面积达70余亩，包括汽炉厂、机器厂、熟铁厂、洋枪厂、木工厂、火箭厂和铸钢铁厂等。在当时的条件下，这的确是一个规模相当大的工厂。1905年中国造船史上的一件大事是清政府将江南机器制造总局的船坞部分从江南机器制造总局中划出，另行成立江南船坞，着重对外营业，采取商业化经营方针，修造中外兵船商轮，营业逐渐发展，规模日益扩大。辛亥革命后，江南船坞被改成江南造船所。

清末江南机器制造总局在中国近代工业发展史上的地位和作用可以从该局的许多开创性活动中得到证明。它开创了一系列的"中国第一"：它造出了第一艘能实际使用的轮船；它接纳并培育了第一批翻译家、工程师和具有相当水平的技术工人；江南机器制造总局内设置的翻译馆是近代中国最早，也是影响最为深远的翻译馆；它第一次为我国知识界提供了大批与国际科学技术紧密联系的书籍，促进了中国造船工业以及整个中国工业的近代化进程。不仅如此，第一艘机动兵轮、第一艘潜艇、第一台万吨水压机、第一艘自行设计建造的护卫舰、第一艘自行设计建造的万吨轮等，以及改革开放以来民用船舶的代表产品——中国第一艘石油液化气船、琼州海峡火车渡轮、各类出口船舶等，印证

---

① 李鸿章：《李文忠公全集》第9卷，商务印书馆1921年版，第32页。

了其为近现代中国工业发展做出的巨大贡献。中国近代船舶工业包括近代海军舰艇工业在内，尽管不少购自国外，但多数仍为国内自行建造，其中多数由江南造船所承建。江南造船所在国民政府溃退中虽然遭受破坏，但留下的生产设备还比较完备，一直是共和国造船业的一支骨干力量。另外，江南造船所留下的大量造船技术工人和从事造船工程设计、生产、教育等方面的技术和管理人才，以及84年的造船工业兴衰的经验和教训等都是一笔不可低估的财富。它在中国近现代工业发展中的地位与作用是不能被低估的。①

（2）上海汽车集团股份有限公司

汽车工业的水平代表着工业经济时代的最高成就。上海汽车集团股份有限公司（简称"上汽集团"）以其多平台、全系列的自主品牌产品布局，和与国际汽车技术发展趋势相同步的、覆盖主流乘用车领域各个细分市场的宽系列产品线向世人展示了江南现代工业的规模与内涵。

上汽集团的前身，是于1910年成立的法租界公董局机修厂，它是当时上海最大的两个汽车修配工厂之一。20世纪初，随着国外汽车的进入，上海汽车修配业逐步发展起来。最早建立和比较重要的厂家有：宝昌号、杨福兴机器制造厂、郑兴泰汽配商号。至1949年，上海经营汽车修理的商行有近200家，从业人员1200人。其中，上海公共交通公司修造厂（原上海汽车发动机厂和上海客车制造公司前身）的技术装备和生产能力比较领先；扬子建业所属利威汽车公司（后为上海汽车厂）号称当时远东最大的汽车公司。

1958年9月28日，第一辆凤凰牌轿车在上海汽车装配厂试制成功，实现上海汽车工业轿车制造"零"的突破。周恩来于1959年2月15日在中南海检阅凤凰牌轿车时，上海汽车工人深受鼓舞。1964年，凤凰牌轿车改名为上海牌轿车，其厂至1975年拥有5000辆年生产能力。上海成为中国批量最大的轿车生产基地之一，改革开放之后，率先走上对外开放道路。1980年代与德国大众的合作及1990年代与美国通用的合作，为上汽集团建设自主品牌和超前开拓新能源汽车打下了坚实的基础。2010年上海世博会期间，上汽集团1125辆新能源车

---

① 张仲礼：《略论江南造船厂在中国近代工业发展史上的地位和作用》，《船史研究》2005年第19期。

战胜高温、酷暑等严峻考验，累计运送游客2亿人次，行驶里程1242万公里，圆满实现世博车辆"万无一失"目标。2014年，上汽集团整车销量达到562万辆，同比增长10.1%，继续保持国内汽车市场领先优势，并以2013年度920.2亿美元的合并销售收入，第十次入选《财富》杂志"世界500强"，排名第85位，比上一年上升了18位。

（3）上海交通大学

上海交通大学是江南重要的工业实业人才培养机构，其办学历史可追溯到1896年由清政府创立、盛宣怀督办的南洋公学，是中国高等教育的发端之一。其初建时以培养高端法政人才为办学目标，先设师范院、外院、中院、上院四院，继设铁路班、特班、政治班、译书院、东文学堂等，体制完备，规划宏远，开创了我国近代教育的新风气。1905年，学校改隶商部，改校名为"商部上海高等实业学堂"，始以培养高级工程技术与管理人才为目标。南洋公学数易其名，经商部高等实业学堂、邮传部上海高等实业学堂、南洋大学堂、交通部上海工业专门学堂多个阶段，于1921年改组为交通大学；而后复遭波折，先后改为交通部南洋大学、交通部第一交通大学、国立交通大学（上海本部），至1949年剔去"国立"二字，径称"交通大学"。1959年7月31日，国务院批准交通大学上海分部、西安分部分别独立成校，交通大学上海分部定名为"上海交通大学"。

在跨越3个世纪的风雨沧桑中，从有"中国教育有系统组织之肇端"之称的南洋公学，到较早开启我国工程教育的上海高等实业学堂、上海工业专门学校；从1921年交通大学黉宇宏开，到享有盛誉的南洋大学、国立交通大学；从14年抗战烽火中的上海"孤岛"与重庆大后方两地办学，到1949年被人民政府接管获得新生；从1950年代初期院系调整的汇流与分合，到1950年代末西安、上海两所交通大学的独立建成；从1960年代初对教育"大跃进"纠偏中老交大教学传统的坚持与发扬，到"文革"中的"教育革命"；从改革开放以后拼搏奋进中闵行新校区的建设，到1999年、2005年与上海农学院、上海第二医科大学先后实现合并，组成新的上海交通大学：110年来的因革变迁，跌宕起伏，几乎成为中国高等教育发展史上的一个缩影。而从上海交通大学这所世界知名的大学中走出来的，不仅有钱学森、吴文俊、张光斗、徐光宪、张钟俊、朱物华等著名的科学家、工程专家，更有数十万在工业与工程领域默默无闻的科技人才，他们推动了江南乃至全国的工商业发展。

3.江南工业的主要工业档案

在江南工业发展的不同历史阶段，留存了大量工业组织与团体机构、社会组织或个人在工业活动中直接形成的有价值的各种形式的历史记录，它们是直接的工业文化资源的重要构成内容。在众多的档案类型文件中，能够直观地、图像化地反映不同时期江南工业发展形态和内容的东西，当数工业行会碑刻。

行会是江南工业发展过程中非常重要的中介性质的机构，起着协调工业资源、统一行业规范、协助政府管理行业的作用。从江南一带保存的大量的行会勒石刻碑中可以发现，近代工商业会馆、公所等行业组织对江南工业的发展起到了很大的推进作用。

勒石刻碑是政府给予行会的一项重要授权，许多碑文实际上就是地方政府的档案文书，在行会的发展过程中曾经产生过非常重要的作用，甚至可以说，碑刻在某种意义上成了行会组织拥有政治合法性、权威性的象征。在会馆、公所等行会组织的发展中，碑刻具有传承后世的记忆功能、惩戒违规的警示功能、颂扬美德的激励功能、公布官府法令的告示功能以及征信与佐证功能，有助于形成行业的凝聚力和从业者的自豪感，增强会馆、公所的权威性和同业商人对行业的归属感及维护行业利益的责任感，约束违规违法行为，对会馆、公所的变迁与发展具有不可替代的作用。[①]

首先，在勒石刻碑多个不同功能之中，碑刻具有的公布官府法令的告示功能是奉宪勒碑类碑刻的主要功能。具有社会合法性的会馆、公所等行会组织，终究只是一种非正式制度安排，要使其具有权威性，还必须得到政府追认。其次，碑刻具有传承后世的记忆功能，从而有助于形成行业的凝聚力和从业者的自豪感。再次，碑刻具有惩戒违规的警示功能。对某些破坏行规业规、扰商累商、盗卖私吞行会公共财产或租金、欺行霸市、私立行头行规等不法行为，行

---

① 彭南生：《近代江南地区工商业会馆、公所碑刻述论》，《安徽史学》2005年第3期。

会往往会诉至官府，官府往往会予以严惩并发布禁令，行会再将惩罚结果及官府禁令刻石立碑，以收杀一儆百之效。最后，碑刻具有颂扬美德的激励功能。其目的旨在使芳名勒诸贞珉，永垂不朽，借以激励后来人同心同德，增强同业商人对行业的归属感及维护行业利益的责任感，这也是功德碑的一项重要功能。

《江苏省明清以来碑刻资料选集》《上海碑刻资料选辑》《明清苏州工商业碑刻》《明清以来苏州社会史碑刻》收录了大量江南地区的碑刻内容，它们主要产生于明清时期和民国初期。根据对碑文撰刻年代进行的统计，结果显示，会馆、公所的碑刻活动在鸦片战争后的整个中国近代都没有停止过，但呈现出高开低走的态势，1870年代前后是会馆、公所刻碑最活跃的时期。鸦片战争后，随着外国资本主义经济的渗入，东南沿海地区的传统工商业首先受到挑战，尤其是太平天国农民运动对江南地区工商业秩序的冲击，一些会馆、公所陷入停滞，战后行会的重建或行规的重申活动变得比较频繁，1880年代转入低潮。甲午战争后，外国资本主义在华通商口岸地区直接设厂，既使传统工商业面临更大的威胁，也在很大程度上刺激了新兴工商业行业的形成，新的会馆、公所不断创建，因此，形成了19世纪末20世纪初行会碑刻活动的小高潮。此后碑刻活动持续走低，主要是由于1918年北京政府颁布了工商同业公会规则，引导并促使会馆、公所向近代同业公会转化。南京国民政府成立后，1927年发布了工艺同业公会规则，1929年出台了工商同业公会法，同业公会取代会馆、公所等行会组织成为一种正式制度安排，会馆、公所逐步退出历史舞台。

（二）江南工业文化的特点

江南工业文化的特点，主要体现在其与江南文化内在人文精神的高度一致。文化与经济的关系密切，人文精神对经济和社会制度的发展具有制衡作用。一方面，不合民族文化传统的社会变革是行不通的；另一方面，人文精神的变革又常是社会经济变迁的先导。人文精神是一个国家或地区通过其人民长期共有的行为准则、生活方式、伦理价值、文化积淀和人文景观体现出来的共同的价值观念和精神特质，是一种具有决定性意义的核心资源。无论是一个国家的兴旺发达，还是一个地区的繁荣发展，都离不开人文精神的凝聚和激励作用。

江南地区以"吴越文化"著称，文化底蕴深厚，通过千年以来的积淀、融合，孕育形成了既与民族精神相统一，又有鲜明区域特色的江南人文精神。江南人文精神是世代江南人的灵魂和血脉，是江南地区生息和发展的根本，进一步提炼和传承江南人文精神，不仅能将江南文化发扬光大，而且更重要的是可以牵着"文化"这一灵魂，顺着"文化"的悠长脉搏，利用江南人文精神独特的生命力、创造力和凝聚力，以现代工业为载体，促进区域经济的繁荣和发展。

"一方水土养一方人"，江南地区得天独厚的地理环境和悠远的人文历史不仅影响了江南人民的内在气质、思维方式、性格特征，而且铸造了优秀的江南工业文化精神，它是一种潜在的鼓舞和推动力量，对江南的经济发展和产业演进有着极大的影响。[①]

1.尚文求进。钟灵毓秀的江南地区一直崇文重教，稻米莲歌，耕桑读律，科名相继，吟咏成风，鸿儒巨子层出不穷，尤以明清为最。江南人温文尔雅，知书达礼，比较讲理性，善思考、守秩序。尚文求进的优良传统使江南地区历来具有群星闪耀的人才优势，因而获得更多的发展机会，不断促进江南的繁荣，铸就江南发展史上的一个个辉煌。这一优良传统，至今延续不绝，并且推动江南地区在改革开放新时期继续独领风骚。

2.守信互惠。江南人历来崇尚守信，善于与人合作共事，把守信作为立身之本、从商之要。同时，江南地区地缘相近、人缘相亲，具有相似的历史渊源和人文特征，自古以来其内在经济联系就比较紧密。正是注重守信互惠，才造就了江南工业的繁华历史，并使江南地区成为中国民族工业兴起和资本主义萌芽的摇篮。这种守信互惠的品性也一直延续到现在。守信已是江南人的美德，守信互惠的民风是江南人文精神的重要内涵之一。

3.和合重礼。江南人吃苦耐劳，勤奋智慧，他们在工商业活动中，表现出柔和的气质、谦让重礼的品德，并且懂得把这种柔和、谦让重礼用于创业，柔和的气质、谦让重礼的品德更使江南在各个工业发展的历史时期取得辉煌的成绩。

---

① 陆红权：《江南文化精神与长三角地区经济发展》，《经济师》2006年第8期。

4.融合开放。江南历来是一个交通便利、易于民众往来和文化信息传播的地方，近代上海作为通商口岸后，又直接受海派文化的影响。独特的水乡环境、优越的海陆位置使江南人具有难能可贵的开放胸襟和融合姿态，从不故步自封，而是有融合和摄取新质素的敏感和胸怀，造就了开放、大气的性格传统。

5.务实求是。务实是江南文化的一个鲜明特点，历史悠久，表现广泛。江南人讲实学、办实事、重实效、求实惠。在明清时期至近现代工商业的发展中，江南人重视物质生活的特点，精明能干形象的形成，科举人才、科技人才的大批涌现，都是江南文化务实精神的重要体现。在中国近代史上，自岭南地区出来的开风气之先的思想家最为突出，自湖湘地区出来的政治家最为突出，自江南地区出来的科学家最为突出。某一地区个别杰出人物的出现，确有许多偶然性，但如果某种类型的人才成批成群出现，一定与其所在地区的文化传统有关。务实精神是中华文化实用理性的体现，其本质是在物质与精神之间更加重视物质，在现实与理想之间更加重视现实，在今世与来世之间更加重视今世。[①]

三、问题与对策建议

（一）工业文化资源的基本认识与特点

工业文化资源是城市文化建设的重要内容。伴随着国家和政府相关政策与措施的推出，近年来已经有越来越多的工业文化资源开始被纳入保护之列，但工业文化资源的保护面临的困难依然严峻。一方面，大部分城市尚未将对工业文化资源进行整体评价纳入议事日程，如一些传统工业城市依然未将工业文化资源纳入文化遗产保护的范围；另一方面，城市化步伐逐步加快所带来的工业文化资源拆与保、遗弃与利用等观点之间的激烈碰撞在全国范围内始终普遍存在。值得关注的是，我国社会对工业文化资源的历史、社会、科学、经济、情感、美学价值缺乏认识，以至于长期以来工业文化资源被社会所忽视。如果任由这种情势自行发展，必然导致工业文化资源的灭失及城市文化遗产的断层。这种对城市文化的演化与发展脉络的无视，必将会给城市的根源和肌理、城市

[①] 熊月之：《略论江南文化的务实精神》，《华东师范大学学报》（哲学社会科学版）2011年第3期。

的个性和特征带来难以弥补的伤害。①

工业文化资源具有建构在社会脉动之上、反映民众工作生活的意义。工业文化资源与以往所认知的文化资产或古迹有所不同，在人类的文明发展史中，生活生产由原始简单的采集，到新石器时代在不断发明出的工具的支持下开始逐步演化出渔猎、农耕、工业等社会形态，随之而来的则是因产业活动之变迁而不断演化的社会组织和聚落形态。

近年来由于信息通信技术的快速发展，一方面，产业结构与生产组织变化快速，产业寻求转型而旧产业设施和机具设备渐渐无法满足新机能要求；另一方面，产业自有其生命周期，伴随着国家产业发展进程，又因全球化背景下的比较利益生产原则，一些传统产业的旧设施和机具设备被闲置、废弃或拆除也是必然的。

工业文化资源作为实质环境的物质化史料的另一特点是其在建构地域性特征方面的意义。一种产业的兴起取决于自然条件和人为条件的配合。当燃煤蒸汽成为动力能源后，原本了无人烟的产煤地区因采煤产业而蓬勃，不断吸引着怀抱梦想的开拓者前来，渐渐形成一座因采矿发展出来的市镇或聚落。当地人口结构中很大一部分家庭必然是矿工所组成的家庭，当采矿没落之后这群人自然会离开这里，而留下坑道、机具、厂房和矿工住宅等产业实质环境的遗留物，它们凝缩了一段采矿的集体记忆与生活经验，并且由此建构出其地方产业景观，形成地方特色。

工业文化资源多表现为构成一组生产方式与社会组织等脉络关系的构造物，而不一定是单栋风格独特的建筑体。其资源价值并非来自可见的建筑本身的艺术成就或建筑样式的重要性等评判标准，而是其作为我们社会发展过程中影响至深的工业化过程中的一个明证或注记。同时其历史意义的表述对象往往是具有相关情感依附或劳动者生活记忆的民众，而非政治精英阶层。工业文化资源象征着过去一段时期的社会文化，特别是工业化影响下的社会、技术与经济变化，不同类型的工业文化资源帮助我们拼凑出整体工业文化的图像，以及

---

① 曹玲娟：《工业遗产保护——与时间赛跑》，《人民日报》2009年6月17日。

了解一个地方与社会的发展史的线索和依据。

（二）工业文化资源的价值与意义

1.文化价值。由于文化资产类型的多样性与历史解释的多元化，工业文化资源渐渐被视为文化资源，国外已有许多将这些工业文化资源以博物馆、艺术展演、档案资料馆等文化教育性质的形式进行再利用的成功案例。事实上许多产业即使生产组织已改变，但是依然存在于人们的生活中，产业建筑或设施在建设时的原因或许是物质功能上的需求，然而历经岁月的累积，这些产业建筑或设施已成为反映过去产业的某种意象、引发地方认同感的标识和承载共同记忆的场所载体。

2.经济价值。工厂设施建造的目的在于通过制造以获取利润，当功能消退，旧的机器厂房价值也跟着消退。工业文化资源的"新资产化"概念是一种重新思考工业文化资源价值与再利用的概念。其所阐述的"新资产化"包括5个向度：知识再生产、经济再生产、事业再生产、品牌再生产以及能力再生产，强调的是资产的再生产性的意义与社会实践，同时可将被企业视为老旧负担的工业文化资源转化为促进产业再发展的新资产。

"新资产化"概念特别强调在经济维度上让老旧资源产生新机能，例如经营服务业等新事业为其带来经济收益，也可借助相关保存与修复计划来恢复工业文化资源独特的魅力，吸引观光人潮，观光策略所带来的经济潜力亦不容小觑。在欧洲，工业文化资源的"新资产化"早已带起一股文化旅游的风潮。在那些长期持续推行工业文化资源保存与再发展政策的地区，观光旅游已经为当地带来了相当正面的回报。工业文化资源的保存促进了地区文化符号化、特征自明性以及地方再发展，欧洲许多有着产业历史的地区，通过对地方显明的工业文化自明性的推动，促进了当地再发展目标的实现。某些地区还尝试通过对当地的工业文化资源进行串联演绎，来发展与强化地域文化独特的标签，探索与展示当地产业对于社会发展的意义。一个典型的案例是美国的工业文化资源景观"国家遗产廊道"，其已成为对工业文化资源进行观光旅游应用这一再资产化途径探索的范例。总体而言，对工业文化资源实施改造性再利用的途径多见于旅游和服务产业。

3.环境价值。人类创造物质文明的过程，也是人类塑造环境与影响地貌的历史，产业景观以动态的方式随时间变化，反映出人类创造景观模式的价值运作，工业文化资源见证了这段环境景观的变迁，但也可能同时突显出环境遭污染与破坏问题。因此从可持续发展观点来看待相关工业文化资源保护与再利用策略，除了人文资源方面的考虑之外，更应该结合生态环境意识，整合工业文化资源本身所联结的资源网络，从原料来源、物流系统、自然条件等产业发展要素进行维护改善，将资源经营策略从一般化的点位思考延伸为网络化的、兼顾历时与共时维度的全面性的思考，以发挥工业文化资源塑造都市风貌、改善环境质量以及带动区域再发展的环境资源潜力。

4.教育价值。工业文化资源的教育价值不仅仅在于以实物证据让人了解人类成器活动中特定的工业制造的实施机制，而且由于工业文化资源承载了历史沿革过程中生产力与生产关系变迁的大量信息，还在于让当代社会的人们鉴往知来、自我反省，这一特点尤为重要，往往被当前工业文化资源管理理念和行动所忽视。

（三）江南工业文化资源的管理现状与建议

兼顾工业文化资源对于城市记忆的不可替代性和对工业文化资源进行合理利用并探索其可持续发展的观点已经在工业文化资源管理领域广受认同。"改造性再利用"（Adaptive Reuse）是目前工业文化资源管理理论上越来越受到重视的一种途径。1979年8月19日澳大利亚编制并在澳大利亚南部城市巴拉批准实施的保护具有文化意义地方的宪章（《巴拉宪章》）明确提出了"改造性再利用"的概念。[①]该宪章指出："改造性再利用"的关键在于为某一建筑遗产找到恰当的用途，这些用途使该场所的重要性得到最大限度的保存与再现，对重要结构的改变降低到最低限度，并且使这种改变可以得到复原。[②]

以江南工业文化资源为例，目前在工业文化资源管理上，主要存在四种模

---

① 林兆璋、倪文岩：《旧建筑的改造性再利用》，《建筑学报》2000年第1期。

② 徐震、顾大冶：《城市产业类建筑遗产改造性再利用模式的生成语境》，《工业建筑》2011年第6期。

式。①一是将工业文化资源改造为展示现代艺术、大型雕塑、装置艺术等艺术作品的创意产业园、现代艺术区，如上海上钢十厂被改建为红坊。二是根据工业文化资源的原生形态与功能定位建立相应的主题博物馆，在博物馆中向受众展示一些历史时期的工艺机制和生产过程，在活化并营造工业文化资源的历史感和真实感的时空中强化受众的历史认知、社会参与感和认同感，如将江南造船厂旧址改建为世博会场所。三是改造为城市开放空间，让工业旧址成为人们休闲和娱乐的场所。四是与文化旅游业开发结合起来，改造为旅游度假地。但其中普遍存在着几方面的矛盾：

一是城市的建设发展与工业文化资源的保护之间的矛盾。由于城市发展的阶段性原因，中国近现代工业企业大都占据城市交通区位较为优越的区域，这种优越的区位条件是工业文化资源区别于古代文化遗产的一个重要特征，但它所带来的工业文化资源的保护与城市建设、发展之间的矛盾也成为工业文化资源研究、保护、活化和再利用的难点和重点。②老厂房的巨大存量以及其在城市中占据着经济价值优越的区位作为新型城市化过程中的一对矛盾体，客观上引发了城市化建设过程中关于工业文化资源保护与建设之间不同观念的冲突与纷争。

二是工业文化资源全面、整体的保护与工业文化资源的多头管理之间的矛盾。③当前我国工业文化资源管理困难的一个原因在于多头管理，工业文化资源的保护是一项系统工程，涉及从国有资产管理到城市规划建设、从土地资源使用到文化遗产保护等的方方面面，与众多的管理部门形成了千丝万缕的联系。

三是工业文化资源保护的客观需求强烈与主观动力缺乏之间的矛盾。工业文化资源的保护与利用受机制、环境和政策的影响，动力明显不足。首先，在工业文化资源保护与利用方面的政策扶持力度不够、鼓励和支持不足，对工

① 谢嫣婧、谢红彬、张智峰：《国内外工业遗产再利用比较研究》，《世界地理研究》2013年第2期。

② 曹玲娟：《工业遗产保护——与时间赛跑》，《人民日报》2009年6月17日。

③ 《瞭望》新闻周刊记者：《拯救中国"工业印记"》，瞭望观察网2014年7月28日。

业文化资源实施保护与利用所涉资金的融资渠道狭窄，应用形式和手段比较单一，保护资金严重短缺，税收优惠政策等也未能得到很好的落实。其次，社会重视程度不高，参与工业文化资源保护与利用的意识不强并缺乏前瞻性，在推动社会参与工业文化资源的保护与利用方面缺乏思路，国家、社会和个人的力量缺乏融合的机制。最后，在保护工业文化资源的完整性与原真性存在困难的情况下，如何做好散落各处工业遗存的充分利用和有效整合，尚缺乏一个合理的整体安排。[1]

四是工业文化资源的集体记忆场所属性与改造性再利用的新空间属性之间的矛盾。新空间的生产在历史沿革性与内容依存性方面缺乏深入的考虑。当前我国在工业文化资源再利用方面进行了大量探索，所反映出来的问题众多，但其中一个不容忽视的问题是新空间内容雷同。实际上，每一处工业文化资源都是独特的记忆场所，需要不同的规划方案来延续文化脉络、演绎当代对历史的传承。

发掘城市工业文化资源，建构厚重的历史底蕴与鲜明的时代特色共存的人文魅力空间，在城市建设中注重保护工业文化遗产，促进功能提升与文化文物保护相结合，平衡好新城新区建设与工业文化资源要素和原有城市自然人文特征之间的协调关系，是实施工业文化资源管理的基本原则。[2]

针对现实情况与发展目标，我们认为：第一，应对工业文化资源的概念与内涵进行统一界定，并据此对江南工业文化资源现状进行梳理；第二，要形成完善和明确的指导工业文化资源管理的思想与观念，确立基本原则；第三，要探索江南工业文化资源管理中研究、保护、活化和再利用的模式与实施路径，加强规划指导，实现多元化资源管理；第四，从法规层面健全江南工业文化资源管理的保障制度，减少管理职责的含混不清和灰色地带；第五，运用各种先进的理念和先进技术，科学管理和利用江南工业文化资源。通过这些措施和举动，我们宝贵的江南工业文化资源可以得到良好的保护和再生利用。

① 济南市政协文史资料委员会：《对我市工业遗产保护与利用工作的几点建议》，《济南文史》2008年第1期。

② 中华人民共和国国家发展和改革委员会：《国家新型城镇化规划（2014—2020年）》。

第三章 江南社会文化资源梳理与创意研究

第一节 江南城市文化资源

江南城市文化资源是指江南文化资源的城市形态。如果把江南文化资源划分为物质文化资源、社会文化资源和审美文化资源三类，那么城市文化资源是社会文化资源的主要构成要素。从资源所处的人类文明发展形态上看，按照斯宾格勒的"城市是人类文明历史进程更高级形态"的观点，江南城市文化资源属于人类文化资源的更高逻辑环节，相较于乡村文化资源处于更高的逻辑发展阶段。从资源分布的空间形态上看，江南城市文化资源只存在于江南的城市空间，有别于乡村文化资源；从文化资源类型及特点上看，城市建筑、习俗风尚、节日庆典是城市文化资源最重要的类型，相较于同类型的乡村文化资源，时尚性、娱乐性、商业性更为突出。

一、江南城市文化资源的地理与历史概况

江南城市文化资源的发生和积淀，源自江南城市的出现与发展，在空间层面上，江南地区独特的自然、地理和社会环境既是江南城市产生的基础，也是江南城市文化资源类型及特征生成的制约条件。在时间层面上，江南城市发生、发展和繁荣的历史，是江南城市文化资源类型及特征展示的流动舞台。

首先，江南地区温热湿润、水网密布的自然地理状况，影响着以水为根本

特征的江南城市文化资源的形成。

一方面，古代江南地区温热湿润的气候、江湖密布的地理状况，积淀了江南城市文化资源鲜明的"水"性特征。

江南地区温热湿润，考古学研究表明，在新石器时代太湖地区有象群存在[1]，"杭州湾以南的浙江余姚河姆渡遗址的下文化层也出土亚洲象骨骼，并出土红面猴和猕猴骨骼"[2]，这说明当时的长江下游"较现在温湿"[3]。一直到秦和西汉，中国气候还是温暖时期，气温要比如今高。距今7000年前，江南属典型的海洋性亚热带季风气候，距今5000—5300年间，气温比现在高1～2℃。[4]

江南地区水网密布，水乡泽国是基本地理特征。在江南城市最发达的明清时期，这里同属一个水系——太湖水系。

太湖水系，古有"三江五湖"之称。实际上，严格地说，应当是"一河二溪三江五湖"。"一河"，即江南运河，北起镇江，南抵杭州，纵贯江南平原中心地域，是京杭大运河的南段。"二溪"，即太湖水系的上流和水源，在西北是荆溪，西南是苕溪。荆溪、苕溪两水系，把太湖西部的宁、镇、常、湖、杭五府，与东部苏、松、嘉三府联系了起来。一般都认为"三江"是介于长江与钱塘江之间、位于太湖东面的入海河流。太湖上纳"二溪"之水，下通"三江"出海，形成了太湖水系的中心。

总之，"江南地区地理环境上具有典型的'水乡泽国'及山水秀美的特征。人们普遍认为江南居民灵秀颖慧与江南的'水'性特征相关"[5]。这一特点直接影响了江南城市的产生与发展，进而对城市规划选址、民居建筑、节日

---

① 浙江省博物馆自然组：《河姆渡遗址动植物遗存的鉴定研究》，《考古学报》1978年第1期。

② 浙江省文物管理委员会、浙江省博物馆：《河姆渡遗址第一期发掘报告》，《考古学报》1978年第1期。

③ 张之恒：《长江下游新石器时代文化》，湖北教育出版社2004年版，第2页。

④ 吴维棠：《从新石器时代文化遗址看杭州湾两岸的全新世古地理》，《地理学报》1983年第2期。

⑤ 景遐东：《江南文化与唐代文学研究》，复旦大学博士学位论文，2003年。

庆典、生活风尚等城市文化资源的生成产生作用。

例如，江南早期城市选址规划受到自然地理条件因素影响明显，苏州阖闾城、武进淹城、扬州邗城是春秋战国时期最具代表的江南城市。苏州阖闾城最终选定在姑苏山东北30里的石质残丘和水网平原的交汇处，在地理环境上，"苏州地处东临大海、北倚长江、南面和西面依接太湖和太湖平原的浏河边上，它通过长江可与中国中、西部经济腹地联系，通过海洋可与世界各地交往。这些条件使苏州城数千年久盛不衰"①。武进淹城"筑城方法为平地推土，未见夯打，亦无基槽；内、中、外三条护城河相互连通，并接城外河道，进出淹城只有水路，没有陆路"②。扬州邗城，"城的南沿临蜀冈南麓断崖，断崖下即是长江。城系方形，为版筑城垣，周长约十华里。城南有两道垣，外城垣和内城垣之间有濠，外城之外，也有濠环绕。传说城没有南门，北面为水门，只有东西两面有城门，这种形制，与江南的越城、淹城遗址很相合"③。随着社会的发展，后来的江南城市对自然地理条件的依赖并不像早期那么明显，但是，城市布局、建筑模式依然保留着江南水乡自然地理特征。例如，苏州被称为"东方威尼斯"，"苏州城市水多、桥多，其民居景观往往总是与水景、桥梁建筑结合在一起，从而体现其独特的文化与自然氛围"④。

江南城市的自然地理条件，还直接渗透到市民生活习俗、节日庆典等文化活动中。"山峦阻隔，河川纵横，森林密布，沼泽连绵。人们只能在河谷或湖泊周围的平原上发展自己的文化。自然的障碍将古代的文化分割在一个一个的文化龛中（culturalniche）。"⑤所谓"百里不同风，十里不同俗"，江南的一方水土孕育了江南人民不同于其他区域的生活方式。越是在古代社会，人类对

①　徐桂卿：《城市地貌学形成的时代背景及其在城市建设中的作用》，见中国城市地貌研究会筹备组编著：《中国城市地貌研究》，成都地图出版社1992年版。

②　曲英杰：《长江古城址》，湖北教育出版社2004年版，第371页。

③　朱福烓、许凤仪：《扬州史话》，江苏古籍出版社1985年版，第7—8页。

④　王振复：《中国建筑的文化历程》，上海人民出版社2000年版，第234页。

⑤　童恩正：《中国北方与南方古代文明发展轨迹之异同》，《中国社会科学》1994年第5期。

自然环境和地理条件的依赖性越强，这种自然和地理特征对城市文化资源的影响也就越深刻。虽然许多习俗和节日具有不分地域、不分时代的共性特征，但是在究竟如何过的具体"细节"上还是存在着南北差异和城乡区别的。这使得江南城市民俗不同于黄河流域的中原城市，也不同于长江中上游的巴蜀和荆楚城市。饭稻羹鱼、桑麻遍野、舟楫代步成为江南城市民俗与生活方式的集中体现，它们形成的核心要素是水。

另一方面，江南地区长期远离北方政治中心，少受政治伦理羁绊，人性轻扬、俗好商贾的社会环境，为城市经济的繁荣创造了条件，促进了江南城市以商业为中心的城市建筑、生活习俗等文化资源独特精神的形成。

王孝通的《中国商业史》指出："春秋之商业，可分为二期：第一期为黄河流域之商业，第二期为扬子江流域之商业，故其时强国之势，亦由北而趋南。"① 即春秋初期，中国古代商业以北方黄河流域最为发达，到了春秋晚期，中国商业活动的繁荣由黄河流域向长江流域南移，"吴、越皆扼扬子江之口者，故其势渐强，然而所谓春秋之趋势，由北而趋南者，盖由黄河趋扬子江，又由扬子江上流趋于扬子江下流，岂非随商业之趋向而进行乎？"② 。也就是说，早在春秋晚期，中国商业经济活动的重心就已经开始从黄河流域逐渐转移到江南地区。

以扬州为例，《旧唐书》称"江都俗好商贾，不事农桑"③，杜佑《通典》中说"扬州人性轻扬，而尚鬼好祀"④。桓宽的《盐铁论》记述：

> 荆、扬南有桂林之饶，内有江、湖之利，左陵阳之金，右蜀、汉之材，伐木而树谷，播菜而播粟，火耕而水耨，地广而饶财；然民鲰窳偷生，好衣甘食，虽白屋草庐，歌讴鼓琴，日给月单，朝歌暮戚。赵、中山带大河，篡四通神衢，当天下之蹊，商贾错于路，诸侯交于道；然民淫好

① 王孝通：《中国商业史》，团结出版社2007年版，第24页。

② 王孝通：《中国商业史》，团结出版社2007年版，第25页。

③ 刘昫等：《旧唐书》卷五十九《李袭誉传》，中华书局1975年版，第2331页。

④ 杜佑：《通典》卷一百八十一《古扬州》，中华书局1984年版，第961页。

末，侈靡而不务本，田畴不修，男女矜饰，家无斗筲，鸣琴在室。是以楚、赵之民，均贫而寡富。[①]

江南地区商业环境的优越，促进了江南城市商业经济的繁荣，推动了江南城市走向与北方"政治型城市"不同的"商业型城市"发展道路，由此奠定了江南城市商业文化资源繁荣的基础。在北方城市，"就其外形所显示的，主要是理性行政的产物"[②]。江南城市的产生往往不是出于政治统治的需要，而是强调对商业环境的依赖，更有利于城市商业文化资源的生产。

其次，江南城市历经的原始发生、封建发展和高度繁荣等不同历史阶段，产生了不同类型的文化资源。

一是春秋战国时期以苏州阖闾城为中心的城市群，积淀了江南城市文化资源的原始形态。春秋战国之际是封建社会城市建设的一次高潮，中国社会从奴隶社会向封建社会转变，城市功能也从奴隶社会的政治堡垒性质的"城"——都邑，演变为封建社会政治和经济双重职能的"城市"。较之北方遍地涌现的城市，江南城市尚处于落后阶段。例如，当时国内形成了几大城市群和城市网络（以王城为中心，由郑、宋、卫等构成的城市群；齐鲁城市群；邯郸城市群；楚国郢都为中心的长江流域城市群）中，[③]江南地区占的比例远远落后于北方。其中，以苏州的阖闾城为中心的众多城市，是今天江南城市群的最早形态。这一时期的江南城市规划布局、民风习俗更多依赖当地自然地理条件，初步形成了江南城市文化资源以水为中心的特性，是此后城市文化资源凸显江南特性的逻辑起点。

二是汉代至隋唐以三吴为中心的太湖流域经济区，江南城市实现了从政治话语的边缘到中心、从原始粗糙到细致典雅的转型蜕变，江南城市文化资源的地域性特征日渐成熟，各种类型获得全面发展。三吴，北魏时期指的是吴郡

---

① 王利器校注：《盐铁论校注》（上册），中华书局1992年版，第41—42页。

② 马克斯·韦伯：《中国的宗教　宗教与世界》，康乐、简惠美译，广西师范大学出版社2004年版，第48页。

③ 戴均良主编：《中国城市发展史》，黑龙江人民出版社1992年版，第71页。

（今苏州）、吴兴（今湖州）、会稽，即今天的苏南、浙东地区；唐代指的是吴郡、吴兴、丹阳。从两汉开始，历经南北朝，直到隋唐，中国城市发展史上发生了一次以北方黄河流域为中心向以江南三吴地区为中心的转移，学界将这个阶段称为江南文化发展的"轴心期"，即正是在这个历史区间上，三吴地区在经济上超过北方，成为全国的经济中心。此时江南成为城市密集区，运河沿岸的杭州、苏州、常州、镇江、扬州等都是国内著名的商业大都。"到五代时，'上有天堂，下有苏杭'的说法已经出现。"[①]

在这个漫长的历史区间上，南朝的建康（今南京），隋唐的扬州、杭州、苏州都展示出城市文化资源的丰富性。

南朝时期，建康凭借都城的特殊政治地位，成功吸附、聚集了各种文化资源。作为东晋和南朝政治中心的建康，在当时已发展为一座巨大的消费性城市。

"随着市场的繁荣，商业经营水平也大为提高，已经开始按货物种类列市，形成了一些专业市场，如牛马市、纱市、谷市、盐市、花市、草市、鱼市等等，政府并专门设置官吏加以管理，处理商业纠纷。为满足都城人民的需求，大小商人常年奔波于旅途中，通过水陆运输将富庶的三吴地区（吴郡、吴兴和会稽地区）出产的优质青瓷器、铜镜、丝、帛、纸、蓆、食盐、粮食、家禽等产品，长江中游地区盛产的铜、锡、漆器、木材，南方沿海地区的土特产品香料、海味、漆、密蜡、朱砂等各类商品，源源不断地运往建康。商业经济的发达，使政府开始将商税列为重要的财政收入来源，在建康西面的石头津和东面的方山津都设有关卡，货物十分税一，市内则专设市会、市丞负责收取市税。"[②]

再如杭州。南朝时期，杭州与当时的会稽相比还是非常落后的，因为属于吴兴郡的余杭、临安、於潜等县，还要依靠会稽的接济，当时社会上流传着"会稽打鼓送恤，吴兴步檐令史"[③]的谚语。然而，到了隋代，杭州一跃成为

---

① 傅崇兰：《中国运河城市发展史》，四川人民出版社1985年版，第64页。

② 高树森、邵建光编：《金陵十朝帝王州》，中国人民大学出版社1991年版，第64页。

③ 周祝伟：《7～10世纪杭州的崛起与钱塘江地区结构变迁》，社会科学文献出版社2006年版，第96页。

重要的商业城市、著名大都会，与淮安、扬州、苏州并称为"四大都市"，《隋书·地理志》记载："川泽沃衍，有海路之饶，珍异所聚，故商贾并凑。"①江南城市在建筑、节日庆典、民俗活动各种文化资源的生产和积累上进入了一个繁荣时代。尤其是南朝时期的南京，隋唐时期的杭州、扬州，宗教建筑、宗教节日、宗教习俗等文化资源居全国首位。

三是宋元时期以杭州为中心的江南城市娱乐文化资源进入高度繁荣时代。

宋代是一个大量生产节日和加工节日的时代。"旧的节日，它继承着，进行必要的加工和修补；新的节日，又源源不断地开发出来。"②据《梦粱录》记载，南宋杭州从一月到十二月均有重大节日，诸如元旦、立春、元宵、清明、七夕、中秋、立冬、除夕等，除了这些全国性的重大节日外，还有皇室贵族制定的许多节日。每逢节日到来，临安城内君王贵族、商贩走卒、文人雅士无不涌上街头，欢庆祝贺。娱乐表演则成为节日里的重要内容。例如，临安的元旦节日，"不论贫富，游玩琳宫梵宇，竟日不绝。家家饮宴，笑语喧哗。此杭城风俗，畴昔侈靡之习，至今不改也"③。

四是明清时期以"八府一州"为核心区的江南城市文化资源迎来了最繁荣时期。南京、苏州、杭州、扬州等传统江南大都市在文化资源的积累上都达到了巅峰，晚清上海的崛起，又将江南城市裹挟进了世界城市发展的进程之中。

明清时期，江南城市步入了古代中国城市化程度最高、经济水平最发达的时期，由此在城市文化资源的生产、消费与积累上达到了前所未有的高度。研究指出："明后期江南城市人口比例约为15%，1620年城市人口约300万，1850年则增至约720万人。清中叶的江南府州城市人口比例达19.2%，江南全境水平大致相当。这一水平远高于江苏省的13.6%，浙江的10%，相当于全国平均7.4%的2.6倍。"④清末，"城镇密度仍以长江下游地区为最大，1893年为

① 陈桥驿：《中国运河开发史》，中华书局2008年版，第355页。

② 李春棠：《坊墙倒塌以后——宋代城市生活长卷》，湖南人民出版社2006年版，第173页。

③ 孟元老等：《东京梦华录、都城纪胜、西湖老人繁胜录、梦粱录、武林旧事》之《梦粱录》卷一《正月》，中国商业出版社1982年版，第1页。

④ 龙登高：《江南市场史——十一至十九世纪的变迁》，清华大学出版社2003年版，第56页。

每一万平方公里有城镇14个；东南地区和华北地区次之，分别为每一万平方公里有城镇7.2个和6.5个，岭南及长江中、上游地区又次之，为每一万平方公里有城镇4.2个到4.8个；西北地区和云贵地区的城镇密度最小，仅为每一万平方公里有城镇1.5个到1.7个，仅相当于长江下游地区的九分之一"[1]。例如明清时代的南京，1595年利玛窦到达南京，他眼中的南京"论秀丽和雄伟，这座城市超过了所有其他的城市"[2]，是"全中国最大最名贵、差不多是全国中心点的都市"，"供应丝织机具的有机店、梭店、竹器店、范子行、边线行等，分工甚为细密"[3]。苏州和杭州继续延续着"上有天堂，下有苏杭"的辉煌，发展成为国内首屈一指的商业城市和手工业城市。扬州以漕运和盐业的发达而富甲天下。城市商业经济的发达，直接影响了城市生活方式和娱乐消费观念，由此促使明清时代江南城市重商轻农、奢华享乐之风盛行。

明末清初，上海县城是仅有10条小巷的"蕞尔小邑"，清中叶的嘉庆年间，城内有大小街巷60多条。据1840年代两次抵沪的英国植物学家福钧估计，当时上海人口约为2万，而杭州为100万，苏州、南京、宁波各为50万；长江三角洲地带的松江、嘉定、常熟、嘉兴、无锡等拥有与上海差不多的人口。清代中前期上海地位远不如苏州，《松江府志》等均有"府城视上海为轻，视姑苏为重"[4]的记载。到了清朝末年，上海依靠通商口岸的特殊地位，吸附大量外来资本，在江南地区迅速超越南京、苏州和扬州，一举奠定江南地区富有西方现代文化品位的大都会地位。嘉庆《上海县志》序文记载："上海，为华亭所分县，大海滨其东，吴淞绕其北，黄浦环其西南。闽广辽沈之货，鳞萃羽集，远及西洋暹罗之舟，岁亦间至，地大物博，号称繁剧，诚江海通津，东南都会也。"[5]"19世纪中叶以后，由于中外贸易与交流的关系，上海在长三角

---

① 靳润成主编：《中国城市化之路》，学林出版社1999年版，第78页。

② 利玛窦、金尼阁：《利玛窦中国札记》，何高济、王遵仲、李申译，中华书局1983年版，第286页。

③ 南京市人民政府研究室编：《南京经济史》（上册），中国农业科技出版社1996年版，第210页。

④ 杨东平：《城市季风：北京和上海的文化精神》，东方出版社1994年版，第41页。

⑤ 陈文述：《前上海知县陈文述序》，转引自李伦新、陈东主编：《海派文化精选》，上海大学出版社2017年版，第15页。

地区迅速崛起，成为长江流域的大港，担负起整个长江流域贸易的重任。19世纪末叶，马关条约以后，西方可以在中国投资，长三角成为西方列强在华投资的首选之地。到20世纪30年代，上海成为东亚地区最大的金融、贸易和工业中心。"[①]与苏州、杭州、南京、扬州等传统江南城市的兴起不同，上海吸附西方资本更为明显，城市文化资源也凸显了这个特点。城市建筑融入西方风格，城市生活方式追求时尚，城市节日庆典体现"洋味"。以江南机器制造总局为代表的工业文化资源，以上海外滩商贸建筑为代表的城市商业建筑文化资源，以里弄住宅为代表的城市民居建筑文化资源，都成为上海标志性的城市文化资源。

二、江南城市文化资源的主要类型及特点

按照文化资源划分为物质文化资源、社会文化资源和精神文化资源的方法，江南城市文化资源可以细化为城市建筑、节日庆典和市民风尚等三个方面。因自然、地理和社会环境的客观差异，以及历史进程的演变，江南城市文化资源的每一种类型都具有鲜明的地域特色，彰显着诗性审美的"江南风格"。

一是江南城市建筑文化资源。

城市建筑是江南城市文化资源中最具代表性的物质层面。按照城市建筑设施功用的差异，江南城市建筑文化资源又可以细化为城市民居建筑、城市公共建筑等。

城市民居建筑是建筑文化资源的最重要体现。江南城市建筑除了强调中国城市建筑依赖自然环境，"适用、经济、在可能条件下注意美观"，注重景观环境的整体搭配与协调等共性特征外，还深刻体现出对江南水乡独特自然地理条件、社会环境的依赖，从而表现出地域性的"江南性"特征。简言之，第一是近水、用水、审水的亲水倾向；第二是以园林文化的审美眼光和文人书卷气

---

① 长江三角洲城市经济协调会办公室编：《走过十年——长江三角洲城市经济协调会十周年纪事》，文汇出版社2007年版，第5—6页。

的审美趣味，将实用功能的民居建筑园林化。总体来看，江南城市民居建筑充分体现了受到潮湿多雨、河流纵横的自然地理条件影响，把防潮防水作为首要考虑因素的特点。"住宅布局多穿堂、天井、院落。构造为瓦顶、空斗墙、观音兜山脊或马头墙，形成高低错落、粉墙黛瓦、庭院深邃的建筑群体风貌。水乡多河的环境出现了水巷、小桥、驳岸、踏渡、码头、石板路、水墙门、过街楼等富有水乡特色的建筑物，组成了相辅相成的水乡居住环境。"①例如，明清时期的苏州民居建筑具有典型的"前街后河"的特点。城市建筑依靠和利用水的特点，既体现在建筑布局的"近水""用水"的层面，也体现在"审水"的灵秀而清丽的审美趣味。例如，明清时期苏州城市大型民居的内部建筑就富于水的灵秀清丽之味。

苏州民居建筑还代表着江南城市民居建筑园林化的特点。苏州、杭州、扬州等城市皆以园林著称，单就城市园林建筑特点而言，江南城市园林建筑不同于北方城市园林建筑的高贵庄严、肃穆宏伟的主题，而是凸显文人雅趣，将园林的审美情趣渗透到民居建筑中去，以园林文化的眼光来审视和建造民居，使得江南民居建筑的庭院文化成为园林文化的投影。明清时代的苏州园林代表了国内城市最高水平。

"苏州民居中的庭院文化尤显重要。主客读书作画、吟诗赋词、赏曲抚琴、下棋猜谜等，常在花厅、书房进行，而庭院成了它们的延伸部分。在庭院里，叠石、理水、植树、种花甚至设亭、建廊等等，将民居的庭院文化组织得富于文人书卷气。总之，以自然美因素糅合文人气质融入于庭院，是明、清苏州民居的基本文化品格。"②

上海的里弄住宅则代表着江南城市"海派"建筑独一无二的新型民居建筑文化资源类型。从表面上看，上海里弄住宅与当时国内的天津、唐山等地城市居民的住所非常相似，但是，从深层上看，上海里弄仍具有上海独特的地域文化特征。这就是充分考虑经济资本，尽可能地节约土地和降低造价。

① 仲富兰等：《水清土润——江南民俗》，上海人民出版社2010年版，第19页。
② 王振复：《中国建筑的文化历程》，上海人民出版社2000年版，第235—236页。

"上海里弄的设计、建造要旨，是节约土地以及降低造价。如减少每户平均所占面宽、加大房屋进深、缩小房间间距以及降低层高等，并且把每一块可以利用的户外用地，都尽可能组织到住户的使用范围之内。除了必要的户外通道之外，建筑物之间的空地（面积很小）安排为前院、后院及车库等辅助用房，即使户外的公共通道，实际上也往往成为居民共同休息纳凉、晒太阳、聊天与儿童游戏的场所，其空间的巧于'剪裁'、组织与不可避免的拥挤，是'海派'建筑所谓'大上海，小里弄'的显著特色。"①

在城市公共建筑上，晚清上海商贸建筑，是江南城市公共建筑文化资源的杰出代表。

从商业文化在城市文化资源中的特殊地位看，上海的海派建筑文化的出现既是对传统江南商业文化资源的汲取和利用，也是对外来西方商业文化资本的移植与借鉴。作为江南地区新兴的商业城市，上海外滩这个金融中心区的商贸类建筑群成为中西城市建筑文化交流和冲撞的见证，显示了海派建筑文化资源的普遍特征。即建筑物一般以石材为主，而不是遵循中国传统建筑以土木为材、土木结构的原则。

1925年建成的英国汇丰银行，是上海外滩建筑群的主体建筑，曾被誉为"从苏伊士运河到远东白令海峡的一座最讲究的建筑"，就典型地体现了海派建筑文化的特征。

"半球型屋顶，钢框架结构，外墙以金山石饰面，是对欧洲古典砖石结构的模仿，横向三段划分。其中段立面上有贯穿二至四层的仿古罗马科林斯新柱式双柱廊，其基座分为三个拱券，上部穹顶使人联想起古罗马的万神庙。室内也采用古典'语汇'，如爱奥尼式的柱廊以及藻井式天花板等，大厅立柱、护壁与地坪均采用大理石贴面，装修极为讲究，显得富丽堂皇。"②

二是江南城市节日文化资源。

节日是具有特殊意义的时间节点。按照节日的性质加以分类，江南城市节日

———————————

① 王振复：《中国建筑的文化历程》，上海人民出版社2000年版，第295—296页。

② 王振复：《中国建筑的文化历程》，上海人民出版社2000年版，第295页。

文化资源大致可以分为三种：一是时序性节日，二是宗教性节日，三是政治性节日。[①]三种不同性质的节日，在江南城市中均获得了充分的发展，其中，时序性节日和宗教性节日最为普遍和繁荣。就江南城市节日的特点来说，除了节日普遍存在的娱乐性这个共性特征，江南城市节日的商业性特征更为凸显。

南宋杭州积淀的时序性节日文化资源在江南城市中独树一帜。当时临安的许多节日习俗与国内其他地区大致相同，例如元旦、立春、上巳节、清明节、端午节、七夕、中秋、重阳、冬至、除夕等，此外，还有地方特有的节日，例如花朝节。无论是全国性的节日还是临安地方特有的节日，活动内容虽然千差万别，但共同的特征是追求娱乐性。"在宋代城市70余个大大小小的时序性节日、宗教性节日、政治性节日中，莫不以赏心乐事为指归。"[②]在这些节日里，市民们或踏青郊游，或品味美食，或龙舟竞赛，或供奉香火。节日里的喧闹激动总是要超过平常生活，让整个城市变得激动不安，也让市民们一年的时日充实有趣。例如临安的元旦节：

> 官放公私僦屋钱三日，士夫皆交相贺，细民男女亦皆鲜衣，往来拜节。街坊以食物、动使、冠梳、领抹、缎匹、花朵、玩具等物沿门歌叫关扑。不论贫富，游玩琳宫梵宇，竟日不绝。家家饮宴，笑语喧哗。此杭城风俗，畴昔侈靡之习，至今不改也。[③]

宗教性节日大多表现为各种各样的神仙庙会，它们比时序性节日少得多，但是规模和热闹程度并不逊色，例如，民间尊奉正月初九为玉皇大帝生辰，二月初八为霍山崇仁真君张渤的生辰，四月初六为城隍神诞辰，等等。吴中民俗每年清明、中元、十月朔三节城隍庙最热闹。届时城隍出会，祭祀于虎丘，男女老少纷纷参与，甚至有人为了消除自己及家族的罪孽而装作囚犯，身负枷

---

① 李春棠：《坊墙倒塌以后——宋代城市生活长卷》，湖南人民出版社2006年版，第173页。

② 尹永文：《宋代市民生活》，中国社会科学出版社1999年版，第260页。

③ 孟元老等：《东京梦华录、都城纪胜、西湖老人繁胜录、梦粱录、武林旧事》之《梦粱录》卷一《正月》，中国商业出版社1982年版，第1页。

锁，执香跟随，时称"犯人香"。一些城中少年也乔装打扮，装扮成僧尼、乞丐、无赖汉的模样，混迹其中，嬉闹取乐，一路上人流如织，吹弹杂奏，鼓乐震天。祭神活动成了市民百姓娱乐狂欢的节日，每年农历三月二十八日，吴县就会处于"举国若狂"的欢乐之中。[①]明末清初苏州文人徐树丕的这段描写，把我们带入几百年前苏州城隍庙的狂热现场：

> 山塘一带，观者如云。鼓乐幡幢盈塞道路，妇女至赁屋而观。凡大小衙役是日无不尽来执事。盖衙役平日所作过恶众多，冀以一日受役于神，阴销其罪耳。此犹可叹。至于国家典礼遗意荡然矣。乙酉乱后，人更多，山塘至虎丘无一寸隙地，识者以为不祥。[②]

这些节日吸引了大批贫苦市民，让下层市民享受到瓦子酒楼里才有的消遣娱乐，满足了市民的文化消费需求。更重要的是，这些娱神活动，已经渗进了商业性因素，给宗教节日文化消费打上了浓厚的商业化烙印。例如，一些商人在游行活动中巧妙地进行商业宣传，临安城东西马塍地区盛产花卉，他们抬着的供品就是那些形态怪异的奇花异草，在表演的同时也宣传了自己的产品。卖鱼行业的游行，则往往抬出平常下层市民难得一见的怪异的鱼类。在西湖游览和钱塘观潮活动中，小商贩们往往借机兜售各种商品，有的商家也大搞赞助活动，通过宣传扩大商品的影响力，浓厚的商业色彩成为那个时代临安市民文化消费的基本形态。这是江南城市节日文化资源不同于其他城市的一个重要特征。

三是江南城市市民风尚文化资源。

江南市民风尚是一种无形的城市文化资源。在日常生活中，普通市民追求饮食服饰的精美雅致，富有的市民阶层喜好文艺雅聚，通过日常生活的审美化，为琐碎的日常生活注入了艺术性、审美性的都市文化品质，成为江南城市市民风尚的主导潮流。这种风尚源于江南地区自古习俗轻扬的文化传统，又与

---

① 严明：《佛道世俗化与江南民间信仰之关系——以明清时期江南观音、城隍习俗为中心》，《学术界》2010年第7期。

② 徐树丕：《识小录》，见《丛书集成续编》第89册，上海书店出版社1994年版，第1045页。

城市商品经济的发达、消费市场的繁荣有着直接的关系，城市居民对这种消费观念的普遍认同，彰显了城市文化的"去政治化"色彩。

例如扬州市民风尚，扬州人在明清时期注重饮食养生是出了名的。在中国各大菜系之中，淮扬菜以细腻精湛的技艺享誉国内。现代作家曹聚仁说，扬州盐商家的厨子做得最好。明清时期扬州盐商大多拥有技艺高超的"家厨"，《扬州画舫录》称"烹饪之技，家厨最胜"，例如扬州盐商等富有的城市阶层热衷的满汉全席。"满汉全席即是将满人宴席与汉人宴席合而为一，实为一种极其奢华的超级宴席。这种超级宴席始于清帝南巡时，两淮盐商接待之用。"①但是，这种奢华无比的饮食消费并非富商们为了讨好皇帝的专供，凭借他们富足的资产以及注重享受的消费观念，扬州盐商们在日常生活中也经常享用。"满汉全席并非在迎接皇帝时才用，扬州盐商平时也用它。"②

江南城市富有的阶层并不仅仅满足于口腹之欲，他们喜好读书作画，在满足物质生活的同时，追求精神品位的提升。例如，明清时期扬州盛行富有阶层的诗文集会：

> 扬州诗文之会，以马氏小玲珑山馆、程氏筱园及郑氏休园为最盛。至会期，于园中各设一案，上置笔二，墨一，端研一，水注一，笺纸四，诗韵一，茶壶一，碗一，果盒茶食盒各一。诗成即发刻，三日内尚可改易重刻，出日遍送城中矣。每会酒肴俱极珍美，一日共诗成矣。请听曲，邀至一厅甚旧，有绿琉璃四，又选老乐工四人至，均没齿秃发，约八九十岁矣，各奏一曲而退。倏忽间命启屏门，门启则后二进皆楼，红灯千盏，男女乐各一部，俱十五六岁妙年也。吾闻诸员周南云，诗牌以象牙为之，方半寸，每人分得数十字或百余字，凑集成诗，最难工妙。休园、筱园最盛。③

这种活动一般由富商组织举办，即使那些穷困潦倒的落魄文人也可以尽兴参

---

① 韦明铧：《两淮盐商》，福建人民出版社1999年版，第104页
② 韦明铧：《两淮盐商》，福建人民出版社1999年版，第105页。
③ 李斗：《扬州画舫录》卷八《城西录》，中华书局1960年版，第180—181页。

加，而富商们凭借这种活动附庸风雅，一时间成为扬州市民阶层的一种风尚。

傅崇兰指出，明清时期"最能说明城市文化的发展与城市经济发展的关系的，是从清代雍正、乾隆年间起逐渐形成的扬州城市盐商、从商致富的豪富者和其他工商业者以及市民举办的文化事业，而文化人则多与工商业者结合"①。无论是城市富商阶层还是普通市民，他们在饮食消费、诗文集会上表现出来的生活趣味，代表了江南城市市民风尚文化资源的特点。

三、江南城市文化资源面临的问题与对策建议

江南城市文化资源，既是古代江南城市创造的一笔宝贵财富，也是今天长三角城市文化产业发展必需的资源。但是，当前江南城市文化资源正在陷入困境。

从表层上看，困境主要在于许多城市对文化资源保护方面的"不设防"，导致城市文化资源的恶性损耗与生态环境的严重破坏。

城市建筑是一个城市物质文化资源最基础的要素。明清以来，这里是中国经济最发达、城市最密集、城市文化资源最丰厚的地区。然而，城市发展的快速推进、"粗放式"经营和不合理规划、经济发展的冲动和短视行为，对城市民居建筑造成了毁灭性的破坏。学者批评当前我国城市建设是"四有四没"："有绿化，没山水""有建筑，没诗意""有规划，没特色""有指标，没记忆"②。

例如，杭州建筑文化资源就在旧城改建过程中遭遇严重威胁：

> 随着杭州旧城改建步伐的加快，古街老店等古建筑正在城区成片消失，现在杭州70%以上的古城区已不复存在。位于河坊街和中山中路交叉口的"四拐角"，是杭城最重要的传统街区的心脏，也是杭州古城现存唯一的最后一块完好的历史地段。这里，孔凤春、方回春堂等著名百年老店雄峙，名人故居环抱，各式建筑荟萃。1999年3月，河坊街拓宽改造工程全面启动，"拆"字爬上了"四拐角"建筑的墙头，树倒屋拆，古街老店

---

① 傅崇兰：《中国运河城市发展史》，四川人民出版社1985年版，第401页。

② 许江：《城市建设应补一堂美术课》，《中州建设》2006年第10期。

在一天天逼近的推土机下行将毁灭！①

从深层上看，江南城市文化资源面临的困境还在于，对文化资源的传承、开发过程中的"破坏性保护"与"开发性破坏"。

"破坏性保护"主要是指在对江南城市文化资源保护的过程中，存在着不合理、不规范、不科学的保护措施，造成物质文化资源恶性损耗后的"二次伤害"。城市文化资源需要多种保护措施来"设防"，但是设防必须以合理、规范与科学为标准，违背了这个原则，就是"假保护""伪设防"，不仅无法起到保护物质文化资源的作用，还会造成"二次伤害"。一个值得关注的现象是，许多城市文化资源未被列入保护对象，往往处于一种"温水煮青蛙"的"渐进式消亡"状态，一旦地方政府、媒体和公众的关注更频繁，破坏的程度就更严重，消亡的速度也更快，从而演变为"沸水煮青蛙"的"突然死亡"。例如，许多具有江南传统文化特色的古镇建筑的保护就面临这个问题。2006年，乌镇、西塘、周庄和甪直组合为"江南水乡古镇"而被列入"中国世界文化遗产预备名单"。这些古镇建筑因为保护而避免成为一片瓦砾，摇身一变升级为著名旅游胜地、世界文化遗产。但是，经过大拆大建与宏伟规划后的古镇、古街、古宅，已经难以找到"原汁原味"的江南味道。随着游客的蜂拥而至，"真实、完整的风貌逐渐缩小变少，各种'再现'、'重建'成为最多最大的部分"，被保护的古镇村落从建筑的风格到色调都惊人地相似，"甚至你在中国的许多古镇都可以看到似曾相识的建筑"。②因此，"假保护""伪设防"本质上是对已遭到破坏的物质文化资源的更严重的"二次伤害"。

"开发性破坏"主要是指在当前对长三角城市物质文化资源开发的过程中，因为过度的商业开发与没有上限的利益期望，导致出现开发对象成为"第二种濒危"的严重状况。对长三角城市群物质文化资源的保护，意味着保持传统江南城市文化的原汁原味不流失，但是这并不等于将之视为标本存放于博物

---

① 陈达：《杭州古建筑"由拆到保"始末》，《光明日报》2000年2月6日。

② 齐欣、杨雪梅：《文化遗产保护不能唱独角戏　警惕"第二种濒危"》，《人民日报》2012年6月15日。

馆的展台上，文化资源的保护需要通过开发挖掘其内在价值，为城市生活、经济发展发挥必要的作用，于是保护与开发之间的复杂难题就出现了。许多城市在没有上限的利益期望驱动下，不惜采取"过度"和"造假"的手段，因为"'过度'和'造假'可以瞒天过海，可以带来名与利的双赢。与可以看到的消失相比，这种信号或者叫倾向，更加危险，也更加缺乏应对的方法。我们称之为'第二种濒危'"③。

芒福德认为，"如果城市所实现的生活不是它自身的一种褒奖，那么为城市的发展形成而付出的全部牺牲就将毫无代价"④。同样，对于长三角城市群物质文化资源而言，如果各种保护和开发不是对资源自身的一种褒奖，而是出于纯粹的经济利益驱动，那么城市付出的牺牲也就毫无意义。因此，对江南城市文化资源进行抢救性挖掘、保护与开发，是正在建设"世界级都市群"的长三角城市群亟待解决的难题。

从文化传承与创新的角度上看，传承江南城市文化要做到"重内轻外"，即重视对文化资源生产内在精神的传承，而不是对外在形式的复制、仿造和复古。为此，必须厘清江南城市文化的深层精神结构与北方城市文化的根本差异，明确江南城市文化的诗性审美特征。但是，历史上的江南区域发展成为中国人口密度最高的城市群，不同城市之间又存在一定的文化差异，为此，需要在江南城市诗性审美精神的普遍性特征下，特别重视不同城市个性化的区别、梳理和创新问题。例如，同为江南城市文化资源的民居建筑，苏州的民居建筑和上海的里弄宅院就存在较大差异，在城市文化资源的保护、开发和创新上，需要进一步深入城市自身的特点，立足江南城市文化资源内部小传统的差异性，这才可以避免城市文化资源保护和创新上的千城一面的问题。杭州对南宋时期建成的五柳巷的保护工作，就是按照"修旧如旧"原则，采用一幢一策的办法，将街区范围内的老旧建筑以保护、改善、整饬、拆除、更新、保留六类

---

③　齐欣、杨雪梅：《文化遗产保护不能唱独角戏　警惕"第二种濒危"》，《人民日报》2012年6月15日。

④　刘易斯·芒福德：《城市发展史——起源、演变和前景》，宋俊岭、倪文彦译，中国建筑工业出版社2005年版，第119页。

模式更新。"五柳巷地区的修建方式，是在保留清末民初特色的基础上，分区块打造。……建筑以砖木结构为主，主要为清末民初特色的传统民居。"①这为江南其他城市文化资源保护提供了借鉴。

从文化产业层面上看，江南城市文化资源的丰富性为发展文化产业提供了可能性和必要性。通过对城市文化资源的文化产业创意，推动城市经济发展的同时，避免对城市文化资源进行低层次开发，实现对城市文化资源的有效保护。例如，晚清时期在上海开设的江南机器制造总局（江南造船厂前身是江南机器制造总局），是上海宝贵的城市工业文化资源和建筑文化资源。上海把江南造船厂原址建成中国工业博物馆，打造为世界一流博览文化集聚区。②杭州的胡庆余堂由"红顶商人"胡雪岩斥巨资开设，是我国保存最完好的一处晚清工商型古建筑群，系徽派建筑风格之典范。杭州在城市改造过程中，将营业销售、传统产品加工生产、中成药发展史及胡庆余堂历史陈列四者融为一体，形成一座颇具特色的专题博物馆。③

从文化旅游等角度看，江南城市文化资源的旅游开发要避免过度商业化，旅游开发要以文化资源的保护为前提。例如，扬州双东历史街区历史上是古扬州水陆交通要道，同时是扬州商业中心、手工业中心和宗教文化中心，历史遗迹众多，保留有完整的街巷及丰富的"老字号"商家；在文化旅游开发过程中，要坚持以扬州人传统精致的休闲生活方式体验为核心，以扬州古巷、古宅、古店、古井、古手艺等为载体，导入扬州生活记忆，用休闲经营文化，感受扬州传统，打造一个"属于古城又独立于古城"的富有品质和扬州文化特色的文化休闲体验地标区。④

"世界历史，即是城市的历史"，从这个角度看，江南城市的历史就是江南文化的历史。江南轴心期以后，特别是明清时期的江南城市积淀的丰厚文化资源，在穿越千年沧桑之后依然不改亮丽的容颜，盛大欢腾的都市节日、独树

---

① 肖娜：《杭州"复活"古建筑　南宋"富人区"再现市井风情》，中新网2014年1月7日。

② 李继成：《世博文化博览区保留江南造船厂》，《东方早报》2011月8月21日。

③ 姜瑞、余靖静：《杭州古建筑保护经典案例：胡庆余堂》，新华网2010年8月4日。

④ 孔德：《文化唤醒老街梦想》，《中国文化报》2014年8月2日。

一帜的都市建筑以及特色鲜明的市民风尚，都形成了江南城市独特的气质与形象。在城市化进程快速推进、文化资源遭遇各种危机的情况下，对此的梳理、辨析和保护就具有特别紧迫的意义。

第二节　江南乡镇文化资源

江南的乡镇多半都有着千百年的悠久历史，其间偶尔也有些萧条衰落，然而自明清以来一直是人们交口赞誉的财富之乡，令人向往的人文故里，在它或深或浅的每一个宅门后隐藏的都可能是一个个华彩世界，或许每一处残垣废墟都有一个令人神往的故事……然而，江南的乡镇还有着另一副不为人知的面孔，就像小镇上悠长而狭窄的石板路一样平淡朴实。让我们读一读余秋雨的《江南小镇》，看他是怎样评价江南小镇的：

> 我到过的江南小镇很多，闭眼就能想见，穿镇而过的狭窄河道，一座座雕刻精致的石桥，傍河而筑的民居，民居楼板底下就是水，石阶的埠头从楼板下一级级伸出来，女人正在埠头上浣洗，而离她们只有几尺远的乌篷船上正升起一缕白白的炊烟，炊烟穿过桥洞飘到对岸，对岸河边有又低又宽的石栏，可坐可躺，几位老人满脸宁静地坐在那里看着过往船只。比之于沈从文笔下的湘西河边由吊脚楼组成的小镇，江南小镇少了那种浑朴奇险，多了一点畅达平稳。它们的前边没有险滩，后边没有荒漠，因此虽然幽僻却谈不上什么气势；它们大多很有一些年代了，但始终比较滋润的生活方式并没有让它们保留下多少废墟和遗迹，因此也听不出多少历史的浩叹；它们当然有过升沉荣辱，但实在也未曾摆出过太堂皇的场面，因此也不容易产生类似于朱雀桥、乌衣巷的沧桑之慨。总之，它们的历史路程和现实风貌都显得平实而耐久，狭窄而悠长，就像经纬着它们的条条石板街道。①

---

① 余秋雨：《文化苦旅》，东方出版中心2006年版，第99—100页。

关于江南小镇的文化体验，由于观察视角的不同，人们都可以说出很不同的感受，而不会有太多的重复内容。那么江南乡镇的文化到底是怎样的呢？

一、野翁织屦街头卖，日暮裹盐沽酒归——江南的城乡差别与不同生活方式

自马克斯·韦伯以来，多数西方学者都坚持认为中国没有典型的城市类型，中国传统社会在景观、组织和心态等方面都表现为高度同质的"城乡连续统一体"，城乡区别也不是个人身份的标记。绝大多数中国学者也认同这样一种观点，认为传统中国的城市与乡村都表现出一种强烈的"乡土"文化特性。从江南社会的普遍风俗及其变迁来看确实具有城乡统一的特点，但是是"城市性"而不是"乡土性"。历代江南地区的地方志几乎都这样叙述过：江南社会自古富庶繁荣，无论是城市还是乡村社会都普遍崇尚奢侈、追求享受，而且人文教育发达，人们偏爱文化审美消费。这一经典叙述最早由南宋范成大的"俗多奢少俭，竞节物，好游遨"[①]所确立。此后江南城乡的社会生活与文化，都被认为具有典型的城市消费性特征。但是，如果仔细考察区分城市与乡镇社会的本质以及特征，就会发现中国的城乡并没有一个统一的特性，尤其在江南地区。

（一）自古农工非一家——江南城乡的功能差别

江南社会普遍崇尚奢侈、追求享受与审美性的消费习性，说明江南社会存在着一种内在的文化自觉性和精神独立性。这也就是刘士林教授所提出的"江南诗性文化"。江南诗性文化的典型特征在于以经济—审美为核心，追求个体的精神自由与主体内在的审美需要的满足，最大限度地实现自我的独立自由。江南以经济生产为基础的消费文化，依赖的是社会新生产力和生产关系的创造。例如明清时期的江南都市文化消费，人们更偏好于个体内在欲望的满足与精神的自由宣泄，而不是对外在的如礼仪性的、伦理性的、社会地位象征的重视。这与依赖政治中心维护的北方消费文化不同，如北方文化生产的内在动力

---

① 范成大：《吴郡志》卷二《风俗》，江苏古籍出版社1999年版，第13页。

与创造理念主要是根源于人们对现实政治利用的需要，而不是源自文化自身生产与消费的内在需要。

由此是否可以说，江南城乡社会之间就没有文化和生活方式的差别？显然不是这样的，因为在社会经济发展方面，事实上毕竟还存在着城乡之间发展水平的巨大差距。由于城乡之间"社会发展水平不同"，受到物质条件和发展空间制约的江南诗性文明就呈现出城市与乡镇两种不同类型的空间生产形态，呈现出重要差异。

江南城市与江南乡镇的差异，主要是由它们在物质文明、政治文明与精神文明三方面的不同所决定的。[①]例如，从社会经济形态的角度看，江南城乡之间的差异，与它们各不相同的"物质生产方式"及所积淀的"物质文明"基础有直接关系。正如历史学家所指出的那样，乡镇、市镇原本是在政治都邑之外由于专业经济的发展自然形成的，在性质上与州县都邑有很大差异，江南地区的城市大多是行政中心与经济中心合一的身份。而乡镇则一般只是较纯粹的经济商业身份，即使明清以来许多江南市镇的规模大大超过了其所属之县城，但多半在市场系统的地位上仍然屈居于县城之下。而在商业和手工业之外，传统江南市镇大多还包含着一定比例的农业人口，从而呈现出一种"半市半乡"的色彩。这是乡镇在城镇化过程中尚未与农村完全脱离关系的明显反映。[②]

从城市与乡镇的关系角度看，由于在物质文明积累、制度文明建设以及城市文化发展阶段上的差异，因而无论是对政治及其意识形态系统的游离程度，还是在经济生产的性质与规模上，江南乡镇与江南城市的差别仍然是显而易见的。可见，在"物质文明"层面上，"物质生产方式"是江南城市诗性文化进行自身再生产最重要的社会背景。传统江南社会的城乡差别不在于经济发达的程度，而主要在于城市的功能与经济组织方式，由此也决定了江南乡镇社会的生活方式与纯粹以商业为基础的江南城市之间有巨大的差别。

即使许多超级乡镇已经在规模上超越了它的领属城市，如吴江县的震泽

---

① 刘士林：《江南城市与诗性文化》，《江西社会科学》2007年第10期。

② 包伟民主编：《江南市镇及其近代命运：1840~1949》，知识出版社1998年版，第39页。

镇与盛泽镇、德清的南浔镇等的人口数量和市场贸易规模远远超过县城，但其城市功能则无法与县城匹敌，它们仍然是市场体系中的三级专业市镇。而县城则是二级商业中心，此外还具有政治中心与文化中心等功能。因此江南乡镇的政治地位并不高，总是比城市更容易受到压制与限制，如康熙前期就颁布"机户不得逾百张"以限制民间丝织手工业的发展。与此形成鲜明对照的是，像苏州、杭州等这样商业区明显、工业集中、城市空间规模大、人口数量巨大、消费水平领先的大都市，其中心城区与周边城镇在经济功能上出现了显著的区别。"正是由于在'物质生产方式'上出现了不同于传统农业生产的城市工业，不同于传统政治分配体制的相当成熟的市场交换系统，才使得以苏州为代表的江南都市，不仅与以政治为中心的北方城市，也与一般的江南城镇在生产结构与经济功能上发生了重要变化。"①

（二）老去难忘初祖地——江南城乡的生活方式差别

江南城乡之间存在的这些差异，直接决定了它们在"社会生活方式"上的不同。一个时代的生活观念与生活方式，既直观地展示了这个时代的"物质文明"发展水平，同时也集中体现了一个时代的权力意志与政治需要，是其"政治文明"的客观化、现实化、感性化。从这个角度出发，可以明显看出江南城乡在"文明发展程度"上的差距。即使在已相当富裕的江南乡镇，人们在生活观念上依然倾向于儒家哲学，如"耕读为本""勤俭持家"等素朴生活方式。这一点与北方意识形态中的那种重勤俭、礼仪、廉耻、耕读为本等社会政治伦理的生活观念恰恰非常一致。如万历二年（1574），茗洲吴氏一族的《家典记》中的"戒靡费"：

> 吾族喜搬演戏人，不免时屈举赢，诚为靡费，自今惟禁园笋，保禾苗，及酬愿等戏，则听演。余自寿诞戏尽革去。只照新例出银，以备常储，实为不赀。其视一晚之观艳，而无济于日用者，孰损孰益，必有能辨

① 刘士林：《江南城市与诗性文化》，《江西社会科学》2007年第10期。

之。①

清代嘉庆时，上海法华乡的社会风气亦如此：

> 法华人物朴茂不事雕饰，士尚气节，农勤耕织，商贾务本安分，向称仁里，家居必具衣冠，亲友朝暮见必拱揖，谓之法华喏嘟足恭也。②

在明清时期江南乡村社会广为流传的家训或发蒙读物中，其所宣扬的基本上也是"政治文明"的理念与话语。如这些家喻户晓的名言："传家二字耕与读，防家二字盗与奸。倾家二字淫与赌，守家二字勤与俭。"③"人生在世，多见多闻，勤耕苦读，作古证今。"④与此形成鲜明对照的是江南城市社会生活的那种昼夜喧闹、纸迷金醉、"舞低杨柳楼心月，歌尽桃花扇底风"（晏几道《鹧鸪天·彩袖殷勤捧玉钟》）以及"钿头云篦击节碎，血色罗裙翻酒污"（白居易《琵琶行》）的奢侈、糜烂、狂放，与不顾一切只管眼前行乐的风尚："杭俗儇巧繁华，恶拘检而乐游旷，大都渐染南渡盘游余习，而山川又足以鼓舞之，然皆勤劬自食，出其余以乐残日。男女自五岁以上无无活计者，即缙绅家亦然。城中米珠取于湖，薪桂取于严，本地止以商贾为业，人无担石之储，然亦不以储蓄为意。即舆夫仆隶奔劳终日，夜则归市斝酒，夫妇团醉而后已，明日又别为计。"⑤从中可以见出，由于文明发展程度的不同，因而江南乡镇对"政治文明"的依附要比江南城市严重得多。

在精神生活上，江南城市与乡镇之间也有明显的差异。美国社会学家帕克在《城市社会学》中曾指出："城市，它是一种心理状态，是各种礼俗和传统

---

① 吴子玉：《休宁茗洲吴氏家记》卷七《家典记》，转引自田仲一成：《明清的戏典——江南宗族社会的表象》，云贵彬、王文勋译，北京广播学院出版社2004年版，第39页。

② 王钟纂，胡人凤续辑：《法华乡志》卷二《风俗》，见谭其骧、史念海、傅振伦等辑：《中国地方志集成·乡镇志专辑》第1册，上海书店出版社1992年版，第27页。

③ 李捷译注：《重定增广》，山西古籍出版社1999年版，第173页。

④ 李捷译注：《训蒙增广改本》，山西古籍出版社1999年版，第51页。

⑤ 王士性：《广志绎》卷四《江南诸省》，中华书局1981年版，第69页。

构成的整体，是这些礼俗中所包含，并随传统而流传的那些统一思想和感情所构成的整体。换言之，城市绝非简单的物质现象，绝非简单的人工构筑物……它是自然的产物，而尤其是人类属性的产物。"⑥由此类推，我们知道乡镇社会也有其自身的精神情感和心理状态。乡镇社会所关心和延续的精神生活必然是以自我的物质基础及生产方式为基础，在自身社会心理与社会道德情感、共同趣味引导下的内容。可以肯定的是，由于乡镇社会与城市社会的基础存在根本区别，其社会精神生活所关心的主旨也必然存在巨大差异，甚至截然对立。

在江南乡镇中，一个最突出的表现是人们把政治伦理功能看得比经济生产功能要重要得多，其精神生活的核心是维护社会道德伦理的稳定，而不是个体自我的审美快乐。例如民国初年已被现代文明风尚撬动的南浔镇，人们仍然恪守着严格的伦理信念：在这个镇上有着令人肃然起敬的严峻的道德律。特别是在男女关系上，婚姻必须要有父母之命、媒妁之言。处女必须束胸，不过已经不用裹脚了，还要善于女红和具备处女应有的一切美德。除了迎神赛会，她们是不能站到街头去的。自然她们可以跟妈妈到绸缎店去，当绸庄里的伙计把印花的、闪光的、五色的料子取来给她们挑选的时候，她们才第一次看到世界上的美丽。然而这些女人虽然是被幽禁起来了，但也不知道忧愁，她们都静静地等候命运允许她们每人找到一个好丈夫。男孩子同女人一样受到礼教束缚，是不能勾搭女人的。⑦

甚至在某种意义上，江南乡镇是传统礼俗最忠实的信仰者与实践者，在维护风化与纲纪等方面，它们比北方的政治中心往往更加顽固不化。如江南乡镇对越轨男女的惩罚，其严厉与残酷是世人皆知的。但在江南城市生活中情形就大不一样。在江南城市中，"对同一件事情不仅羡慕者有之，鼓励、纵容者有之，更有甚者还把它们美化为'越名教而任自然'的解放行为。由于这个原因，即使是古代色情小说，也最喜欢以苏州、扬州、杭州为生活场景。如《梧桐影》第三回写到：'话说从古到今，天子治世，……第一先正风化。风化一

---

⑥　R.E.帕克等：《城市社会学》，宋峻岭等译，华夏出版社1987年版，第1页。

⑦　徐迟：《徐迟文集》第2卷，长江文艺出版社1993年版，第173页。

正，自然刑清讼简了。风化惟"奢淫"二字，最为难治，奢淫又惟江南一路，最为多端。穷的奢不来，奢字尚不必禁，惟淫风太盛。苏松杭嘉湖一带地方，不减当年郑卫……'透过其道德说教的外衣，这恰好说明江南城市生活的'去道德'与'去教化'本质……与江南乡镇诗性文化相比，江南城市诗性文化则呈现出更加自由、活泼的感性解放意义。"①从伦理习俗的角度着眼，我们可看出江南城乡社会在精神生活上泾渭分明的态度。

在日常生活、闲暇生活与文化消费方式上，江南城市与乡村之间也存在着巨大的差别。在日常生活上，江南城市社会有更多的从事工商业的机会，同时服务业的发达又可以吸纳大量社会闲散劳动力。明清时期作为苏州商业和手工业作坊聚集中心的虎丘和山塘一带即是如此，各种手工业作坊和手工艺制品店有好几百家，清人顾禄的《桐桥倚棹录》记述这里的酒楼、茶肆数量不下四五十家，因而虎丘一带的多数居民完全可以以此为生计来源。明代后叶的小说《石点头》也形象地反映了当时苏州都市社会的这种经济世态："阊门外山塘桥到虎丘名为七里，除了一半大小生意人家，过了半塘桥，那一带沿河临水住的，俱是靠着虎丘山上养活，不知多多少少扯空研光的人。即使开着几扇板门，卖些杂货或是吃食，远远望去挨次铺排，倒也热闹齐整。"②因而，江南城市市民的生产服务活动是直接为城市消费经济而服务的，其日常生活消费品也主要是从市场购买来的，而不需要自给自足（半自给自足）。江南乡镇则仍然是一种"半市半乡"的社会。虽然这里工商业也很发达，但要使大多数人完全赖此生存则不可能。因而，在江南乡镇里的常态是"工农之间界线模糊"，绝大多数人是通过半工半耕的方式养活自己。即一个学者指出的那样："由于农村工业化和商业化的发展，江南农村居民常常是农、工、商多种职业兼营，并非只是种田的'专业农民'。相反，在市镇居民中，也有不少人把其全部或部分劳动时间用于农业生产劳动。"③

---

① 刘士林：《江南城市与诗性文化》，《江西社会科学》2007年第10期。

② 艾衲居士：《豆棚闲话》，见杨娜主编：《中国禁毁小说精选百部·才子佳人卷》（三），时代文艺出版社2003年版，第90页。

③ 李伯重、周胜春主编：《江南的城市工业与地方文化》，清华大学出版社2004年版，第15页。

日常闲暇生活与文化消费的情形也与城乡之间人们的生活方式和生产方式直接相关。江南乡镇社会里，闲暇生活的状况受一定社会生产力的发展水平、社会关系的性质、个人思想文化程度等因素制约。如民国时期吴兴双林镇上的人们闲暇时，"无所事事。男子徜徉廛市，出入茶酒各肆，女亦闲暇时多"[①]。人们传统的生活节奏较为缓慢，市镇商贸业的顾客主要是农民，大多早市以后即可收市打烊，因而人们有相对稳定的闲暇娱乐时间，如光绪《慈溪县志》说："市肆晨开午闭，余时击鼓吹箫为乐"，又"其市井之人午前开肆，午后闭肆，（余时）击鼓吹箫讴歌唱曲，凡戏翫（意、音同玩）无不为"。[②]

由于社会可供消遣的文化资源也相对有限，加上抵制消费的传统观念的影响，人们的闲暇生活和文化娱乐虽然相对稳定平缓，但内容和形式相对单一，多为泡茶馆、酒肆与赶庙会，文化消费上多半是听乡村戏曲等，如丰子恺曾经回忆她祖母说："镇上演戏文时，她总到场，先叫人搬一只高椅子去，大家都认识这是丰八娘娘的椅子。她又请了会吹弹的人，在家里教我的姑母和父亲学唱戏。"[③]

一般来说，乡镇社会的文化生产与消费都不够纯粹，往往掺杂着直接的功利目的与现实功效。它基本上都要与人们的经济生产活动和物质利益结合起来，具有更多的生产性或者说经济性。如江南乡镇的茶馆生意跟农民的活动紧密一致：大约"晨起后，俟航班开行，即附船上镇……到镇后即步入茶馆，集相识者于一隅，高谈阔论，议论风生。本地新闻，茧丝价格以及年成好坏等等，均为主要谈话材料。在茧、丝、新米上市时，乡人即以此地为探听市价之所，因而经营茧、丝、米及其他产品之掮客，亦往往出没于其间，从事撮

① 蔡蓉升原纂：《双林镇志》卷十五《风俗》，转引自包伟民主编：《江南市镇及其近代命运：1840～1949》，知识出版社1998年版，第241页。

② 阳正简修，冯鸿模纂：《慈溪县志》卷五十五《风俗》，成文出版社1975年版，第1206、1207页。

③ 丰陈宝、丰一吟编：《丰子恺文集》第6册，浙江文艺出版社、浙江教育出版社1992年版，第676页。

合，赚取佣金"①。又如苏州乡镇二三月间的春台戏，"承平日久，乡民假报赛名，相习征歌舞。值春和景明，里豪市侠搭台旷野，醵钱演剧，男妇聚观。众人熙熙，如登春台，俗谓之春台戏。抬神款待，以祈求农祥。台用芦席蔽风日，谓之草台"②，规模很大，非常热闹，但要以祈祥农事、敬奉神明为借口举办。在江南城市，一般市民的文化娱乐消费则相对要多一些文化审美消费活动，商业性与审美趣味是它的中心原则。这说明，江南城市以独特的"物质文明""制度文明""精神文明"为基础，最终形成一种完全不同于江南乡镇的都市生活方式。

二、乡乡自风俗，处处皆城市——江南乡镇文化的历史形态分析

明清之际，江南乡镇的日益勃兴，日趋繁荣的江南市镇的社会结构与社会生活的逐渐变化，为江南乡镇文化的形成提供了依存的空间。同时随着乡镇人口的迅速聚集增长，人口流动的加剧，乡镇的人员构成也日益变得复杂而多样化，其职业特征决定了乡镇的文化形态构成。

（一）文化形态构成的三水分流

乡镇文化是乡镇居民共同创造的结晶，也是蔚起人文和发达商业相互作用、彼此渗透的产物，所谓"书声与机杼声往往夜分相继"正是完整的市井文化的具体写照。③从乡镇人口的构成来看，乡镇人口主要有三类：主体部分是工商业者，包括牙侩、行商、坐贾、小商小贩、手工业作坊主、店员伙计以及脚夫游民；第二类是市镇边缘的亦农亦工亦商的居民；第三类是被便利的交通、发达的经济、信息的灵通、舒适的环境吸引过来的邻近地区的士大夫知识阶层。④在江南乡镇形成的历史过程中，虽然不同类型的乡镇的兴起主要依靠的社会力量不一样，但不论这三类人口构成比重如何，在其形成过程中都不存在只有一类人参与的情形。这三类人群恰恰代表江南乡镇社会形成的三种源

① 中国经济统计研究所编：《吴兴农村经济》，文瑞印书馆1939年版，第133页。

② 袁景澜：《吴郡岁华纪丽》，江苏古籍出版社1998年版，第74页。

③ 小田：《江南乡镇社会的近代转型》，中国商业出版社1997年版，第22页。

④ 樊树志：《江南市镇——传统的变革》，复旦大学出版社2005年版，第417页。

流的文化融合及演变。在江南乡镇的文化生成、融合与传承、演变的历史过程中，它们最终形成三水分流、交互融合的文化历史形态。

首先是以自然诗意为主题的乡土文化形态。"乡土性"往往被历史学家和社会学家用来描述乡村社会的文化特质，用以表明乡村人的生活方式具有浓厚的乡村社会与农业生产的性质和特点。市镇既是乡村经济生活的中心，也是乡村文化生活的中心，因此是乡村文化的聚集点，是乡村文化的代表。与欧洲中世纪城镇既作为商业聚集之所也作为手工业聚集之所的特征不同，从中国传统市镇运送出去的产品，无论是农产品还是手工业产品，大多并不是市镇本身的产物，而是由其周围无数户农家所生产、汇聚于市镇的产品。市镇所拥有的手工业，一般都属于手工业生产后期加工即辅助性质的行业，如棉布之染坊、踹坊，粮食之碾米坊，等等。手工业产品的主体，总是"由千百户小农户生产出来的"，是来自农村而不是镇区。[①]由此可见，在历史演变中，尽管乡镇社会不断吸纳新的文化因素，不断改造其自身文化特性，但由于受到其自身经济结构模式的根本制约，"乡土性"仍然是江南乡镇文化内涵的一个重要组成部分，是其不可挣脱的文化链。

自然经济农业模式下的生活自足、悠然自适、知足常乐的满足感，仍然是江南乡镇社会人们的普遍文化心态。源自农业生产方式的社会传统和生活节奏，依然规范和制约着乡镇社会成员的日常生活方式及行为模式、文化信仰等。丰子恺的故乡石门湾镇，嘉兴地区一个抗战前极为繁华、以丝和染布业闻名的商业市镇，那里的居民生活依然保持着浓郁的农耕生活节奏与特性：

> 癞六伯孑然一身，自耕自食，自得其乐。他每日早上挽了一只篮步行上街，走到木场桥边，先到我家找奶奶，即我母亲。"奶奶，这几个鸡蛋是新鲜的，两支笋今天早上才掘起来，也很新鲜。"我母亲很欢迎他的东西，因为的确都很新鲜。但他不肯讨价，总说"随你给吧"。我母亲为难，叫店里的伙计代为定价。店里人说多少，癞六伯无不同意。但我母亲总是多给些，

---

① 包伟民主编：《江南市镇及其近代命运：1840～1949》，知识出版社1998年版，第37页。

不肯欺负这老实人。于是癞六伯道谢而去。他先到街上"做生意"，即卖东西。大约九点多钟，他就坐在对河的汤裕和酒店门前的饭桌上吃酒了。这汤裕和是一家酱园，但兼卖热酒。门前搭着一个大凉棚，凉棚底下，靠河口，设着好几张板桌。癞六伯就占据了一张，从容不迫地吃时酒。①

对于传统的生活节奏与方式、社会交往模式与心理以及文化消费习惯等文化习性，像癞六伯这样的半农半商的普通镇民不仅不自觉地承袭着，连有几家染坊的富裕之家的丰家和镇子上的其他居民莫不如此。例如，镇子上人们不论贫富、不论职业，每年都要积极准备过端午：

我幼时，即四十余年前，我乡端午节过得很隆重：我的大姐一月前头就制"老虎头"，预备这一天给自家及亲戚家的儿童佩戴。染坊店的伙计祁官，端午的早晨忙于制造蒲剑：向野塘采许多蒲叶来，选取最像宝剑的叶，加以剑柄，预备正午时和桃叶一并挂在每个人的床上。我的母亲呢，忙于"打蚊烟"和捉蜘蛛：向药店买一大包苍术白芷来，放在火炉里，教它发出香气，拿到每间房屋里去熏。同时，买来许多鸡蛋来，在每个的顶上敲一个小洞，放进一只蜘蛛去，用纸把洞封号，把蛋放在打蚊烟的火炉里煨。煨熟了，打开蛋来，取去蜘蛛的尸体，把蛋给孩子们吃。到了正午，又把一包雄黄放在一大碗绍兴酒里，调匀了，叫祁官拿到每间屋的角落里去，用口来喷。喷剩的浓雄黄，用指蘸了，在每一扇门上写王字；又用指捞一点来塞在每个孩子肚脐眼里。据说，老虎头，桃叶，蒲剑可以驱邪；蜘蛛煨蛋可以祛病；苍术白芷和雄黄可以驱除毒虫及毒气。至于门上的王字呢，据说是消毒药的储蓄；日后如有人被蜈蚣毒蛇等咬了，可向门上去捞取一点端午日午时所制的良药来，敷上患处，即可消毒止痛云。②

① 丰陈宝、丰一吟编：《丰子恺文集》第6册，浙江文艺出版社、浙江教育出版社1992年版，第670—671页。

② 丰陈宝、丰一吟编：《丰子恺文集》第6册，浙江文艺出版社、浙江教育出版社1992年版，第218—219页。

其次是以兴贩为能的工商文化形态。工商市井的商业功利性文化是江南乡镇文化的另一种形态表现。宋代之后，随着明清时期商品经济的进一步发展，江南乡镇形态从早期的草市、军镇也逐步向专业市镇、综合性的市镇发展。由于商业贸易的发达，在外地工商业人口大量流入的同时，商业机会、资本、人才也聚集到了这里，外来工商人口的多寡直接影响到经济的兴衰，这些极大地推动了江南市镇的经济贸易的活跃。如明末清初的盛泽镇，"镇之丰歉不仅视田亩之荒熟，而视绸业之盛衰。倘商贩稀少，机户利薄，则凋敝立形，生计萧索，市肆亦为减色矣"①。而"无徽不成市""无徽不成镇"的说法在江南的普遍流传，很好地说明了江南乡镇需要外来商业人口的刺激只有与外界沟通联系才能取得进一步的发展。

与市镇经济一样发生巨大变化的是其人口的结构与规模。乡镇的日益商业化，除了将周围地区的农民和士大夫阶层吸引来之外，更多地吸引到了那些经商和贩卖或做中间生意的工商业人口，包括本地人和外地商贾、游民等。在这些工商业人口中，不仅包括大批由农转工商的本地居民，更包括大批从外地流入的商贾、游民。因而，在较为成熟的市镇中，构成市镇人口的主体部分是工商业者，包括牙侩、行商、坐贾、小商小贩、手工作坊主、手工工匠、店员伙计以及脚夫游民。工商业人口在乡镇人口总数中占有优势，对整个江南乡镇社会普遍价值观念和职业观念的文化环境产生了根本性的影响。工商业者经营活动的最大目的就是获利，其文化价值观念必然是以功利主义和商业价值为价值标准。

工商业阶层以其较强的经济实力以及较高的生活消费水平——民国初时南浔镇上有谣谚云"丝行店伙真惬意，头发梳得光，咸蛋吃个黄，鱼虾喝点汤"②，对一般民众产生了强烈的影响。其生活方式和价值观念、消费文化理念都对乡镇居民文化意识形态产生了重要影响。在工商业者的影响下，人们的

---

① 仲廷机纂：《盛湖志》卷三《风俗》，见谭其骧、史念海、傅振伦等辑：《中国地方志集成·乡镇志专辑》第11册，江苏古籍出版社1992年版，第458页。

② 中国经济统计研究所编：《吴兴农村经济》，文瑞印书馆1939年版，第133页。

生活也随之发生了一些新的变化，旧有的传统观念和思想也发生了或多或少的变化。比如"逾礼越制的现象不断出现，奢侈风气到处蔓延，'重农抑商'的传统观念发生了深刻的转变，'工商皆本'思想广为流传"①。江南乡镇社会流行的"工商皆本"的社会职业思想，改变了人们的职业观念。而在江南乡镇社会中，"镇之丰歉，不仅视田亩之荒熟，而视绸业之盛衰"②的经济结构，则更加速了重商轻农、工商皆本的思想的大众化。以此思想为主导，人们从事工商的自豪感和能动性得到极大的增强，如苏州乡镇社会中普遍存在"缙绅士夫多以货殖为急"的现象。一些落第文人不再皓首穷经，转而从商，蔚成风气。社会阶层结构的变动，无疑提高了商人队伍的整体素质。占据主流的工商阶层还培养了江南乡镇社会极强的功利价值观念，左右着人们的社会行为和评判标准。报告文学家徐迟曾这样生动地描写了他的家乡南浔对年轻人的评价："一般的注意集中在他们将来挣钱的本领上。哪家的孩子平素少说话，不放荡和常常在学校里考第一名，将来能大学毕业的，就是好孩子，给人看了红眼。却也有做哥哥的进大学学经济学，或者学工程，而弟弟却进了当铺或者钱庄学生意的。不管什么出身，只要能挣钱，镇上的人一视同仁。"③在南浔我们可以看到，这种功利文化思想在江南乡镇社会中是如此深入人心，以至于人们对年轻人的能力与成就的评价极度功利化，完全以"挣钱的本领"的高低作为标准，因而也完全无所谓身份职业的差别，而只有经济能力的高低带来的社会地位的不同。当这种逐利与功利主义已经沉淀到人们意识的深层结构时，江南社会就形成了"尚利民风薄，多金商贾尊"的民俗文化，从而形成了与儒家传统迥异的"贵利轻义"的文化形态。

再次是以诗礼传家的士大夫文化形态。中国传统社会以"士、农、工、商"四民为基本阶层格局，传统江南市镇的职业与阶层格局情况大致如此。原

① 王卫平：《明清时期江南城市史研究——以苏州为中心》，人民出版社1999年版，第299页。

② 仲廷机纂：《盛湖志》卷三《风俗》，见谭其骧、史念海、傅振伦等辑：《中国地方志集成·乡镇志专辑》第11册，江苏古籍出版社1992年版，第458页。

③ 徐迟：《徐迟文集》第2卷，长江文艺出版社1993年版，第173页。

因大致是传统中国士大夫阶层对城市、都邑抱有一种天然的文化排斥心理，认为自己的文化根源在乡村。处于城市与村落之间的乡镇在经济、交通、信息等方面都要比乡村更方便、发达，居住环境舒适和文化生活交往便利，这些都是那些决定退出城市的士大夫知识阶层选择集聚乡镇的必然条件。事实如此，据1950年的《苏南土改文献》统计数据显示，传统江南社会中的地主与乡绅、工商业家以在乡镇居者为多，而在城市与乡村居住的居少数。[①]

　　江南自古文风昌盛，士绅阶层的势力比较强大。士绅较之一般乡镇民众与工商业者、小手工业者以及乡村地主，在文化知识、社会阅历和官场背景方面具有明显的优势。这种优势使他们占据了江南乡镇文化和政治的主要控制权。有学者研究指出，在江南乡镇社会中，传统的整合运作力量有两支：一是乡绅，二是家族。乡绅充当镇社会与国家之间的媒介，是国家行政权力在乡镇社会中的实际操作者。乡绅可按其居处之不同划分为镇居和乡居两类。乡绅反映着镇社会整合中的地缘关系，代表着血缘整合力量的是家族长者。明清时期，家族发展到鼎盛时期，形成以族长为核心，以家谱、族规、祠堂、族田为手段的严密的家族制度。社区的事物，尤其是乡间事务，一般都由一个或几个家族主持，以血缘和地缘为纽带的这两支力量是乡镇社会权力结构的主体。[②]实际上，江南家族的权力多数掌握在家族中那些担任过官职的士绅手中，他们成为乡村社会权力结构绝对主体。他们与乡镇各种势力织成复杂的社会权力网络，往往活跃于乡镇的茶馆，以各种方法控制着乡镇的一切大小事务。例如1936年6月2日的《申报》就曾刊登过一篇传记性文章，抨击士绅把持着江南乡镇的文化、政治等一切权柄：

　　　　王太爷在亡清是位秀才，……在本乡是个地主，拥有田数百亩。
　　　　镇上有爿茶馆，是王太爷的办公处。他镇日独据一桌，……他会断家务事、钱债。他的说话比法院里的判决书还有效，因为他能根据圣经贤

---

　　①　《苏南土地改革文献》（1950年），第497—498页，苏州档案馆藏，转引自小田：《江南乡镇社会的近代转型》，中国商业出版社1997年版，第138页。

　　②　小田：《江南乡镇社会的近代转型》，中国商业出版社1997年版，第223—224页。

传，亡清律例，正颜厉色地把人说得不敢不从。他又会替人家做状子，报酬看事情大小而定，虽然还说不上包打官司。①

耕读为本和诗礼传家的训导历来是中国士大夫的理想文化模式，江南士绅也不例外。不过，江南士绅对乡镇社会的文化影响，不像在乡镇政治生活中那样积极介入，而主要通过兴盛的科举教育和严格的家学族风对社会产生以身示范的影响。科举教育在江南乡镇尤为发达，尤其在明清时期形成文章冠冕、鼎隆踵继的局面。看一看明清江南典型乡镇科举尚不完整的统计表，就能理解这一情况。②

---

① 拾玖：《王太爷别传》，《申报》1936年6月2日。转引自小田：《江南乡镇社会的近代转型》，中国商业出版社1997年版，第237—238页。

② 小田：《江南乡镇社会的近代转型》，中国商业出版社1997年版，第23页。

表1　明清江南典型乡镇科举统计表

镇名	统计年代	举人人数	贡生人数	进士人数	榜眼人数
南浔	明嘉靖、万历			7	
	清代（至道光）	50		6	
南翔	明代	16	14	10	
	清代（至嘉庆）	19	20	17	
菱湖	明代				
	清代			8	
	清康熙			33	1
	清乾隆				1
唯亭	明代	24		6	
	清代（至道光）	39		23	
甪直	明代	59		24	
	清代（至乾隆）	24		6	
唐市	明天启			1	
	清代（至康熙）			6	
双林	明代	27		6	
	清代（至嘉庆）	66		16	
同里	明代	46		18	
	清代（至嘉庆）	31		11	
朱泾	明代	31		17	
	清代（至嘉庆）	21		9	
罗店	明代	10	6	4	
	清代	20	7	3	

　　江南典型乡镇的科举成就如此之高，其主要原因就是乡镇社会的士绅阶层对科举、教育的一贯高度重视。在乡镇社会，江南士绅阶层通过科举教育，促成了骚人墨士握管生花、染翰成雾的人文鼎盛局面，同时也对社会大众起到文化引导的作用。自明代起，在人文蔚起的文化环境生活的商人，耳濡目染，也附庸风雅，习诗文，读小说，听戏曲，一改卑陋无文之态。在激烈的商业竞争中，一些商人愈益认识到知识的力量，认识到提高自身文化素质的重要性，开始注意地理、舆图、气候、交通、物产、会计、民俗、历史

等诸多方面的文化知识。

士绅如要以文化主流的身份影响乡镇社会，就必须对家学族风特别严格要求，并极力以此影响乡里风尚。第一是对族规礼法的严格推行，以身正范。如明浙江姚舜牧的家训《药言》开篇就曰："孝悌忠信、礼义廉耻，此八字是八个柱子，有八柱始能成宇，有八字始克成人。"[1]浦江郑太和《郑氏规范》为实践儒家道德中的"廉洁"竟作出如下严厉的规定："子孙出仕，有以赃墨闻者，生则于谱图上削去其名，死则不许入祠堂。"[2]族谱去名，这对于看重宗族关系的人们来说，等于铲除了生命之根，是莫大的惩罚，是无法承受之重。第二是强调读书，"以诗书发迹"成了备受江南乡绅推崇的创家立业之道，同时也是继承家学的有效途径。在江南乡绅的家训中，读书成为家族的第一要事。"子姓读书为训族第一事"[3]，"人须各务一职业，第一品格是读书"[4]。读书求得功名是延续家族、提升家族威望的唯一途径，也是保持士绅阶层在社会中处于知识领导地位的唯一方法。只有家族中不断涌现出有功名的读书人，这个家族在乡镇的地位才会稳固，家族才能昌盛。

三、江村风景元无异，不是闲人那得知？——江南乡镇文化资源的开发与建设

在当今社会，人们发现经济发展的物质空间与资源总是有限的，而文化生产力、文化经济、文化服务业等软实力日益成为当今世界先进生产力的代表，文化资源在推动社会经济发展中的作用日益明显。而文化资源可以分为物质文化资源、社会文化资源和审美文化资源三类。物质文化资源主要包括自然景观资源

① 姚舜牧：《药言》，见新文丰出版公司编：《丛书集成新编》第33册，新文丰出版公司1986年版，第197页。

② 郑太和：《郑氏规范》，见新文丰出版公司编：《丛书集成新编》第33册，新文丰出版公司1986年版，第173页。

③ 潘遵祁纂修：《大阜潘氏支谱·附编》卷二《松鳞庄增定规条》，大阜潘氏松鳞庄同治八年（1869）刻本。

④ 姚舜牧：《药言》，见新文丰出版公司编：《丛书集成新编》第33册，新文丰出版公司1986年版，第198页。

（主要是特殊的地质、地貌或水系）、生态系统资源（如可进行文化开发的土地、森林公园等）、土特产品资源、古建筑资源（如老街、老房子等）以及它们的具体情况；社会文化资源，主要包括农业文化资源（可以为都市人提供农村生活体验的传统农业系统与景观）、工业文化资源（可以为都市人提供工业生活经验的现代工业系统与景观，既包括工厂、车间、作坊、矿场等不可移动实体，也包括机器设备、工具、档案等可移动实体，还包括工艺流程、传统工艺技能等非物质工业文化内容等）、历史文化与民俗文化资源以及它们的具体情况；审美文化资源主要是各种世代相承、有地区文化特色、与群众生活密切相关的口头文学、音乐歌舞、游戏竞技、民间艺术等各种可以迅速产业化的审美文化资源。[①]江南乡镇文化资源的建设和开发应从这三个方面深入考虑和建构。

（一）郁郁乎文哉——物质文化资源的建设与开发

以乡镇优越的优美环境、自然生态和丰富的历史建筑文化遗产作为物质文化资源进行开发和建设。江南乡镇一般格局独特、风貌完好、文化深厚，环境一般都非常优美。充分利用江南乡镇丰富、优美的自然资源和市镇古文化遗址、建筑群落，以吸引城市人到乡镇进行文化旅游为途径，开发以水资源为中心或以山景资源为中心的江南乡镇古建筑与村落。

例如上海浦江镇的文化资源开发设想。一是保护水系和临水风景，水系对于交通和生活饮用的传统功能已经衰退，成为最具魅力和地域特征的环境构成要素，带来空间上的疏密变化、动静对比，特别是为丰富多彩的临水风景（小桥、码头、垂柳、建筑的布局等）创造了条件；二是保护传统民居风貌，其特色体现在私密性良好的多进式平面布局、坡屋顶优美的群体组合及丰富的建筑细部与和谐淡雅的色彩；三是保护牌坊、古树、古井等文物小品，它们作为重要的历史遗存，对烘托环境景观、文化氛围有独特作用。调整建筑功能应将保护与利用相结合起来。历史街区能否得到有效的保护很大程度上取决于对传统建筑的合理利用程度，江南历史文化名镇——周庄的成功经验给我们一个深

---

① 参见刘士林、刘永：《上海浦江镇的文化资源与发展框架》，《南通大学学报》（社会科学版）2009年第2期。

刻的启示：保护与利用相结合，保护与旅游业的发展相结合。[①]对于江南乡镇的物质文化资源的保护，要以展示乡镇文化发展、饮食娱乐、民俗风情等为中心，利用物质环境，定期组织活动、研究与交流，同时还可举办具有江南乡镇特色的会展等。利用已有和正在开发的物质文化资源，为本地区的文化形象、文化资本等文化竞争力的提升做贡献。

利用文化遗产资源开发古镇（村落）、打造旅游产业、改善招商引资环境，是目前国内许多地区都跃跃欲试的一条路。然而，在高速发展的城镇化进程的影响下，由于缺乏正确或者说先进的文化建设和开发理念，已经造成很多的古镇、古村落文化资源的严重毁坏和无可挽回的资源流失。过度开发和商业化也要极力避免，例如周庄的商业化气息是最浓的，严重破坏了古镇的古朴风貌和人文氛围，使得当地文化的原有形态消失殆尽。因此，要借鉴先前发展的经验教训，避免先破坏后治理的模式，在发展的同时注意生态环境的保护，走一条可持续发展的道路。在开发过程中，一定要全面摸清本地的历史文化资源状况，预先做好科学的发展规划，建立良好的保护机制和监督机制，以促进乡镇文化的健康可持续发展。

（二）何年学得苏杭样——社会文化资源的建设与开发

利用江南乡镇丰富的社会文化资源，开展市民农园与农业文化旅游与体验活动，为城市和都市人提供文化休闲服务。将农业文化中的农家乐、传统农业游艺活动与项目、农事活动、垂钓等，打造成城市郊区旅游品牌。

都市发展一方面破坏了原生态的自然环境，另一方面也解构了传统的农村生活方式，迫使人们日益留恋昨日的田园幸福。相关调查表明，保持古镇中富有特色的民俗文化和岁时习俗，在独特的水乡风情中透出浓浓的文化底蕴和温情的人性关怀。江南乡镇在发展模式上不能走老路，而应该充分发掘拥有的社会文化资源的社会经济效益。乡镇文化建设的重点应该转到投入更少产出更多、更生态化的模式当中来。

---

① 刘士林、刘永：《上海浦江镇的文化资源与发展框架》，《南通大学学报》（社会科学版）2009年第2期。

例如，嘉定华亭镇的毛桥村走的就是一条经济增长比较平缓、人与环境相对友好、社会进步与文化传统较为和谐的新型发展道路。首先，与我们熟悉的南街村、华西村模式（以工业化与城市化为实现农业地区现代化的主要手段）截然不同，毛桥村是以较少的投入，通过改善农民的居住和卫生条件、农业文化保护以及农村环境的景观化生产实现了自身的发展。其次，与上海周边郊区、农村的建设与发展主要依赖大都市雄厚的"硬实力"（如交通、金融、对土地的需要）以及融入都市产业链不同，毛桥村在发展过程中更多地借助了上海都市社会的"软实力"，特别是在乡村景观的改造、重建与创意上，这与大都市通过营造城市形象、挖掘历史文化遗产以提升城市综合竞争力是殊途同归的。毛桥村没有走工业化的老路，但在经济方面仍获得了一定的发展；没有对农村住宅大拆大建，却较好地实现了农村生活环境的改善；在保留农村固有空间格局的同时，也使传统的农业生活方式与价值观念受到一定的保护，在经济指标与环境友好、社会发展与传统延续、现代化与宜居性之间取得了较好的平衡，这表现为一种发展适度、代价小、可承受的和谐发展模式。在许多方面预示或开辟了农村地区在城市化进程中可持续发展的新的可能。① 毛桥村应成为江南乡镇新农村建设的重要参照样板。江南乡镇多数为中国近代机器工业、现代学校教育的发祥地，这些是江南乡镇社会文化资源的不可多得的文化宝库。可以考虑把一些废弃的或者效益低下的工厂改造成为商业流通、文化创意与艺术生产的重要空间，利用已有的现代工业作为展示江南乡镇传统工业制造业的历史遗产。如石门镇自明代到民国中期都是江南著名的榨油专业市镇，辉煌时曾有榨油作坊二十几家② ，如今恢复传统土法榨油方法和采用传统榨油设备，把榨油作坊工厂改造成传统榨油文化体验休闲乐园，让城市游客享受真正的乡土生产文化的乐趣。

江南乡镇还有着发达的稻作文化、手工艺文化和园林文化、历史名人、庙会文化、生产习俗、生活风俗等丰富的社会文化资源。江南特殊的地理环境、

① 刘士林：《"毛桥模式"：国际化大都市框架下的上海新农村建设》，《南通大学学报》（社会科学版）2007年第5期。

② 陈学文：《中国封建晚期的商品经济》，湖南人民出版社1989年版，第97—105页。

经济因素和人文因素形成了独具一格的乡镇生活文化。江南人的衣、食、住、行具有浓郁的地方特色，社会交往和文化习俗等都是重要的可资利用的社会文化资源。例如水乡妇女有包头巾、束腰兜、绣花鞋的习俗，年终时有摇灯船、烧田蚕、鱼戏等民俗活动，爱吃年糕、汤团、青团等米食，这些都非常具有水乡独特的风情。一般乡镇都有自己的丰富独特的文化习俗与项目，如千年古镇廿八都至今盛行山歌、民舞、旱船、花灯、剪纸、木偶以及民谚、民谣、民间故事、民间传说等民间文化。①可以考虑将江南乡镇农业文化中的传统农业游艺活动与项目，如农家乐、农事活动、垂钓等等，采取创设农事游戏、竞赛、培训等方式提高游客的现场参与度，以增加消费，推动新农村建设。这些可以体现江南文化闲适、恬淡的生活态度和怡然自得的生活方式和文化传统。最重要的是要将丰富文化内涵的传统社会生活变成当代江南乡镇人对家乡荣誉感和文化生活的内在认同。

（三）品评还须待风流——审美文化资源的建设与开发

努力以审美文化资源提升当代江南乡镇文化的内涵，大力挖掘、充分保护和利用好口头与非物质文化遗产。审美文化资源是指那些在文化资源里具有文化审美意蕴、能给人带来审美体验的文化资源。历代名人留下了大量的诗文著作、优美篇章。文化是人化，小桥流水人家是江南古镇投注了人的智慧的物质文化资源，而这些人文故事却是江南古镇的灵魂之所在，是其文化的精髓。充分利用这些优美的诗词歌赋，将这些人的著作诗文编辑成册、出版发行，来为江南乡镇创造一个充满审美趣味的文化世界。

正如散文家余秋雨所期盼的那样，"江南小镇很可以成为我们的作家艺术家的小岛，有了这么一个个宁静的家院在身后，作家艺术家们走在都市街道间的步子也会踏实一点，文坛中的烦心事也会减少大半。而且，由于作家艺术家驻足其间，许多小镇的文化品位和文化声望也会大大提高"②。只要充分地把乡镇文化的审美资源开发出来，就必然能够在清雅的乡镇空间里洗涤都市

---

① 祝维龙：《古镇文化的保护与开发》，《戏文》2005年第3期。

② 余秋雨：《文化苦旅》，东方出版中心2006年版，第114页。

人在喧嚣生活中产生的莫名惆怅乡愁，从而让一座座江南小镇又重新在文化意义上充实起来。例如，可以像周庄那样发起一个个文学雅赛，2006年周庄举办"'周庄'同题诗大赛"，参赛者多达3000人，《诗刊》第9期上发表了评选出的几十篇优秀作品，最后时代文艺出版社出版了由诗刊社编辑的《诗意周庄》。在这样一个审美空间想象中，它所建构与体验到的审美快感，最大限度地唤醒已麻木的审美意识，并使人们从其中获得审美愉悦。

审美文化资源的挖掘应以口头与非物质文化遗产的保护与开发为中心。例如，"浦江镇在口头文化遗产资源方面非常丰富，是上海在口头文化遗产上的代表……如浦江苏家桥宣卷、浦东宣卷、浦江打莲湘、陈行套板葫芦制作技艺、上海本帮农家菜制作技艺、陈行口头文学、陈行谚语等，具有非常浓厚的传统文化特色和地方文化特色。因此可以考虑将浦江镇的口头非物质文化遗产的整理与传承作为浦江镇文化发展规划的重点之一，建立口头非物质文化遗产馆。同时，广泛介绍与传播非物质文化遗产、民俗文化保护等活动。……另一方面，还可以口头非物质文化遗产的保护与开发为基础，将浦江镇传统审美文化资源的开发进一步扩大。……浦江镇的竹枝词文化十分丰富，可以考虑将上海有史以来的竹枝词进行整理、编著成书向人们展示。使浦江镇所有的传统上海与江南文化遗产进入不同的保护目录，成为上海都市文化建设的一个重要构成部分，并将浦江镇规划建设成为上海农业与传统文化记忆保护与展示中心"①。

江南小镇文化的开发与建设存在不可避免的矛盾：乡镇在文化资源的利用和开发上似乎总是无处可着力，没有现实有效的文化资源可以利用，没有完整而鲜明的文化特色、文化内容可展现给世人欣赏；而乡镇文化经过世代累积，从整体上早已深入人们的日常生活，化作言行举止和思想情感的内在依据。也许正如诗人所言："江村风景元无异，不是闲人那得知？"它看似有形、触之则散的文化魅影，在你深刻应和了它的生命律动的时候，将使你终日魂牵梦绕、释放不下。尽管我们很努力地挖掘，拼命地保护，最后我们仍可能会像诗

---

① 刘士林、刘永：《上海浦江镇的文化资源与发展框架》，《南通大学学报》（社会科学版）2009年第2期。

人所吟唱的那样，不得不充满惆怅地不断眷念、怀想："划着木船的江南人的权利，可是枉为江南人了。眺着黑夜，凭着水，船夫说着夜曲似的短句，我把恋人理想着。"①

第三节　江南饮食文化资源

汉朝郦食其曾云"民以食为天"，这句话大概体现出了饮食在中国老百姓生活中的重要性，《管子》中的"衣食足则知荣辱"②，则更将饮食与礼仪密切联系起来。《中庸》曰："人莫不饮食也，鲜能知味也。"③《典论》又曰："一世长者知居处，三世长者知服食。"④这两句表明饮食并不单单指吃喝，而是在丰裕的物质基础上发展出来的一种文化。老子的"治大国若烹小鲜"甚至将饮食与治国联系起来。

大体上看，古代的江南往北可涵盖皖南、淮南的沿江部分，往南则可以达到今天的福建一带，往西则沿着长江一直延伸到四川盆地边缘。从明清时期开始，"江南"越来越多地被用于指称太湖流域的"八府一州"。⑤江南的富足似乎无须多言，"苏湖熟，天下足""衣被天下"这些民谚妇孺皆知。明人章潢的《图书编》卷三十六《三吴风俗》中就有这样的记载："夫吴者，四方之所观赴也。吴有服而华，四方慕而服之，非是则以为弗文也；吴有器而美，四方慕而御之，非是则以为弗珍也。服之用弥广，而吴益工于服，器之用弥广，而吴益精于器。是天下之俗，皆以吴侈，而天下之财，皆以吴富也。"⑥江南地区的两个最显著的特点是物产丰富与人文发达，优越的自然条件和浓厚的诗

---

① 徐迟：《徐迟文集》第1卷，长江文艺出版社1993年版，第47页。

② 房玄龄注，刘绩补注：《管子》卷一《牧民》，上海古籍出版社2015年版，第1页。

③ 王国轩译注：《大学·中庸》，中华书局2006年版，第53页。

④ 曹丕：《典论·论文》，转引自袁枚：《随园食单》，三秦出版社1983年版，第1页。

⑤ 刘士林、刘新静：《江南文化资源的类型及其阐释》，《江苏行政学院院报》2011年第5期。

⑥ 章潢编：《图书编》第10册，江苏广陵古籍刻印社1988年版，第26页。

书氛围形成了"三生花草梦苏州"的人文理想，造就了诗意氤氲的江南文化。

丰厚的物质基础促进了物质文化的极大繁荣，江南人在日常生活中创造了精致细腻的饮食文化。"食色，性也"，江南士庶对于美食的追求，已经远远超越了"食不厌精，脍不厌细"的境界。尤其是明代中期以后，"在明清士大夫、民众及妇女的生活中，逸乐是一个不容忽视的因素，甚至衍生成一种新的人生观和价值体系"①。刘士林教授在《江南文化资源的类型及其阐释》中曾指出，在物资匮乏的年代，君子必须"食无求饱，居无求安"，如果"志于道而耻恶衣恶食"，那就不配称君子，像颜回那样"一箪食，一瓢饮，在陋巷"也其乐融融的人是值得学习的楷模。但是在超越了温饱之后，饮食文化不仅不是罪恶，而且是非常宝贵的资源。

江南饮食文化以江浙菜系为主，江苏菜为中国汉族四大名菜之一，简称苏菜，主要由金陵菜、淮扬菜、苏锡菜、徐海菜等地方菜组成；浙江菜是我国汉族八大菜系之一，简称浙菜，主要由杭帮菜、宁波菜、绍兴菜和温州菜组成。苏菜与浙菜是江南饮食文化资源的重要组成部分，在得天独厚的自然条件与优渥的经济条件的基础上，江南饮食文化源远流长、光彩夺目，是中华饮食文化中耀眼的一颗明珠。

一、苏浙菜的历史源流以及发展

（一）苏菜

苏菜历史悠久，早在2000多年前，吴人就善制炙鱼、蒸鱼和鱼片。1000多年前，鸭已为金陵美食。苏菜起始于秦汉时期，唐宋以后，与浙菜竞秀成为"南食"两大台柱之一，在明清时代形成流派。苏菜沿着大运河、长江向南北东西纵横发展，沿海的地理优势也扩大了苏菜在海内外的影响。苏菜由淮扬菜、金陵菜、苏锡菜和徐海菜等四个地方风味构成，以淮扬菜为主体。

彭祖制作野鸡羹供帝尧食用，后受封建立大彭国，故今天的徐州又名彭城。彭祖是我国第一位典籍留名的职业厨师，彭城是第一座以厨师姓氏命名的

---

① 李孝悌：《恋恋红尘：中国城市、欲望和生活》，上海人民出版社2007年版，第8页。

城市。夏禹时代便有"淮夷贡鱼"的记载，淮白鱼直至明清均为贡品。"菜美之者，具区之菁"，商汤时期太湖的韭菜花已为佳肴。春秋时齐国的易牙曾在徐州传艺，由他创制的"鱼腹藏羊肉"千古流传，是"鲜"字之本。据杭州徐珂所编《清稗类钞》中记载："肴馔之有特色者，为京师、山东、四川、广东、福建、江宁、苏州、镇江、扬州、淮安。"[①]10个名城，半数在江苏。

江苏为鱼米之乡，物产丰饶，食材十分丰富。著名的水产品有长江三鲜（鲥鱼、刀鱼、河豚）、太湖银鱼、阳澄湖清水大闸蟹、南京龙池鲫鱼以及其他众多的海产品。佳蔬有太湖莼菜、淮安蒲菜、宝应藕、板栗、鸡头肉、茭白、冬笋、荸荠等。还有一些珍禽野味，这些食材为苏菜提供了雄厚的物质基础。苏菜擅长炖、焖、蒸、炒，重视调汤，保持原汁，风味清鲜，浓而不腻，淡而不薄，讲究酥松脱骨而不失其形，滑嫩爽脆而不失其味。

宋代以来，苏菜的口味有较大的变化。原来南方菜咸而北方菜甜，江南进贡到长安、洛阳的鱼蟹要加糖加蜜。宋室南渡杭城，中原大批士大夫南下，带来了中原的风味。苏、锡今日的嗜甜，由此而起。明清以来，苏菜又受到许多地方风味的影响。清代苏菜流行于全国，地位相当于川菜、粤菜。苏菜中的一支——淮扬菜曾为宫廷菜，至2013年国宴中的大多数菜肴仍属于淮扬菜。因此，淮扬菜亦称"国菜"。乾隆帝南巡的时候，曾经到苏州的得月楼做客，尝到江南美味后非常高兴，称苏州为"天下第一食府"。

（二）浙菜

浙菜起源于新石器时代的河姆渡文化，经越国先民的开拓积累，在汉唐时期成熟，宋元时期繁荣，明清时期得到进一步发展，浙菜的基本风格已经形成。浙菜品种丰富、历史悠久，菜式小巧玲珑，菜品鲜美滑嫩、脆软清爽，其特点是清、香、脆、嫩、爽、鲜。浙菜主要由杭州、宁波、绍兴、温州四个流派所组成，各自带有浓厚的地方特色，但又具有共同特点，即选料讲究、烹饪独到，注重本味，制作精细。浙菜以烹调技法五花八门闻名于国内外，其中以炒、炸、烩、熘、蒸、烧六类为擅长。"熟物之法，最重火候"，浙菜常用的

---

① 徐珂编：《清稗类钞》第13册，中华书局1986年版，第6416页。

烹调方法有30余类，因料施技，注重主配料味的配合，口味富有变化。

《内经·素问·导法方宜论》曰："东方之域，天地之所始生也，鱼盐之地，海滨傍水，其民食鱼而嗜咸，皆安其处，美其食。"[①]《史记·货殖列传》中已有"楚越之地……饭稻羹鱼"的记载。由此可见，浙江烹饪已有几千年的历史。从吴越春秋时期越国定都会稽（今绍兴），到南宋建都杭州，经济的发展、贸易的往来，使当时饮食等烹饪技艺得到了长足的发展。全国经济中心从北向南转移后，北方的京都烹饪文化被带到了浙江，使南北烹饪技艺广泛交流，饮食业兴旺繁荣，烹饪技术不断提高，名菜名馔应运而生。吴自牧的《梦粱录》、西湖老人的《西湖老人繁胜录》、周密的《武林旧事》等书都记载了杭州城饮食市场的繁华和齐味万方的市食佳肴。据《梦粱录》卷十六《分茶酒店》记载，当时杭州诸色菜肴有280多种，各种烹饪技法达15种以上，精巧华贵的酒楼林立，普通食店"遍布街巷，触目皆是"，烹调风味南北皆具，一派繁荣景象。南宋名菜蟹酿橙、鳖蒸羊、东坡脯、南炒鳝、群仙羹、两色腰子等，至今仍是高档筵席上的名菜。绍兴的鲞扣鸡、鲞冻肉、虾油鸡、蓑衣虾球，宁波的咸菜大汤黄鱼、苔菜小方烤、冰糖甲鱼、锅烧鳗，湖州的老法虾仁、五彩鳝丝，嘉兴的炒蟹粉、炒虾蟹等名肴，都有几百年的历史。

浙江濒临东海，气候温和，水陆交通方便，其境内北半部地处我国"东南富庶"的长江三角洲平原，土地肥沃，河汉密布，盛产稻、麦、粟、豆、果蔬，水产资源十分丰富，四季时鲜源源上市；西南部丘陵起伏，盛产山珍野味，农舍鸡鸭成群，牛羊肥壮，无不为烹饪提供了殷实富足的原料。特产有：富春江鲥鱼、舟山黄鱼、金华火腿、杭州油乡豆腐皮、西湖莼菜、绍兴麻鸭、越鸡和酒、西湖龙井茶、舟山的梭子蟹、安吉竹鸡、黄岩蜜橘，等等。丰富的烹饪资源、众多的名优特产，与卓越的烹饪技艺相结合，使浙江菜出类拔萃地独成体系。

---

① 马烈光、张湖德、曹启富主编：《〈黄帝内经〉通释》，人民军医出版社2014年版，第30页。

二、江南饮食文化资源分类及概述

古人云"常调官好做，家常饭好吃"，可见家常饭菜的魅力是无穷的。百姓日常饮食无非是由主食、荤素菜构成的一日三餐。但就是在平淡的一日三餐中，江南百姓吃出了精致与诗意。

（一）主食篇

在中国古代文献中，记载水稻的种植与食用的区域主要是在长江流域一带，如《周礼·夏官·职方氏》中就认为荆州、扬州"其谷宜稻"。荆、扬之地处于长江中下游地区，在春秋战国时期分属楚、吴、越，是著名的水乡泽国，《史记·货殖列传》叙述这里的饮食生活状况为"楚越之地，地广人稀，饭稻羹鱼"。"饭稻羹鱼"就构成了江南饮食文化的典型基础特征。苏州人在批评某个人愚蠢的时候就说此人"不吃粥饭"，即说此人十分愚蠢，不懂得寻常的道理。由此可见得"吃粥饭"的重要性，粥和饭是江浙人一日三餐的主食。

陆文夫在《姑苏菜艺》里写道："一般的苏州人并不是经常上饭店，除非是去吃喜酒、陪宾客什么的。苏州人的日常饮食和饭店里的菜有同有异，另成体系，即所谓的苏州家常菜。饭店里的菜也是千百年间在家常菜的基础上提高、发展而定型的。家常过日子没有饭店里的条件，也花不起那么多的钱，所以家常菜都比较简朴，可是简朴并不等于马虎，经济实惠还得制作精细。精细有时并不消耗物力，消耗的是时间、智慧和耐力，这三者对苏州人来说是并不缺乏的。吃也是一种艺术，艺术的风格有两大类，一种是华，一种是朴；华近乎雕琢，朴近乎自然，华朴相错是为妙品。人们对艺术的欣赏是华久则思朴，朴久则思华，两种风格流轮交替，互补互济，以求得某种平衡。近华还是近朴，则因时因地因人而异。吃也是同样的道理。比如说，炒头刀韭菜、炒青蚕豆、荠菜肉丝豆腐、麻酱油香干拌马兰头，这些都是苏州的家常菜，很少有人不喜欢吃的。可是日日吃家常菜的人也想到菜馆里去弄一顿，换换口味。已故的苏州老作家周瘦鹃、范烟桥、程小青先生，算得上是苏州的美食家，他们的家常菜也是不马虎的。可是当年我们常常相约去松鹤楼'尝尝味道'。如果碰上连续几天宴请，他们又要高喊吃不消，要回家吃青菜了。"①从这段话里，我们可以看出苏州人家的日常生活，简约而精致，一日三餐简简单单但做得有滋有味。

《调鼎集》指出江浙人的饮食习惯是："早饭素，午饭荤，晚饭素。"②寻常百姓人家，早餐仍以吃粥为主，从不吃饭，如不煮粥，则吃点心。点心种类很多，最实惠的是大饼油条，还有糕饼、馒头、油氽紧酵、生煎馒头、烧麦、春卷等；米食点心则有糕团、汤圆、汤团、粢饭糕、粢饭、米风糕、斗糕、藕粉圆子、赤豆糊糖粥、八宝饭、血糯米饭等。沈云《盛湖竹枝词》咏道："户户眠迟早起难，清晨试检点心单。登春周氏汤团好，牢九胡皱亦可餐。"（"牢九"即包子，"胡皱"即饼饵，都为宋人语言。）

俗语云："米能养脾，面能养心。"米和粥虽是江浙人的主食，但是面也在江浙寻常百姓饮食中占有重要的地位。李渔堪称生活艺术家，在生活方方面面追求精致的享受，在吃食上尤甚。李渔对江南人的饮食文化着实贡献不小，他曾经为自己制定了"一日三餐，二米一面"的食谱。李渔既不习惯于北方人那种粗糙单调的面食做法，同时也否定了江南人的"吃汤面"方式，从而得出一个大异于北而小异于南的李氏面食秘方："北人食面多做饼，予喜条分而缕析之，南人之所谓'切面'是也。南人食切面，其油、盐、酱、醋等佐料，皆下于面汤之中，汤有味而面无味，是人之所重者，不在面而在汤，与未尝食面等也。予则不然，以调和诸物尽归于面，面具五味，而汤独清，如此方是食面，非饮汤也。"③事已至此，李渔仍不肯停歇，他还发明有"五香面"和"八珍面"。具体来说，前者在配料上类似于中原一带的五香烧饼，仅仅是多了江南人喜欢的汤水而已。除了李渔，张岱也十分重视日常生活中的一饮一啄。如《陶庵梦忆》所记："乳酪自驵侩为之，气味已失，再无佳理。余自豢一牛，夜取乳置盆盎，比晓，乳花簇起尺许，用铜铛煮之，瀹兰雪汁，乳斤和汁四瓯，百沸之。玉液珠胶，雪腴霜腻，吹气胜兰，沁入肺腑，自是天供。或

① 陆文夫：《美食家》，江苏凤凰文艺出版社2018年版，第217—218页。
② 童岳荐编著：《调鼎集》，中国纺织出版社2006年版，第57页。
③ 李渔：《闲情偶寄》，中国商业出版社1984年版，第27—28页。

用鹤觞、花露入甑蒸之，以热妙；或用豆粉揽和，漉之成腐，以冷妙；或煎酥，或作皮，或缚饼，或酒凝，或盐腌，或醋捉，无不佳妙。而苏州过小拙和以蔗浆霜，熬之、滤之、钻之、掇之、印之，为带骨鲍螺，天下称至味。其制法秘甚，锁密房，以纸封固，虽父子不轻传之。"①

苏菜系的主食、点心在五代时即有"健康七妙"之称。其米饭粒粒分明，柔而不烂；面条筋韧，可以穿结成带而不断；饼薄透明，可以映字；馄饨汤清，可注砚磨墨；徽子既香又脆，"嚼得惊动十里人"，足见技艺之高妙。

（二）菜蔬篇——茭白青菠雪里蕻，声声唤卖小桥东

江南地区的百姓对待一日三餐的主食尚且如此费心，那日常菜肴更不必说，种类繁多且品相完美的蔬菜与江河海鲜是江南地区的主要食材。俗语云"杭州不断笋，苏州不断菜"，相传张士诚被围苏城时，粮草断绝，便辟南园、北园种植蔬菜。据记载，隋唐时，苏州横山、梅湾一带已成为茭白、莲藕的著名产区，横山荷花塘贡藕、梅湾吕公茭、黄天荡荸荠和慈姑以及南荡芡实等已遐迩闻名，风靡市场。江南地区的旱生蔬菜主要有青菜、花菜、白菜、菠菜、萝卜、冬瓜、黄瓜、南瓜、茄子、豇豆、芝麻苋、辣椒、番茄、马铃薯等。水生蔬菜主要有茭白、莲藕、慈姑、水芹菜、荸荠、菱、芡实、莼菜等。沈学炜《娄江竹枝词》便咏道："薄荷苗向春前种，扁豆棚开秋后花。最好山厨樱笋了，筠篮唤卖画眉瓜。"

范烟桥《茶烟歇》也提到："苏州居家常菜蔬，故有'苏州不断菜'之谚，城外农家园圃，每于清晨摘所产菜蔬入市，善价而沽，谓之'挑白担'，不知何所取义。城南南园土肥沃，产物尤腴美，庖丁亦善以菜蔬为珍馐之佐，如鱼翅虾仁，类多杂之，调节浓淡，使膏粱子弟稍知菜根味也。春令菜蔬及时，市上盈筐满担，有号马兰头者，鲜甘甚于他蔬，和以香豆腐干屑，揽以冰糖麻油，可以下酒，费一二百文钱，便能觅一醉矣。菜晒成干，别有风味，用以煮肉，胜于其他辅品。惟苏州菜不及吴江菜之性糯，……吾乡多腌菜，……苏人至今称腌菜为腌菹。枸杞于嫩时摘食，清香挂齿，而豆苗更清腴可口，宋

———————————
① 张岱：《陶庵梦忆　西湖梦寻》，上海古籍出版社2001年版，第65—66页。

牧仲开府吴门，曾题盘山拙庵和尚沧浪高唱画册云：'青沟辟就老烟霞，瓢笠相过道路赊，携得一瓶豆苗菜，来看三月牡丹花。'即此。……荠菜吾乡称野菜，苏州人则读荠为斜字上声，即《诗经》'谁谓荼苦，其甘如荠'之荠。可知二千年前，已有老饕尝此异味矣。荠菜炒鸡炒笋俱佳。有花即老，谚有'荠菜花开结牡丹'之语，则暮春三月，即不宜食。"①范烟桥提到的荠菜是江南地区常见的一种野菜，因其形味皆美，广受欢迎。荠菜豆腐羹、荠菜炒肉丝等常见于餐桌，据说周恩来夫妇访紫兰小筑时，周瘦鹃奉以荠菜肉丝炒年糕一盘，被大为赞赏。至于集市上，则有荠菜春卷、荠菜猪油馒头、荠菜鲜肉汤头、荠菜糍饭团、荠菜小酥饼等小吃。

其他野菜还有金花菜、马兰头、香椿头、紫云英等，其中又以马兰头最受人喜爱。《黎里志》记道："野蔬中有马兰头者，冬春间随地皆有，取其嫩者，瀹熟，拌以麻油，味极佳，曝干可久贮饷远。二月初，每当清晨，村童高声叫卖，音节类山歌。三五成群，若唱若和。卧近市楼者，辄为惊觉。"②故沈云《盛湖竹枝词》咏道："春盘苜蓿不须愁，潭韭初肥野菜稠。最是村童音节好，声声并人马兰头。"叶灵凤对马兰头怀有非常的感情，他在《江南的野菜》里写道："在这类野菜中，滋味最好的是马兰头，最不容易找到的也是这种野菜。这是一种叶上有一层细毛像蒲公英一样的小植物。采回来后，放在开水里烫熟，切碎，用酱油麻油醋拌了来吃，再加上一些切成碎粒的茶干，仿佛像拌茼蒿一样，另有一种清香。这是除了在野外采集，几乎很少有机会能在街上买得到的一种野菜。同时由于价钱便宜，所以菜园里也没有人种。"③

金孟远《吴门新竹枝》咏道："茭白青菠雪里蕻，声声唤卖小桥东。担筐不问兴亡事，输与南园卖菜翁。"江南地区人生活的精细体现在方方面面，苏州人家几乎天天买菜，不厌其烦，为的是图个新鲜，还可以顿顿调换花样。如《调鼎集》所说："居家饮食，每日计日计口备之。现钱交易，不可因其价贱而多买，更不可因其可赊而预买。多买费，预买难查。今日买青菜则不必买他

① 王稼句：《姑苏食话》，山东画报出版社2014年版，第221页。

② 徐达源等：《黎里志（两种）》，广陵书社2011年版，第80页。

③ 叶灵凤：《叶灵凤散文》，浙江文艺出版社2003年版，第132页。

色菜。如买菰不买茄之类。何也？盖物出一锅，下人、上人多等均可苦食，并油酱柴草不知省减多少也。"①

（三）江河海鲜篇——家家坐艇买鲜去，尺半银鲈论斗量

江南地区自古以来便是鱼米之乡，渔猎历史悠久。鱼自古以来便是制成美味佳肴的重要食材，"夜半酷酒江月下，美人纤手炙鱼头""扬州鲜笋趁鲥鱼，烂煮春风三月初""惟有莼鲈堪漫吃，下官亦为啖鱼回"，无不是描写鱼之鲜美。彭孙通《姑苏竹枝词》咏道："一斗霜鳞一尺形，钓车窄似小蜻蜓。橹声一歇鼓声起，满市齐闻水气腥。"黄兆麟《苏台竹枝词》也咏道："一夜腥风散水乡，阊门昨到太湖航。家家坐艇买鲜去，尺半银鲈论斗量。"由此可见江河海鲜在江南人生活中的重要性。

流传于浙江一带的《海货歌》这样唱道："打渔船，风里走来浪里钻，讨海人，见过海货说勿完。黄鱼黄橙橙，请客有名声。鳓鱼象把刀，清炖味道好。带鱼两头尖尖白如银，过年过节上洋盆。马鲛鱼，像纺锤，鱼丸落镬爆油珠。鲳鱼刺软嘴巴细，小孩过饭顶中意。鳗鱼滑里滑塌塌长拨拨，剥成鳗鲞送远客。……黄虾白虾长胡须，剥成虾米价钱贵。小虾饭虾晒虾皮，虾儿虾孙腌虾蚖。虾的笃，种像种，世世代代大脚疯。虾狗弹屁股戴官帽，肥的弓来瘦的翘。小鱼挟来晒鱼烤，街角落头四处销。白大腌成鱼生板，箸头夹牢连根掼。若要样样海货都唱尽，只有天上神仙吕洞宾。若要尝尝海货味道鲜，请到石塘、松门、呑环、沙山来！"②由此可见，海货种类之丰富。江浙地区河网密布，鱼类资源丰盛，常见的品种有银鱼、鲈鱼、鳜鱼、鳊鱼、白鱼、刀鱼、鲤鱼、青鱼、红白鱼、鲢鱼、鲩鱼、鲫鱼、石首鱼、鲥鱼、斑鱼、玉筋鱼、针口鱼、鲵鱼、河豚、鲇鱼、土附鱼、鲻鱼、黄颡鱼、鳢鱼、鳇鱼、白戟、螃鲅鱼、鲦鱼、黄鳝、鳗鲡等，介贝类有蟹、鳖、虾、蟛蜞、蛤蜊、蛏、白蚬、牡蛎、螺、蚌等。三江五湖所出，各有特产。

江南地区不仅鱼类资源丰富，而且人们也十分擅长吃鱼，烹制手法多种多

---

① 童岳荐编著：《调鼎集》，中国纺织出版社2006年版，第64页。

② 中国民间文学集成浙江卷编辑委员会：《中国歌谣集成·浙江卷》，中国ISBN中心1995年版，第430—431页。

样。《陈墓镇志》记有数品，如"水晶脍，以鲤鱼慢火熬烂，去骨及滓，待冷却即凝，切片入之"，"塞肉鲫鱼，用猪肉斩烂，和砂仁、葱、白糖、酱油入鱼腹烹之"，"酒制鲫鱼，用猪油切小块，和糖人鱼腹，酒酿、盐煮之"，"腌和鲭，以腌猪肉同鲭鱼切块，用葱、椒、酒酿煮之"，"虾腐，即虾圆，以虾肉打烂，即将虾壳和酱炊熟，取其汤，先置镬中，将虾肉作圆人汤，一滚即食。虾圆和人鸭子、猪油、笋皆可"，等等，不胜枚举。[①]湖州地区流传着"春吃鱼头夏吃尾，秋吃背脊冬肚皮"这样一句话，也有句俗话叫作"大鱼嫌煞骨头粗，细鱼嫌煞骨头多"，若没有丰富的吃鱼经历、吃鱼经验的积累，创造不出这样的俗话。"湖州百鱼宴"的诞生，就是湖州十分讲究烹鱼技巧的成果。

李渔对吃鱼很有经验，他在《闲情偶寄》中写道："食鱼者首重在鲜，次则及肥。肥而且鲜，鱼之能事毕矣。然二美虽兼，又有所重在一者：如鲟，如鳊、如鲫，如鲤，皆以鲜胜者也，鲜宜清煮作汤；如鳊，如白，如鲥，如鲢，皆以肥胜者也，肥宜厚烹作脍。烹煮之法，全在火候得宜：先期而食者肉生，生则不松；过期而食者肉死，死则无味。迟客之家，他馔或可先设以待，鱼则必须养活，候客至旋烹。鱼之至味在鲜，而鲜之至味，又只在初熟离釜之片刻，若先烹以待，是使鱼之至美，发泄于空虚无人之境，待客至而再经火气，犹冷饭之复炊，残酒之再熟，有其形而无其质矣。煮鱼之水忌多，仅是伴鱼而止，水多一口，则鱼淡一分。司厨婢子所利在汤，常有增而复增，以至鲜味减而又减者。志在厚客，不能不薄待庖人耳。更有制鱼良法，能使鲜肥进出，不失天真，迟速咸宜、不虞火候者，则莫妙于蒸。置之镬内，又陈酒酱油各数盏，覆以瓜姜及蕈笋诸鲜物，紧火蒸之极熟。此则随时早暮，供客咸宜。以鲜味尽在鱼中，并无一物能侵，亦无一气可泄，真上着也。"[②]

除了鱼之外，蟹是江南饮食中浓墨重彩的一笔，多少老饕拜倒在蟹的美味之下。李渔一生最喜欢的食物是蟹，他说蟹是"天地间之怪物"，而吃蟹则是他自己"饮食中之痴情"，并把用来买蟹的钱称为"买命钱"。除了吃鲜蟹之

---

① 陈尚隆、陈树榖纂：《陈墓镇志》卷四《物产》，见谭其骧、史念海、傅振伦等辑：《中国地方志集成·乡镇志专辑》第6册，江苏古籍出版社1992年版，第296—297页。

② 李渔：《闲情偶寄》，中国商业出版社1984年版，第45页。

外，李渔还有专门制作糟蟹和醉蟹的器具，甚至还把家中一个善于制蟹的奴婢称"蟹奴"。张岱曾这样回忆当年"立蟹会"的具体情形："河蟹至十月与稻粱俱肥，……甘腴虽八珍不及。一到十月，余与友人兄弟辈立蟹会，期于午后至，煮蟹食之，人六只，恐冷腥，迭番煮之。从以肥腊鸭、牛乳酪。醉蚶如琥珀，以鸭汁煮白菜如玉版；果蓏以谢橘、以风栗、以风菱。饮以玉壶冰，蔬以兵坑笋，饭以新余杭白，漱以兰雪茶。繇今思之，真如天厨仙供，酒醉饭饱，惭愧惭愧！"①

但旧时苏州宴席上是极少有整蟹的，因为掰吃既不雅观，又不卫生，况且"螃蟹上桌百味淡"，但三五好友小聚时，蟹却是大大的佳品，甚至为吃蟹专门发明了一套工具。钱仓水在《蟹趣》里写道："蟹八件包括小方桌、腰圆锤、长柄斧、长柄叉、圆头剪、镊子、钎子、小匙，分别有垫、敲、劈、叉、剪、夹、剔、舀等多种功能，一般是铜铸的，讲究的是银打的，造型美观，闪亮光泽，精巧玲珑，使用方便。螃蟹蒸煮熟了，端上桌，热气腾腾的，吃蟹人把蟹放在小方桌上，用圆头剪刀逐一剪下二只大螯和八只蟹脚，将腰圆锤对着蟹壳四周轻轻敲打一圈，再以长柄斧劈开背壳和肚脐，之后拿钎、镊、叉、锤，或剔或夹或叉或敲，取出金黄油亮的蟹黄或乳白胶粘的蟹膏，取出雪白鲜嫩的蟹肉。一件件工具的轮番使用，一个个功能的交替发挥，好像是弹奏一首抑扬顿挫的食曲，当用小汤匙舀进蘸料，端起蟹壳而吃的时候，那真是一种神仙般的快乐，风味无穷。靠了这蟹八件，使苏州人吃蟹，壳无余肉，吃剩的蟹砣活像个蜂窝，脚壳犹如一小堆花生屑，干干净净，既文明又雅致。"②如此繁杂的工具不禁让人叹服，光是想想那吃蟹的场景便欲罢不能了。蟹除了蒸来吃之外，还可以做成雪花蟹斗、清炒蟹粉、蟹粉豆腐等佳肴。

江河海鲜重在一个"鲜"字，为了保持食材的新鲜，江南的百姓称得上机智过人。吴岩在《江南名镇》序言里谈到孩提时在周庄所见的大鱼笼，这样写道："我家老宅对面就开着两爿鱼行，鱼行前门面对市街，后门临着一个水面

---

① 张岱：《陶庵梦忆　西湖梦寻》，上海古籍出版社2001年版，第96—97页。

② 钱仓水：《蟹趣》，百花洲文艺出版社1999年版，第21页。

广阔的潭子。一早一晚都有渔民来把刚捕获的活鱼卖给鱼行。鱼行在后门口用竹子在水面上搭了一个架子，架子上挂着六口装活鱼的竹笼，浸在水里。那竹笼可大哩，像我这样的小学生，至少能装上十多个，所以活鱼可以在其中悠然自得地游来游去，身居囚笼而不知囚笼的危险，直到某一天有个长柄网兜从上面把它捞起来时，也还欢蹦乱跳地走向刀俎。当年我这个小学生有点可怜和同情那些鱼；可离乡背井的那六十年里，我在哪儿也没有见过那么大的浸在水里的鱼笼，却又以故乡的大鱼笼为骄傲，深深地惦念着它们。"①

（四）小吃篇

除却宴饮、家常菜外，小吃在江南饮食文化中的地位不可小觑，小吃的身影在反映时代经济生活的小说中随处可见。如《镜花缘》第十二回："酒过一二巡，则上小盘小碗，其名南唤'小吃'，北呼'热炒'。"②清代李斗在《扬州画舫录》写道："小东门街多食肆，有熟羊肉店……先以羊杂碎饲客，谓之小吃，然后进羊肉羹饭。"③《醒世恒言》："三汤十菜，添案小吃，顷刻间摆满了桌子。"④徐珂所辑《清稗类钞》中记载了中国最先出现的四大小吃群，即南京夫子庙秦淮小吃（始于明洪武年间）、上海城隍庙小吃（始于明永乐年间）、苏州玄妙观小吃（始于明弘治年间）和湖南长沙火宫殿小吃（始于清乾隆六年，1741年）。在中国四大小吃群中江南占了两个，可见小吃在江南饮食文化中的重要地位。

南京夫子庙小吃群位于繁荣的秦淮河畔，代表有小笼包子、拉面、薄饼、葱油饼、豆腐涝、汤面饺、菜包、酥油烧饼、甜豆沙包、鸡面干丝、春卷、烧饼、牛肉汤、小笼包饺、压面、蟹黄面、长鱼面、牛肉锅贴、回卤干、卤茶鸡蛋、糖粥藕等。秦淮八绝更是名扬天下，第一绝是永和园的黄桥烧饼和开洋干丝，第二绝是蒋有记的牛肉汤和牛肉锅贴，第三绝是六凤居的豆腐涝和葱油饼，第四绝是奇芳阁的鸭油酥烧饼和什锦菜包，第五绝是奇芳阁的麻油素干丝

---

① 范培松、王稼句、钦志新主编：《江南名镇》，中国矿业大学出版社1989年版，序言。

② 李汝珍：《镜花缘》，岳麓书社1989年版，第42页。

③ 李斗：《扬州画舫录》卷九《小秦淮录》，中华书局1960年版，第196—197页。

④ 冯梦龙：《醒世恒言·钱秀才错占凤凰俦》，浙江古籍出版社2010年版，第82页。

和鸡丝浇面，第六绝是莲湖糕团店的桂花夹心小元宵和五色小糕，第七绝是瞻园面馆熏鱼银丝面和薄皮包饺，第八绝是魁光阁的五香豆和五香蛋。这八绝经过专家认定已成为南京小吃的一张名片。

苏州玄妙观小吃历史悠久，并在发展过程中形成了民谣广为传唱，内容丰富，受欢迎之程度可见一斑。民谣《苏州小吃》如此说道："姑苏小吃名堂多，味道香甜软酥糯。生煎馒头蟹壳黄，老虎脚爪绞连棒。千层饼、蛋石衣，大饼油条豆腐浆。葱油花卷葱油饼，经济实惠都欣赏。香菇菜包豆沙包，小笼馒头肉馒头。六宜楼去买紧酵，油里一氽当心咬。茶叶蛋、焐熟藕，大小馄饨加汤包。高脚馒头搭姜饼，价钿便宜肚皮饱。芝麻糊、糖芋艿，油氽散子白糖饺。鸡鸭血汤豆腐花，春卷烧卖八宝饭。糯米粢饭有夹心，各色浇头自己挑。锅贴水饺香喷喷，桂花藕彩海棠糕。臭豆腐干粢饭团，萝卜丝饼三角包。蜜糕方糕条头糕，猪油年糕糖年糕。汤团麻团粢毛团，双酿团子南瓜团。酒酿园子甜酒酿，定胜糕来梅花糕。笃笃笃笃卖糖粥，小囡吃仔勿想跑。赤豆粽子有营养，肉粽咸鲜味道好。鸡头米、莲子羹，糖炒栗子桂花香。枣泥麻饼是特产，卤汁豆干名气响。"[1]民谣里提到的小吃有几十种，真真让人目不暇接，口水横流。

除这两大小吃外，江南地区很多地方的小吃也都值得一提。像宁式糕点是宁波一带的传统名点，历史悠久，是全国糕点十二大派系之一。《宁波糕点勿推板》这样写道："宁波糕点勿推板，吃起味道交关崭。猪油汤团烫下巴，吃得嘴巴油糯糯。升阳泰，方怡和，董生阳加同和，奶油蛋糕面盆大，味好香糕没浹篓，苔生片，绿豆糕，千层饼，豆酥糖，还有城隍庙小热昏，专卖百草梨膏糖。"[2]还有一首反映温岭糕点的歌——《糕点谣》："鸡蛋糕，用火烤，油柱油圆用油泡；五色豆糕用颜料，薄荷酥糕顶味道；蕉豆糕，掺香蕉，四四方方芝麻糕；马蹄酥，杏仁酥，八仙糕上印着车马炮；桂花糕、大名声，馒头糕、高沉沉，九香糕、香喷喷，绿豆糕要用绿豆粉；云片糕、片加片，连环糕、两头连，酸梅糕、两头尖，桔红糕、红艳艳；杏元麻片圆轮轮……糕饼品

---

① 濮君蓉、王巍等：《十大苏州特色小吃》，《天下美食》2010年第6期。

② 刘旭青：《从特产、食俗歌看浙江饮食文化》，《浙江工商大学学报》2009年第2期。

种派勿完。吃到嘴巴沿，前透香后透，吃到喉咙头，一直香到五更头！"①这首《糕点谣》描述了温岭人的糕点制作工艺，以及琳琅满目的各类糕点，让人充分感受到了糕点的魅力。

（五）美酒篇——沉醉不知归路

酒文化在中国源远流长，不少文人学士写下了品评鉴赏美酒佳酿的文章，留下了斗酒、写诗、作画、养生、宴会、饯行等酒神佳话。庄周主张，物我合一，天人合一，齐一生死。庄周高唱绝对自由之歌，倡导"乘物而游""游乎四海之外""无何有之乡"。"志气旷达，以宇宙为狭"的魏晋名士、第一"醉鬼"刘伶在《酒德颂》中有言："有大人先生，以天地为一朝，万期为须臾，日月有扃牖，八荒为庭衢。""幕天席地，纵意所如。""兀然而醉，豁然而醒，静听不闻雷霆之声，孰视不睹山岳之形。不觉寒暑之切肌，利欲之感情。俯观万物，扰扰焉如江汉之载浮萍。"②

适量饮酒可养生，助人长寿，《诗经》写道："为此春酒，以介眉寿……称彼兕觥，万事无疆！"③江南地区最著名的、历史最悠久的酒莫过于绍兴黄酒。绍兴黄酒又称绍兴老酒，是汉族酿酒史上历史最悠久的酒种，《吕氏春秋》里就有绍兴老酒的记载。清代饮食名著《调鼎集》对绍兴酒的历史演变、品种和优良品质进行了较全面的阐述，当时绍兴酒已风靡全国，在酒类中独树一帜。绍兴酒之所以闻名于海内外，主要是因为其优良的品质。清代袁枚《随园食单》中赞美："绍兴酒，如清官廉吏，不参一毫假，而其味方真，又如名士耆英长留人间，阅尽世故，而其质愈厚。"④《调鼎集》将绍兴酒与其他地方酒相比较之后认为："缘天下酒，有灰者甚多，饮之令人发渴，而绍酒独无；天下之酒甜者居多，饮之令人体中满闷，而绍酒之性芳香醇烈，走而不

---

① 刘旭青：《从特产、食俗歌看浙江饮食文化》，《浙江工商大学学报》2009年第2期。

② 刘伶：《酒德颂》，见张文治编：《国学治要》，北京理工大学出版社2014年版，第1579页。

③ 葛培岭注译评：《诗经·豳风·七月》，中州古籍出版社2005年版，第121—122页。

④ 袁枚：《随园食单》，三秦出版社1983年版，第280页。

守，故嗜之者为上品，非私评也。"[1]并且，《调鼎集》对绍兴酒的品质做了"味甘、色清、气香、力醇之上品唯陈绍兴酒为第一"的概括。这说明绍兴酒的色香味格四个方面已在酒类中独领风骚。

绍兴黄酒主要呈琥珀色，即橙色，透明澄澈，使人赏心悦目。绍兴黄酒声誉斐然，清朝时被评为全国十大名产之一。在1910年的南洋劝业会、1915年美国巴拿马万国博览会、1936年浙赣特产展览会上，其多次荣获金牌和优等奖状。1952年、1963年，绍兴加饭酒分别被评为全国"八大名酒"之一和"十八大名酒"之一，1979年加饭酒又获"国家名酒"称号。绍兴黄酒品种甚多，著名的有女儿红、元红酒、加饭酒、花雕酒、善酿酒、香雪酒等。其中尤以女儿红最为著名，早在304年，晋代上虞人嵇含所著的《南方草木状》中就有女酒、女儿红酒为旧时富家生女嫁女必备之物的记载。南宋著名爱国诗人陆游住东关古镇时，品饮女儿红酒后写下了著名诗句："移家只欲东关住，夜夜湖中看月生。"（陆游《东关》）

（六）茶

江南地区名茶荟萃，历史悠久，唐代陆羽在《茶经》中已指出江浙地区为产茶中心，唐宋时期，阳羡（今宜兴）和建州（今杭州）为闻名全国的两大产茶中心。明代的张谦德指出"龙井茶""虎丘茶""天池茶""天幕茶""阳羡茶"和"六安茶"为最优秀的六大名茶，而除了六安茶在安徽外，其余皆在江南。江南茶区分布广阔，名茶迭出，浙江绍兴、宁波、台州一带出产的珠茶，早在宋代就被称为"江南第一名茶"。茶在清代外销时叫作"贡熙"，意思是专门进贡皇上康熙的，19世纪"贡熙"在伦敦市场上售价极高，不亚于珍宝。

唐宋以来，民间盛行饮茶之风，饮茶已经渗透到了人们的精神生活之中，开门七件事是"柴、米、油、盐、酱、醋、茶"。茶是吉祥的象征，也是礼的媒介，江南地区有句俗话叫"吃了谁家的茶，就是谁家的人"，《红楼梦》里王熙凤给林黛玉暹罗茶时玩笑道，"你既吃了我们家的茶，怎么还不给我家

---

① 童岳荐编著：《调鼎集》，中国纺织出版社2006年版，第252页。

作媳妇儿"①，把黛玉羞了个大红脸。宋代吴自牧《梦粱录》记载，杭州富家定礼除了珠翠、金器、缎匹外，必备茶饼，称之为"茶礼"，订婚的礼金称为"茶银"，茶在民间的地位可见一斑。

茶与禅宗关系密切，江南佛教寺院皆提倡饮茶。唐代的湖州山桑、儒师二寺，常州善权寺，钱塘天竺寺、灵隐寺都是产茶名寺。陆容有诗云："江南风致说僧家，石上清泉竹里茶。法藏名僧知更好，香烟茶晕满袈裟。"（陆游《送茶僧》）人们崇尚外野外松林下、岩石上或泉水边、溪涧旁煮茶品茗，江南诗僧灵一《与元居士青山潭饮茶》这样写道："野泉烟火白云间，坐饮香茶爱此山。岩下维舟不忍去，青溪流水暮潺潺。"赖功欧在《茶哲睿智》里提到："儒释道三家都与中国茶文化有甚深的渊源关系，应该说，没有儒释道，茶无以形成文化。儒释道三家在历史上既曾分别地作用于茶文化，又曾综合地融会贯通地作用于茶文化……道家的自然境界，儒家的人生境界，佛家的禅悟境界，融汇成中国茶道的基本格调与风貌。"②

陆游曾请教他的老师曾几："何如方得养成浩然正气？"曾几答曰："但煮东坡所种茶。"③陆游听从老师教导，通过品茶来化解心中郁结，他在《饭罢碾茶戏书》中写道："江风吹雨暗衡门，手碾新茶破睡昏。小饼戏龙供玉食，今年也到浣花村。"在《夜汲井水煮茶》中，他十分生动地描述了自己从茶中悟道的情景，诗云："病起罢观书，袖手清夜永。四邻悄无语，灯火正凄冷。山童已睡熟，汲水自煎茗。锵然辘轳声，百尺鸣古井。肺腑凉清寒，毛骨亦苏醒。归来月满廊，惜踏疏梅影。"我们可以想象，陆游汲水归来，煎茗品饮，感到从内到外一片清爽空灵，再不是原来的痴迷不解。由此可见，茶可以使人明心智，打败自己的心魔。

---

① 郑庆山校：《脂本汇校石头记》，作家出版社2003年版，第256页。

② 赖功欧：《茶哲睿智》，光明日报出版社1999年版，第1、132页。

③ 曾几：《茶山集》卷六《张耆年教授置酒官舍环碧散步上园煎桃花茶》，中华书局1985年版，第75页。

三、宴饮之乐

宴饮文化是中国古代文化的重要组成部分。在大汶口文化晚期的尉迟寺遗址，考古学家们发现了宴饮的存在。陕西灵宝有一个西坡遗址，出土了距今5500—6000年的"宴会大厅"。这是一个83平方米的宴会厅，用于部落贵族举行盛宴。宴会规模之大，食品之丰富，令人惊叹。清人李斗《扬州画舫录》里记载，当时扬州泛舟湖上之风颇盛，"茶䍲、灯遮、点心、酒盏，归之茶担，肩随以出"①。

明代以后，江浙人家的饮食活动趋于繁富，并将请宴作为社会交际的常用手段，官场应酬、朋友互访、亲戚往来，都由主人设宴招待，至于逢年过节，家家都有宴饮习俗。富贵人家宴饮之乐记载颇多，记载明末清初江浙风物的《阅世编》中有这样一段描述："肆筵设宴，吴下向来丰盛。缙绅之家，或宴长官，一席之间，水陆珍馐，多至数十品。即士庶中人之家，新亲严席，有多至二三十品者，若十余品则是寻常之会矣。然品用木漆果山如浮屠样，蔬用小磁碟添案，小品用攒盒，俱以木漆架高，取其适观而已。即食前方丈，盘中之餐，为物有限。崇祯初始废果山碟架，用高装水果，严席则列五色，以饭盂盛之。相知之会则一大瓯而兼数色，蔬用大铙碗，制渐大矣。顺治初，又废攒盒，而以小磁碟装添案，废铙碗而蔬用大冰盘。水果虽严席，亦止用二大瓯。旁列绢装八仙，或用雕漆嵌金小屏风于案上，介于水果之间，制亦变矣。苟非地方官长，虽新亲贵友，蔬不过二十品，或寻常宴会，多则十二品，三四人同一席；其最相知者即只六品亦可，然识者尚不无太侈之忧。及顺治季年，蔬用宋式高大酱口素白碗，而以冰盘盛添案，则一席兼数席之物，即四五人同席，总多均余，几同暴珍。康熙之初，改用宫式花素碗，……庶为得中。然而新亲贵客仍用专席，水果之高，或方式圆，以极大磁盘盛之，几及于栋。小品添案之精巧，庖人一工，仅可装三四品。一席之盛，至数十人治庖，恐亦大伤古朴之风也。"②从中我们可以看出当时苏州中产阶层宴会的规制，菜式精致

---

① 李斗：《扬州画舫录》卷十一《虹桥录下》，中华书局1960年版，第251页。

② 叶梦珠：《阅世编》卷九《宴会》，上海古籍出版社1981年版，第193页。

多样。《扬州画舫录》记载，扬州地区，"烹饪之技，家庖最胜"①。菜肴种类多样，对于高级别的宴席，"计酒席食品之丰俭，于烧烤席、燕菜席、鱼翅席、海参席……三丝席各种名称之外，更以碟碗之多寡别之。曰十六碟八大八小，曰十二碟六大六小，曰八碟四大四小"②。

至于寻常人家宴客，既要表示热忱，又不能浪费，故清代《调鼎集》提出时间和款数的建议："宴客宜中饭，晚饭未免多费。所为臣卜其昼，不卜其夜，陈敬仲之言诚当奉为令典也。""家常：四盘两碗（三荤三素）。客来：四热炒、八小碟、五簋一汤。"③可见这也是颇为丰盛的。

除了较为正式的宴饮外，小聚颇受文人骚客的欢迎。李日华在《竹懒花鸟橄》里称这样的小聚是为了"陶汰俗情，渐跻清远，互相倡咏，亦益性灵"，他还特制定若干章程，摘抄如下："一、品馔不过五物，务取鲜洁，用盛大墩碗，一碗可供三四人者，欲其缩于品而裕于用也。一、攒碟务取鲜精品，客少一盒，客多不过二盒，大肴既简，所恃以侑杯匀者，此耳。流俗糖物粗果，一不得用。一、用上白米斗余，作精饭，佳蔬二品，鲜汤一品，取其填然以饱，而后可从事觞咏也。一、酒备二品，须极佳者，严至螫口，甘至停膈，俱不用。一、用精面作炊食一二品，为坐久济虚之需。一、从者每客止许一人，年高者益一童子，另备酒饭给之。"④沈复《浮生六记》记道："余素爱客，小酌必行令。芸善不费之烹庖，瓜蔬鱼虾一经芸手，便有意外味。同人知余贫，每出杖头钱，作竟日叙。余又好洁，地无纤尘，且无拘束，不嫌放纵。时有杨补凡名昌绪，善人物写真，袁少迁名沛，工山水；王星澜名岩，工花卉翎毛，爱萧爽楼幽雅，皆携画具来，余则从之学画。写草篆，镌图章，加以润笔，交芸备茶酒供客。终日品诗论画而已。更有夏淡安、揖山两昆季，并缪山音、知白两昆季，及蒋韵香、陆桔香、周啸霞、郭小愚、华杏帆、张闲憨诸君子，如

---

① 李斗：《扬州画舫录》卷十一《虹桥录下》，中华书局1960年版，第253页。

② 徐珂编著：《清稗类钞》第13册，中华书局1986年版，第6265页。

③ 童岳荐编著：《调鼎集》，中国纺织出版社2006年版，第64页。

④ 李日华：《六研斋笔记·紫桃轩杂缀》卷二《竹懒花鸟橄》，凤凰出版社2010年版，第356页。

梁上之燕，自去自来。芸则拔钗沽酒，不动声色，良辰美景，不放轻过。"①
在饮食上颇为讲究的食客看来，不光食材要新鲜，烹制手法要精细，食具也大
有文章。沈复《浮生六记》记载了芸娘所置的梅花盒，写道："贫士起居服
食，以及器皿房舍，宜省俭而雅洁。省俭之法曰'就事论事'。余爱小饮，不
喜多菜。芸为置一梅花盒，用二寸白磁深碟六只，中置一只，外置五只，用灰
漆就，其形如梅花，底盖均起凹楞，盖之上有柄如花蒂。置之案头，如一朵墨
梅覆桌；启盖视之，如菜装于花瓣中。一盒六色，二三知己可以随意取食，食
完再添。另做矮边圆盘一只，以便放杯箸酒壶之类，随处可摆，移掇亦便。即
食物省俭之一端也。"②

四、那些食而知味的美食家们

中国历史上有无数的饕餮者，也有许多食学家，但真正可以称得上美食家
的人却极少，"人莫不饮食也，鲜能知味也"③真是一语中的。自唐中叶至清
中叶，中国古代饮食文化发展到了历史的顶峰，美食家应运而生。

苏轼可谓是历史上最具盛名的美食家，"东坡肉"流传至今不衰，苏轼
喜欢吃各种鱼，包括黄鱼、鲞鱼、鲈鱼等，但他写过关于吃最著名的诗是《惠
崇春江晚景二首》（其一）："竹外桃花三两枝，春江水暖鸭先知。蒌蒿满地
芦芽短，正是河豚欲上时。"苏轼晚年还曾着意于汤菜（羹）的研制。他先后
发明了几款羹，其中一款的材料是春笋、蔀粉（姜、蒜、韭菜的碎末儿）、荠
菜，"新春阶下笋芽生，厨里霜蔀倒旧罂。时绕麦田求野荠，强为僧舍煮山
羹"（苏轼《次韵子由种菜久旱不生》）。另外一款是苏轼在田野间制作的，
架一口断了腿的破鼎，主要材料是蔓菁和芦菔（就是萝卜）。这款羹大概有
不错的保健作用，东坡先生挺得意，自号"珍烹"，而且以"东坡羹"三字命
名。还有一款金牌东坡羹，名字叫"东坡玉糁羹"——其实是苏轼的儿子苏过

---

① 沈复：《浮生六记》卷二《闲情记趣》，书目文献出版社1993年版，第41页。

② 沈复：《浮生六记》卷二《闲情记趣》，书目文献出版社1993年版，第45页。

③ 戴圣编，崔高维校点：《礼记·中庸第十三》，辽宁教育出版社2000年版，第186页。

发明的。"香似龙涎仍酽白，味如牛乳更全清。莫将南海金齑脍，轻比东坡玉糁羹！"（苏轼《过子忽出新意，以山芋作玉糁羹，色味皆奇绝。天上酥陀则不可知，人间决无此味也》）。

张岱本人虽是白衣之身，既没有中过科举，也没有做过官，但是他生于官宦之家，家道殷实，加之他的家乡又是物产丰富的江南，因此有条件追求各种生活的享受。张岱自称好精舍，好养婢，好娈童，好鲜衣，好骏马，好华灯，好烟火，好梨园，好鼓吹，好古董，好花鸟，等等，且诗词歌赋、琴棋书画、笙箫弦管、蹴鞠弹棋、博陆斗牌、使枪弄棍、射箭走马、挝鼓唱曲、傅粉登场、说书谐谑、拨阮投壶等样样精通。自然，张岱对于各种饮食也都极尽讲究之能事。李渔以戏剧家著称，但实际上跟张岱相似，也属博学多才、兴趣广泛之辈，他的美食家修养可以从《闲情偶寄》中的《饮馔部》看出来。《饮馔部》分三节，详述了蔬食、谷食、肉食，个中都有他独到的见解。

"乾隆三大才子"之一袁枚，他嗜爱美食，"每食于某氏而饱，必使家厨往彼灶觚，执弟子之礼"①，如是40年，积累了丰富的经验，并撰写了《随园食单》。这本书不仅介绍了许多具体的烹饪方法，还论述了随园主人的美食主张，例如谈到调和之道，他说："凡一物烹成，必需辅佐。要使清者配清，浓者配浓，柔者配柔，刚者配刚，方有和合之妙。"②上菜也有窍门，"上菜之法，咸者宜先，淡者宜后；浓者宜先，薄者宜后；无汤者宜先，有汤者宜后。且天下原有五味，不可以咸之一味概之。度客食饱，则脾困矣，须用辛辣以振动之；虑客酒多，则胃疲矣，须用酸甘以提醒之"③。以袁枚为代表的文人士大夫已经将饮食提升到审美的层面，它不再是纯粹的生理需求，还代表了文化品位和素养。

李渔的《闲情偶寄》讲到一个小故事："有告予食鹅之法者曰：'昔有一人，善制鹅掌。每豢肥鹅将杀，先熬沸油一盂，投以鹅足，鹅痛欲绝，则纵之池中，任其跳跃。已而复禽复纵，炮瀹如初。若是者数四，则其为掌

① 袁枚：《随园食单》，三秦出版社2005年版，第1页。
② 袁枚：《随园食单》，三秦出版社2005年版，第8页。
③ 袁枚：《随园食单》，三秦出版社2005年版，第17—18页。

也，丰美甘甜，厚可径寸，是食中异品也。'予曰：'惨哉斯言！予不愿听之矣。'物不幸而为人所畜，食人之食，死人之事。偿之以死亦足矣，奈何未死之先，又加若是之惨刑乎？二掌虽美，入口即消，其受痛楚之时，则有百倍于此者。以生物多时之痛楚，易我片刻之甘甜，忍人弗为，况稍具婆心者乎？地狱之设，正为此人，其死后炮烙之刑，必有过于此者。"①从中我们可以看出李渔虽爱好美食，可是却仍有一颗怜悯之心，并不像今日新闻报道里面为了满足一时口腹之欲而残杀动物者。李渔在《闲情偶寄》中还写道："吾为饮食之道，脍不如肉，肉不如蔬，亦以其渐近自然也。"②这样的饮食观透露出丝丝禅意与哲理。

五、江南饮食文化资源的困境与对策建议

江南饮食文化历史悠久，源远流长，时至今日已经成为江南地区一张独特的名片。随着社会经济的发展，尤其是旅游文化的兴盛，江南饮食文化难免受到外来文化的冲击，在发展过程中陷入一系列困境，引起了人们的关注。

（一）江南饮食文化资源的困境

饮食文化是一个地方的招牌，独特的饮食文化能吸引大批游客，带动地区经济发展，提高知名度。江南地区自古繁盛，在漫长的历史长河中形成了丰富、独特的饮食文化，但随着市场经济的发展，如今的江南饮食文化在发展过程中遭遇了一些困境。

首先，盲目跟风，忽视地方特色。在游览了目的地后，游客一般想吃什么口味都能吃到，各个地区盲目追求多、杂、全，导致口味不地道，降低了饮食真正的吸引力。各个地区都照搬其他地区的美食，反而忽视了最具地方特色的美食菜肴的挖掘和开发。游客兴致勃勃去吃，而后大失所望，破坏了该美食在消费者心中的认知。外地菜肴大量涌入，逐渐更替了本地区原先人们的习惯和口味，特点逐渐消失，手艺也日渐失传。例如，江南人口味偏清淡，但是在热

---

① 李渔：《闲情偶寄》，中国商业出版社1984年版，第42页。

② 李渔：《闲情偶寄》，中国商业出版社1984年版，第2—3页。

门旅游景点，川菜馆、粤菜馆层出不穷，小吃街的小吃也是汇聚了全国各地特色，热闹的表象下是独属江南的那份韵味丢失，再难寻回。

其次，浅尝辄止，文化韵味不足。饮食文化资源的开发以品尝为主，没有深挖背后的文化积淀。游客到一个地方并没有多少机会深入了解当地菜肴特色，大多只是蜻蜓点水。

再次，传播力度不够。知道中国有八大菜系的人很多，但能说出是哪八大菜系就少多了，能说出每个菜系的特色菜和代表菜的人就更少了。中国饮食种类繁多，但是因为宣传的不足，很多特色饮食都缺乏走向市场的机会，面临着消亡的危险。

最后，对食物器具重视不足。美食配美器，韩国人就特别注重这一点，我们在看韩剧的时候来来去去就是泡菜，可是我们看得特别有食欲，一来是色泽鲜艳，二来是食物和餐具搭配得当，激发人的食欲。而反观中国虽然地大物博，食物种类多口味全，却败在了盛食物的器具上，普通的碗碟当然能够很好地容纳食物，但是对消费者来说却少了那么一些诱惑力。

（二）江南饮食文化资源发展的对策建议

中国是个美食大国无可非议，哪怕不会中文的外国人也能说出"宫爆鸡丁""鱼香肉丝"这些地道中国菜的名字，国宴上一道道匠心独运口味超群的美食征服了各国首脑的胃。江南地区的饮食文化是中国饮食文化的重要组成部分，发展江南饮食文化毋庸置疑，针对其所面临的困境，特提出以下建议。

（1）深入挖掘地方饮食特色，形成品牌效应。江南地区口味清淡，不仅注重食物中的色香味，更在食物的美感上下足了功夫。最简单易得的下酒菜烫干丝都给人以形状上的美感。江南地区应该深入挖掘自身的饮食特色，将优势发挥到极致，而不是贪大求全。所谓民族的才是世界的，在饮食上亦如此，有自己的特色才能走向市场，走向世界。

（2）要弘扬中华饮食文化，在华夏文明数千年的进程中，我国饮食文化得到了长足的发展，博大精深。在"民以食为天"的理念下，我国自古以来就赋予饮食很高的地位，可以说饮食文化是我国传统文化的一个缩影，从菜名中就可略窥一斑。玛瑙白玉（酿豆腐）、金齑玉脍（橙子拌生鱼片）等菜名让人浮想联翩、口舌生津。像雪花酥、芙蓉鸡片、珍珠丸子等菜名美得极具诗意，体现了古人含蓄的审美理念。中国的一些名菜小吃往往都有典故传说，耐人寻味。比如孔府菜式中的"烧秦皇鱼骨""带子上朝""诗礼银杏"等，游客在品尝这些佳肴时，既能尝到独特的风味，又可领略儒家风采，一举两得。

（3）挖掘生动有趣的饮食习俗。我国许多节庆食品都寄寓了人们祈福求平安的愿景，譬如北方春节家家户户包饺子的习俗就寓意着亲人团聚、阖家安康，而南方打年糕则代表着步步高升的美好愿望。像鱼寓意着年年有余，粽子意味着考试高中，而圆圆的月饼则是全家团圆的象征。

（4）在传承中创新，在创新中传承。随着全球化进程的加速，各地不仅面临着国内其他地区饮食的竞争，更面临着外来食物的竞争。像如今城市里随处可见的麦当劳、肯德基，以及数量越来越多的泰国菜馆、韩国料理馆、日本料理店、西餐厅等就是有力的佐证。本土饮食如何打败洋快餐，是值得我们深思的问题。在继承发展传统饮食文化的基础上，要紧跟时代潮流，不断推出新菜式。像北京的仿膳菜，西安、杭州、开封、济南、杭州等纷纷推出了仿唐菜、仿宋菜、孔府菜以及红楼菜等，引起了人们极大的兴趣，前来品尝者络绎不绝。

（5）大力发展药膳。中国饮食文化自古以来和医疗保健密不可分，药膳之说由来已久。所谓医食同源，利用食物原料的药用价值，烹成各种美味佳肴，以达到预防某些疾病的目的。像天麻炖仔鸡、三七炖鸡、虫草鸭、贝母鸡等，都具有很高的营养价值，能起到强身健体的作用。南京双宝楼宾馆推出了"时珍苑"药膳品尝游，药膳种类达300多种，由南京中医学院养生康复系的专家学者精心搭配，再经由名厨烹调，形成了当下为数不多的药膳系列，受到国内外游客的热烈欢迎。

第四节　江南运河文化资源

中国大运河是世界上最长的人工河，包括隋唐大运河、京杭大运河、浙东运河三部分，"也是我国唯一南北流向的长河，它和长城一样成为中国人所创造的两大古代工程奇迹。大运河作为人类改造自然的一项壮举，构成海河、黄河、淮河、长江、钱塘江五大水系相连的水利大动脉，对中国古代的全国统一和经济、文化交流发挥了重大作用。大运河南北贯通数千里，修建历史逾千年，具有丰富的历史文化内涵，不仅是中华民族的珍贵文化财富和人类共同的历史遗产，而且直到今天仍然发挥着难以估量的积极作用，这也是其他历史文化遗产难与比拟的特点、功能、价值"①。

2014年6月22日，在卡塔尔首都多哈国家会议中心，联合国教科文组织第38届世界遗产委员会宣布，中国大运河成功列入《世界遗产名录》："据了解，此次大运河申报的系列遗产分别选取了各个河段的典型河道段落和重要遗产点，共包括中国大运河河道遗产27段，以及运河水工遗存、运河附属遗存、运河相关遗产共计58处遗产，河道总长度1011公里。"②滚滚流淌的运河水，再次见证了一个历史时刻。这次申遗成功，也开启了大运河及其文化资源的新篇章。大运河及其沿线的文化资源，是江南文化重要的组成部分。

一、大运河：古代中国的"主干大街"

大运河有很多"世界之最"：它是世界上开凿最早、规模最大、里程最长的运河。在时间上，中国大运河的建设绵延2500年，自公元前486年吴王夫差开凿邗沟开始，由历代王朝不断地疏浚与整修，至清代末年的漕粮改折为终点。在空间上，隋唐大运河以洛阳为中心，北起北京，南至杭州，贯通海河、黄河、淮河、长江、钱塘江五大水系，全长2700公里，元代经过截弯取直之后形成了纵贯北京、天津、河北、山东、江苏、浙江六省市，全长1747公里的京杭大运河，它们连接中国的沿海与腹地，连接燕赵文化、中原文化、齐鲁文化、江南文化等文化区域，无论是规模还是里程在世界上都是绝无仅有的。正如单霁翔所说："大运河作为人类改造自然的一项壮举，构成海河、黄河、

---

① 单霁翔：《大运河遗产保护》，天津大学出版社2013年版，第19页。

② 《中国大运河申遗成功成中国第46个世遗项目》，新华网2014年6月22日。

淮河、长江、钱塘江五大水系相连的水利大动脉，对中国古代的全国统一和经济、文化交流发挥了重大的历史作用。"①中国的大运河与江南这片土地有着不解之缘。从江南的角度看，运河文化不仅历史久远，而且与江南精神气质产生了深刻联系。

大运河的开凿始于公元前486年，当时正是春秋晚期，吴王夫差在打败宿敌越国之后，准备北上伐齐，于是开挖一条自今天扬州向北经射阳至淮安的人工运河。这条运河引长江入淮河，沟通了两个水系，长约170公里，因其途经邗城，因而得名"邗沟"。邗沟就是后来大运河的发端，由此可见，大运河与江南文化有着天然的亲缘关系。尽管吴国是为了称霸而开凿人工运河，但是它却引发了一个建筑史和文化史上的重要现象：一项水运交通工程加速了南北文化融合，由政治因素而起，促进了经济发展，进而引发区域文化蜕变，运河文化的资源向我们展示了一个民族文化大融合的进程。

隋唐大运河，顾名思义，指的是中国大运河在隋唐时期建设开凿的部分。这条运河的路线是以洛阳为中心，南至余杭（今浙江杭州），北至涿郡（今北京）。这条运河始建于隋炀帝大业元年（605），隋朝时开凿的部分全长2700公里。从此，以运河为主体的中国交通运输大动脉开始形成。隋朝开凿大运河，可谓毁誉参半。因为在古代，要完成这样一项浩大的工程，必须要征召大批劳力，这对于当时的隋朝而言是一个巨大的挑战。当时杰出的工程专家宇文恺承担了主持任务，负责开凿通济渠和永济渠。由于工程浩大，需征调百万民夫，因此这也造成了隋朝承载的民力负担过重。后来隋末的社会动荡，不能不说与此有关。但是，隋朝定都于西北的西安，而国家经济倚重江南地区，故而需要加强对江南的控制，这是大运河开凿的重要背景。隋唐大运河以洛阳为中心，向东南和东北方向拓展。

隋开皇四年（584），隋文帝杨坚命宇文恺率水工另开漕渠。自大兴（今陕西西安）西北引渭水，从汉代漕渠故道向东，至潼关入黄河，长300余里，这就是广通渠。从此漕运畅通，关中地区因之富裕，故又称富民渠。仁寿四年

---

① 单霁翔：《大运河遗产保护》，天津大学出版社2013年版，第19页。

（604）广通渠改名为永通渠。

开皇七年（587），为了举兵伐陈，隋朝廷在今天的淮安到扬州，开通了山阳渎，这就促进了国家在分裂后尽快统一。后来为了取直，便不再绕道射阳湖。仁寿四年，隋炀帝杨广离开京师到达洛阳。大业元年他下旨开始启动两项重大工程：一是营建东都洛阳；二是征调民工百万，由杰出工程专家宇文恺主持，开凿大运河。开凿通济渠和永济渠就是从这时正式开始的。隋炀帝动用了200多万民工挖通济渠，连接黄河和淮河，其成为洛阳下江南的主要水道；同年又用10万民工疏通古邗沟，连接淮河和长江；大业四年（608），用河北民工百余万人挖永济渠，在白沟、平虏渠等基础上，一直开到北京南，这就打通了洛阳到今天北京的水运通道。大业六年（610），隋朝又整治了江南运河，运河直通余杭。至此，全长2700公里的大运河全线贯通，从此，大运河成为世界上最伟大的工程之一。它以洛阳为中心，北至北京，南至杭州，将一个庞大的帝国连成一个整体。这个工程在当时可谓"功在当代，利在千秋"，其河道可以通行大型船只，成为隋唐帝国的水路大动脉。隋炀帝为此付出了巨大的代价，他征调百万以上的民工，耗费钱粮无数，最终导致身死国灭，隋朝二世而亡，被唐朝取代。但是，从此以后定都于西北的封建政权不再有物资缺乏之患。如果说，隋唐盛世是多种历史原因造成的，那么，大运河无疑是原因之一。它通过国家级的重大工程解决了政治中心和经济中心相互联系的问题，这就是中国古人的智慧。而隋唐大运河在江南留下的，不仅是春风十里扬州路的繁华，更是整个江南文化地位和影响力的抬升。

隋唐大运河历经500多年，一直是中国各朝政府依赖的交通干线。到南宋末年，运河因部分河道淤塞而衰落，取而代之的是京杭大运河。元取代金和南宋之后，在北京建都，由于政治中心转移到东部，因此将大运河南北取直，不再走洛阳、长安，从长度上看缩短了900多公里，此后的大运河又运行了700多年，这也就是后来的京杭大运河。

京杭大运河的开凿，标志着运河文化进入新的历史阶段，也是中国政治中心逐渐东移的结果。13世纪，一位名叫马可·波罗的西方旅行家来到中国，他曾经面对一条人工开凿而成的河流发出了感慨，赞美这条人工运河："这条交通线是由许多河流、湖泊，以及一条又宽又深的运河组成的。这条运河是由大汗下令挖掘的，为的是使船舶能从一条大河驶入另一条大河，从而由蛮子省可直达汗八里，而用不着沿海航行。这样宏伟的工程之所以值得赞美，不仅在于它把境内的河道交通连接起来，或它惊人的长度，而且因为它为沿岸各城市造福无穷。河的两岸也同样建有坚固、宽阔的河堤，因此使陆行也十分便利。"[①]这条令旅行家马可·波罗如此惊叹的河流就是闻名于世的京杭大运河。

还有就是自杭州起至宁波的浙东运河。浙江东部地区的水资源很丰富，地势也较为平坦，修建运河的难度不算很大。据考证，浙东运河的历史最远可以追溯到春秋时期的山阴故水道。西晋时修建了从钱塘江东岸的西兴至会稽城的西兴运河。此后，这段运河与上虞以东的运河以及姚江、甬江的自然水道一起构成了浙东大运河。南北朝时运河形制已经基本成型。唐代中叶浙东大运河得以疏浚整治。南宋时期，由于宋金对立对外贸易的需要，南宋政权非常重视对浙东运河的整修，因而浙东运河的航运条件有了较大改善。自此以后，这段运河成为京杭大运河中不可或缺的组成部分，承担起沟通南北、维系漕运的使命。元明时期，这段运河虽然不复南宋时的繁华，但朝廷仍然对浙东运河进行修缮和维护，因此航运一直畅通。到清代以后，浙东运河逐渐衰败。至近代，铁路运输的出现才使得浙东运河航运功能的重要地位被陆地运输取代。由于运河穿越的钱塘江、曹娥江、甬江的水位高低不一，历史上只能分段航运。1966年开始，经过不断改造、疏浚和整治，浙东运河终于可直达杭州，与京杭运河联结。2006年，京杭大运河申报世界遗产工作启动。最初，这一计划仅仅包括隋唐运河和明清运河。在专家和媒体的推动下，2008年11月，浙东运河终于被纳入中国大运河申报世界遗产计划。

可以说，运河为江南文化注入了新的活力。江南的城市群从此获得了地位上的抬升，融入了运河城市文化带之中。江南除了拥有鱼米之乡这个称号以外，又成为"华夏文薮"。由于大运河，中国的南北文化加速交流融汇，物质和精神财富得以重新分配，这个庞大国家的不同地区终于被整合到了一起。

---

① 马可·波罗：《马可·波罗游记》，梁生智译，中国文史出版社1998年版，第189页。

隋大业六年，隋炀帝杨广下旨开凿江南运河。这时，运河的开凿已经有了一个很好的条件——南北统一、社会稳定。隋朝廷在历代运河的基础上，重新疏浚，加深拓宽。待完工的时候，江南运河已是蔚为壮观：自镇江直达杭州，全长800里，宽有10余丈，来往舟船络绎不绝。隋炀帝对国力的滥用当然值得人们去争论，但他对中国经济文化的贡献，却也在运河史上留下了浓重的一笔。自此以后，这段运河成为京杭大运河中不可或缺的组成部分，承担起沟通南北、维系漕运的使命。更为重要的是，江南的城市群从此获得了地位上的抬升，融入了运河城市文化带之中。江南除了拥有"鱼米之乡"这个称号以外，又成为"华夏文薮"。由于大运河的便利，中国的南北文化加速交流融汇，物质和精神财富得以重新分配，这个庞大国家的不同地区终于被整合到了一起。

江南的运河共分为三部分：淮扬运河、江南运河和浙东运河。它联系和沟通了淮河、长江、太湖和杭嘉湖地区，这就是江南文化的核心地带。因此可以说，运河为江南文化注入了新的活力。

二、江南运河文化资源的类型、演变与特征

江南运河文化资源非常丰富，分类是很有必要的。在此，我们不妨从宏观的方面将其分为物质文化资源、社会文化资源和审美文化资源三大部分。联合国教科文组织关于《保护世界文化和自然遗产公约》的《行动指南》中把大运河的特点归结为：运河是中国不同地区文化互相交流的重要渠道。同时，运河也是中国不同地区文化相互交流的重要渠道。由此，大运河所到之处，经济发展，文化兴盛，中华民族内部的联系也更加紧密，对外交流日益频繁。按照地区来划分，江南运河文化资源分布于扬州（含高邮）、镇江、常州、无锡、苏州、嘉兴和杭州，涵盖了淮扬、长江三角洲、环太湖平原、杭嘉湖平原地区。这里是我国东南部一块沃土。

江南运河的物质文化资源是指包括河道、闸坝、堤防、驿站、码头、榷关、桥梁、城镇等在内的有形文化资源，是大运河文化赖以存在的基础。

江南运河的物质文化资源并不是独立存在的，而是和整个大运河的系统融

为一体。运河的工程和管理系统堪称是大运河对世界文明的重要贡献，也构成了运河文化资源中最为重要的物质遗产部分，主要包括水道工程、水源工程以及工程管理设施等。

首先，直接服务于大运河的有六大工程系统。这些系统直接保障运河在千百年的岁月中安全运行。大运河的梯级船闸工程系统是一项重要的发明，423年，扬州附近的运河出现了两座斗门，这是船闸的雏形，也就是单闸，为京杭大运河最早的闸门。984年，北宋建造的真州闸是世界上最早的复式船闸。沈括在《梦溪笔谈》中这样说道："淮南漕渠，筑埭以畜水，不知始于何时，旧传召伯埭谢公所为。按李翱《来南录》，唐时犹是流水，不应谢公时已作此埭。天圣中，监真州排岸司右侍禁陶鉴始议为复闸节水，以省舟船过埭之劳。是时工部郎中方仲荀、文思使张纶为发运使、副，表行之，始为真州闸。岁省冗卒五百人、杂费百二十五万。运舟旧法，舟载米不过三百石。闸成，始为四百石船。其后所载浸多，官船至七百石；私船受米八百余囊，囊二石。自后，北神、召伯、龙舟、茱萸诸埭，相次废革，至今为利。余元丰中过真州，江亭后粪壤中见一卧石，乃胡武平为《水闸记》，略叙其事，而不甚详具。"[1]复闸修成后，一开始可以装载400石。后来装载量逐步增加，官船可以达到700石；私家船只可以装到800多袋，每袋重2石。这说明，复式船闸为漕运提供了技术上重要革新。而到了元代，又出现了梯级船闸技术，这解决了船队翻山越岭的难题。江南运河上的船闸，就是这些技术文明的产物。

江南运河的长安闸，是大运河留给江南的重要物质文化遗产。它位于浙江省嘉兴市海宁长安镇，是为解决江南运河部分区段水源不足导致上下河间航行困难的问题而修建的。长安闸作为一个古代系统水利工程，总共包括长安新老两堰（坝）、澳闸（上中下三闸和两水澳）。现存有长安堰旧址（老坝）、上中下三闸遗址、闸河，以及清代的"新老两坝示禁勒索碑"、1970年代的船闸管理用房等相关设施。这些都是江南运河上的文化遗存，反映了自唐代以来人们对运河航运管理的思考与实践成果。长安闸采用三闸两澳复式结构，通过各

---

[1] 沈括：《梦溪笔谈》，中华书局2016年版，第273页。

设施的联合运用和严格的管理措施，达到引潮行运、蓄积潮水、水量循环利用的效果，代表了当时水利航运设施建设的世界先进水平，具有较高的历史和科学价值。

南旺分水工程则实现了合理分流用水。船队要穿山越岭，分水岭的选择至关重要，否则就可能事倍功半。京杭大运河的分水岭选择，几经周折，充分考虑了北边水少而南边水多的特点，以南旺为中心，构建了完善的分水枢纽工程。它实现了"七分朝天子，三分下江南"的分流，也使得江南的水利资源在漕运过程中得到了合理利用。①

黄河、淮河、大运河交汇的清口水利枢纽工程维持着河道的畅通，航运节水工程澳闸和调节水柜可以在缺水河段减少耗水量，滚水坝和减水闸等工程设计可以有效防洪，工程建设管理系统更是保障了数百年间运河航道的通畅，同时也就维系了庞大国家机器的正常运转。

其次，大运河的附属设施，包括交通方面的桥梁、纤道、船厂等，工程管理方面的衙署、浅、堡、铺等，运输管理方面的槽仓、驿站等，以及相关的崇拜祭祀建筑，如各种庙宇等。由于漕运关系到国家的兴衰，每年都有大量的粮食和各种物资经漕运由江南运往北方，因此在运河沿线分布着众多和管理运河相关的设施。这些共同构成了大运河文化资源中的又一重要部分。

例如，明清两朝都将漕运总督府和河道总督府设在淮安，明永乐十三年（1415），漕运总督陈瑄疏浚沙河故道，建立了全国最大的内河漕船厂，厂房工棚绵延达11.5公里，总共集中了6000多名精良工匠，这些工匠精湛的技术保证了漕运船只的质量。这个船厂在其后55年间共造船27332艘，其中最多一年达678艘。明清两朝，每当漕运时节，船只竞发，最多时有漕船1.2万艘，漕军11.2万人，入京漕粮一年达600万担，居天下大半。②

漕运总督府遗址位于江苏省淮安市楚州区的中心地带，包括明清两代统管全国漕运事务的漕运总督官署建筑群，是两个朝代管理大运河的见证。漕运总

① 郭涛：《大运河：承载中国水利文明的活态文化遗产》，见邱志荣、李云鹏主编：《运河论丛——中国大运河水利遗产保护与利用战略论坛论文集》，中国文史出版社2014年版。

② 刘士林等主编：《中国脐带：大运河城市群叙事》，辽宁人民出版社2008年版。

督府规模宏大，布局严谨。2002年8月，遗址发现于淮安市楚州区，被列为江苏省省级文物保护单位。更值得一提的是，衙门前有一对全国罕见的白矾石的石狮。据说石狮是元代波斯（今伊朗）进贡的，一对运送京都，一对被留在淮安。可惜这对石狮在"文革"中被当成"四旧"砸成了碎片。

总督漕运部院衙门是朝廷的派出机构，总督都由勋爵大臣担任，明景泰二年（1451）始设漕运总督于淮安，与总兵参将同理漕事。漕运总督不仅管理运河河道，甚至还负责管理地方政府，权力很大。如明代的陈瑄、李肱、李三才、史可法等；清代有施世纶、琦善、穆彰阿、思铭、杨殿邦等人；他们都先后在这里任过漕运总督之职。漕运部院机构庞大，文官武将及各种其他官兵达270多人；下辖储仓、造船厂、卫漕兵厂等，共20000多人。

当时，漕运总督府建筑规模宏伟，有房213间，牌坊3座，中曰"重臣经理"，东西分别曰"总共上国""专制中原"。中轴线上分设大门、二门、大堂、二堂、大观堂、淮河节楼。东侧有官厅、书吏办公处、东林书屋、正值堂、水土祠及一览亭等。西侧有官厅、百录堂、师竹斋、来鹤轩等。大门前有照壁，东西两侧各有一座牌坊。以上建筑，皆毁于1940年代，但房基、础石仍存。

苏州有一座闻名中外的宝带桥，号称江南运河上的第一桥。宝带桥是一座石拱桥，建于唐元和年间。相传当时的苏州刺史王仲舒为了适应漕运的发展，想在古运河之侧造一座长桥，但是费用甚为浩大，一时难以筹措。这时王仲舒毅然变卖自己的宝带，这一举动感动了一些士绅，他们也纷纷解囊捐赠，终于筹足了资金，兴工建桥，历时3年始告成功。人们为了纪念王仲舒捐带建桥的义举，就把这座桥命名为"宝带桥"。这座桥正好建在大运河与澹台湖交接处，起到了分水缓冲作用。靠紧盘门有一座著名的吴门桥，它是北宋元丰七年（1084）由一位石姓富翁出资兴建的。今天的这座桥为清代同治十一年（1872）重建，因处于水陆要冲，有吴中门户之意，而名为"吴门桥"。桥横亘于大运河之上，桥洞高大，木船可扬帆而过，是一座典型的具有江南水乡特色的大型单拱石桥，也是苏州市区现存最古、最高的一座石拱桥。这些桥梁，不仅令古老的苏州城变为一座水城，而且也使大运河直通江南腹地，直奔浙江。

在杭州，拱宸桥位于杭城北部、运河南端，始建于明代，重建于清初。运河水就是从这座桥流入市内。"宸"字为北斗，象征帝王，"拱"自然有恭迎的意思。相传，桥的得名与康熙、乾隆南巡有关。康熙到杭5次，乾隆到杭6次。从运河穿过市区流入涌金门的城河，就是康熙第一次来杭时，为方便御舟由运河直达西湖而开辟的。

限于篇幅，这些设施不能在本书中一一列举。其中，很多江南运河的物质文化设施历经沧桑早已损毁，能保留至今的已为数不多，这些需要我们加以系统保护。

江南运河的社会文化资源主要是指沿运河两岸形成的各种间接性的、涉及经济与文化交流的各种设施、村落、城镇及其生活形态等。

扬州地方文化体现了大运河融通北方与江南的特点。京杭大运河中，邗沟是最早开掘的一段。西汉时，吴王刘濞"采铜铸钱""煮海为盐"，吴国实力渐增。为了方便运盐，吴国从扬州城东北处开挖"茱萸沟"，东通海陵仓（泰州），一名邗沟，又名运盐河，后称通扬运河，其也成为古运河上最大的一条支流。从此，盐业与运河联系到了一起，成为扬州的支柱产业。由于扬州成为运河上一个重要枢纽，因此扬州造船业也随之繁荣起来。唐朝天宝二年（743），高僧鉴真东渡日本，航海所需的高标准的大船，也是在扬州的东河造船厂制造的。至于漕运所用船只，更有不少是在扬州打造的。这一切使得扬州商业发展起来，这座古城也成为东南地区首屈一指的商业都会，盐商、茶商、珠宝商天下闻名。

镇江的港口文化也与运河结缘。镇江的西津渡就是1600年来镇江港口经济发展的见证。六朝时期，在京口市场转运的物资有米谷、布帛、丝绢、海货、青瓷、金银玉器等。隋唐至明清，江南漕粮、贡赋、丝绸等物资也由此转道北运京师。随着运河运输越来越重要，镇江成为江南粮食仓储中心。2009年，在镇江一个当地棚户区的改造过程中，人们发现了一处宋元粮仓的遗址。当时，镇江博物馆考古人员立即对该区域进行了抢救性考古发掘，先后发现了宋元粮仓、元代石拱桥等遗址。这些遗址前临宋元时期的运河，后枕长江，规模宏大，布局规整。这处粮仓很可能就是转般仓和大军仓遗址，是江南文化变迁的一段见证。

常州历代均为政治、军事要地，也因运河之故。自江南运河形成后，常州河道就以运河为经，以其他河流为纬，以运河为脊，自中而分之。一支即旧日的漕河（又名旧城西北濠），向北由大西水门贯城东行，出东门；另一支向南入旧城东南濠，过怀德桥、广化桥、德安桥向东北行，与旧城东北濠在东水门会合并入运河。运河纵贯常州东西全境，又是长江水域和太湖水域的分界、众河之宗，它将常州与其他地区联结起来，构成了北由长江以达运河，南由南运河以达宜兴、溧阳、金坛，东南顺运河通无锡、苏州、杭州、上海的水上交通网。运河凸现了常州的"水域"优势，带动了常州的经济发展。常州城址的选择与运河水系也有密切关系。由于运河城区段向南改道过3次，常州城区也逐步向南扩展。大运河经过市区的最早位置是双桂坊，第二次改道后的位置是东西下塘河（今南市河），第三次才是现在的位置。常州城之所以一再由北向东南扩展，就是为了方便利用运河水道。宋代常州的贸易中心在局前街、马山埠一带，到明清时渐渐转向南大街和西门运河沿岸。①这充分说明，常州的经济繁荣带动了城市格局的变化，而这一切均缘于运河。常州已是江南经济核心地带，米业、豆业、盐业、丝绸业、木业是其支柱产业，自运河贯通后，这些资源都得到进一步开发，常州也焕发出它的魅力。

无锡出产的米质量上乘，历来都是中央集权政府征赋的主要对象之一，因此在运河航线上的这座城市也就不可能不出名，而且无锡本身的历史就十分悠久，文化底蕴同样深厚。元代的无锡就成为官粮集中地，当时的中央政府为了通过运河向大都输送粮食，在常州管辖的无锡设立了亿丰仓，储存无锡、宜兴、溧阳的粮食。随着家庭棉纺织业的发展，各地来无锡贩运布匹的商人日渐增多。清代中期大批锡、澄商人来到无锡做布生意，聚集在无锡北门外的莲蓉桥，这里水陆交通十分便利，一方面把从外地采购来的大量棉花运往各乡市镇，另一方面又把各乡市镇布店送来的布匹汇集后运往外地。

闻名中外的水乡苏州，是江南文化和吴文化的发源地之一，自大运河至

---

① 刘士林等主编：《中国脐带：大运河城市群叙事》，辽宁人民出版社2008年版。

此，苏州与外部的交流和融汇也更加通畅。运河开通以后，历史上几次大规模的人口迁徙，给苏州带来了先进的生产技术和文化。到了唐朝，苏州已有江南粮仓之称，成为东南地区的中心城市之一。内外贸易的发达，不仅推动了苏州的经济发展，也令苏州成为江南的旅游胜地。可以说，水城苏州借大运河之便，名扬四方。

嘉兴城依水而生，城市格局主要就是顺河流而展开。在嘉兴的地名中，我们可以见到一个颇有意思的现象：杭州塘、苏州塘、新塍塘、长水塘、平湖塘、海盐塘、嘉善塘。这就说明嘉兴是当地水域的中心。由于嘉兴原本就是河道纵横，因此聪慧的嘉兴人在张开双臂迎接大运河的时候，顺势把大运河融进了自己城市的水网之中。大运河就不再是一条过往之河，而变成了嘉兴城的一个组成部分。这一点很有意思，在如今的嘉兴，人们似乎很难分清哪里是古运河，哪里是京杭大运河。可能正是由于这个缘故，嘉兴和大运河的"情谊"源远流长，大运河就融入嘉兴人的生活中，早已不必单独提起了。当时嘉兴的主要生活区和商业区集中于河道两侧，有的大户人家干脆自己设立码头，接收往来货物，寻常百姓利用河道舟桥走街串巷，洗菜洗衣那就更司空见惯了。嘉兴城由此逐渐形成了一河一街的城市格局，可见大运河对于嘉兴这座古城来说是多么重要。嘉兴城中，运河与秀水交汇处有一处名为芦席汇的地方。按照中国城市地名的规则推想，千百年前这里或许是一个交易芦席的市场，嘉兴城内还有很多类似的地名环水而列：狮子汇、洗帚汇、缸甏汇、风箱汇……它们有点像今天的超级市场。我们可以想象，当时运河两岸的商贸活动是多么频繁，几乎每一个集市里都是人头攒动，百姓们在专注地挑选着自己需要的商品。不时地还有船只在吆喝着靠岸，又有最新的货物被卸下。嘉兴粽子可谓天下闻名，尤以五芳斋的鲜肉粽子为佳，这鲜肉粽子虽裹夹肉块，但吃起来肥而不腻，而且外观精致。嘉兴的菱角与粽子同样名扬四方，并且是一种有着奇特香味的美味。清代诗人李符在《咏菱》中曾经这样描述："镜花昼合丝蔓秋，肥角尖凉触波底。"嘉兴菱角散发的香味已流传了5900余年，带着江南独有的芬芳，沁人心脾。这样的食物实在是上天赐予嘉兴的珍品，早已随着大运河上的船只远播四方。江南通过大运河给北方贡献了粮米，传播了文化。北方的文明也通过这条河融进了南方人的生活中。

杭州是京杭大运河的南端终点。元代南北交通主要靠海运，河运虽不及海运划算，但海上往往风大浪急，水情复杂，一旦遇到危险，损失也就比河运大，所以运河上的运输也就变得不可或缺，千百条漕船往往由江南直接驶达积水潭（今北京什刹海）。元代天历二年（1329），元文宗遣使至运河沿岸主要城市祭祀妈祖，同时以一篇《祭杭州庙文》传世。明清时期杭州城市人口结构中，商人占了很大的比例。广州及东南沿海各省的货物，也多由商贾运到杭州，又从杭州装船沿大运河至北京。这些成为杭州市内江南运河的社会文化资源。南宋朝廷的皇城内有一条御街（今中山路旧址），由数万块巨幅石板铺成，十分宽敞。杭州还有南北流向的河道。中河，唐称沙河，宋称盐桥运河、大河，清代以后称中河。盐桥运河长十四五里，是杭州最长的人工河，宋时因河道中的一座桥是盐船靠岸的码头，人们便把此桥称作盐桥，把这条河称为盐桥运河，沿用至今。南宋临安城的御街以东，是南北纵横与御街平行的市河（又称小河），市河以东，又有与之平行的盐桥运河。市河与盐桥运河在清河坊南沟通，向北直接与江南运河及整个太湖的河湖网相连，向南可达钱塘江。市河北段通过众安桥与浣纱河相通，浣纱河直通西湖，使西湖成为这些河渠的水源。杭州的东郊，由于海塘的完成，已经开垦成一片菜园，供应城市的四时蔬菜；粮食靠富庶的太湖平原解决；城市所需的薪炭，则通过钱塘江，从森林资源丰富的婺、衢、严各州运来，由此，杭州形成了"西门水、东门菜、北门米、南门柴"的城市格局。而从镇江到杭州800里长的江南运河，则成为南宋政权的生命线。武林门外，即今大关桥、江涨桥一带，成为运河的码头区，人来人往，十分热闹。

由此不难看出，江南运河所到之处，城市和乡村的格局均相应发生了变化，形成了江南独特的社会景观。至今，尽管运河的功能已退化，但是这种变化却渗入江南社会的肌理之中。

江南运河的审美文化资源主要是指由运河所带来的文学、戏剧、建筑、音乐等体现审美精神或气质的文化表现形态。这些也是江南文化的重要组成部分。

就扬州来说，自唐代以后诞生了大量的诗文、小说和戏剧。史学家李廷先撰有《唐代扬州史考》，其中唐代扬州籍的学者、作家和艺术家，有来济、上官仪、上官婉儿、李善、李邕、张若虚、邢巨、王绍宗、李含光、灵一、朱昼、王播、王起、陈庶，介绍了他们的文化贡献。另有《唐代诗人和扬州》，列出骆宾王、孙逖、李颀、王昌龄、孟浩然、崔颢、祖咏、刘慎虚、李白、高适、刘长卿、韦应物、李嘉祐、顾况、卢纶、李益、李端、柳中庸、崔峒、戴叔伦、窦常、张南史、吕温、王建、陈羽、权德舆、刘禹锡、白居易、李绅、鲍溶、施肩吾、姚合、章孝标、张又新、徐凝、张祜、崔涯、许浑、李商隐、杜牧、赵嘏、马戴、孟迟、温庭筠、裴虔余、李山甫、皮日休、杜荀鹤、罗隐、吴融、唐彦谦、汪遵、翁承赞、江为、韦庄等57位唐代诗人在扬州的活动以及歌咏扬州的诗篇。"故人西辞黄鹤楼，烟花三月下扬州"（李白《黄鹤楼送孟浩然之广陵》），"十里长街市井连，月明桥上看神仙。人生只合扬州死，禅智山光好墓田"（张祜《纵游淮南》），"春风十里扬州路，卷上珠帘总不如"（杜牧《赠别二首》其一），"二十四桥明月夜，玉人何处教吹箫"（杜牧《寄扬州韩绰判官》），等等，这些都是扬州作为大运河都会在繁盛期给文学史留下的佳话。

北宋，王禹偁曾在扬州写下了他的政论名篇《应诏言事疏》，并作有《芍药诗》《海仙花诗》。词人晏殊《浣溪沙》中的名句"无可奈何花落去，似曾相识燕归来"的下句，据说是他途经扬州，在大明寺小憩时，江都尉王琪替他想出的对句。欧阳修、梅尧臣、苏轼、秦观也曾来过扬州。南宋词人辛弃疾、诗人文天祥，也都到过扬州，并留下了作品。

元朝文学家中，萨都剌与扬州渊源较深。散曲作家睢景臣和他的套曲《高祖还乡》也与扬州有着不解之缘。明代，扬州仍然是文学家们神往的地方。著名戏剧家、《牡丹亭》的作者汤显祖经过扬州时曾作有《戊戌上巳扬州钞关别遂昌吏民》《广陵夜》。后诗云："金灯飒飒夜潮寒，楼观春阴海气残。莫露乡心与离思，美人容易曲中弹。"他的《牡丹亭》里，扬州也是其故事发生的场景之一。

由于盐商的喜好和推动，清代的扬州成为戏曲中心。具有代表性的有：

蒋士铨常住在江春康山草堂的秋声馆，"朝拈斑管，夕登氍毹"，其九种曲中《空谷香》《四弦秋》两种皆成于此；金兆燕曾为两淮盐运使卢见曾延之使署10年，这里演出的大戏，词曲皆出其手。扬州的评话艺术也是天下闻名，这门艺术以方言表演，有些类似于北方评书，源于明末，发展于清初，极盛于清代中叶。语言生动有趣，扎根于市井，深受百姓喜爱，名家辈出。

扬州画坛还产生了名垂青史的"扬州八怪"，金农、黄慎、郑燮、李鱓、李方膺、王士慎、高翔、罗聘等一批画家使得扬州文化也进入了中国的美术史，并留下了浓墨重彩的一笔。

苏轼曾先后来过镇江11次，留下了许多轶闻。爱国词人辛弃疾与镇江也可以说是别有一番渊源。他曾被任命为镇江知府，有为人熟知的《南乡子·登京口北固亭有怀》："何处望神州？满眼风光北固楼。千古兴亡多少事？悠悠，不尽长江滚滚流。年少万兜鍪，坐断东南战未休。天下英雄谁敌手？曹刘。生子当如孙仲谋！"明代园艺大师计成在镇江完成了世界上第一部造园学专著《园冶》；清镇江籍宰相张玉书主编了我国第一部大型汉字工具书《康熙字典》；近代镇江籍教育家马建忠撰写的《马氏文通》是我国历史上第一部语法专著；还有丹徒籍文人刘鹗不仅创作了著名小说《老残游记》，还撰写了我国第一部甲骨文研究专著《铁云藏龟》。

文士名流的笔下也没有忽略常州运河。著名诗人陆龟蒙、皮日休、杜牧、李绅等均曾泛舟河上，载酒载诗，写下了当年"满船明月满船烟"的水光山色和"碧叶田田拥钓蓬"的水乡图景。亦有不少学者名流去官归里后，沿着运河，来到常州，在此开坛办学，如曾在元朝任江浙三衢清献书院院长的谢应芳，于运河边白鹤溪上筑室名"龟巢"，引得许多士人名流慕名前来求学。明万历年间创办的龙城书院，常有邻郡学者沿运河而来，相聚论学讲学，酬答唱和、商榷辩论。黄景仁、洪亮吉等就是从龙城书院走出来的巨儒。

宋神宗熙宁七年（1074），苏轼由密州（今山东诸城）出发，前往杭州。途中经过无锡时稍事停留，登上了惠山绝顶，远眺太湖，不禁为这湖光山色所吸引，诗情大发，作七律《惠山谒钱道人烹小龙团登绝顶望太湖》云："踏遍江南南岸山，逢山未免更留连。独携天上小团月，来试人间第二泉。石路萦回九龙脊，水光翻动五湖天。孙登无语空归去，半岭松声万壑传。"可见无锡也是古代文人喜欢逗留盘桓的地方，沿着大运河，他们几乎写下了半部中国诗文的历史。

万历年间，苏州昆曲的影响已通过水路从吴中扩展到江浙各地，由于运河的便利，这一原本是苏州一代地方艺术的曲种，沿运河进入北京，沿长江走向全国，并且成为当时影响最大的剧种，还形成了各种地域性的风格，如川昆、浙昆、苏昆、北昆和沪昆等。因戏班人员衣箱众多，基本上要依靠水路运输，大运河就是最便捷的航路。

嘉兴的南湖尤其受到文人的青睐，一篇篇诗词令其声名远播。"蟹舍渔村两岸平，菱花十里棹歌声。侬家放鹤洲前水，夜半真如塔火明。"（朱彝尊《鸳鸯湖棹歌》之一）这位诗人许是太喜欢南湖了，竟一口气写下了100多首诗来赞美它。也正是有这样的前辈，当20世纪中国最杰出的诗人之一徐志摩走出嘉兴的时候，人们才会叹服：天下才子半出浙江，浙江才子半出嘉兴。1975年，文学艺术家丰子恺先生回到故乡，这位在中国现代文化史上超凡脱俗的嘉兴名士，晚年也回到了家乡的运河边。嘉兴不仅奉献了千年的槜李、无数的人杰，还有古朴典雅的乌镇和西塘。它们就像精致的窗棂，装点着嘉兴、运河、江南以及中国大地。如果说如今的嘉兴因乌镇和西塘更为著名的话，那么乌镇和西塘的水乡美景实际上也是因运河而生，因嘉兴而成。实际上运河不仅沟通了南与北，同时也盘活了嘉兴一带的水系，使得乌镇和西塘这两颗原本不在运河主航道上的明珠能够放出光彩。现代的嘉兴依旧地灵人杰，从这里又相继走出了国学大师王国维、教育家李叔同、著名诗人徐志摩、文学家和画家丰子恺、数学家陈省身、小说家金庸等，他们同样在嘉兴的历史上熠熠闪光。

嘉兴盐官的海神庙具有一定的北方建筑特色，这座庙宇的建造有赖于千里之外的北京城。且不说建庙的银两是官府拨付，就是这庙中20根汉白玉擎天大柱、汉白玉神像底座、汉白玉牌坊等必不可少的建材，也都是取自北京房山县，经由京杭大运河运至嘉兴的。北京、嘉兴这两座相隔遥远的城市，通过大运河连接在了一起，这堪称是中国文化历史上的天作之合。

杭州，这座极富江南风情的城市，其中也有与北方文化密切相关的建筑景观——文澜阁。清代的乾隆帝将西湖孤山行宫的玉兰堂改建为文澜阁，用于藏《四库全书》。文澜阁仿宁波天一阁形式，为结构六开间楼房，外观两层，实则三层。顶层通作一间，因为藏书最怕火灾，故取"天一生水"之意，底层六间，取"地六成之"之义。阁东南侧有碑亭，上刻清乾隆皇帝题诗及颁发的《四库全书》上谕。现存建筑系晚清光绪六年（1880）重建。如果没有乾隆皇帝对江南湖光山色的留恋，恐怕也就不会有这座美轮美奂的建筑了。沿大运河来到江南的帝王，也为运河南端留下了千载不绝的文脉。

三、江南文化与运河的未来

自从流进这块沃土并和江南运河聚首以后，京杭大运河才名副其实地激活了古老的中国南北文化，令北方政治伦理传统和南方的审美诗意和谐地交融在一起。

江南运河文化资源的传承与发展，应当充分遵循"活态传承、保护发展"这一基本原则。

（一）加强对江南运河沿线传统文化资源的科学保护

目前江南运河沿线各城市均有相当数量的文化资源，必须处理好保护与发展之间的关系，主要措施有以下几点：

一是加强引导和参与，应当把政策主导、学者引领、民间继承、媒体推广等各种途径融合起来，从上层设计、底层参与方面把遗产保护、环境改善和现代城市文化建设紧密结合，尤其要使江南运河文化资源保护与我国当前的文化大繁荣大发展战略紧密结合，建立完善的、可持续的保护与继承系统，实施相应的、全方位的策划。同时还需加强宣传，利用新媒体和传统媒体相互配合，使更多的年轻人参与进来，尤其是使传统文化习俗与现代城市生活、主流文化与青年亚文化、自然生态与人文景观相结合，推动各种文化生态的传承。既然运河已经联结了沿线的城市，那么完全可以就着城市化进程的春风，对运河城市带重新定位和规划，使之与我国的城市群规划相互呼应。江南运河沿岸地区，还是"一带一路"倡议的重要节点，海上丝绸之路同样是运河文化与海洋文化的交汇点，"利用长三角、珠三角、海峡西岸、环渤海等经济区开放程度高、经济实力强、辐射带动作用大的优势，加快推进中国（上海）自由贸易试验区建设，支持福建建设21世纪海上丝绸之路核心区"①。这是《推动共建丝绸之路经济带和21世纪海上丝绸之路的愿景与行动》一文中所涉及的。也就是说，"一带一路"倡议可以把原本沟通内陆的江南运河地区变为面向海外贸易和文化交流的一块热土，这是运河文化走向更广阔世界的一次契机。

二是探索文化资源的自我"生长"机制，既要有保护也要有发展。对于江南运河沿线地区的众多文化遗产，我们不能只停留于如何保持其原貌，还应当考虑怎样创新，只要我们探索出其文化的内在结构和生长规律，像无锡等地的宗教文化在当地有深厚的群众基础，灵山景区已是无锡新的旅游景点，只要合理开发，今后会成为江南文化和吴文化繁盛枝叶中的新叶。"与古代主流性质的农耕文化不同，运河城市本质上是一种商埠型文化；从城市功能上看，运河城市超越了'政治型'与'经济型'的二元对立模式，也是两者在中国古代融合得最好的城市发展模式；从生活方式上看，与安土重迁、专制保守的农业社会不同，运河城市最可注重的是其文化的开放性与生活方式的多元化。"②生活形态的多样化是维系江南运河文化的纽带。如运河上的船民习俗，原本是因为生计的关系而形成，一方面因为运河而存在，另一方面也是历代船民艰辛讨生活的见证。如今运河的运输功能也与当年不可同日而语，但是船民、渔民的群体依然存在。"浙江嘉兴北郊莲泗荡是与大运河相通的一个湖泊，这里的刘王庙历来成为大运河江南段（杭嘉湖、苏锡常）水系船民、渔民的一个祭祀中心。每年清明、中秋、除夕三期庙会，这一带的船民、渔民数万人，纷纷驾船前去赶庙会，船只汇集荡面，不下数千艘，蔚为壮观，人称'网船会'。"③这种习俗是"非遗"传承的一个重要体现，即使今后船民的数量减少，这些民俗也依然可以成为人们了解运河文化的一面镜子。船民生活的改善是一个大的趋势，但习俗可以延续，可以

---

① 国家发展改革委、外交部、商务部：《推动共建丝绸之路经济带和21世纪海上丝绸之路的愿景与行动》，《2015年中国钢铁工业科技与竞争战略论坛暨〈世界金属导报〉2015年会论文集》。

② 刘士林：《科学规划合理利用让大运河永续长存》，《中国文化报》2014年10月16日。

③ 顾希佳：《杭州运河非物质文化遗产》，杭州出版社2013年版，第12页。

转化为节庆仪式，让人们继续守护大运河。

（二）加强运河沿线文化的传播与交流

长三角城市群是江南运河依托生长的大环境，有上海这个国际化大都市作为"领头羊"，同时各城市经济文化发展差异较小。长三角城市群文化的一个重要特征是"错位发展"：其中南京以区域中心和人文绿都为特色，苏州则以历史名城和旅游胜地为特色，无锡则以山水旅游度假和创意设计基地为特色，上海则是长三角的龙头，以国际化大都市为特色，杭州以旅游休闲和文化创意为特色，宁波以港口城市为特色，其余的城市也有各自的定位，形成以上海、南京、杭甬为中心的次级城市群，最终实现文化整合。在运河沿线，江南的城市各有特色，扬州、苏州、杭州、嘉兴等均为历史悠久的古城，而这些地区也有不少新兴的城镇，交通日益发达，经济飞速增长。运河城市应该借助这个有利的时机，加快一体化进程。运河虽只是河道，但它却是文化交流的象征，"明后期，以意大利人利玛窦为代表的西方传教士借助运河南北往来传教，同时向中国人介绍西方科学技术，向西方人介绍中国的风俗。清代，运河是外来宗教最早的传播途径，穆斯林清真寺、基督教堂或修道院最早出现在大运河沿岸，并由此向中国大陆乡村和城市延伸"[①]。而古代的儒家文化、中原礼乐文化、江南文化、商业文化等也是沿着运河相互传播的，因此运河毫无疑问已经成为"文化之河"。虽然其运输的功能已经衰退，但作为文化景观之河的价值正待开发，这是值得关注的。运河文化不可能"独善其身"，其所蕴含的儒家文化、鱼稻文化、节庆文化、家族文化等中间积极、健康的要素应当与海外文化中的要素进一步交流，让运河再次"流动"起来。

（三）积极寻找运河文化的增长点，使之"活态传承"

与习近平主席提出的"丝绸之路经济带"相应，打造"大运河城市文化带"和江南特色的文化城市，是运河文化新的增长点。"丝绸之路经济带"是中国国家主席习近平在哈萨克斯坦纳扎尔巴耶夫大学做演讲时提出的，是欧亚

---

① 谭徐明等：《中国大运河遗产构成及价值评估》，中国水利水电出版社2012年版，第263页。

各国加强经济合作的一种创新方式，也是各地区实现跨越式发展的机遇。以此为契机，运河城市群也可在文化上找到新的增长点，也就是向文化城市群转变，把运河文化资源转变为城市文化产业链，既要科学保护，也要整合创新，这才是最终实现"活态传承"的根本路径。丝绸之路和大运河类似，也是从古代继承而来的文化遗产，丝绸之路经济带已被设定为新世纪国际合作以及全球治理新模式的积极探索，那么运河文化带也可以实现这种跨越式发展，使之成为沿河各大城市群合作与治理的桥梁。江南运河文化的依托就是长三角城市群，刘士林教授认为："最重要的是在'实用退潮，文化登场'之后，大运河城市群十分符合文化型城市群发展模式。城市群主要有两种发展方式，一是传统的主要以经济、交通和人口作为测评指标的'经济型城市群'，二是新的主要以生态、文化和生活质量作为评判标准的'文化型城市群'。……城市的本质是文化，'文化型城市群'代表了城市群发展的更高形态，有助于解决区域发展中空间边界、资源配置、人文交流等方面的不协调关系和矛盾，最大限度地减少成本，走出一条经济、社会、文化与环境协调发展的新路。"①运河文化与江南文化有着天然的亲缘关系，这对于建设运河城市群是十分重要的。运河的资源若单纯从物态来看，其衰老和退化是必然的，但是，如果从文化生态来看，却可以如同丝绸之路一样，探寻属于自己的文化"新常态"。

第五节　江南现代红色文化资源

《汉书》里记载："吴、粤之君皆好勇，故其民至今好用剑，轻死易发。"②可见，江南文化传统中有着刚健尚勇的基因，但后人对江南的描述都着重于其柔美绮靡，忽视了血雨腥风、虎狼当道的年代里江南人民的抗争。红色文化作为一种独特的人文资源，是新民主主义革命时期中国共产党带领人民群众浴血奋战、艰苦奋斗而积淀下来的。江南地区是新民主主义革命的重要发

---

① 刘士林：《科学规划合理利用让大运河永续长存》，《中国文化报》2014年10月16日。

② 班固：《汉书》卷二十八《地理志》，中华书局1999年版，第1328页。

生地，中国共产党在这片土地上诞生、成长、战斗，在这片土地上抛头颅、洒热血，这些掺杂着血与泪的历史共同形成了江南现代的红色文化资源。

一、江南现代红色文化资源形成的条件与历史概况

江南红色文化资源的形成是自然和历史双重作用的结果，江南红色文化资源诞生于江南地区优秀的自然环境土壤，又经过历史的积淀，最终形成了江南地区特有的红色文化资源。

（一）江南地区自身的地理位置和自然环境为红色文化资源的形成提供了肥沃的土壤

江南地区位于长江中下游地区，可以直上荆楚巴蜀；环太湖，可以周行浙皖赣；沿运河，可以贯通京杭；东面临海，可以横跨大洲：地理位置十分优越。同时，江南地区又处于南方地区，气候湿润，水系发达，土壤肥沃，适合农业的发展。历史上，江南地域的形成经过了一个漫长的过程，中原两次皇室的南迁和安史之乱后，中国经济重心向南方迁移，北方经济逐渐凋敝，江南地区开始崛起。到了明代，江南地区已经成为"繁荣"的代名词。据记载，"明代江南苏、松、常、嘉、湖五府交纳给中央财政的税粮之和，已经占全国总和的五分之一，而苏州一府居然占到将近十分之一"①。而康熙、乾隆皇帝多次下江南，也间接证明了江南地区的重要地位。

不只是古代，近现代的江南地区也具有十分重要的地位。在新民主主义革命时期，江南地区是国民党统治的心脏地区，是日本侵略军必争的目标，也是中国共产党创建的抗日根据地之一，同时也是中国共产党建立的游击区之一。在抗日战争时期和解放战争中，中国共产党在南方国统区有两大游击区，即江南游击区和华南游击区。这两个游击区不仅起了破坏敌人后方、配合我军正面战场作战的作用，而且还是人民解放军向全国大进军的战略基地之一，为取得新民主主义革命在全国的胜利作出了重大贡献。

江南游击区，是中共在苏、浙、闽、皖、赣等东南国统区坚持和开展游

---

① 吴亮：《浅议长三角文化的特征》，《重庆邮电大学学报》（社会科学版）2008年第6期。

击战争的战略基地，包括苏南、皖南、浙东、苏浙皖边和闽浙赣边的闽北、闽中、闽东、浙南、浙西南、闽赣边等游击区。①由于这些地区物产丰富，人口稠密，水陆交通便利，地处国民党统治的腹心地带，战略地位十分重要。毛泽东等中共领导人十分重视江南游击区的发展。抗日战争时期，毛泽东等把江南游击区视为华中的"第二个战略中心"。1945年8月12日，中共中央指示华中局："江南力量就现地向四周扩展，夺取广大乡村及许多县城，准备内战战场。"并且进一步指出，江南力量在内战中胜利就原地继续扩展，长期坚持；但如在内战中失利不可能就地坚持时，应准备进入闽浙赣老区，创造新局面。"此点使少数领导人作精神准备，决不退回江北，或在内战发生后，先派小部开入闽浙赣起钳制作用。"②

（二）江南地区经历的不同历史阶段积淀了不同类型的红色文化资源

近代以来，江南地区由于其优越的地理位置一直是新风气、新思想的盛行之地，是新民主主义革命的重要发生地。从五四运动新民主主义的萌芽到中国共产党的诞生，从《新青年》到左翼文化运动，从江南游击区到南京国民政府解放，中国共产党在江南地区诞生、发展、壮大，在日军的铁蹄踏入中国领土时带领人民进行英勇地抗争，在国民党反动派扼杀共产党时不屈不挠地坚持战斗，其英勇事迹在江南地区产生了重大影响，也为江南地区留下了丰富的红色文化资源。在这个历史空间里，上海、浙江、江苏都为我们展示了丰富的红色文化资源。

1.中共建党和大革命时期，江南地区是共产党诞生和成长的重要发生地

上海和浙江是五四运动的重要阵地，五四运动在北京轰轰烈烈展开的同时，"外争国权，内除国贼"的口号也传到了浙江。1919年5月17日，杭州召开国民大会，强烈要求北洋政府严惩卖国贼，抵制日货。五四运动的第二个阵地是上海，1920年1月陈独秀离开北京到达上海，《新青年》编辑部也随之搬

①　吴明刚：《江南游击区在全国解放战争中的战略地位与作用》，《中共党史研究》1991年第5期。

②　《中央关于华中我军的战略部署给华中局的指示》，见中央档案馆编：《中共中央文件选编》第15册，中共中央党校出版社1991年版，第234页。

迁至上海，上海成为新文化事业的中心。这与上海开放的空间格局、宽阔的思想文化活跃空间、发达的文化事业有重要的关系，优越的文化生存环境使得文化人士都向上海聚集。

"1927年春，因为北伐军进入南京郊外，梁实秋和余上沅等一些东南大学的教师，为躲避战火纷纷由南京来到上海。'这时节北方还在所谓"军阀"统治之下，北平的国立八校经闹"索薪"风潮，教员的薪俸积欠经年，在请愿、坐索、呼吁之下，每个月也只能领到三几成薪水，一般人生活非常狼狈，学校情形亦不正常，有些人开始逃荒，其中一部分逃到上海。徐志摩、丁西林、叶公超、闻一多、饶子离等都在这时候先后到了上海。胡适之先生也是这时候到了上海居住。''同时有一批批的留学生自海外归来。那时候留学生在海外受几年洋罪之后很少有不回来的，很少人在外国久长居留作学术研究，也很少人耽于物质享受而留连忘返。潘光旦、刘英士、张禹九等都在这时候卜居沪滨'。"①

1921年7月23日，中国共产党第一次全国代表大会在上海开幕，各地党组织共派出13位代表与会。后因会场遭法租界巡捕搜查，无法正常开会，会议最后一天他们移到浙江嘉兴南湖续会。1921年8月初，中共一大南湖会议在一条画舫上举行，会议通过了党的纲领和决议，选举产生了党的中央领导机构，宣告中国共产党的正式诞生。随后，中国共产党第二次全国代表大会和第四次全国代表大会都在上海召开，中共二大制定了党反帝反封建的民主革命纲领，找到了解决中国社会主要矛盾的钥匙，为中国革命指明了方向。中共四大明确提出了无产阶级在民主革命中的领导权问题和工农联盟问题，党的"四大"关于无产阶级在民主革命中领导权和农民同盟军问题的阐述，表明党已经把新民主主义革命基本思想的要点提出来了，对中国革命规律的认识又前进了一步。

北伐战争时期，共产党为了配合北伐进军，在上海领导了3次工人武装起义并且取得了第三次武装起义的胜利，成立了上海特别市临时政府，打击了帝国主义和军阀的反动统治，显示了中国工人阶级的顽强战斗精神和强大的组织力量。

① 许敏：《民国文化》，见熊月之主编：《上海通史》第10卷，上海人民出版社1999年版，第15页。

2.十年内战时期，江南地区是反抗国民党反动统治的重要地区

1927年4月12日，蒋介石在上海发动了"四一二"政变，大肆屠杀共产党员、革命群众以及国民党左派，标志着大革命的部分失败。同年4月18日，蒋介石在南京成立南京国民政府。经过"四一二"政变之后，中国共产党终于明白了"枪杆子里出政权"的道理，在八七会议上制定了实行土地革命和武装反抗国民党反动派的方针。在此方针的指导下，中共浙江省委决定组织一场武装暴动，并于1930年5月26日成立了浙江省第一个苏维埃政权——亭旁区革命委员会。在浙南农民武装暴动的基础上，1930年3月，在永嘉黄皮寺成立了浙南红军游击总指挥部。

3.抗日战争时期，江南地区是共产党建立抗日根据地、宣传左翼文化的重要地区

抗日战争期间，以国民党为主的正面战场虽然在江南地区都失败了，但是极大地消耗了日军的有生力量，为中共领导的敌后抗日根据地战场的开辟和发展创造了有利条件。1937年7月，抗日战争全面爆发初期，由于上海、南京的重要地位，日军先后在上海、南京等地发动侵华战争。1937年8月13日，蒋介石为了把日军由北向南的入侵方向引导改变为由东向西，以利于长期作战，在上海发动了淞沪会战，以国民党为首的中国军队投入了大量兵力，为了打破日军"三个月灭亡中国"的狂言妄语，中国军队经过3个月的浴血奋战，虽然以上海沦陷告终，但是展示了中华民族反抗日军侵略的决心和勇气。上海沦陷后，中国军队为了保卫南京进行了南京保卫战，由于国民党军队的弃守，南京沦陷并发生了震惊中外的南京大屠杀事件。与国民党在江南地区的正面战场不同，共产党领导的抗日游击战建立了一系列敌后抗日根据地，在江南地区建立了浙西南抗日根据地、浙东抗日根据地、苏中抗日根据地、苏浙皖抗日根据地等，积极开展对日武装斗争。

在文化界，中国共产党领导了一场左翼文化运动，目的是与中国国民党争夺宣传阵地，吸引广大民众支持其思想。1920年代末到1930年代初，左翼文化在全世界范围内得到响应。1930年3月2日，中国左翼作家联盟在上海宣告成立，鲁迅成为左翼文化领域的精神领袖。左联成立以后，上海的文化人士集结

起来，为传播马克思主义文艺理论、反对政府的专制、追求自由和民主做出了一系列努力。而对于这些激进的青年来说，上海无疑成为他们施展文学才华、实现自己理想和抱负的最佳场所。

4.解放战争时期，江南地区，尤其是上海，是共产党反对美蒋第二条战线的主要战场

抗日战争胜利后，全面内战爆发，江南地区尤其是南京、上海、杭州等大城市的国民党实力较强，解放战争持续的时间也较长。1949年4月21日，毛泽东、朱德发出向全国进军的命令，百万解放军横渡长江，23日南京解放，国民党南京政府覆灭。5月3日，第二十三军进入杭州市区，杭州解放。5月12日，中国人民解放军第三野战军主力胜利渡过长江后，对国民党重兵据守的上海市进行城市攻坚战。解放军发动以消灭汤恩伯主力、解放大上海为目的的上海战役。1949年5月27日，上海国民党守城部队投降，上海彻底解放。

二、江南现代红色文化资源的主要类型与特点

红色文化主要是指中国共产党领导中国人民经过长期的革命和建设实践积淀形成的革命文化。[1]红色文化作为文化的一种特殊类型，在内容和形式上具有特定的物质载体和丰富的精神指向，具体地说可以分为物质"红色文化"及非物质"红色文化"。前者是有形的，后者是无形的。[2]对于江南地区而言，红色文化资源主要形态是物质"红色文化"，可分为建筑与设施类、遗址踪迹类、革命历史文物类、现代学习体验类、文艺作品类等五种。这五种类型的红色文化资源总体上又呈现出了不同的特点。

江南的红色文化资源大多是由中国共产党领导人民在江南地区进行革命斗争时所形成的，是中国共产党为了革命奋不顾身的牺牲精神的见证，也是彰显爱国主义的民族精神的重要载体，还是那一个时代的缩影。新民主主义革命

---

① 张群喜：《开掘整合红色文化资源，提升中国城市文化精神》，《城市发展研究》2012年第5期。

② 刘丽平、李水弟：《"红色文化"的价值形态与开发策略探析》，《职业圈》2007年第12期。

前后，中国共产党在江南地区留下了一系列见证革命战争的建筑设施、遗址踪迹、历史文物、文艺作品等。除此之外，江南地区还有结合现代技术所建立的红色文化体验学习基地等。

（一）遗址踪迹类红色文化资源

江南遗址踪迹类红色文化资源是指共产党在江南地区进行革命斗争时的历史事件以及活动发生地的遗址和踪迹，是体现共产党革命斗争最直接的一类，比如中共的机关指挥部旧址、纪念碑、战役旧址等。

从中国共产党在上海的成立到壮大、成熟，从大革命到抗日战争和解放战争，中国共产党在江南地区留下了太多的遗址和踪迹，而且分布广泛，这也是江南红色文化资源的特征之一。如浙江省的遗址踪迹类红色文化资源达2443处，其中宁波有426处，绍兴有169处等。① 江苏省的遗址踪迹类红色文化资源数量也非常大，其中南京有206处，无锡有108处，扬州有145处，徐州有146处，常州有45处。②

表2　江浙沪地区的遗址踪迹类红色文化资源表

省份	遗址踪迹
上海	五卅惨案烈士流血处、三山会馆、地下少先队群雕、迎接上海解放纪念群雕、中共江苏省委机关旧址、上海战役月浦攻坚战纪念碑、中国劳动组合书记部旧址、中共奉贤县委旧址、崇明县解放登陆纪念碑、《中国青年》编辑部、新四军驻上海办事处旧址、上海工人纠察队总指挥部遗址、上海总工会会址等
浙江	浙东抗日根据地旧址、新四军海北支队驻地旧址、南湖红船（中共"一大"会址）、侵浙日军投降仪式旧址——受降厅、抗日阵亡将士纪念碑、白马乡红军革命烈士纪念碑、嘉善抗日阻击战纪念碑、新四军澉浦之战纪念碑、总工会旧址、钳口门海防抗日战争遗址、灵家山红军驻地旧址、中共浙南特委成立旧址、浙南游击队革命旧址、浙南红军路、秋瑾烈士纪念碑、磐安县革命烈士纪念碑、国共合作谈判旧址、灰坪革命圣地旧址、细菌战受害区遗址、中国工农红军挺进师纪念碑（亭）、王村口红军挺进师革命旧址群、安岱后红军会场遗址、斋郎红军战斗指挥部旧址、红军崖、仓石玄红军挺进师政委会遗址、新四军办事处旧址、瓦窑抗战文化遗址、方山岭阻击战旧址等

① 中共浙江省委党史研究室：《浙江省革命遗址普查报告》，2010年9月。

② 此句中的数据来源于《党史资料与研究》2011年第1期中的《南京市革命遗址普查报告》《无锡市革命遗址普查报告》《徐州市革命遗址普查报告》《常州市革命遗址普查报告》。

省份	遗址踪迹
江苏	黄花塘新四军军部旧址、占文桥农民暴动旧址、"千人坑"旧址、中共江苏第一代用师范支部旧址、王若飞指挥如泰五一农民暴动旧址、如泰工农红军建军遗址、中共江北特委旧址、苏北临时参政会会址、汤景延团部旧址、无锡农民军总司令部旧址、江南抗日义勇军司令部旧址、徐州邳北抗日大战（台儿庄大捷重要战役）遗址、无锡抗日义勇军司令部旧址、韦岗阻击战遗址，无锡江阴澄西抗日民主政府旧址、扬州郭村保卫战旧址、新四军挺进纵队指挥部参谋处驻地、新四军苏北指挥部、苏中公学遗址、泰州中学新四军东进泰州谈判处旧址、南通新四军一师师部旧址、盐城新四军重建军部旧址及纪念馆、新四军重建军部停翅港旧址、淮安盱眙黄花塘新四军军部旧址、中共中央华中分局旧址等

（二）建筑与设施类红色文化资源

江南地区红色文化资源另一种最普遍的类型就是建筑与设施类红色文化资源，其中又可分为纪念馆、烈士陵园、名人故居等。纪念馆是用于纪念革命先辈和重大历史事件的建筑物；烈士陵园是为了纪念烈士或对历史有卓越贡献的人物所建的建筑物；名人故居是展示革命先烈和仁人志士生活和工作过的寓所。

江南建筑与设施类红色文化资源反映了江南红色文化资源依托于建筑的重要特征，红色文化资源以建筑物或设施的形式而存在，如见证了中共各大会议的会址纪念馆、革命文物纪念馆、历史陈列馆、纪念雕像、烈士陵园、名人故居等。比如在上海的红色文化资源中，主要以传统的纪念馆（展览馆）、烈士陵园、名人故居、军事观光地、革命遗址遗迹等红色旅游资源为主。在传统红色旅游资源中，以红色纪念馆（展览馆）为最多，有42处；改革开放成果展示馆有6处，占总量的5%。[①]

---

① 刘中萍：《上海都市型红色旅游资源的普查研究》，《金田》2015年第3期。

表3 江浙沪地区的建筑与设施类红色文化资源表

省份	纪念馆	烈士陵园	名人故居
上海	中共"一大"会址纪念馆、中共"二大"会址纪念馆、中共"四大"会址纪念馆、团中央机关旧址纪念馆、中共代表团驻沪办事处纪念馆(周公馆)、中国劳动组合书记部旧址纪念馆、长宁革命文物陈列馆、中国左翼作家联盟成立大会会址纪念馆、"红色的闸北"革命陈列室、中共上海地下组织斗争史陈列馆(刘长胜故居)等	龙华烈士陵园、宋庆龄陵园、高桥烈士陵园、川沙烈士陵园、闵行烈士陵园、宝山烈士陵园、嘉定区革命烈士陵园、松江区烈士陵园、青浦东乡革命烈士陵园、青浦西乡革命烈士陵园、南汇区烈士陵园、奉贤烈士陵园、崇明县烈士陵园、漕泾烈士陵园等	毛泽东旧居、陈云故居暨青浦革命历史纪念馆、张闻天故居、宋庆龄故居、鲁迅纪念馆、韬奋纪念馆、李白烈士故居等
浙江	南湖革命纪念馆、江山市抗日纪念馆、洞头县红色印迹馆、郑明德纪念馆、沈钧儒纪念馆、张乐平纪念馆(三毛乐园)、浙江革命烈士纪念馆、钱塘江大桥纪念馆、金萧支队史迹陈列室、中国工农红军挺进师纪念馆、鲁迅纪念馆、周恩来纪念馆、潘漠华纪念馆、坞根革命(红二师)纪念馆、上田战斗纪念馆、青田华侨历史陈列馆等	一江山岛烈士陵园、徐英烈士墓、大榭烈士陵园、孝丰革命烈士陵园、湖州市烈士陵园、刘英烈士陵园、霞山烈士墓、舟山革命烈士陵园等	茅盾故居、梅家坞周总理纪念室、郁达夫故居、殷夫故居、柔石故居、鲁迅故居、秋瑾故居、蔡元培居、徐锡麟故居、陶成章故居、梁柏台故居、竺可桢故居、俞秀松故居、陈望道故居、林维雁故居、金维映故居等
江苏	洞头先锋女子民兵连事迹展览馆、梅园新村纪念馆、侵华日军南京大屠杀遇难同胞纪念馆、渡江胜利纪念馆、句容茅山新四军纪念馆、新四军重建军部纪念馆、黄桥战役纪念馆、沙家浜革命历史纪念馆、新四军江南指挥部纪念馆、淮海战役纪念馆、海安苏中七战七捷纪念馆、周恩来纪念馆和故居、新安旅行团革命历史陈列馆、句容茅山新四军纪念馆、中国人民解放军海军诞生地纪念馆、秋收暴动纪念碑、如皋中国工农红军第十四军纪念馆、中共江浙区泰兴独立支部旧址纪念馆、苏维埃公园、农民革命运动纪念馆、农民运动史迹陈列馆、锡北革命陈列馆等	中山陵、雨花台烈士陵园、淮安市刘老庄八十二烈士陵园、粟裕纪念雕像等	孙中山故居、傅抱石故居、拉贝故居、秦邦宪故居、钱钟书故居、张闻天旧居、潘汉年故居、刘氏兄弟故居、王铮故居、顾正红故居、韩紫石故居等

（三）革命历史文物类红色文化资源

江南革命历史文物红色文化资源是指共产党在革命斗争中遗留并保存至今的历史文物，比如宣传革命思想的报刊、著作，记录革命时期史实的照片、文献资料以及革命烈士遗物等。

上海是新文化事业的中心，开放的文化环境孕育了一系列体现新文化思想的报刊和机关刊物。如共产党创立初期和大革命时期的《新青年》《共产党》《向导》《小说月报》，土地革命时期的《布尔塞维克》《红旗日报》《实话》《斗争》，左翼文化运动的《世界文化》《萌芽月刊》《拓荒者》，抗日战争时期的《群众》，解放战争时期的《新华周刊》，等等。除此之外，江南地区在新民主主义革命时期遗留下来的照片以及文献资料等也是江南红色文化资源的重要组成部分，为我们研究江南的红色文化提供了丰富的材料。

（四）文艺作品类红色文化资源

江南地区的文艺作品类红色文化资源是指红色歌谣、舞蹈、诗词、影视作品等。江南地区的红色文化资源中的电影作品主要来自左联在上海的活动，左联介入电影界，拍摄了一系列反映时代情绪的影片。夏衍等左翼知识分子直接参与到电影的编剧和拍摄中，对电影产生了直接的影响。上海的明星公司、联华公司、艺华公司在他们的影响下，拍摄了具有进步倾向的革命电影，成为左翼电影的创作基地。这几家公司拍摄了夏衍编剧的《狂流》《春蚕》《上海二十四小时》《脂粉市场》《前程》，阳翰笙编剧的《铁板红泪录》，沈西苓编剧的《女性的呐喊》，田汉编剧的《母性之光》，洪深创作和改编的《压迫》《香草美人》，夏衍、阿英、郑伯奇合编的反映时代知识青年的《时代的儿女》等作品。[①]1934年，左翼电影工作者还在上海成立他们自己私营的电影公司——电通影片公司，由夏衍、田汉领导电影创作，公司拍摄了《桃李劫》《风云儿女》《都市风光》等影片。

除了电影作品，上海还是革命音乐的摇篮。1931年"九一八"事变后，抗日救亡运动蓬勃开展，掀起了救亡歌咏活动的高潮，上海又成为抗日音乐文

---

① 卢晓云：《二十世纪三十年代的中国左翼电影》，《伊犁教育学院学报》2002年第3期。

化的桥头堡。那时，上海成立了许多革命音乐组织和上百个歌咏团体。如1933年成立的"苏联之友社"音乐小组和"中国新兴音乐研究会"，1934年成立的"中国左翼戏剧家联盟音乐小组"，等等。《义勇军进行曲》《打回老家去》《抗日救亡曲》等革命歌曲都在此唱响。

无论是红色歌曲，还是红色电影，这些红色作品都为我们展现了一个时代和一个民族的奋斗历程，展现了其鲜明的爱国主义精神，为了理想而不怕牺牲的大无畏精神以及人民群众高于一切的无私奉献精神。由于受限于当时的经济水平、文化环境和技术条件，这些作品不免有一些小缺憾，但是"正是这一特定时代勇于为理想而献身的精神以及那些原汁原味的东西，更增添了一份无法复制的本色魅力，使不同时期、不同年龄的人在品味这些作品的时候会有不同的收获和感悟，这就是红色经典超越时空的生命力所在，也是激励后来者追求理想和信仰的动力与源泉"[①]。

（五）现代学习体验类红色文化资源

江南现代学习体验类红色文化资源是指将革命历史与现代化的手段相结合而建立的建筑，给人们以爱国主义教育和启发，包括爱国主义教育基地以及各种体验场馆。比如浙江的洋屿爱国主义教育基地、梅湾革命教育基地，江苏的沙家浜革命传统教育馆，上海市民终身学习红色文化体验基地专题体验馆，等等。

江苏的沙家浜革命传统教育馆每年吸引60多万游客，其中有20%是青少年，全馆占地4180平方米，运用声光电高科技，把历史图片与仿真环境、实物展示与动态互动体验相结合，兼顾趣味性和教育性，让人置身抗日江南水乡的场景，深入了解沙家浜革命的背景和特点，进一步提升纪念馆的教育性和感染力。这种将现代科技与红色文化实现较好结合的体验场馆还有上海市民终身学习红色文化体验基地专题体验馆，体验馆内设有领袖铜像馆、4D伟人足迹馆、评弹艺术馆、算盘文化馆、书吧等。在领袖铜像馆里，立着马克思、恩格斯、列宁、毛泽东、周恩来、刘少奇、朱德、邓小平、陈云等伟人和共和国元

---

① 陈建平：《赣南红色文化资源保护与开发研究》，赣南师范学院硕士学位论文，2009年。

帅的铜像；在4D伟人足迹馆里，游客可以体验4D技术带来的乐趣，可以坐在木船上观看4D电影，体验当年陈云坐船离乡去商务印书馆的情景，感受陈云一生的风云起伏；评弹艺术馆则展示了陈云与评弹的半世情缘；算盘文化馆让参观者在了解伟人陈云故事的同时，还能够体验珠算的乐趣；古色古香的书吧也是体验项目的一大特色。

三、江南现代红色文化资源的保护与开发

（一）江南红色文化资源开发中遇到的问题

1.从红色文化旅游的角度来看，江南红色文化资源虽然数量多，但是开发力度不够

纵向上来说，红色文化资源开发深度不够，许多红色文化资源的丰富内涵没有充分地开发出来，江南地区还是有很多意义重大但是不被人熟知的红色景点。上海是与井冈山、遵义、延安、西柏坡并列的中国革命五大圣地之一，拥有丰富的红色旅游资源。据统计，上海全市共有129处红色旅游景点，比大众普遍认为的60余处多了1倍。然而，在这129处红色旅游景点中，大家所熟知的景点仅仅只有十几处，比如中共"一大"会址纪念馆、陈云故居暨青浦革命历史纪念馆、龙华烈士陵园、宋庆龄陵园等景点。除此之外，上海市还有很多具有丰富红色文化内涵的旅游景点不被大众所熟知，这些红色文化资源也值得加以重视和开发。

横向上来说，红色文化资源与其他资源的整合力度不够，影响了红色文化资源的整体效益。由于历史和地域的原因，红色文化资源的分布在各个地域之间并不平衡，因此将不同地域之间的红色文化资源进行整合有一定的难度。同时，只重视红色旅游景点的单体开发，没有重视红色文化资源与地域文化资源的整合，许多红色旅游景点是单独存在的，既没有与当地特色地域文化相结合，也没有与周围环境整合，比如上海很多红色旅游景点坐落在居民区，周边杂乱的居住环境和建筑风格与红色旅游景点的文化氛围完全不搭调，严重破坏了红色文化教育的氛围。

2.从红色文化传承与创新的角度来看，江南红色文化资源的保护工作缺失，红色文化传承不力

一是红色文化资源保护意识薄弱，这个问题是政府和民众双重作用的结果，政府不重视红色文化资源的保护，同时保护红色文化资源的宣传教育工作也不到位，致使民众缺乏保护意识，导致许多红色文化资源得不到有效的保护。

根据《江苏省文物保护条例》《江苏省文物保护专项补助经费管理办法》的规定，"文物保护经费由地方各级人民政府列入同级财政预算，随着财政收入的增长而增加，并专款专用。城市维护费中用于文物维修的费用按照国家和省有关规定执行"。但在实际中，文物保护经费未能较好纳入财政预算，文物经费严重不足。从一些贫困地区的情况看，文物保护单位平均年度经费仅1万余元。[①]文物保护经费的捉襟见肘使得南京市名人故居的保护力度大大不足。南京市共有248处名人故居，属于红色文化资源的名人故居数量更是名列前茅，然而在这200多处名人故居中，仅有11处是对外开放的，很多承载着丰富红色文化资源但尚未列入文物保护单位的名人故居得不到应有的保护，很多故居因年久失修而荒废，只能任由其破败，其价值也逐渐被人们所遗忘。

二是红色文化没有在红色旅游中得到传承。红色文化承载着中国革命的崇高理想、奋斗精神和历史经验，既有一定历史条件下的特定内涵，又有与时俱进、价值永恒的普遍意义。所有的红色文化资源都蕴含着丰富的革命精神和厚重的革命文化内涵，折射出革命先辈的崇高理想、坚定信念、爱国情感和高尚品质。[②]红色旅游景区是红色文化资源的载体，是红色文化传承赖以存在的基础，因此，在景区建设中深化红色文化的内涵，使景区真正成为弘扬爱国主义精神、中华民族优良传统的重要载体，是红色文化传承的重要途径。

然而，目前的江南红色文化在景区建设中没有得到贯彻和实施，游客所看

---

① 董敏、倪卫红、白宁：《江苏省红色旅游与文物保护开发的实证研究》，《东南文化》2006年第6期。

② 丁凤云：《红色文化传承创新与中国梦的实现——以沂蒙精神为例》，《临沂大学学报》2013年第4期。

到的只是复制的实物、新建的旧址，不但红色文化遗产本身的历史价值遭到削弱，它们所传达的红色精神也没有得到呈现。在一些由革命老区改建而成的红色文化旅游景点，不只是游客对于红色文化的保护意识较低，甚至当地的群众对红色文化的传承意识也十分薄弱，现以革命老区浙江省温州市凤卧镇为例。在该区进行的关于红色精神与生活影响方面的调查显示，认为红色革命精神与自己的生活有较大关系的当地群众占当地村民的13.33%，有86.66%的人认为红色革命精神与自己的生活关系不大甚至完全没有关系。[①]红色革命精神是中国共产党在革命和战争中付出自己的血肉而形成的巨大的精神财富。调查显示，在当地村民眼中，红色精神是老一辈革命人物艰险生活的写照，对自己的生活却没有太大的影响，忽略了红色精神在日常生活中的积极作用。红色文化的精髓——红色精神——在群众心中成了"可有可无，无关痛痒"的东西，群众自然也就十分缺乏传承红色文化的意识了。

3.从产业化角度来看，江南红色文化资源的产业化水平不高，没有形成完整的产业链，营销手段单一，不利于红色文化资源的价值发挥与可持续发展

目前江南红色文化产业的发展主要表现在对红色文化资源进行旅游开发，而且开发程度粗浅，开发方式单一。无论是纪念馆还是遗址踪迹，大多都是文物的陈列或者导游的解说词，缺乏吸引力和感染力，观众并没有强烈的参与感与体验感，很难感受到文物所承载的革命精神。同时，红色文化资源的产业化水平还处于一个较低的水平，对于红色旅游文化的开发没有形成完整的产业链，红色文化营销手段单一。此外，多数红色旅游景区的配套设施不完善，没有完整的服务体系，影响了游客的体验效果，不利于红色旅游景区的可持续发展。

（二）江南现代红色文化资源传承与创新对策建议

1.从文化旅游层面上来说，江南红色文化资源的开发要充分整合各种资源，加强红色文化的深层次开发，丰富红色文化资源内涵，发挥资源整合优势

---

① 叶晶晶、俞慧娜：《从革命老区群众红色文化认识谈红色资源保护——以浙江省温州市凤卧镇为例》，《科技创新导报》2012年第31期。

红色文化资源蕴含着丰富的文化内涵，具有很大的开发潜力，为此，在对江南红色文化资源进行开发时，要坚持整修精度开发、纵向深度开发、横向广度开发、综合适度开发的原则。①首先，对于历史意义十分重大、具有珍贵价值的红色文化资源进行整修、保护，并且以高精品质的形象加以呈现。例如江苏南京的侵华日军南京大屠杀死难同胞纪念馆，该馆是为了纪念在南京大屠杀中的死难同胞，并且对于警示国民和反对日本篡改侵华历史起着重要的作用，每年参观人次达数十万。为了打造更高品质的红色文化资源，扩大纪念馆的影响，南京市委宣传部还在2006年进行了新馆扩建。其次，对于具有较大开发潜力的红色文化资源进行多层次的深度开发，充分挖掘其内涵，创造出更多更优质的旅游产品。例如上海的鲁迅公园、鲁迅墓与鲁迅纪念馆，由于鲁迅先生生前经常光顾虹口公园，1956年鲁迅墓由万国公墓迁葬于此，鲁迅纪念馆因此建成。鲁迅墓成为全国重点文物保护单位。1988年，虹口公园正式改名为鲁迅公园。再次，对于同类或互相关联的红色文化资源，横向上加强互相之间的联系，进行合并开发。比如陈云故居暨青浦革命历史纪念馆就是在陈云故居和青浦革命历史陈列馆的基础上改扩建而成的。目前，江苏已形成几条较为成熟的旅游线路，如南京—镇江—句容—常熟线、泰州—盐城—淮安—徐州线和徐州—宿迁—淮安—连云港线。这种合并开发，既扩大了规模，又能增加影响力。最后，将红色文化资源与其他资源进行整合，发挥整合效益。例如浙江省余姚市的梁弄古镇，镇内有五桂楼、宋墓石雕、马蹄形街等历史古迹和浙东革命根据地纪念馆、新四军浙东纵队司令部旧址、四明山革命烈士陵园等革命胜迹，自然人文，相得益彰。这个山区小村成功将红色文化资源与其历史文化资源、农业资源互相整合，凭借着集传统风貌、红色风姿、现代农居和特色农业于一体的特有魅力，已成为革命老区致富奔小康的一个缩影。

　　2.从文化传承与创新层面上来说，一方面要在发展红色旅游中进行红色文化传承，另一方面要加强红色文化的宣传教育，营造红色文化传承与创新的氛围

---

　　①　张彬彬：《都市地区的"红色旅游"开发——以上海为例》，《桂林旅游高等专科学校学报》2004年第2期。

在红色旅游资源开发中传承红色文化，首先要在深刻挖掘文化内涵的基础上，把握红色旅游区域整合的总体思路，实行差异化战略，创造鲜明的品牌形象，避免重复建设。例如上海建立了"开天辟地"旅游区、"英烈丰碑"旅游区、"文化先驱"旅游区、"伟人风范"旅游区、"走向未来"旅游区等5个红色旅游经典景区，这些不同主题的红色旅游景区都成功抓住了红色文化的内涵，打造了不同的品牌，为红色文化传承奠定了基础。其次，要丰富红色旅游产品的类型，加强体验类红色旅游产品的开发，红色旅游并不能仅局限于橱窗中文物的陈列与展示，而且要吸引更多的游客亲身体验、参与其中，激发游客的积极性，使得游客增长知识的同时获得极大的愉悦以及满足感，从而壮大红色文化传承的群体。此外，在景区建设中创新陈列方式，也是传承红色文化的重要途径。

加强红色文化的宣传教育，营造红色文化传承与创新的氛围，需要政府部门、景区、学校等不同社会主体的多方努力。政府部门要严格遵守国家的文物保护相关政策以及法规，充分利用现代技术，创新宣传手段，比如策划主办红歌会等形式，加强红色文化资源保护与传承的宣传与教育；景区相关部门要加大对于景区管理人员的宣传教育，对景区的工作人员进行定期的红色文化教育培训，提高他们的整体素质，培养他们对于红色文化的保护意识，使景区管理更具人性化与科学化；学校要依据国家文物保护相关要求，设置红色文化资源保护相关课程，把红色文化保护与传承教育纳入学校日常教育中，并组织学生参观红色文化教育基地，激发青少年爱国爱家的热情。总之，通过宣传教育，社会各界人士都要认识到红色文化资源保护与传承工作的重要性、紧迫性，在全社会营造保护与传承红色文化资源的舆论氛围，扎牢保护工作的群众基础。

3.从文化产业层面上来说，江南红色文化产业应该注重营销策略，多方位塑造红色文化品牌，构建红色文化产业链条，推动文化产业市场化

对于产业而言，品牌是企业核心竞争力的象征，培育和创造品牌的过程是不断创新的过程，也是使企业在竞争中立于不败之地的法宝。在红色旅游营销手段单一且日益趋于同质化的今天，江南红色文化产业要在充分整合优势旅游资源的前提下，精确定位红色旅游的价值，打造形象鲜明的红色旅游品牌，

运用线上线下营销手段，塑造红色旅游知名品牌。可将某一类型的专项旅游产品作为主题，并以此为核心形成精品旅游路线，形成某一地区的旅游特色，并且通过微博微信等线上营销与线下多种宣传手段进行营销推广，形成当地著名的旅游品牌，以吸引更多的游客前来旅游观光，感受当地特色红色文化。上海市是中国共产党成立和早期活动的重要地区，留下了多处革命遗址和纪念馆，可以以"寻找共产党诞生的地方"为主题，通过将全市范围内相关旅游区的组合，将中共"一大"会址纪念馆、中共"二大"会址纪念馆、中共"四大"会址纪念馆、毛泽东故居等组合起来，形成一项极具特色的旅游产品。

当前，红色文化产业的发展依赖于产业链的建设，其最大的特点就在"以一种创意决策为中心的经济结构，把文化价值、产品制作、宣传推广、观众参与紧密地联系起来，不停顿地开发文化创意中包含的商业价值，形成了一根增加价值的链条"[1]。因此，江南红色文化资源的开发要充分整合各种资源，采取市场化的运作手段，打造红色旅游产品投资、开发、管理、收益的完整产业链。而红色旅游是第三产业，应该市场化运作，形成投资、开发、管理、收益一体的产业化经营链条。因此，江南红色文化产业化发展，要充分挖掘红色旅游产品的内涵并对其进行包装组合，对红色文化产业实行现代化的管理手段和市场化的运作方式，将消费者的现实需求和潜在需求有机结合起来，形成完整的产业链条，释放红色文化产业巨大的经济能量。

---

① 花建：《产业界面上的文化之舞》，上海人民出版社2002年版，第61—62页。

第四章　江南审美文化资源梳理与创意研究

第一节　江南山林文化资源

"山川之美，古来共谈。高峰入云，清流见底。两岸石壁，五色交辉。青林翠竹，四时俱备。晓雾将歇，猿鸟乱鸣。夕日欲颓，沉鳞竞跃。实是欲界之仙都。"[1]这幅清幽朗丽的"江南山林图"，来自"山中宰相"陶弘景写给朋友谢徵的一封短札，原题为《答谢中书书》。江南山林作为一种独特的审美资源，不仅自然风景清丽迷人，而且还具有极其深厚的文化底蕴。一个看似不起眼的山丘，可能掩藏着一段令人扼腕叹息的历史故事，抑或缠绵悱恻的爱情传说；一个不高的山岗，可能留下了诗人几行不朽的诗词，抑或隐居过一位遗世独立的智者。大谢（谢灵运）、小谢（谢朓）寄情山林，啸吟山中；孙绰、李白寻仙访道，举杯邀月；法融、道潜参禅修道，顿悟超脱。江南山林经过历史、人文的浸润和点化，形成了钟灵毓秀的独特文化，足以神游、清赏。

一、江南山林文化资源的形成与发展

（一）生存高地

江南地区以平原为主，占总面积的近一半，水面占1/6，其余为丘陵和山

---

① 陶弘景：《答谢中书书》，见许梿评选，沈泓、汪政注：《六朝文絜》，浙江古籍出版社2017年版，第184页。

地。江南山林以低山丘陵为主，如钟山、虎丘、惠山、金山、天目山、富春山、普陀山等，海拔多在200米到500米之间，散布江南。

上古时期，江南地区河流密集，在亚热带季风的影响下，雨水较多，气候湿热，易发洪水。江南地区的先民为了躲避洪水的侵袭，往往在低山丘陵上建筑居所，而且地势较高的低山丘陵之上通风良好，可以有效改善潮湿、闷热的环境，有利于先民的生存和繁衍。江南地区的先民选择居住的风水宝地，后来往往成为历代建城筑郭的首选之地，如金陵（今江苏南京）、延陵（今江苏常州）、徐陵（今江苏镇江）、广陵（今江苏扬州）、宛陵（今安徽宣城）等。"陵，大阜也。""陵"字的本义就是大土山，这些古代城市的地名反映出古代江南建筑城郭多在地势较高的地方。

凭借高地优势，江南地区的先民既可以躲避猛兽袭击，又可以修建防御工事防止外族入侵。太湖烽燧墩修筑于春秋后期，是吴国为防御越国而建立的防御工事，从常熟虞山的东岭到西岭小石洞，长达20多里的山岭间，遍布着土墩200余个。这些烽燧墩大多顺着40米左右的山峰蜿蜒排列，表面为土筑，外形似圆锥体，平顶，高达6米左右。从苏州附近的五峰山一号墩发掘的情况来看，这些土墩内部由长条形石块、石片叠成下宽上窄的长方形洞室，以大石块封顶，留出一端修筑狭长通道，上面再覆盖山泥，堆成馒头或覆船等形状，这些石室土墩的作用，很显然为军事防御。《吴县志》将七子山上最为显著的七墩称作"藏军洞""烽燧墩"。

（二）道德高地

先秦时期，百家争鸣，贤人辈出，江南山林也由初期的自然状态，开始进入仁者和智者的视野。孔子曾言"智者乐水，仁者乐山"，将山与儒家道德相联系起来。庄子更是喜爱自然的山林，发出"山林与，皋壤与，使我欣欣然而乐与"[①]的由衷之叹。

与以山比德的北方思想不同，被称为"江南第一圣人"的季札，将山林视为人生的栖息之地。季札是吴王寿梦第四子，称"公子札"，他对政治始终保

---

① 王夫之：《老子衍 庄子通 庄子解》，中华书局2009年版，第268页。

持一种刻意回避的态度，曾"三让国"：其父欲立之为王，辞让；其兄诸樊欲让之，又辞；诸樊死，其兄余祭立，余祭死，夷昧立，夷昧死，将授之国而避不受。为此，季札"弃其室而耕"，归隐到常州焦溪的舜过山下，被其时的孔子赞为"至德"之人。季札不慕名利而归隐山林，首开江南的隐逸之风。

秦汉时期，江南地区不再独立发展，江南士人隐逸山林之风始兴："或隐居以求其志，或回避以全其道，或静己以镇其噪，或去危以图其安，或垢俗以动其概，或疵物以激其清。"①南朝宋史学家范晔在正史中单独为"逸民"列传，表明隐士作为一种特殊群体已得到世人的公认。江南山林清幽空灵，自然成为隐逸之人修身避世的最佳场所。

严光，字子陵，东汉著名隐士，年轻时就很有名望。公元8年，王莽称帝，为笼络人心，招揽天下才士，多次邀请严光，但他均不为所动，最后索性隐姓埋名，避居富春山。刘秀击败王莽称帝后，思贤若渴，四处寻找严光，后得知其在富春江钓鱼，便立即派人带了聘礼去请，一连请了三次，严光实在推诿不过去，便到了洛阳。刘秀亲自到驿馆看望他，"光卧不起，帝即其卧所，抚光腹曰：'咄咄子陵，不可相助为理邪？'光又眠不应，良久，乃张目熟视，曰：'昔唐尧著德，巢父洗耳。士故有志，何至相迫乎！'"②。最后，严光不辞而去，继续隐居富春山。北宋名臣范仲淹任当地知州时，建了钓台和子陵祠，并写了一篇《严先生祠堂记》，赞扬他"云山苍苍，江水泱泱；先生之风，山高水长"③。

季札、严子陵等高风亮节的隐士归隐于江南山林，赋予了江南山林高洁之士的品质，使江南山林成为"穷则独善其身"的最佳栖息之地，也使江南山林成为道德的高地。

（三）精神高地

魏晋时期，江南士人对山林的激赏，已经突破了"比德"的狭窄框架，他

---

① 范晔：《后汉书》卷八十三《逸民列传》，太白文艺出版社2006年版，第637页。

② 范晔：《后汉书》卷八十三《逸民列传》，太白文艺出版社2006年版，第639页。

③ 刘开举、王斐、绿净译注：《古文观止译注》，生活·读书·新知三联书店2017年版，第127页。

们不是把自己的道德观念加到自然山林本身上，而是欣赏自然山林本身的蓬勃生机，希望在与自然山林的交融中获得精神上的愉悦和陶冶。刘义庆的《世说新语·言语》记载："顾长康从会稽还。人问山川之美，顾云：'千岩竞秀，万壑争流，草木蒙笼其上，若云兴霞蔚。'"①

　　江南士人在仕途失意时，便会将目光转向山林，或吟啸在山林之中，或登高吟咏山林之美，抑或谈玄说理，"方寸湛然，固以玄对山水"②，在灵化自然的玄悟中追求与自然山林的融合。东晋的谢灵运好游山水，制作出一种"上山则去前齿，下山去其后齿"的木屐，后人称之为"谢公屐"。谢灵运与族弟谢惠连、东海何长瑜、颍川荀雍、泰山羊璿之，以文章赏会，共赴山水之游，时人谓之四友。中国山水诗派的开创，亦由谢灵运始，最著名的是《山居赋》。"性本爱丘山"的陶渊明，向往山林之中的桃花源，也体现着魏晋士人新的精神状态。

　　"南朝四百八十寺，多少楼台烟雨中"，江南山林如果没有千余年佛教思想的浸润，或许其意蕴会消淡许多。佛教东传到中国以后，僧侣们很快寻觅到了苍润空灵的江南山林，山色青翠的林岚之色为僧侣们提供了幽栖冥思之所、焚香负炉之地。遍览江南山林，可以说出一大串寺庙之名：灵岩山灵岩寺、天台山国清寺、钟山灵谷寺、虎丘山岩寺、北高峰灵隐寺等，"夫天下之大，琳宫梵宇以亿万计，即吾吴郡城内外古刹，无虑数百"③，可见江南山林中寺庙之多。佛教信徒不仅是江南山林之美的主要发现者之一，还把有关江南山林的审美信息与佛教故事或佛教思想相融合而传播开来。苍润、幽静的江南山林，不仅在物质上为僧侣们提供充盈的生活必需之物，而且在精神上，佛教追求涅槃境界和参禅领悟式的修行也与江南山林环境颇相适应。

　　如果说佛教在江南山林中寻觅安然静谧的美以求参悟真谛，那么道教则是在江南山林中寻找超然物外之情以求羽化而登仙。南朝时期道教和江南山林联系更加紧密，这主要和道教的思想以及神仙信仰有关。《释名》对仙字解

① 刘义庆：《世说新语》卷二《言语》，浙江古籍出版社2011年版，第38页。
② 刘义庆：《世说新语》卷五《容止》，浙江古籍出版社2011年版，第169页。
③ 叶昌炽：《寒山寺志·重修寒山寺记》，江苏古籍出版社1999年版，第21页。

释为："老而不死曰仙。仙，迁也，迁入山也。"①传说仙人在陆地上居住的地方为仙山、神山，而道教信徒往往将风景秀丽的山岳幻想为仙人栖息的地方："藐姑射之山，有神人居焉，肌肤若冰雪，绰约若处子，不食五谷，吸风饮露，乘云气，御飞龙，而游乎四海之外。"②慕道者进入山林建造宫观，采药、炼丹，修道者在山林中结庐而居，清心、无为，渐渐地在江南地区形成了诸多道教的洞天福地和道教名山。

在南朝时期，最为有名的修道者非隐居在茅山的陶弘景莫属。茅山原称句曲山、地肺山，相传汉元帝时，陕西咸阳茅氏三兄弟来茅山采药炼丹，济世救民，被称为茅山道教之祖师，后便改此山为茅山。而真正使茅山成为"江南第一福地"的原因是陶弘景曾在茅山隐居修道。陶弘景在此山修道时，梁武帝礼聘不出，"国家每有吉凶征讨大事，无不前以咨询。月中常有数信，时人谓为山中宰相"③。陶弘景以顾欢《真迹经》为蓝本，参考自己搜访所得之《上清经》及有关见闻，加以增减改写，注解诠次，遂成《真诰》一书，将道教信奉的天神、地祇、人鬼及诸仙真排定座次，构成了一个等级有序、统属分明的道教神仙谱系。陶弘景集儒、佛、道三家所创立的道教茅山派，被后世称为"上清派"。

（四）审美高地

如果说魏晋南朝时期的登山游览只是上层士人的活动，那么，到了隋唐时期，遍游名山则成为诸多文人的一种群体性活动。诗情画意的江南山林，启迪了文人墨客的灵感，他们在山林中吟诵性情，赞美自然，抒发怀抱，写出了无数璀璨的诗篇。尤其是盛唐的诗人，他们心胸开阔，积极乐观，气势豪迈，用最美的诗行歌咏江南山林，表现了大唐盛世的时代精神。与魏晋南朝士人相比，他们对江南山林更加亲切，"相看两不厌，只有敬亭山"（李白《独坐敬亭山》），他们可以将江南山林视作一个知己、一个倾听者。"人闲桂花落，夜静春山空"（王维《鸟鸣涧》），空灵、幽静的山林成为诗人诗意的栖息之

---

① 刘熙：《释名》卷三《释长幼》，中华书局1985年版，第43页。

② 王夫之：《老子衍　庄子通　庄子解》，中华书局2009年版，第80页。

③ 李延寿：《南史》卷七十六《陶弘景传》，中华书局1975年版，第1899页。

地。盛唐诗人这种情景交融、物我两浑的山林审美，不仅使中国山水诗走向了顶峰，成为古典诗歌最高艺术成就的一个门类，更使江南山林的文化底蕴深厚了许多，成就了诸如敬亭山、孤山、天姥山、天门山等江南名山。

江南山林不仅成为诗人的审美对象，还成为禅宗的审美客体。禅宗作为汉传佛教的主导宗派，在唐朝时期开始兴盛。禅宗倡导佛祖拈花式的"心传"和"一悟即佛地"的顿悟，而幽静、空灵的江南山林为这种参禅顿悟提供了很好的境地。处在长江和外秦淮河之间的牛首山，因其突出的双峰相互对峙，恰似牛头上的一对角而得名。牛首山之所以名扬海内，是因为唐朝高僧法融在此创立牛头禅，"牛头宗是禅宗第四代祖师道信的弟子法融（五九四—六五七）的系统，因为法融住牛头山（牛首山），故叫牛头宗"[1]。法融创立的"牛头宗"，佛教中称为"江表牛头"，其禅法称为"牛头禅"。牛头禅重心在山林，主张"道本虚空"，强调"得自然智慧"。牛头禅的第一义不可说，讲究参修顿悟，没有滞着但是不离日常生活，"担水砍柴，无非妙道"。禅扎根于心，是聪慧的哲学、热忱的宗教、浓郁的诗性和日常的生活的统一。

在后来的禅宗看来，未悟之前，"见山是山，见水是水"；悟了之后，"见山还是山，见水还是水"。但是，人的精神经过点化、飞跃之后，心灵境界已不是过去的境界。经过佛教的净化，江南的山林从自然原生状态中苏醒过来，矗立在人生的彼岸，散发着清幽的辉光；如今经过禅宗的再顿悟之后，江南的山林又重新回到此岸，显得更加明艳动人。

（五）文化高地

宋人游山访古，不如唐人那样精神昂扬。因为宋代理学开始兴起，程朱理学宣扬"存天理，灭人欲"的思想，"知而后能定，定而后能静，静而后能安，安而后能虑，虑而后能得"[2]的修身方法，在某种程度上压抑了动态的游山方式，更多的是在自然山林中静思人世的理趣和探究自然的种种道理，往往是因游及理，因景言理。苏轼的《游金山寺》、王安石的《登飞来峰》，在注

---

① 镰田茂雄：《简明中国佛教史》，郑彭年译，华宇出版社1988年版，第248页。

② 王国轩译注：《大学·中庸》，中华书局2006年版，第3页。

重诗情、韵味的同时，更加注重理趣和内涵。

理学所倡导的"慎静处游""居敬穷理"，与禅宗的本心清净、了悟佛性妙合而凝。理学从禅宗中吸取了内省观照的修身方式，禅宗也因理学的辅弼深入人心。宋朝很多文人喜与和尚交游，彼此感化。欧阳修、苏轼、黄庭坚等文人就是满怀理性禅趣，出入佛教寺院；道潜、仲殊、宝印等高僧抱着禅性理趣，出入山门、侯门。这无疑使秀丽、空灵的江南山林，多了一些理性禅趣和世俗生活的气息。

到了南宋，民族意识、爱国思想高涨，文人士大夫登临江南山岳，将民族之爱、山川之爱、祖国之爱融合到一起，而江南山林也多了一些壮烈、豪迈之气，出现了辛弃疾的《京口北固亭怀古》《登京口北固亭有怀》等怀古词。元代基本延续了宋代的山林风尚，但更多注重对山林的表意和神交，这一点在元代江南画家黄公望、倪云林等人的山水画中表现得很突出，其画作幽秀旷逸、笔简意远。

明清时期，游览山林成为一种风尚。明朝"开国文臣之首"宋濂曾说"使予尽游江南诸名山，虽老死烟霞中有所不恨"，可见他们对江南山林的钟爱和投入。明代画家文徵明曾任翰林院待诏，辞归江南后，"每及春时，风日和畅，招携名辈，远胜遨游"①，悠游山林30余年。明代南直隶江阴还出现了徐霞客这样著名的地理学家、旅游家、文学家。清代文学家袁枚，平生喜好游山，自称"江山无我亦虚生"。乾隆十四年（1749）袁枚挂冠弃官，寓居南京，"足迹造东南山水佳处皆遍"，最常游的地方是苏州，所谓"年年吴下往来频"。年近古稀时，仍遍游岭南诸山，经过庐山、罗浮山等地，归家后高吟道："自觉山人胆足夸，行年七十走天涯。公然一万三千里，听水听风笑到家。"（袁枚《新正十一日还山》）许多大大小小、真真假假的文人，往往自号"山人"（"仙"字分开），以求得一点"仙气"和"灵气"。

一些博学之士在山中隐居的同时，置田建屋，聚书收徒，从事讲学，宣讲文化。僻静的江南山林不仅远离尘世的喧嚣，而且符合"天人合一"的生活方

---

① 周道振、张月尊：《文徵明年谱》，百家出版社1998年版，第590页。

式。有些书院又不仅仅是简单的传道解惑，如明末的东林书院还培养学生"家事国事天下事，事事关心"的济世胸怀。书院的建立和发展不仅培养了许多鸿儒之士，还活跃了思想，使江南山林中的书院成为独立于官方、更具时代思想的文化高地。

江南山林从先民居住的生存之地，到秦汉作为高士归隐的道德高地，再到魏晋南朝宗教的精神高地、隋唐文人墨客的审美高地，最后到知识分子的文化高地，从山林的自然景色之美，到赋予文化、宗教、军事等意义的人文景观和功能，江南山林文化资源形成和发展的过程，也是江南文化和历史发展的过程。江南山林在社会发展中，不断被赋予新的内容和内涵，使江南山林文化资源具有了丰富性和多样性。景色优美且意蕴深厚的江南山林，便成为我们当下一笔宝贵的物质和精神财富。

二、江南山林文化资源的分类

江南山林文化资源具有丰富性和多样性，有的自然风光秀美，以景色取胜；有的宗教文化影响深远，以宗教闻名；有的文化底蕴深厚，以文化传于后世；有的地势险要，以军事要塞著称；还有的集名胜古迹和宗教、文化等于一身。因此，我们将江南山林大致分为自然、宗教、文化、军事和综合性五大类。

（一）自然山林

在大自然的精心雕琢下，江南地区形成了诸多山林。江南山林或空灵，或幽静，或苍润；山岳或秀丽，或奇特，或挺拔；岩洞或深邃，或清幽，或瑰丽：它们成为江南山林文化的重要资源。"白云抱幽石，绿筱媚清涟"（谢灵运《过始宁墅》），"山水相依"是江南山林的一个重要特点。

江苏：洞庭西山、天池山、玉峰山、龙山、石牛山、马迹山、绣球山、汤山、老山、宝华山、芳山、秋湖山、鼎石山、丫髻山、铜官山、方山、冠嶂山

浙江：五云山、灵栖洞、天目山、雁荡山、龙山、四明山、龙泉山、黄龙山、大奇山、梨洲山

上海：佘山

安徽：碧山、山门

江南自然山林多秀美、空灵，位于浙江温州的雁荡山就有此特点。《载敬堂集》载："雁荡山以瓯江自然断裂，分北雁荡山和南雁荡山。"雁荡山主要由灵峰、灵岩、大龙湫、雁胡、三折瀑、显胜门、羊角洞、仙桥八大景区组成，素以奇峰怪石、飞瀑流泉、古洞畸穴、凝翠碧潭扬名海内外，被誉为"海上名山，寰中绝胜"。其中，灵峰、灵岩、大龙湫三个景区被称为"雁荡三绝"，灵峰夜景、灵岩飞渡是其两大特别景观。因雁荡山的山顶有湖，芦苇茂密，结草为荡，南归秋雁多宿于此，故名雁荡。雁荡山有一种中国山水画的意境美，尤其是秋雁南归之时，斜阳夕照，芦苇摇荡，有一种"树树皆秋色，山山唯落晖"（王绩《野望》）的诗意。

（二）宗教名山

"山不在高，有仙则名"，是江南山林的另一个显著特点。江南山林成为宗教的栖息地，尤其是佛教、道教。佛、道之所以向山岳发展，不仅是因为其宗教教义和活动的需要，更是因为远离尘世的清幽寂静有利于参禅悟道。"经过佛、道两教势力的长期竞争、消长，最终形成以佛寺为主的佛教名山，以道观为主的道教名山，以及寺观并存、佛道共尊的名山。"①江南山林在这一点上更为明显，寺观因山而建，山因寺观而名。"深山藏古寺"的山岳被赋予了一层神圣的宗教意义，"禅房花木深"的古寺也孕育了许多参悟真谛的思想智慧。

1.佛寺为主的名山

江苏省：栖霞山栖霞寺、狮子山静海寺、牛首山普觉寺、清凉山清凉寺、金山金山寺、夹山竹林寺、招隐山招隐寺、玉山超岸寺、宝华山隆昌寺、灵岩山灵岩寺、蜀冈大明寺、狼山广教寺

浙江省：北高峰灵隐寺、灵峰山灵峰寺、南屏山净慈寺、天竺山天竺三寺、凤凰山梵天寺、三台山法相寺、育王山育王寺、太白山天童寺、灵山报国寺、普陀山普济寺、天台山国清寺、南明山大佛寺、石城山千佛岩窟、西山惠力寺、雪窦山雪窦寺、莫干山云岫寺

---

① 周维权：《中国名山风景区》，清华大学出版社1996年版，第3页。

在秀美的西湖西北灵隐山麓，有一所江南著名古寺——灵隐寺，又称"云林禅寺"。据《灵隐寺志》记载，在东晋咸和元年（326），天竺高僧慧理云游到此，见此地的飞来峰惊叹道："此乃天竺国灵鹫山之小岭，不知何以飞来？佛在世日，多为仙灵所隐。"①于是面山建寺，取名为"灵隐"。寺院初创之际，佛法不盛，香火稀少，但是到了梁朝时，得梁武帝青睐，赐田扩建，香火渐盛。灵隐寺在唐朝时成为华严宗的重要寺院，华严宗阐发了《华严经》有关"法界缘起、理事无碍、事事无碍、无尽圆融"的教义，并以"圆融无碍"作为最高的认识境界。《云林寺志》载，清康熙南巡时，"亲洒宸翰，书'云林'二字，赐名'云林寺'"②。灵隐寺几经兴衰，屡毁屡建，不但没有在战火中毁灭消失，反而在涅槃中重显其辉煌。灵隐寺由天王殿、大雄宝殿、药师殿组成，庄严静穆，气势巍峨。寺院周围古木苍郁，与寺院黄色墙体相映，成为有别于"小桥流水人家"的另一种独特江南建筑。

2.道观为主的名山

江苏省：茅山九霄万福宫、孟峰山张公洞

浙江省：紫阳山通玄观、葛岭抱朴道院

"荡心胸，现群峰璀璨，金碧芙蓉"（《吴锡麒《春从天上来·初阳台观日出》），词句中的美景即为杭州的葛岭，东晋年间道教理论家、炼丹家葛洪曾在此筑庐隐居，设炉炼丹。葛洪继承了早期的道教神仙理论，并结合了儒家的纲常名教，使道教更加容易被士大夫文人接受。他所著的《抱朴子》确立了道教的神仙理论体系，不仅是一部经典的道教著作，其思想还对陆机的文学思想产生了很大影响。据说葛洪在此山常常为百姓采药治病，并在井中投放丹药，百姓饮之不染时疫，当地百姓为赞其功德，将其住过的山岭称为"葛岭"。抱朴道院便位于葛岭之上，道院整体为黄色墙院，给人一种温馨、恬淡的氛围。门外院墙随山势起伏，宛如一条游动的黄龙，因此有"龙墙"之称，为抱朴道院的胜景之一。道院的正殿是葛仙殿，奉祀着葛洪的塑像。东侧为半闲堂，南

---

① 孙治初辑，徐增重修：《灵隐寺志》卷一《开山始迹》，杭州出版社2006年版，第1页。

② 厉鹗：《增修云林寺志》卷一《宸恩》，杭州出版社2006年版，第1页。

侧为红梅阁和抱朴庐，精巧别致，为典型的江南庭院。道院周围有葛仙庵碑、炼丹井、炼丹台和初阳台等名胜古迹。旧时抱朴道院与黄龙、玉皇合称西湖三大道院。抱朴道院现是全真道的圣地，为道教全国重点道观。

（三）文化名山

"非必丝与竹，山水有清音。"（左思《招隐诗》）千百年来，空灵、幽静的江南山林吸引了无数文人来此竞相吟咏，他们或登山游览，或结庐隐居，或书院静读，或"青山有幸埋忠骨"，逐渐成为一种社会风尚。所谓"搜尽奇峰打草稿"，文人墨客面对如此美景陶醉其间，体悟人生，写下了大量的诗词、散文、游记等风格迥异的山水文学作品，留下大量的书法、碑刻，在中国文学艺术中独树一帜。而江南的很多山林或因一句诗词，或因一篇游记，抑或文人墨客的到访而名扬海内。

1.隐士之山

江苏：招隐山、天平山、石牛山

浙江：孤山、仙华山

2.诗文之山

江苏：北固山、燕子矶、谢公墩

浙江：兰亭山、天姥山、蜜山

安徽：敬亭山、牛渚矶、天门山

3.陵墓之山

江苏：黄鹤山米芾墓、京岘山宗泽墓、虎耳山颜真卿墓、锡山阿炳墓、鸿山泰伯墓、邓蔚山邓司徒庙、马鞍山刘过墓

浙江：栖霞岭岳庙、官山陈洪绶墓、东山谢安墓、道场山胡瑗墓

安徽：青山李白墓

4.书院之山

江苏：惠山东林书院、蜀山东坡书院

浙江：戢山戢山书院、龙泉山阳明书院、瀛山瀛山书院、方岩山五峰书院

安徽：画屏山紫阳书院

5.碑刻之山

江苏：焦山

浙江：飞来峰、凤凰山、桐君山、玲珑山

在江南碑刻之山中，最负盛名的是"焦山碑林"。"焦山碑林"在京口三山的焦山之上，北宋初年建造了宝墨轩，这里珍藏了460余块碑刻。这些碑刻包含了从南朝梁到唐宋以及后来的明清历代的真草隶篆，诸体皆备，风格迥异，或苍劲峭拔、雄健深厚，或严正疏朗、开阔雄浑，可谓是汇集千年碑刻之隽美，融合百家书法之绝技。其中的《瘗鹤铭》，有"书家冠冕""大字之祖"之称。此碑原刻于焦山西麓江边崖壁之上，后陷落江中，宋淳熙年间打捞出来，后来又遭雷击，石碑碎成5块，崩落到江中。清朝陈鹏招募当地人捞出，并移置山上。铭文正书，文左行，共88字，末署"华阳真逸撰，上皇山樵书"。字体厚重高古，萧淡疏远。就崖书石，行距字数大小俱不整齐，参差错落有致。用笔情韵飞逸，出入方圆之间，笔势舒长，点画之间，蕴含草情隶意，为隶书向楷书过渡的作品。南有《瘗鹤铭》，北有《石门铭》，焦山碑林与西安碑林一南一北，各领风骚。

（四）军事关山

崇山峻岭，关山险隘，历代统治者都充分利用山川地形来进行军事防御。江南的山岳，虽无蜀山之难、肴函之险，但将江南山岳与河流湖泊组合起来设置军事关隘，也使得许多王朝能偏安一隅。

江苏：将军山、幕府山、狮子山、九华山、京口三山、烽燧墩、军嶂山

浙江：招宝山、木山、独松岭、仙霞岭

将军山位于南京城的南郊，三面环山，正北面为秦淮河，西北不远处便是长江天堑，在古代是扼守南京南侧的重要屏障，历来是军事必争之地。800多年前，金军不断侵袭南宋王朝，1130年渡过长江追击宋高宗。为了抵挡金兵，著名将领岳飞率领岳家军驻守将军山。岳飞充分利用地形，修建了长达4000多米的抗金壁垒，设伏大败强敌金兀术，取得了牛首山大捷，并乘胜追击，将金兵驱逐到长江以北，收复了南京。现在，将军山的抗金壁垒保存得依然较为完整，沿山望去，壁垒整齐，逶迤蜿蜒。横亘数里的故垒工事和岳飞名作《满江红》，成为当年激烈鏖战的见证，将军山也因此而得名。

（五）综合性山林

江南山林大部分可以说都集各种文化为一体，风景秀丽的山岳不仅吸引了无数文人隐士，还得到儒、道、佛、伊斯兰等教派的青睐，诗文、碑刻、故居、陵墓等常常集中在一个不大的山丘之上，而且经过不断的开发和打造，逐渐成为区域内集历史文化价值、自然审美价值和休闲娱乐价值于一身的综合性景区。

江苏：钟山、虎丘、浒山、太湖诸山

浙江：西湖环山、会稽山、仙华山

虎丘又名"海涌山"，位于苏州古城西北7公里处。春秋时期，苏州乃吴国的首都，传说吴王阖闾死后葬于虎丘，下葬3日后，有一白虎蹲在墓地之上，于是得名"虎丘"。虎丘四面环水，风景清幽，素有"吴中第一名胜"美誉，宋代苏东坡曾说"到苏州而不游虎丘乃是憾事"，可见虎丘的魅力之大。虎丘占地虽仅有300余亩，海拔30多米，却包含了剑池、虎丘摩崖题刻、真娘墓、孙武子亭、揽月榭、云岩寺塔、仙人洞、西溪环翠等三绝九宜十八景之胜，有着"江左丘壑之表"的风范。其中最为著名的为云岩寺塔，又称"虎丘塔"，为宋人所建，已有1000多年的历史，其风格与同时期的雷峰塔相似，被誉为"江南二古塔"。同时，它也是世界第二大斜塔。虎丘历来是苏州民间集会的重要场所，每年春季举办艺术花会，秋季举办民俗庙会，吸引着无数海内外的来客。

三、江南山林文化资源的现状以及开发

江南山林文化资源是以优美的天然山林为基础，与宗教、文化、历史相融合而形成的空间综合体，既有自然美，也有人文美；既有实用性，又有审美性；既有独特性，又有丰富性。随着江南经济社会的快速发展，江南山林文化资源作为江南地区的重要资源，有待进行进一步的开发。

（一）江南山林文化资源的优势

1.山林资源丰富，具有多样性

从历史的发展中可以看出，无论是宗教思想的孕育，还是历史名人的游

历、文人雅士的歌咏，都使得江南山林文化不断丰富起来，其意蕴也更加深厚。秀美的江南山林可观、可赏，诗意的江南山林可读、可品，徜徉在江南山林之中即可感受到自然的宁静与和谐，又可以体味古人的雅兴和志趣。在曲径通幽处或有一两处古迹，或有三两行诗，或有僧庙寺院，你大可坐下来看看林中的风景，或是畅想一下千百年前的诗人在此吟诵的画面。江南山林处于亚热带季风气候区，湿润多雨，气候适宜，山林中物产丰富、花草丛生、空气清新，是天然"氧吧"，有助于人们健身、健心和康复元气，是良好的修养之地。而且江南山林中有许多寺庙道观、古迹遗址、摩崖题刻等，这些人文资源是开展宗教旅游、文化旅游、历史旅游的重要条件。具有宗教、文化、军事等历史文化色彩的江南山林也为不同文化需求的游客提供了多样的审美，为江南山林的多种开发提供了可能性。

2.文化功能强，具有自身特色

江南山林在历史中不断受到佛教、道教、文人、隐士等各家文化的熏染，摆脱了纯自然的风景审美，更多地融入了文化思想的品性。登览一座山，游览的更多意义上是一种文化，如敬亭山因为李白著名的一首《独坐敬亭山》而声名鹊起，北固山因辛弃疾的《京口北固亭怀古》的诗词而扬名海内，这些山岳给予了诗人歌咏的灵感，而山岳也因这些或优美或豪迈的诗词而蜚声海内。栖霞山的栖霞寺、普陀山的普济寺、雪窦山的雪窦寺等，都作为佛教的圣地而著称于世。可以说，江南山林的每一处古迹都有一段历史，每一座山都有自身的文化，而这些文化底蕴深厚和文化特点突出的山林就具备了吸引力，为江南山林的开发带来了便利。

3.生活方式转变，消费能力强

长三角地区经济发展迅速，人均收入已达到世界中等国家水平，消费能力大大高于全国其他地区。在物质上已经得到满足的江南居民，需要在精神上也得到提高，而且江南人在历史上就追求精致生活，这从江南地区的饮食中就可见一斑。随着我国休假制度的调整，除春节、国庆等长假外，其余的都属于短假期，所以周末出行和短假期旅游已经成为城市居民新的休闲方式，而这种休假方式在出游方面往往表现出出游时间短、消费能力强、重游率高等特点。在这种情况下，长三角庞大的人口基数和快速发展的经济，为江南山林旅游提供了巨大的客源市场。江南自古是名人辈出的地方，江南地区文化底蕴深厚，当下的江南延续了江南文化的意蕴，也是科教文化最为繁盛的地区，总体来说，江南地区的居民文化水平较高，需要更多精神文化的享受，而且作为地道的江南人，更能理解江南山林文化的内在意义，在情感上更加接近。

4.交通发达，来往便利

江南山林处于长三角地区，交通便利，是国内公路、铁路、航空最为密集的地区，依托河运和海运，可以说江南地区的交通条件是国内最好的。近年来，城际高速、高铁、城际公交的快速发展，也使得往来江南地区更加便利。尤其是宁杭高速公路、宁杭高铁的先后开通，使得江浙之间的来往更加畅通。而江南山林大多是散落在城市周围的一些"孤丘"，属于近郊型旅游点，距离大城市中心的车程多在3个小时以内，依托城市便捷的交通，使旅游地的可达性大大提高。

（二）江南山林文化资源的问题

1.整体形象不突出，单个雷同

江南山林最突出的一个问题就是虽然山林很多，但是整体形象不突出。虽然江南山林受到文化浸润，但是各家文化都有影响，一座山可能集儒、道、释于一体，很难提炼出某一种文化作为标识，并且整体形象不突出。单个山林之间雷同性大，比如江南山林中的寺院，数量很多，但是特点不突出，江苏山林的寺院和浙江的寺院基本相同，差异性过小，这就导致南京地区的居民想去山中的寺庙，不会前往杭州的寺院，而是去南京的寺院，所以在文化挖掘方面还有所欠缺，应在景区建设中更加突出和打造其经典的独特性和唯一性。另一方面，江南地区文化的多元化致使文化独特性不强，文化资源的整合和挖掘只能停留在表面，很难进行深入的挖掘，这就会导致游客对旅游地的感受只停留在表面，而缺少对旅游地文化的整体把握和独特审美。所以只有区别于其他景点而有自身文化魅力或自然景观，才有可能吸引更多的游客和更远地区的游客。

2.体量小，功能单一

江南山林进行开发时最大的天然缺陷是体量小。江南山林大多属于分散式的"孤丘",每座山都是比较低矮的丘陵,与北方华山、恒山这些险峻高大的山岳有明显的区别。体量小就导致旅游景区小、景点少,游览价值降低,即便周围山林多,但是目前并没有进行集中开发和利用,不能将周围的山林有效组合和优化利用。景区的开发也存在旅游功能单一的问题,没有深入挖掘山林的文化、休闲、探幽、静修等其他价值。目前对江南山林的游览多是旅游团式的观光,应根据不同旅游者的要求而设计旅游路线,不能认为游客还只是停留在"上车睡觉,下车拍照"的老式旅游上。一个景区或者景点通过文化挖掘和资源整合,不仅只有表面的自然景观和古迹遗址,更有很深的文化内涵,需要游客放慢脚步,精心体会和回味。要针对山林不同资源特点进行有效组合,合理设计路线,满足不同旅游主体。

3.山水分离,吸引力不强

江南山林在开发过程中存在不合理的情况,导致山水分离。江南的山林因为水方显灵动,山林文化很大程度上和山泉流水相关,过度的开发导致水量减少,甚至山中的溪流消失。有的临江的山林因为城市的不断扩张而远离了江河,如南京的清凉山。江南山林对外地人的吸引力也不大,同为南方的山林,黄山、庐山的吸引力大大超过了江南地区的山林,除了自然景观差异外,还存在宣传不到位、景区打造不全面等问题。江南山林不仅在国内游客方面缺少吸引力,而且未能很好利用方便的交通让外国游客深入江南山林之中,因而流失了大量的外国游客。江南山林的旅游资源虽然丰富,但是新产品开发缓慢,依旧存在"吃老本"的现象,部分景点老化、颓败严重,加上体制等原因,多部门管理,缺乏统一布局,导致资源整合困难,资源优势没有得到充分利用。

（三）对江南山林文化资源的开发

1.提炼山林核心价值,打造旅游标识

江南山林文化资源要避免资源的相似性,就必须提炼旅游资源的核心价值,并打造成标识。核心价值提炼得恰当和精准,就能反映旅游地的个性特点,从而吸引更多游客,人文资源在这一点上尤其重要。一方面是对自然景观资源进行整合和打造,另一方面是对山林人文资源进行挖掘和核心提炼,以突显景区的别致和独特,形成标识性的旅游名片。

自然景观的优化和突出。在之前江南山林的开发过程中，由于建设公路、索道、宾馆等基础设施，原有的生态环境遭到破坏，有一些景点因为游客过多和游客不良的行为，自然生态环境质量日益下降。对于自然景观著称的名山，应首先改善和修复植被，有计划地扩大植被覆盖范围，其次根据山林地理的实际情况，在不影响生态环境的前提下，可以大规模栽种某一树种，使其成为特色，有了规模和特色才能呈现出不同之处，比如栖霞山的红叶、牛首山的桃花，两者都说明了有特色、有规模的景色对游客的吸引力很大。

人文资源的提炼和挖掘。江南山林总体上来讲，自然景观区别不大，其主要特质是人文资源的差异，所以要加强对山林文化资源的挖掘，提炼山林文化的核心，并将其突出，并运用现代传媒和营销方式进行宣传。如招隐山不但积极建设良好的生态环境，还更突出招隐山的隐士文化；牛首山抓住"牛头禅"的发源地做文章，突出其禅宗地位和佛教思想，不但吸引了大量朝圣者，还吸引了很多其他游客，这些景区都抓住了人文资源的核心和独特性，并将其突出，成为这个山，而不是那个山。除了文化内涵的挖掘，也可以修复和抢修名胜古迹，通过突出其建筑特色、摩崖石刻、名人故居等方式，增强山林的文化意蕴。

在景区打造和文化建设时，既要有优美的环境，又要有深厚的文化底蕴。南京的栖霞山景区在建设时，就很成功地将自然景观和人文资源相结合，形成了"古寺红叶"的独特风景和文化。栖霞山位于南京城东北20公里处，山中生产当归、甘草等摄生草药，故又名"摄山"。"人间四月芳菲尽，山寺桃花始盛开"（白居易《大林寺桃花》），暮春之时万千桃花与千年古寺相映，最是迷人；西侧的山峦因遍植枫树，故名"枫岭"，每到深秋时节，满山枫叶堆锦散绮，"放目苍崖万丈，拂头红树千枝"（孙尚任《桃花扇》），甚是壮观，被誉为"金陵第一明秀山"。栖霞山之所以驰名江南，不仅是因为有迷人的红叶，更是因为这里深藏着一座南朝古刹栖霞寺。南朝齐时，明僧绍来此隐居，后将其住宅"栖霞精舍"捐为寺院，因此得名"栖霞寺"。南朝梁时的高僧僧朗，曾在这里阐释三论教义，被称为江南三论宗初祖；唐朝鉴真东渡日本之时，也曾在此驻锡；清乾隆帝五次南巡俱设行宫于栖霞。古寺现存建筑大部分为光绪年间建造，红墙巍立，殿宇壮丽，建筑依山就势层累而上。其主要建筑为山门、天王殿、毗卢殿、摄翠楼、藏经阁等，寺右一古松盘如蛟龙，相传为梁武帝萧衍所种，寺左一碑耸峙而立，为著名的《明征君碑》，碑文是唐高宗李治所作，由初唐名家高正臣所书。与栖霞寺几乎同一年代的千佛岩，被后世誉为"江南云冈"，相传南朝的王公贵族见无量寿佛佛龛顶上发出祥光，于是在石壁上造龛雕佛，大者数丈，小者盈尺，经历代不断雕凿，最多时达700余尊。其中千佛洞的"东飞天"石窟，洞顶有两组橙色的飞天，线条清晰可辨，中间佛像头顶的火焰隐约可见，是中国最东部的"敦煌遗迹"。

2.整合旅游资源，提高景区吸引力

江南山林的旅游发展应立足于江浙沪，放眼于国内外。首先，要抓住江南本地的居民。随着休假制度的改革，大多数居民热衷于城市周边景点的短途旅游，这就为江南山林旅游资源的发展提供了良好的契机。江南地区居民收入水平高，旅游消费在居民总消费中占有很大比例，是一个巨大的客源市场。其次，江南地区在经济和文化方面在国内的优势突出，影响力大，到江南地区的客流量很大，要充分利用先进的营销手段和宣传手段，积极宣传江南山林的旅游资源，既要整合旅游资源形成整体性，又要把握旅游资源个体的本质特征，突出其独特性，扩大其影响力和提高知名度。最后，应利用江南地区便利的交通条件，吸引更多的外国游客。江南更多的城市应建设成旅游必经城市，充分利用上海、杭州、南京等大城市的交通优势和经济影响力，发展成为国内外游客旅游首选地。

江南山林旅游资源丰富，如何整合资源以发挥其最大功效其实是问题的关键。第一，对景区进行统一规划和布局，实行统一管理，各部门应联动合作，在体制上保证景区的科学合理发展与规划。第二，充分利用传统的旅游项目，对老化的景点和设施及时维护和更新，并积极开发新的旅游产品，比如修葺名人故居、抢修名胜古迹等。第三，充分整合景区内的各种景点，并将附近的旅游景点纳入大的景区之中，提高景区自身的完整性和多样性。

南京钟山风景区蜚声海内外，每年吸引着500多万慕名而来的中外游客，是资源整合的最佳范例。钟山以"龙蟠"之势，屹立在扬子江畔，纳十朝君王而松青柏翠，历经千年而郁郁葱葱。在方圆30公里的风景区内，山、水、城、林浑然一体，自然景观优美秀丽，文化底蕴博大深厚，在中山陵、灵谷寺、明孝陵三大核心景区内分布着各类名胜古迹200多处，集六朝文化、碑刻文化、陵墓文化、山水城林文化、生态休闲文化、佛教文化等系列于一山之中，被称为"中华城中人文第一山"。钟山风景区内山水相依，陵林辉映，得天独厚的风景资源，波澜壮阔的历史文化，探幽寻古、缅怀历史、休闲健身，将自然与人文相结合，整个风景区自成一个旅游系统，风景、文化、宗教、名胜古迹等都能在这里欣赏到，无论是旅游资源的数量，还是旅游资源的质量都得到了提高，成为国内著名的风景区。目前南京正在积极打通钟山风景区和玄武湖风景区，打造山水相连的城市"中央公园"。

3.多种开发，满足不同客源

江南山林文化资源丰富，应针对不同的旅游资源进行多种开发：

（1）自然风景：风景优美、原生态保持完好的山林，可发展生态农业、科技农林等观光业，如西湖环山因种植龙井茶而吸引了大量游客。

（2）宗教圣地：以宗教而出名的山林，可发展宗教旅游，通过宗教朝圣、庙会等形式吸引朝圣者和游客；也可以利用寺庙幽静的特点，为朝圣者、市民提供静修的机会，让他们在深山寺院中居住修行，感悟自然，体会宗教的内涵。

（3）文化名山：名胜古迹众多、文化故事有名的山林，可以充分利用名山的文化，进行怀古，体味文化；历史上归隐的山林一般都是环境幽静的地方，在远离喧嚣的山林中可以充分放松自身，是休闲、锻炼、探幽的好去处。

根据市场客源的不同需要及时设计不同的旅游线路，密切关注市场的发展变化。旅游者的旅游动机和需要不同，则对旅游资源要求也不同，大致可分为五大类：

观光旅游——秀丽的风光、自然景观突出

宗教旅游——宗教圣地、宗教建筑、宗教思想等

文化旅游——历史故事、名胜古迹、文化性特征等

静修旅游——生态环境优越、安静、生活方便

登山探幽——海拔较高、山势险峻等

通过对旅游者目的的分类，结合江南山林文化资源可以设计不同的旅游线

路，满足不同的旅游者。在设计旅游线路时突出知名旅游景点的带动作用，并抓住旅游景点的文化一致性，合理设计特色线路，如佛教旅游线路可设计为：灵隐寺—灵峰寺—净慈寺—天竺三寺—梵天寺—法相寺—育王寺—天童寺—报国寺—普济寺—国清寺—大佛寺—千佛岩窟—惠力寺—雪窦寺—云岫寺。这样可以在有限的时间内，满足旅游主体的特殊旅游需求，推动江南山林旅游业的发展。

江南山林文化资源丰富多样，并有秀丽的自然景观和独特的文化底蕴，是江南旅游业中重要的组成部分，对江南山林文化资源的旅游开发不仅有利于江南旅游业的发展，更有助于丰富江南文化的内涵；对江南山林文化的挖掘和探讨，不仅可以为现代人在快节奏的生活中提供一个休闲放松的旅游景区，更能为当下的人找到可供心灵栖息的一方净土。

第二节 江南园林文化资源

一、地理与历史概况

（一）地理概况与园林释义

园林是中华文化的载体，江南园林中"江南"的范围自然是指文化意义上的"江南"，童寯先生《江南园林志》云："吾国凡有富宦大贾文人之地，殆皆私家园林之所荟萃，而其多半精华，实聚于江南一隅。"[1] 书中论及的"江南"依次为苏州、扬州、常熟、无锡、南翔、太仓、嘉定、南京、昆山、杭州、南浔、吴兴、嘉兴，均属于江南"腹心之地"。除了"江南"的核心区域外，"江南"亦包括经济文化类似于江南的长江下游以北部分地区，如泰州地区等，并非长江流域却被认为是江南地域的有太湖以南及钱塘江以东部分地区，如绍兴、宁波等。

园林，是个渐次扩展的概念，中国古代典籍也称之为"园、圃、苑、园

---

[1] 童寯：《江南园林志》，中国建筑工业出版社1984年版，第3页。

亭、庭园、园池、山池、池馆、别业、山庄等"[①]，六朝出现了"园林"一词。它"在一定地段范围内，利用并改造天然山水地貌或者人为地开辟山水地貌、结合植物的栽植和建筑的布置，从而构成一个供人们观赏、游憩、居住的环境"[②]。现代人的园林观念在传统园林的基础上内涵扩大了，变得十分宽泛，它不仅为游憩之处，亦是有利于保护和改善自然环境，帮助人们缓解疲劳、康养身心的场所，与英美各国的园林观念相当接近。因此，"园林"这一概念，既有古今之别，也有广狭之分，本书所称的"园林"，主要是指传统古典园林，是一种生活境域、生活方式、居住文化的结晶。

（二）江南园林资源兴盛之因

园林兴盛，必须有山清水秀的自然资源、相对安定的政治环境、发达的经济和文化作为依托，江南地区有着得天独厚的天时地利和人文条件，其兴盛离不开以下因素：

1.优美富饶的自然环境。江南园林是以开池筑山为主的自然式风景山水园林，江南自古是鱼米之乡，水网密布，河道纵横，随处可引得泉水。江南土地肥沃，花卉树木易于生长，可以入园的植物众多。并且，江南就近出产太湖石及山石，提供了理想的叠山材料。"除了太湖洞庭东、西二山所产湖石之外，江阴、镇江、宜兴、湖州等地，均有石产可作园林造景之用。"[③]诸多方面为园林艺术的发展提供了有利物质条件。

2.发达昌盛的经济基础。"江南地区自古以来就以经济与文教的发达著称于世"[④]，经历1000多年长期稳定的发展之后，至唐代其经济发展赶上了中原地区，明代中叶以后，经济快速发展，明清时期伴随着资本主义生产关系的萌芽，江南地区进一步成为全国经济文化的核心地带，手工业及商业贸易均处于

---

① 杜汝俭、李恩山、刘管平主编：《园林建筑设计》，中国建筑工业出版社1986年版，第1页。

② 杜汝俭、李恩山、刘管平主编：《园林建筑设计》，中国建筑工业出版社1986年版，第1页。

③ 阮仪三主编：《江南私家古典园林》，译林出版社2012年版，第4页。

④ 刘士林：《江南文化资源的类型及其阐释》，《江苏行政学院学报》2011年第5期。

全国领先地位，物产丰富，农业发达，都市兴盛，市场繁荣，成为富庶与美丽的象征。园林是人们在满足生产生活必要条件之后所创造的理想家园，是经济社会发展到一定阶段的产物。

3.人文荟萃，哲匠辈出。江南地区是传统的文化发达地区，教育较为普遍，由读书而踏入仕途的人数很多，堪称人文荟萃，诗文书画人才辈出。造园活动在江南地区较为活跃，各城市名园众多，星罗棋布的园林，积淀了丰富的造园经验，由此产生了大批有关园林美学的著作，它们的作者大都兼具文人、画家和造园家的身份。计成的《园冶》是具有开创意义的园林学专著，科学系统地总结了当时的造园经验；文震亨的《长物志》论述了古典园林的艺术和风格；李渔《闲情偶寄》中的"居室""器玩"两部分对园林审美特点进行了研究。明清时期江南出现的这些文人哲匠亲自参与园林的设计和施工，又不断进行总结，著书立说，对园林艺术的提高，起到了很大的推动作用。

（三）江南园林的历史脉络

江南园林历史分为如下几个发展阶段：先秦两汉诞生期、六朝转型期、隋唐五代发展期、宋元时期园林艺术体系完备期、明代至清嘉道的成熟巅峰期、近代的式微与异化期及当代的承传期。

贵族的宫苑是中国古典园林的滥觞，江南地区早在先秦即有苑囿营造。吴王阖闾、夫差建造了长洲苑、姑苏台、馆娃宫、梧桐园、消夏湾、锦帆径等多处苑囿，供王室和侍臣们游乐憩息。这些具有早期皇家园林性质的苑囿是江南园林的肇始。私家园林则承袭了吴越时期苑囿的园林文化基因，正如童寯《江南园林志》中所说的："吾国历代私园，每步武帝王之离宫别馆。"[1]

魏晋南北朝时期，政治动荡，战乱频仍，社会长期处于分裂混乱的局面，江南士大夫阶层在社会现实的无情打击下，大兴隐逸之风，他们寄情于自然山水，以回归自然逃避黑暗的现实。因此，士人园开始出现，贵族门阀住宅后部往往建有园林，聚石引泉，植林开涧，创造一种朴素自然的意境。"园林成了文人抒发个人情怀的一种特殊文化借体，以放情园景来宣泄内心的忧患，从佳

---

① 童寯：《江南园林志》，中国建筑工业出版社1984年版，第21页。

山秀水中体味某种超脱世俗、缥缈空虚的纯美意境，以此获得失落自我的心理平衡。园林文化便从人工模仿自然山水的写实意识，蜕变为纯美意境的追求，表现了一种发掘自然美的文化精神。"[1]

唐宋时期，社会迎来了中国古典园林发展的全盛期。诗文、绘画与园林相互渗透，诗人、画家直接参与造园活动，园林艺术"开始有意识地融糅诗情、画意"[2]，皇家苑囿兴盛不减，寺庙园林众多，士大夫的私人园池也比比皆是。到了宋代，思想领域重文轻武，两宋人文之盛，远超前代。两宋造园风气更盛，南宋临安、湖州、苏州一带是文人私园荟萃之地，富有浓厚的人文气质。童寯《江南园林志》："南宋以来，园林之盛，首推四州，即湖、杭、苏、扬也。"[3]

元代，儒学沉沦，民族矛盾尖锐，江南文人园林受到政治礼法的束缚，一度寥落。明初，在朱元璋高压政治下，江南园林衰落不兴。明末清初，随着社会经济的发展和市民文艺的普及，江南园林成为中国园林史上的集大成者，尤其在江南一带，涌现出大量私家园林，民居住宅也有园林建筑的风格。园林是理想的人居环境和生活模式，也属于消费文化的一部分，注重现世享乐的明清文人将更多的园林意趣融入日常生活，再度掀起了造园的高潮。随着清代前期、中期江南造园之风的持续高扬，康熙、乾隆皆好园事，他们数次南巡，除政治目的外，一路游园赏景，赋诗题词，客观上进一步推动了江南园林的兴盛。

清末民初，历史发生急剧变化，国家多难，园林易主频繁，名园毁于一旦，西方文化大量涌入，"中国园林的发展亦相应地产生了根本性的变化，结束了它的古典时期，开始进入世界园林发展的第三阶段——现代园林的阶段"[4]。

① 吴士余：《中国文化与小说思维》，上海三联书店2000年版，第141页。

② 周维权：《中国古典园林史》，清华大学出版社1990年版，第62页。

③ 童寯：《江南园林志》，中国建筑工业出版社1984年版，第28页。

④ 周维权：《中国古典园林史》，清华大学出版社1999年版，第13页。

二、江南园林文化资源主要类型及特点

江南园林以古代城镇私家园林为主，相比北方皇家园林而言，面积较小。为便于理清江南园林文化资源类型，现按照不同隶属关系来分，主要以城镇私家园林为主，并有皇家园林、寺观园林、衙署园林、公共园林，共五大类别。

（一）江南地区的皇家园林

1.概述

皇家园林古称"苑""囿""宫苑""御苑"，一般是指供帝王居住、游娱之用的园林。晋代以前，江南地区并无私家园林，园林皆为帝王贵胄狩猎、宴饮、享乐之用。江南地区，历史上曾建为王朝都城的城市分别是：春秋吴国的姑苏、越国的会稽，东吴、东晋、宋、齐、梁、陈时的都城南京，五代十国的吴越国都杭州（钱塘），南宋都城杭州（临安）。随着后代王朝逐步将政治中心北迁，江南地区千年以来已非政治中心而以经济的富庶、文化的繁荣、文人的高情雅韵而负盛名，历代帝王苑囿遗存较少。

春秋时期，吴国君主都非常喜欢营造宫殿、苑囿，自吴王寿梦崛起到夫差身死亡国的百余年间，吴国对皇家宫室苑囿的营建几乎未曾停歇。唐陆广微《吴地记》中记载的吴王寿梦的"夏驾湖"，为当年寿梦盛夏避暑纳凉之处。吴王阖闾、夫差利用苏州周边一带的自然山水修建苑囿，造了长洲苑、姑苏台、流杯亭、梧桐园、琴台、望月台以及灵岩山馆娃宫等。

三国东吴建都建业（今南京），营造了芳林苑、落星苑、桂林苑等。东晋时，建业改称"建康"，华林园等御苑在此营建。南朝宋、齐、梁、陈四个朝代在建康营建的园苑遍布城郊。隋炀帝在常州仿洛阳西苑建离宫——毗陵宫，而其华丽却胜过西苑。杭州自五代、南宋作为帝王之都以来，宫殿苑囿争相竞丽，特别是宋室南迁之后，汴京宫苑被毁，南宋朝廷在杭州大修宫苑。南宋王朝在杭州建都的140余年间，帝王苑囿遍布西湖四周，湖山歌舞、粉饰太平，三秋桂子、十里荷花，杭州蔚为园林中心。明初朱元璋定都南京，由于进行了大规模的都城建设，因此没有修建规模大的皇家苑囿，但当时权贵士大夫盛行营建第宅园林。清代中期，康熙、乾隆屡下江南，南京、杭州、苏州、扬州建

有行宫别院。如康熙、乾隆在杭州建孤山行宫，不仅遗址遗物尚存，而且其具有很高的园林艺术价值。

表4　江南地区历代主要皇家园林一览表

朝代	园林名称	拥有者	位置
东周	梧桐园、灵岩山馆、会景园	吴王	苏州
东周	美人宫、乐野	越王	绍兴
三国	芳林苑、落星苑、桂林苑	东吴君王	南京
东晋	华林园、乌衣苑、芳林苑	司马氏	南京
刘宋	华林园、乐游苑、青林苑、上林苑	宋王	南京
萧齐	华林园、娄湖苑、新林苑、博望苑、灵丘苑、江潭苑、芳乐苑、玄圃	齐王	南京
梁	华林园、兔园、芳林苑、湘东苑	梁王	南京
陈	兰新苑、江潭苑、建兴苑、玄圃苑、延春苑	陈王	南京
隋	毗陵宫	隋炀帝	常州
南宋	德寿宫后苑、大内御苑、玉津园、富景园、聚景园、屏山园、五柳御园、延祥园	历代皇帝	杭州
明	御园、八仙园、养种园、玉津园	朱元璋	南京
清	孤山行宫	康熙、乾隆	杭州

2.特点

（1）在我国历代的建都历史中，为便于统治北方地区，历代王朝大多以中原和北方地区为政治中心，全国一统时期的都城基本上位于北方，南方建都多在分裂割据时期。时隔千年，江南地区皇家园林遗存较少，大多只能凭借着有限的、难辨真伪的文献资料来遐想曾经的辉煌。

（2）江南地区皇家园林在设计指导思想上体现封建集权意识，反映天子富甲天下、囊括海内的思想；选址自由，资财雄厚，既可包围原山真湖，亦可堆砌开凿宛若天然的山峦湖海并建造各类园林建筑物。园林总体布局气势恢宏，建筑装饰堂皇富丽，功能庞杂，听政、起居、看戏、礼佛、渔猎等无所不包。

（3）江南地区皇家园林是江南私家园林的肇始，在满足帝王游乐需要的同时，由于江南地区特有的文学艺术氛围，皇家园林的表现形式不只是求大求全，而是将诗与画融入园林的布局与造景中，体现某种意境。甚至有些皇家园林设计者本身就具有很高的艺术修养。如梁昭明太子萧统对玄圃进行改造，使之层次更加丰富，结构迂回有致。南宋杭州西湖周边皇家园林更是以再现自然山水为主题，在设计、叠山、植物配置等方面日趋成熟，突出诗情画意，逐步成为江南私家园林的先导。

（二）江南地区的私家园林

1.概述

留存至今的江南古典园林中，范围最广，数量最多，最具有代表性的便是私家园林，大多为"文人写意山水园"。随着宋王朝南迁临安，大批官吏、富商涌至苏杭，造园活动盛极一时。明清两朝以科举取士，江南中举进京出仕者为数不少，这批文人告老还乡后多购置田地，建造园林。江南私家园林宅园合一，通过建筑与山、水、花、木的完美结合，在城市中创造出人与自然和谐相处的居住环境。通过叠山理水，栽植花木，私家园林形成充满诗情画意的"城市山林"，使人"不出城廓而获山水之怡，身居闹市而得林泉之趣"，达到"虽由人作，宛若天开"的艺术境地。

杨廷宝、童寯在《苏州古典园林》序言中强调："中国古典园林精华萃于江南，重点则在苏州，大小园墅数量之多、艺术造诣之精，乃今天世界上任何地区所少见。"[①]其中，以拙政园、留园、网师园、环秀山庄、沧浪亭、狮子林、耦园、艺圃、退思园为代表的苏州古典园林已被联合国教科文组织列入世界文化遗产名录，其艺术、自然与哲理的完美结合，创造出了惊人的美和宁静的和谐。

江南私家园林中，最为著名的便是苏州拙政园。其始建于明代正德四年

---

① 刘敦桢：《苏州古典园林》，中国建筑工业出版社2005年版。

（1509），典雅精致，景色优美，具有浓郁的江南园林特色，经过500多年的沧桑变迁，至今仍保持着平淡疏朗、旷远明瑟的明代园林风格，是全国特殊游览参观点、国家首批重点文物保护单位，名列中国四大名园之一。

表5 苏州现存主要古典私家园林一览表

序号	名称	位置	建造年代	保护现状
1	拙政园	东北街178号	始建于明	完整
2	留园	留园路338号	始建于明	完整
3	网师园	阔家头巷11号	清	完整
4	环秀山庄	景德路262号	清	完整
5	沧浪亭	沧浪亭街3号	始建于宋	完整
6	狮子林	园林路23号	元	完整
7	艺圃	文衙弄5—7号	始建于明	完整
8	耦园	小新桥巷5—9号	清	完整
9	拥翠山庄	虎丘景区内	清	完整
10	曲园	马医科43号	清	完整
11	怡园	人民路1265号	清	完整
12	五峰园	五峰园弄15号	始建于明	园林部分已修复
13	惠荫园	南显子巷18号	始建于明	部分假山已修复
14	听枫园	庆元坊12号	清	较完整
15	天香小筑	人民路918号	民国	完整
16	潘宅（礼耕堂）	卫道观前1号	清	东部花园残存
17	潘世恩宅（英王府花园遗址）	钮家巷2、3号	清	半废
18	鹤园	韩家巷4号	清	完整
19	真如小筑	原泰让桥弄	清	修复完整
20	北半园	白塔东路60号	清	较完整
21	朴园	高长桥8号	民国	完整
22	可园	人民路708号	清	较完整
23	近代住宅花园	庙堂巷8号	民国	较完整

序号	名称	位置	建造年代	保护现状
24	南半园	仓米巷24号	清	残存
25	柴园	醋库巷24号	清	部分完整
26	任宅花园	干将西路（原铁瓶巷）	清	半废
27	吴家花园	梵门桥弄8号	明清	半废
28	畅园	庙堂巷22号	清	较为完整
29	残粒园	装驾桥巷34号	清	基本完整
30	葑庐（遂园）	景德路303号，慕家花园16号	清	基本完整
31	塔影园	山塘街845号	清	半废
32	唐寅故居	双荷花池	明	基本完整
33	费宅花园	桃花坞大街176号	清	残存
34	余园	阊门西街38号	清	半废
35	万氏花园	王洗马巷	清	修复中
36	静中院（詹宅）	阊邱坊4、6号	清	较完整
37	王宅花园	西花桥巷24、25号，白塔西路39-43号	清	残存
38	慕园	富仁坊巷72号	清	残存
39	庞莱臣故居	颜家巷26、28号	清	半废，已维护
40	秦宅	大石头巷22、24号	清	半废无园
41	吴家花园	东小桥弄3号	民国	较完整
42	南园丽夕阁	南园宾馆内	民国	较完整
43	墨园	526厂内	民国	半废
44	绣园	马医科27、29号	清	1995年修复，完整
45	尚志堂吴宅	西北街58、66号	清	2004年修复，完整
46	师俭园	马大箓巷35、37号	清	2004年修复
47	双塔影园	官太尉桥15、17号	清	1997年修复，完整
48	杭氏义庄	东花桥巷41号	清	2007年修复，完整
49	蒪湄草堂	盛家带29-33号	清	2004年修复，完整
50	晖园（晦园）	东美巷17号	清	部分修复
51	桃园（陶氏宅园）	盛家浜8号	民国	2004年修复，完整
52	阙园（李根源故居）	十全街苏州饭店内	民国	基本完整

（续表）

序号	名称	位置	建造年代	保护现状
53	刘振康宅园	金石街33号	民国	残存，无建筑
54	顾氏花园	申庄前4号	清	半废
55	退思园	吴江市同里古镇新填街234号	清	完整
56	羡园	木渎镇山塘街王家桥畔	清	完整
57	虹饮山房	木渎镇山塘街	清	完整
58	遂初园	木渎东街	清	部分修复
59	启园	吴中区东山镇启园路39号	民国	完整
60	燕园	常熟辛峰巷	清	完整
61	曾园	常熟甸桥东路	明	完整
62	乐荫园	太仓沙溪	始于元末	1982年重建

表6　江南地区主要私家古典园林一览表（不含苏州）

序号	名称	地点	始建年代
1	瞻园	南京	明
2	煦园	南京	明
3	个园	扬州	清
4	何园	扬州	清
5	小盘谷	扬州	清
6	寄畅园	无锡	明
7	近园	常州	清
8	未园	常州	近代
9	乔园	泰州	明
10	水绘园	如皋	明
11	郭庄	杭州	清
12	绮园	海盐	清
13	小莲庄	湖州	清
14	沈园	绍兴	宋
15	天一阁	宁波	明

（续表）

序号	名称	地点	始建年代
16	西园	西塘	明
17	豫园	上海	明
18	古漪园	上海	明
19	嘉定秋霞圃	上海	明
20	松江醉白池	上海	清
21	曲水园	上海	清

2.特点

（1）多元统一的立意与风格

在江南地区，自然条件与文化的差异导致各地古典园林呈现出不同的地域特色，如融南北于一体的金陵园林、以苏州为代表的吴地园林、以扬州为代表的淮扬园林、西风渐进下的上海园林等。各地园林自有特色，但都以满足园主的物质和精神生活需要为目的。精心营构"诗情画意的城市山林"，成为江南私家园林的造园立意和宗旨。

（2）"小中见大，曲折幽深"的园林布局特征

造园是造境和造景的艺术。江南私家园林面积有限，要在有限空间内创造丰富的园林景色，须采用化整为零、小中见大的手法，把全园划分与组合成主次分明、疏朗相间的大小园林空间。园林的山水布局、亭阁配置、花木栽植、园路山径均因地制宜，师法自然，以中国画论"密不透风，疏可走马，疏密有致"的参差规律，造就文人写意山水园，达到"虽由人作，宛自天开"的艺术境界。

（3）以"诗情画意，融汇一体"凸显园林意境

江南私家造园艺术融自然景色和诗情画意于一体，创造出情景交融的理想境界。从园名、景名、厅堂名，到运用匾额、楹联、题额的形式，再到植物配置、山水布置，这些体现了深厚的历史文化内涵，融入了中国传统的哲学理念、文学艺术和民风风俗，具有多元文化的特征，形成了博大精深的园林文化，使人们在游览欣赏秀丽园景时，感受到不可言传的意境之美。

（三）江南地区的寺观园林

1.概述

寺观园林主要是指佛寺和道观的附属园林，也包括寺观内部庭院和外围地段的园林化环境。佛寺始建于东汉，起初是作为礼佛的场所，后来由于僧人、施主居住游乐的需要，逐步在寺旁、寺后开辟了园林。由于受舍宅为寺、舍宫为寺之风的影响，不少皇家园林、住宅园林被改成寺庙，寺院园林的修建因此达到了很高的水平。

江南地区佛寺以三国孙吴时建造的建业建初寺（建于247年）为始，之后兴建的佛寺遍及江苏、浙江等地。东晋、南朝时期门阀士族大力提倡佛教，各代帝王、百官、庶民多以舍宅为寺等方式修建寺庙。梁武帝萧衍不仅崇信与倡导佛教，还将佛教奉为"国教"，时人兴建佛寺不遗余力，"南朝四百八十寺，多少楼台烟雨中"。唐代由于佛教的迅速流传，江南湖山之间新建了不少佛寺，原有的佛寺也得到进一步扩展。当时的同泰寺（今江苏南京鸡鸣寺）除了大小佛殿以外，还布置有精美的园林。至于栖霞寺则更布置得环境清幽、引人入胜，至今仍然是南京的名胜风景。杭州佛寺众多，著名的有圆觉天台寺、招贤寺、真如院、凤林寺、虎跑寺、龙兴千佛寺、圣果寺等。南宋定都杭州之后，全国政治、经济、文化中心南移，江南佛教正式进入鼎盛时期。此时的江南佛寺遍布，僧众云集，以净土宗最为兴盛，高僧大德，代有所出。

佛教以"无念为宗，无相为体，无住为本"，佛寺园林作为中国传统园林中的一部分，借助自然山水，在建筑布局和植物配置上，让自然的灵逸之气充溢内心。古木参天、绿树成荫的园林环境吸引了许多文人名士，他们借住其中读书养性，而帝王以此作为驻跸行宫的情况亦屡见不鲜。如镇江焦山定慧寺旁就建有乾隆皇帝南巡时在此逗留的焦山行宫。又如扬州大明寺平山堂之西的西园，又名"御苑"，是一座富有山林野趣的古典园林，有3块乾隆皇帝御碑，古木参天，怪石嶙峋，池水激滟，亭榭典雅。

表7 江南地区现存主要寺观园林

序号	名称	地点	始建年代
1	栖霞寺	南京	南朝齐
2	鸡鸣寺	南京	西晋
3	西园寺	苏州	元代
4	报恩寺	苏州	东吴
5	寒山寺	苏州	南朝梁
6	虎丘云岩寺	苏州	东晋
7	灵岩山寺	苏州	东晋
8	圆通寺	苏州	唐朝
9	保圣寺	苏州	南朝梁
10	兴福寺（破山禅寺）	常熟	南朝齐
11	真武观	常熟	南朝梁
12	金山寺	镇江	东晋
13	高旻寺	扬州	清
14	大明寺	扬州	唐
15	天宁寺	常州	唐
16	积香寺	杭州	宋
17	灵隐寺	杭州	东晋
18	韬光寺	杭州	唐
19	永福寺	杭州	东晋
20	净慈寺	杭州	五代
21	天童寺	宁波	西晋
22	阿育王寺	宁波	南朝宋
23	保国寺	宁波	东汉
24	龙华寺	上海	北宋
25	静安寺	上海	东吴
26	玉佛寺	上海	清
27	白鹤南翔寺	上海	五代至北宋初年
28	瞻园	南京	明

（续表）

序号	名称	地点	始建年代
29	煦园	南京	明
30	个园	扬州	清
31	何园	扬州	清
32	小盘谷	扬州	清
33	寄畅园	无锡	明
34	近园	常州	清
35	未园	常州	近代
36	乔园	泰州	明
37	水绘园	如皋	明
38	郭园	杭州	清
39	绮园	海盐	清
40	小莲庄	湖州	清
41	沈园	绍兴	宋
42	天一阁	宁波	明
43	西园	西塘	明
44	豫园	上海	明
45	古漪园	上海	明
46	嘉定秋霞圃	上海	明
47	松江醉白池	上海	清
48	曲水园	上海	清

2.特点

（1）寺观朴实简练，雅致幽静，追求天人合一的理想境界，包括寺观内部庭院和外围地段的自然景观，既是宗教活动场所，又是公共交往中心。江南自然条件优越，山川秀美，河道纵横、湖泊众多，有"水乡泽国"的美誉。得天独厚的自然环境为江南佛寺的选址提供了便利条件，尤其是对自然水景的选择和利用，成为江南佛寺园林在选址方面一个重要的特征。

（2）不同于北方佛寺的厚重粗犷和岭南佛寺的炫丽繁缛，江南地区佛寺礼佛区保持严整肃穆的气氛，佛寺园林还受江南私家园林影响，表现出江南园林明媚秀丽、淡雅朴素、曲折幽深、细腻精美的特点。江南佛寺在建筑群体布局上能因地制宜、随形就势，成功地协调建筑和自然环境、宗教功能和游览功能的关系，营造了灵活自由、丰富多彩的佛寺园林景观。

（3）意境方面，江南地区有深厚的历史人文背景，丰富的历史文化和秀美的江南风景为佛寺园林意境创作提供了众多的灵感和源泉。文人的诗词颂咏、秀丽的景色、幽深的意境相互辉映，不少江南佛寺园林景点成了"名因景成，景借名传"的佳例。如张继的"月落乌啼霜满天，江枫渔火对愁眠。姑苏城外寒山寺，夜半钟声到客船"。悠悠钟声已远远超出佛寺园林的空间范围，将佛寺钟声、寺外江景连于一体，意境深远，千古传唱。

（四）江南地区的衙署园林

1. 概述

地方衙署是中国封建社会地方行政长官行使职权的法定场所，也是该地区各级吏员、差役办理公务的地方，是国家政权的象征，长期以来，封建统治者对衙署的设置都十分重视。地方衙署一般兼作主管官员的官邸，因而也包括宅和园。早在汉代，衙署建筑中就有关于花园的记载。隋唐时期，随着大运河的开凿与江南经济的发展，江南地区出现了许多"例能诗"的诗太守，衙署园林的建设有所增多。到了唐宋时期，衙署园林的建置渐成风尚，严整肃穆的衙署建筑，因有了奇花异石、池水亭台的点缀而增添了几分清雅宜人，为官员在供职之余提供了园林的享受。到了明代，官吏衙署治事、宅居必须集中一处，衙署的建筑规模更为扩大。明清江南州县较其他地方更为富庶，因此，在衙署住宅区域内设置园池供官吏休息、娱乐、宴集的做法较为普遍。

由于历史变迁或兵燹，衙署园林随着衙署的毁灭而毁灭，或因朝代的更替，随着衙署的荒废而湮没无闻，最终衰败直至消失。有的即使保存下来也多被辟为其他类型的园林，时至今日，遗存下来的较为完整的地方衙署建筑的数量屈指可数。

现存江南衙署园林的代表之一，南京煦园，是清代两江总督的衙署花园。两江总督管辖江苏、安徽、江西三省，衙署规模较大，历史悠久，明代为汉王府，清代为总督府，太平天国时为天王府，民国期间为总统府。煦园因位于衙署西侧，又称"西花园"，园内以水为主，平面如长形花瓶，四周亭台楼阁点缀，有分有聚，相互呼应。其中有石舫不系舟、夕佳楼、鸳鸯亭、桐音馆、花厅等建筑，虚实相应，层次丰富。又如苏州道前街的江苏提刑按察使署，明为苏松常兵备道署，清雍正年间改为江苏按察使署，掌全省刑名按劾之事。道光间，林则徐任江苏按察使，曾在此治事。咸丰年间此建筑因遭兵燹而有所损毁，同治六年（1856）巡抚郭柏荫重建，民国时曾为江苏高等法院，"爱国七君子"案即在此审理。现存三路建筑为清同治年间重建，正路存大门及八字照墙、二堂、楼厅，东路存花厅两进及楼厅一进，东一路为花园及一进楼厅。园内有太湖石砌成的假山、水池，中间有三曲桥横跨水池，亭榭精美雅致，具有苏州园林婉约清秀的风格。

2.特点

（1）从布局上看，前堂后寝的规制使衙署花园多位于衙署宅舍之侧或之后，与宅舍毗邻，类似私家园林与住宅建筑的关系，构成宅、园结合的形态。衙署花园在城市繁华处建构，在选择园基时只能"闹处寻幽"，常"引水造园，因水得景"。幽静的花园是读书的理想去处，还可以为游赏、品茗、对弈、抚琴、宴饮等提供良好的场所。

（2）衙署园林作为衙署建筑的附属，其形制亦受到封建礼法的制约，衙署实际上是"宣上德"之地、"莅兆民"之所，是皇权统治的代表，同皇家园林一样，衙署园林实际上也是皇帝所派出的镇守一方的官员地位与权利的象征。许多衙署园林是官员花费大量人力、物力，通过开池堆山、广植花木、营建亭台所建，介于皇家园林与私家园林之间，集庄重、瑰丽、小巧、华美于一体，景色不乏清新雅致。

（3）江南地方政府的衙署，由文人担任地方官者，多更注重衙署园林的经营，与江南私家园林不同。私家园林的园主多为仕途失意、退职还乡的仕人或文人墨客，其园林内容表达出园主寄情山水自然、超脱尘世凡俗的态度，难免流露消极避世的思想。但衙署花园多由衙吏参与或主持建造，受传统官文化和礼文化的影响，在宅园营建时，体现出文人官僚们向往生活享受、入世进取的价值取向和审美文化。

（五）江南地区的公共园林

1.概述

公共园林，广义上是指在城市或城市近郊、村落稍作园林化处理形成的，能为居民提供公共交往、游憩的场所。周维权教授指出，公共园林"多半是利用河、湖、水系稍加园林化的处理或者城市街道的绿化，也有因就于名胜、古迹而稍加整治、改造的，绝大多数都没有墙垣的范围，呈开放的、外向型的布局……公共园林一般由地方官府出面策划，或为缙绅出资赞助的公益性质的善举"[①]。前文已述的寺观园林，其实是公共园林的重要形式，除此之外，江南地区还有众多沿河流、湖泊、水系或城市街道绿化后风景优美地形成的公共园林，如虎跑泉、九溪十八涧、富春江、杭州西湖、嘉兴南湖、绍兴东湖、苏州石湖等处。

江南地区，东晋之后士人的审美情趣发生了转变，他们目光更多地投射到自然山水中，若耶溪、兰亭、富春江等风光绮丽的自然山水成了隐士文人向往之地。魏晋南北朝时，玄学兴起，名士们喜在山际水畔吟游，如王羲之笔下的兰亭，其址经过几度变迁。《兰亭集序》记述了在这里举行的一次修禊活动，以王羲之等人的"兰亭雅集"为标志，"曲水流觞"活动从民俗活动转变为园林游赏活动，因此兰亭也成为最早见于文献记载的公共园林。

再如嘉兴南湖，面积约98公顷，最主要的园林建设集中于明清时期，曾有"嘉禾八景"之说。嘉兴南湖湖面南北长，东西窄，明代为疏浚河道，在湖中心人工堆叠淤泥形成小岛，构楼其上，即为烟雨楼；清代疏浚市河，堆泥湖中，形成的一个面积约8亩的分水墩，取名小瀛洲。其间，烟雨楼三建三毁，小瀛洲位于北端，湖心岛位于南湖中心，拥有全方位视野的优势，环岛而行，湖光山色以全景式画卷映入眼帘。

2. 特点

（1）经济文化发达的江南地区较早出现公共园林，并出现了首次见于文

---

① 周维权：《中国古典园林史》，清华大学出版社1999年版，第10页。

献记载的公共园林——兰亭。园林作为满足必要的物质生活需求之外的精神需求，必然是在脱离生产之后出现，因此统治阶级的皇家园林最早出现，公共园林往往由官府出资加以修建，因此也必须建立在经济文化较为发达的基础之上。江南地区公共园林的出现，使园林从"私有"的束缚中摆脱出来，具有开放性、愉悦性、公众性的特点。

（2）理水是江南公共园林营造空间的重要手段，江南河网纵横、湖泊星布，人们的生活、生产都离不开水。江南公共园林理水艺术正是在这种"水乡泽国"地理环境的基础上发展起来的，它把水景观和中国人的传统自然观、社会文化观有机结合起来，形成了独特的理念和理法，其山水无论是平面布局的曲折进退，还是竖向设计的高低错落都极尽变化之能事，组成多变的山水园林空间。

（3）公共园林不等同于风景名胜区。在漫长的历史过程中，园林与风景名胜区同步发展，两者相互影响、渗透，但园林为人化的"第二自然"，是人们在远离城市后，为补偿人与自然相对隔离而再度创作的自然人文环境。园林虽然也有"山林地""郊野地"等，但须有选址规划、山水花木布置、文化氛围营造、建筑构筑等园林艺术手法的运用，并不是"没有设计师的公共场所"。而风景名胜区是有限度地、局部地人工点缀的自然环境，山水植物天然生成，建筑布局亦为历史上逐渐形成而非前期主动的规划，因此，传统风景名胜区虽具备园林的某些功能和性质，但不等同于园林。

三、问题与对策建议

（一）江南园林资源在当今面临的困境

1. 城市化进程的快速推进对园林资源的冲击

城市建设的快速发展，往往伴随着大量的拆旧建新，在这一过程中，由于建设者对古人留下的宝贵遗存缺乏保护意识，往往导致许多重要的园林资源损毁甚至消失。如常州古城，明清两代曾拥有数十座私家园林，但随着大刀阔斧的城市化建设，其私家园林至今仅存4座。[①]另一方面，曾经"闹中取静"

---

① 任阿弟：《常州传统园林研究——以私家园林造园艺术为例》，南京农业大学硕士学位论文，2012年。

的城市园林，在周边拔地而起的高楼大厦中，其赖以生存的文化背景、文化环境、传统风貌正在现代化中逐步退化，周边环境不再协调，从园林中望去的"天际线"也不再美丽。

2. 具有旅游功能的园林资源未能较好处理保护和利用的关系

江南园林作为"人类理想家园"的优雅文明实体，具有历史文化价值和旅游功能，是资源依托型旅游景点。一方面，很多园林管理部门过度注重其经济价值内涵，对园林资源过度开发与利用，但由于江南园林尤其是私家园林面积较小，曲折幽深，承载量不大，不加限制地开放式游览常导致人满为患，生态环境失衡、历史真实性与风貌完整性遭到破坏。另一方面，古代园林转化为现代旅游景点，囿于场地、设施的限制，旅游功能往往单一，内容不够新颖，展示形式缺乏变化，作为旅游产品与现代旅游者多样易变的旅游需求存在差距。

3. 管理体制不顺与科学管理的滞后

一是管理体制不顺使一些园林成为被遗忘的角落，以地方政府管理为主的模式呈现出多元化和多层次。有些城市的园林分属于单位、研究机构、学校、医院、私宅等，为便于管理和出于安全的考虑，许多单位或将园林作为单位美化环境的装饰物，或仅用于本单位的内部接待之用，几乎不对外开放。另外，由于管理意识和资金保障不到位，这些园林的保护管理水平普遍较差。园林周边环境更因为管理机构的不统一，政出多头，问事乏力，成为城市管理的死角。

二是科学的保护管理监测体系不完善。园林的保护管理工作，采用的多是传统的、经验型的、被动式的管理方法，缺乏科学的保护管理体系，不足以应对突发事件。在园林管理部门中，高级的专业型保护人才仍较为稀缺。

三是在修复过程中，未能按照历史原真性予以修复。古代园林为砖木结构，在长期兴废盛衰的变迁过程中经历着风雨雷电以及病虫害等自然灾害性的侵蚀、风化、毁损，本体日趋衰落，对于损毁或亟须修复的园林，往往没有深入研究其历史原真性，或因维护成本较高而制作不精，导致园林的原真性、完整性大打折扣。

4. 文化内涵挖掘力度不够，游客距离感强、知晓度低

一方面，江南园林承载了数千年的文化底蕴，博大而精深的文化内涵，给

一部分游客带来了一定的欣赏上的困难。对于生活在现代社会的旅游者来说，他们与古典园林所代表的古代文化之间，存在着天然的文化和心理距离。大多数游客只能通过走马观花似的游览，简单领略园林的"美"，对于园林建筑、历史、艺术等文化背景等却无从知晓，加之现代旅游者的旅游心态通常较为躁动，难以用淡泊、宁静的心态来细细品味，解读其中的真谛。另一方面，公众对园林文化资源的保护意识淡薄，对园林的认知主要停留在概念上，而对其实质内涵了解不多，对园林资源保护与管理的参与意识则更加淡薄。

（二）对策与建议

1. 强化地方政府的协调领导

坚持可持续发展战略，将园林资源保护纳入整个城市规划发展的总体战略之中，地方政府应权威地指导有关部门开展工作，对资源保护和利用的重大问题进行科学论证和最终决策，同时理顺地方政府与园林管理机构的工作职责，要给予园林管理机构对内对外的统一管理权。结合城市的保护、开发，有计划、有步骤地恢复历史园林旧貌，一方面有关部门应将当地的历史园林、园林遗存编制成册归档，并根据相关法律法规的要求，划定界址，限定保护范围，落实保护措施；另一方面遵循修旧如旧的原则，对园林部门的现有景观进行较为全面的整治和维修。

2. 园林资源的旅游利用要强化"保护第一"的理念

在江南园林资源旅游功能的利用中，有关部门一定要坚持"保护第一，开发第二"的原则，始终将保护工作放在首要地位，应在保护的前提之下，对园林资源进行合理利用，并注意与周围生态环境的协调统一，以期实现园林遗存保护与旅游发展的双赢。在控制客流量层面，苏州园林保护管理部门以保护传承为宗旨，开展了一系列保护管理的举措，现列举其具体举措以资借鉴：

一是建立客流调控机制。测定公布各园林景点最佳容量和饱和容量，实行景点内即时流量监测，适时启动限量售票措施，逐步把超负荷景点的游客数量降下来。通过景点电子屏幕、园林旅游网等信息化手段及时发布客流量预警信息，引导旅行社和游客合理安排游览时间和路线，调节景点客流峰谷。

二是提高游览服务品质。加大园林景点导游培训和管理力度，着力提高讲解服务水平，为游客提供定时免费讲解、自助导游器等服务。丰富向入园游客免费发放的宣传图文资料内容。通过服务的提升和环境的改善，进一步彰显苏州古典园林的历史文化价值。

三是建立团队预约机制。与各主要旅行社建立入园预约机制，尤其是在黄金周、节假日等客流高峰期，提前沟通客源数量，引导各旅行社错时入园，避开旅游团队短期入园高峰。

四是完善应急预案。客流量一旦接近景区最高瞬时容量，立即启动相应的应急措施并启动无条件退票程序，开启临时通道等，组织专人进行引导疏散。

3. 融入科技要素，提升园林修复、管理的水平

"科学技术是第一生产力"，园林资源的维护、管理也离不开现代科学技术。在园林修缮、维护过程中，要加强科学研究，有条件的园林景区要创新管理监测手段，将园林建筑、陈设、花木、水石等纳入电子监测系统平台，以精准的科技手段代替"人为目测"，更好地维护好园林遗产，使园林保护管理工作更规范、更科学、更有效。古典园林的修复，要坚持历史性、原真性的原则，做到修旧如旧，这其中，对园林要素的有效监测也将为修复提供可靠的依据。要借助视频、视听系统等现代技术手段，全面展示园林的景观和文化内涵；还要将高科技与现代旅游管理的科学理论相结合，有效提高管理效率，完善管理体制。

4. 深入挖掘历史名园的文化内涵，扩大宣传渠道

园林管理部门要注重深厚历史内涵的发掘、宣传，为公众了解园林、熟悉园林文化提供通畅的渠道。首先，要提炼好各园林景点的精华和价值，加强古建筑、山池、花木的管理和养护，以及匾额、楹联、陈设的调整和充实，完善说明牌和标识系统，让游客对园林景点要素有详细了解。

其次，随着旅游知识的增长和识别能力的提高，游客已不满足于单纯的视觉、听觉享受和仅仅是作为旁观者式的观光游览，而要求景点活动体现出参与性、鲜活性的特点，以满足其参与娱乐、获得休憩的深层次、高档次的文化游览需要。因此，园林景点的活动，除了最常举办的花展、年会、庙会等活动外，还要在突出各园林特色的基础上，探索参与性、体验性、互动性强的特色

活动，以更好地向公众传播园林文化。

第三，互联网、信息化时代的到来，使游客出行方式、游览需求进一步改变，电子商务以信息量大、可选范围广、成本低、消费者主动性强等优势成为影响园林旅游最直接和广泛的技术。园林景区要主动融入互联网时代的大趋势，为园林旅游产品提供信息化技术支持，满足游客信息化、便捷化的旅游需求，还要结合自身特色，在文化创意、旅游纪念品开发上不断创新，改变园林旅游纪念品千佛一面、缺乏特色的总体形象，让更多的年轻人接受园林、喜爱园林。

（三）江南园林文化资源精神的延续和创新

江南古典园林的研究价值大致可以分为两层：物质价值与精神文化价值。物质价值是指园林资源本体，而精神文化价值则是指蕴含在园林之中的文化传统、思想内涵以及造园者的理想追求。梳理江南园林文化资源，不仅要对园林资源本体的保护利用加以研究，还要探索园林文化精神的价值和启迪。

园林文化专家曹林娣教授说："江南园林都为'可居、可游、可赏'的优雅的文明实体，风水佳穴的选址、院落式的布局、生态养生与艺术养生结合，成为人类环境创作的杰构和诗意栖居的文明实体……这就是生活的艺术和艺术的生活，一种最富有生态意义的生存哲学，它集中了中国古代文人几千年积累的摄生智慧。"[1]江南古典园林对于当代人和当代社会而言，其意义不仅在于形式，更在于精神。江南古典园林中所表现出来的"天人合一"的理念、"因地制宜"的规划、追求意境的精神等在现代社会、现代园林景观设计中同样可以应用。

1.天人合一，和谐共荣

江南古典园林崇尚自然的思想，"模山范水""城市山林"的立意，始终将自然作为园林创作的素材。园中山水清秀，草木葱荣、飞鸟池鱼，皆入园景，植物配置形成的人工自然植物群落，在很大程度上能够改善园林生态环境。"天人合一、和谐共荣"这一原则，不仅是一种造园手段，而且实际表达的是一种造园本质，一种人类本能的需求，一种人类与自然和谐共处的理想化

---

① 曹林娣：《园庭信步——中国古典园林文化解读》，中国建筑工业出版社2011年版，导言。

境界。以园林中的"自然观"来指导现代景观设计，对于正确解决人类面临的生态危机，协调人与自然的关系，具有极为重要的理论和实践意义。

2. 因地制宜，巧于因借

江南园林的构建，最善于运用因地制宜这一原则。明代计成《园冶》中强调："园基不拘方向，地势自有高低。涉门成趣，得景随形……相地合宜，构园得体。"[①]古人所提倡的是不盲目改造地形，尽量利用原有的地貌地形，就地取土石、草木造景。如江南寺庙园林的布局，大多因山制宜，充分利用山体的自然走势和周围的自然环境，形成与地形相适应的布局方式。在现代园林建设中，完全可以借鉴、遵从因地制宜、尊重自然的原则，从选址到设计要充分考虑基地现状、功能要求，充分利用基地的自然环境，而非完全不顾自然地形变化，凭空堆山挖池，浪费钱财，破坏生态环境。

3. 内涵深邃，意境悠远

江南园林的另一个重要造园思想是注重深邃的文化内涵和意境的营造。江南园林除运用园林名称、建筑题名、山水布局、植物选择等手法来体现文化内涵外，也充分利用匾额对联、砖雕木雕、铺地花窗等造景。这就融入了园主的雅好、品格，也体现了园主的文化意趣。在现代园林景观设计中，思想的表达、文化的品位同样重要，如能从细微处点缀人文历史，则更能体现文化氛围。

意境则是江南园林艺术中最突出的一个特色，园林意境的生成离不开造园家"经营布置"的艺术章法，在有限的空间中创造出丰富多样、含蓄不尽的意境，有景外之景、弦外之音。现代园林景观设计中，同样需要境界的营造，王国维曾说过："有境界则自成高格。"一方面在主题立意上切忌空泛或夸大，另一方面，要以多种营造手法，创作出意境高远、富有特色的园林景致。

现存众多江南园林是珍贵的历史遗存，在城市化快速发展的过程中，为我们提供了"理想家园"的范本，其意义不仅在于留存城市的记忆，同时还是城市进一步发展的重要基础和契机。我们不仅身肩保护好这些珍贵遗存的任务，

---

① 刘乾先：《园林说译注》，吉林文史出版社1998年版，第38页。

还承担着传承、发扬其优秀文化的使命。

第三节　江南戏曲文化资源

梅新林在其《中国文学地理形态与演变》一书中，论及"元明清著名文学家地域分布"时曾云："自元至清代（1271—1911）的六百四十年间，是中国古代本土文学版图演变进程中第二大时段的第三时期，亦即最后一个时期。……而就本时期的终点来看，始终落在长江下游的三角洲地带，但元明清三代重心也有一定的变化，元代重心落在原南宋临安首都圈，明代移至南京都城圈，清代移至苏州—杭州，至近代继续东移于上海。……本时期可以终点重心的移位，大致分为三个阶段：一是元代，重心在原南宋形成的临安首都圈；二是明代，重心在南京都城圈，其中以苏州为主角，常州、松江、扬州等环绕南京构成强势首都圈（明初）和陪都圈（永乐年间后）；三是清代，重心在苏州与杭州两相对应，两州同为江苏、浙江巡抚驻地，拥有著名文学家不相上下（分别为178、173人），然后由常州、嘉兴、扬州、松江、绍兴等一系列强势府州环绕之。近代之后，重心又由先前的苏州、杭州两相对应向上海移动，形成三足鼎立之势。"①这揭示了中国文学的地域分布，在元明清三代，江南较之以前呈现出新的走势，已经成为文学分布的核心区域。

在繁花似锦的江南文艺百花园中，戏曲与小说绽放得尤其灿烂。中国戏曲最早成熟形态的南戏，兴起于温州，繁荣于江南；作为"一代之文学"的元曲，其后期中心转移到了杭州；明清戏曲，亦以江南最盛，特别是明代中期以后在此崛起的昆曲，一枝独秀，风靡全国300年之久。江南戏曲文化资源，典型体现了江南文化的诗性特征。2001年5月18日，联合国教科文组织将"中国昆曲艺术"列为首批"人类口头和非物质遗产代表作"，昆曲艺术价值在世界上获得了肯定。流行于明代前中期的四大声腔是昆山腔、余姚腔、弋阳腔、海

---

① 梅新林：《中国古代文学地理形态与演变》（上册），复旦大学出版社2006年版，第123—124页。

盐腔，其中三大声腔形成于江南。之后，江南又有越剧、沪剧、庐剧、黄梅戏、锡剧、扬剧等多种地方剧种。京剧的产生，也与扬州徽班进京直接相关。概括而言，江南戏曲文化总的特征是：历史悠久，曲种丰富，地方特色鲜明，审美性较强。在漫漫历史长河中，充满诗意和世俗情怀的戏曲，如同流水一样浇灌着江南大地，成为江南文化重要的组成部分。

一、底蕴深厚的江南戏曲文化传统与特色

江南戏曲文化的崛起，发轫于两宋之际，以温州戏文的产生为标志。北宋后期，政治腐败，金人侵扰，农民起义频繁，战争不断，温州僻处东南海隅，相对太平，物阜民丰，"尚歌舞""敬鬼乐祠"的传统，使这里成为民间戏曲艺术萌芽生长的一块肥沃土壤。两宋期间，温州更成为当时全国著名的对外贸易通商口岸。城市经济的繁荣，市民人口的骤增，城乡交流的日渐密切，对文化娱乐有了更多的需求，原始的"村坊小伎""里巷歌谣"逐渐演变为民间歌舞小戏，发展为地方百姓喜闻乐见的戏曲艺术品种"温州杂剧"。随着宋室南渡，大量北方人口的南迁，特别是"路歧人"（流动演出的伎艺人）的南下"作场"，"温州杂剧"得以广泛吸收、融合唐宋大曲以及宋金杂剧、院本、诸宫调、唱赚等北方伎艺精华，南戏走向了成熟。

俞为民《南戏流变考述》指出：决定戏曲形式的本质特征有二，一是乐体特征，二是文体特征。从乐体与文体两方面考察，中国古代戏曲大致可以分为两类，一类是联曲体戏曲，一类是板腔体戏曲。宋元南戏、元代杂剧、明清传奇以及明清杂剧，均为联曲体戏曲，没有本质的区别。宋元南戏与明清传奇是同一种戏曲形式，只是由于时代的不同，社会环境、作者身份等的变化，南戏到了明清时期出现了分流，分化为民间南戏（传奇）与文人南戏（传奇）两个大类。[①]据此也可以说，取得了辉煌成就的明清传奇正是宋元南戏的自然延续发展。其为明清以来多种地方戏的繁荣，提供了丰富的营养。

明清戏曲与小说，共同代表了这一时代文学创作的最高成就。关于明

---

① 俞为民：《宋元南戏考论续编》，中华书局2004年版，第3—34页。

清江南戏曲艺术的大众娱乐休闲文化性质，晚明潘之恒《鸾啸小品》有集中论述：

> 吴王夫差载西施于西洞庭，名其湾曰"消夏"。夫夏可休也，而不易消。其可消者，或以色，或以饮，或以弈，或以文，或以剧。而剧之爱最薄。非谓忘之与？若有所爱，而无所忘，不能以移情易志者，其爱不足溺也！非专一之至能然乎？乐剧之领班者二：曰郝，曰陈。郝名甚噪，而陈以劲敌。然人赏郝者众，而陈稍自鸣。主教者或差等之。余素知陈二。今复观剧于茅止生宅。己未休夏前七日，暑最酷。将申登席，戌犹未散。观者汗沾背，而剧者浃踵矣。剧若以凉饮人，以寒中人，无一字之懒漫，而人始不能散。其时会者孺文最以齿尊，伯麐病，献孺倦，而兴犹足以豪，乐阕而五申之，意未尽也。在兵法能贾余者，气振于纤末，此可破锐，而况击怠归乎？郝、旦、陈、生。各挟艳声。而延年所倚，骄宠在妹。今夜舒毁久，而郝赛之。誉方张，宜飙而振者，恃有赏音者在。吾党相聚，固尚忘情，兹以河朔饮后，无惩于六月之师，其专一之至，足以相摄。乃知吴王之消夏，固不在水一湾矣。陈，练师也；旦，蒋，若徐，皆有劲节，品之中而可上也，则以消夏占者也。①

在潘之恒看来，戏剧声色可以休闲消夏，沉湎于看戏，可以移情易志，时当盛夏，如饮凉水，如寒降暑。佐证有清人李延昰《南吴旧话录》所载"莫后光三伏时每寓萧寺，说《西游》、《水浒》，听者尝数百人，虽炎蒸砾石，而人人忘倦，绝无挥汗者"②，可见在当时人心目中，戏剧、说书等乃公认的娱乐休闲文化样式，有着不可偏废的重要意义与地位。

众所周知，在晚明曲坛，汤显祖与沈璟的论争是戏曲界的一件大事。汤

---

① 潘之恒：《鸾啸小品》卷三《消夏》，转引自汪效倚辑注：《潘之恒曲话》，中国戏剧出版社1988年版，第36—37页。

② 李延昰：《南吴旧话录》卷二十一"莫后光"条，转引自吴宗锡主编：《评弹文化词典》，汉语大词典出版社1996年版，第146页。

江南文化资源研究

显祖《答吕姜山》札中说："寄吴中曲论良是。唱曲当知，作曲不尽当知也，此语大可轩渠。凡文以意、趣、神、色为主。四者到时，或有丽词俊音可用，尔时能一一顾九宫四声否？如必按字模声，即有窒滞迸拽之苦，恐不能成句矣。"[①]沈璟在其传奇《博笑记》中针锋相对指出："名为乐府，须教合律依腔。宁使时人不鉴赏，无使人挠喉捩嗓。说不得才长，越有才越当着意斟量……纵使词出绣肠，歌称绕梁，倘不谐律吕，也难褒奖。耳边厢，讹音俗调，羞问短和长"，"词人当行，歌客守腔，大家细把音律讲"[②]。诚如王骥德《曲律》中说："临川之于吴江，故自冰炭。吴江守法，斤斤三尺，不欲令一字乖律，而毫锋殊拙；临川尚趣，直是横行，组织之工，几与天孙争巧，而屈曲聱牙，多令歌者龉舌。"[③]沈、汤相争，势若水火，不能相容。如何评价沈、汤分歧，较流行的观点认为："总起来看，沈璟剧作的思想倾向偏于保守，倡导封建伦理道德的气息比较浓厚。……讲究声律当然并不错，但是到了因律害意也在所不惜，甚至号称'宁协律而不工，读之不成句，而讴之始叶，是曲中之工巧'（吕天成《曲品》），这就太过分了。"[④]如果我们从晚明江南大众娱乐文化背景下作进一步审视，便会发现，沈汤二人分歧，主要集中在戏曲创作究竟是服务于舞台演出，还是单纯个人的文学创作。沈璟坚执地认为剧本应该服务于舞台演出，故崇尚本色当行；其立足点，强调戏曲是表演艺术，是大众文化娱乐形式。这不仅因为他是音乐家的缘故，也反映出他身为江南曲家，作为江南人，对于繁盛于江南的戏曲艺术之大众娱乐性质有着理性清醒的认知。

据相关研究，大约在明代成化元年（1465）以后，南戏于东南诸省间衍化出各种新腔，如余姚腔、海盐腔、弋阳腔、昆山腔、杭州腔、乐平腔、徽州腔、青阳腔（池州腔）、太平腔、义乌腔、潮腔、泉腔、四平腔、石台腔、调

---

① 汤显祖：《答吕姜山》，见徐朔方笺校：《汤显祖诗文集》卷四十七《玉茗堂尺牍之四》，上海古籍出版社1982年版，第1337页。

② 沈璟：《商调·二郎神》，见徐朔方辑校：《沈璟集》，上海古籍出版社1991年版，第849—850页。

③ 王骥德：《曲律》，见中国戏曲研究院编：《中国古典戏曲论著集成》第4册，中国戏剧出版社1959年版，第165页。

④ 袁行霈主编：《中国文学史》第4卷，高等教育出版社2005年版，第100—101页。

腔等，"它们的产地，除潮腔与泉腔出自闽南语系以外，其他大体不出吴语方言的区域，或处于吴语和其他方言的过渡地带"①；而"这些新声腔调一经产生，立即便以异常迅速的态势，向南北各地流布，其发展之快，足迹之远，致使原有的古老南戏根本不能望其项背。而在这些新腔调咄咄逼人的攻势下，曾经一度盛极全国的北杂剧竟然从此一蹶不振，陆续萎缩，直至消亡"②。南戏于成化元年以后在江南衍化出各种新腔，与江南社会娱乐消费文化的崛起息息相关。魏良辅改革昆山腔，亦属于"顺势而为"，于是新昆腔迅速发展，很快压倒众腔，一枝独秀。明清之际长洲徐树丕《识小录》中说："吴中曲调起魏氏良辅，隆、万间精妙益出。四方歌曲必宗吴门，不惜千里重赀致之，以教其伶伎，然终不及吴人远甚。"③昆曲之风行可见一斑。而吴地百姓痴迷于戏剧，如陆文衡《啬庵随笔》描述："我苏民力竭矣，而俗靡如故。每至四五月间，高搭台厂，迎神演剧，必妙选梨园，聚观者通国若狂。"④清初《苏州竹枝词·艳苏州》其二有云："家歌户唱寻常事，三岁孩子识戏文。"这些都反映出戏曲艺术在当地的风行，以及大众娱乐文化的特质。

关于明清家乐戏班及其演出情况，学者多有探讨，如刘水云《明清家乐研究》第七章考述，园林池馆、厅堂楼阁、楼船画舫、僧寺官署均有戏班演出；节日时令之春节、迎春、元宵、端阳、赛会、中元、中秋，人生礼仪之生子、婚礼、寿礼、丧礼，官府宴集、贵族宴集、富商宴集、文人宴集，无时不有。⑤

常熟王应奎《戏场记》一文，则具体描述了广场民间戏曲演出的情况：架木为台，幔以布，围绕以栏，颜以丹毂，"于是观者方数十里，男女杂沓而至"；其观众则"有黎而老者，童而孺者，有扶杖者，有牵衣裾者，有衣冠甚

① 廖奔、刘彦君：《中国戏曲发展史》第3卷，山西教育出版社2003年版，第3页。

② 廖奔、刘彦君：《中国戏曲发展史》第3卷，山西教育出版社2003年版，第31页。

③ 徐树丕：《识小录》卷四《梁姬传》，见孙毓修编：《涵芬楼秘笈》第1集，北京图书馆出版社2000年版。

④ 陆文衡：《啬庵随笔》卷四《演戏宜禁》，转引自王利器：《元明清三代禁毁小说戏曲史料》，上海古籍出版社1981年版，第286页。

⑤ 刘水云：《明清家乐研究》，上海古籍出版社2005年版。

伟者，有竖褐不完者，有蹿步者，有踝足者，有于众中挡拟挨枕以示雄者，约而计之，殆不下数千人矣"；其中之女观众，"有时世妆者，有小儿呱呱在抱者，有老而面皱如鸡皮者"，其数量"约而计之，其多如男子之数而减其六七焉"；戏场还有各色商贩，趁戏场演出做着买卖，"有举酒旗者，有列茗碗者"，兜售各色点心、吃食等。①

民间戏曲演出虽然不像瓦肆勾栏或剧场中演出可以收取门票，但也绝非纯粹的公益性表演。演出费用，多由民间摊派筹集。如张采《太仓州志》载："游民四五月间，二麦登场时，醵人金钱，……集优人演剧，曰扮台戏……且醵时苛敛，伤及农本，乡镇尤横。"②赵士麟《读书堂彩衣全集》载："更有无籍游民，不事生业，每于城市乡村，科敛民财，恣搬傀儡，以致环堵聚观，男女混杂，奸盗邪淫，从兹而起。"③汤斌《汤子遗书》载说："吴下风俗，每事浮夸粉饰，动多无益之费……如遇迎神赛会，搭台演戏一节，耗费尤甚，酿祸更深。此皆地方无赖棍徒借祈年报赛为名，图饱贪腹。每至春时出头敛财，排门科派，于田间空旷之地高搭戏台，哄动远近，男女群聚往观，举国若狂，费时失业，田畴菜麦蹂躏无遗。"④其科敛之广、之重，由此不难见出。

民间观众对戏曲演出的挑剔，其观戏的内行，则从一个侧面反映出民间演出的频繁程度，如张岱《陶庵梦忆》中记载，"唱《伯喈》、《荆钗》，一老者坐台下，对院本，一字脱落，群起噪之，又开场重做。越中有'全伯喈'、'全荆钗'之名起此"⑤。

庞大的市场需求，催生出众多的江南戏曲从业人员，陆容《菽园杂记》载："嘉兴之海盐，绍兴之余姚，宁波之慈溪，台州之黄岩，温州之永嘉，皆

① 王应奎：《柳南文钞》卷四《戏场记》，见《清代诗文集汇编》编纂委员会编：《清代诗文集汇编》第256册，上海古籍出版社2010年版，第254页。

② 张采：《太仓州志》卷五《流习》，转引自王利器：《元明清三代禁毁小说戏曲史料》，上海古籍出版社1981年版，第94页。

③ 赵士麟：《读书堂全集·彩衣全集》卷四十四《抚浙条约》，见《四库全书存目丛书·集部》第240册，齐鲁书社1997年版，第320页。

④ 汤斌：《汤斌集·汤子遗书》卷二，中州古籍出版社2003年版，第83页。

⑤ 张岱：《陶庵梦忆》卷四《严助庙》，上海古籍出版社2009年版，第64页。

有习为优者，名曰'戏文子弟'，虽良家子亦不耻为之"，此为浙江的情况；张翰《松窗梦语》载："夫古称吴歌，所从来久远。至今游惰之人，乐为优俳。二三十年间，富贵家出金帛，制服饰器具，列笙歌鼓吹，招至十余人为队，搬演传奇；好事者竞为淫丽之词，转相唱和；一郡城之内，衣食于此者，不知几千人矣。"[①]范濂《云间剧目抄》载"苏人鬻身学戏者甚众"[②]，此为吴地的情势。

明清江南戏班的勃兴，据刘水云《明清家乐情况简表》[③]著录，明清戏班总计411家：明成化以前（不包括成化）5家，非江南者有河北束鹿1家；成化、弘治、正德三朝10家（其中3家约跨嘉靖），非江南者有河南浚县、云南安宁2家；嘉靖、隆庆51家（其中4家约跨万历），非江南者有陕西武功、陕西鄠县、河南洛阳、陕西咸宁、山东濮州、北京、山东章丘、山东济南、福建闽县、陕西西安、江西宜黄等12家；万历、天启、崇祯176家，非江南者有福建莆田、江西彭泽、安徽宣城、北京、山东临清、福建侯官、湖北长石、广东揭阳、福建温陵、湖北京山、湖北公安、河南归德、河南商丘、山东沧州、山东曹县、云南临安、徐州、江西南昌、陕西米脂、山东益都、辽宁锦州、河北宛平、山东胶州、安徽桐城、山东曲阜、滇南、河南河阳等37家；清朝顺治、康熙时期125家（其中2家跨雍正时期），非江南者有河北曲周、江西泰和、广西桂林、山东德州、琼州、江苏泰州、宁古塔、江西南昌、山西平阳、云南昆明、北京、陕西渭南、河南颍州、徐州、陕西三原、湖北容美、湖南辰州、山东长山、河北宛平、河北柏乡、河北真定、江苏泰州、广东肇庆、河南商丘、安徽望江、湖南长沙、安徽合肥、福建晋江、山东淄川、安徽休宁、山西宣府、山东莱阳、河北静海、福建福州、河南磁州、广州、山东德州、天津、河北宛平、山东济南、安徽和州、山东长山、江西南昌、湖南长沙、山东莱阳、顺天、淮安、云南开化、陕西榆林约67家；乾隆34家（跨嘉庆1家），江南约21家，其中扬州12家；嘉、道、咸、光四朝10家，江南3家。

---

① 张翰：《松窗梦语》卷七《风俗纪》，中华书局1985年版，第139页。

② 范濂：《云间据目抄》卷二《纪风俗》，进步书局1928年版。

③ 刘水云：《明清家乐研究》，上海古籍出版社2005年版，第624页。

由以上统计可以知道：其一，成化前后为家庭戏班的发生期；嘉靖、隆庆时期，戏班飞速发展，进入繁荣期；万历、天启、崇祯时期，为戏班之鼎盛期；顺治、康熙时期，为持续发展期；乾隆朝，戏班已经进入衰微期；嘉、道、咸、光时期，戏班则走向没落。其二，在家庭戏班孕育发生时，江南便是其大本营：正德以前15家戏班，江南以外的仅有3家；嘉、隆时期戏班51家，江南以外有12家；万历、天启、崇祯时期戏班176家，江南以外有37家；江南占据了绝对统治地位。进入清朝，顺、康时期戏班125家，江南以外约有67家；江南戏班虽然已略见疲态，但仍占全国戏班总数的半壁江山；乾隆以后，扬州因为盐商的原因，戏班呈畸形繁盛外，江南戏班随着昆曲传奇时代的式微走向了没落。综合而观，江南为戏班之重镇，乃不争的事实。

二、江南戏曲文化资源的分类

江南戏曲文化资源主要是以非物质形态呈现在人们面前的，因此这里进行分类也必须从这个特征出发。

第一类是江南戏曲的曲种、曲目、表演场所等与戏曲直接相关的资源，包括昆曲以及后来的越剧、沪剧、庐剧、黄梅戏、锡剧、扬剧、苏剧等。

就作家而言，明清时期江南戏曲作家众多，大家辈出，作品如林。关于明清戏曲作家之区域分布，已有相关研究涉及。据统计，明代各省杂剧作者及作品的情况如下：浙江27人、99种，南直12人、30种，北京4人、6种，南京2人、4种，陕西2人、3种，河南1人、29种，江西1人、12种，湖广1人、8种，山东1人、2种，云南1人、2种；明代各省传奇作者及作品的情况如下：浙江58人、125种，南直39人、92种，陕西2人、31种，江西6人、11种，南京5人、10种，北京2人、5种，山东1人2种，云南1人、2种，北京1人、1种；以府统计，杂剧前4位分别是绍兴、杭州、苏州、徽州，传奇次第为苏州、绍兴、杭州、嘉兴，其作者主要集中在浙江与南直。[①]清代戏曲家之分布情况如下：江苏283人，浙江173人，安徽45人，山东30人，江西29人，河北20人，广东19人，湖南16人，

---

① 方志远：《明代城市与市民文学》，中华书局2004年版，第255—260页。

宗室旗籍14人，福建12人，四川11人，湖北10人，其他各省均在10人以下。具体市县排名为：江苏省，苏州68人，常州21人，常熟17人，松江17人，扬州16人，金陵15人，吴江13人，无锡13人，太仓10人，其他县市均不超过10人；浙江省，杭州42人，绍兴32人，萧山10人，海宁10人，其他县市均在10人以下。①在中国文学史著述中所论及的三大戏曲流派是临川派、吴江派、苏州派，后两者产生于江南，临川派领袖汤显祖与江南关系密切，其代表人物吴炳、孟称舜、阮大铖均为江南戏曲家，江南在明清戏曲创作中的中心地位不难见出。

在明代成化弘治年间，江南诞生之大家名作有江苏宜兴人邵灿的《香囊记》，其半虚半实、亦虚亦实的创作手法，成为明清传奇重要的创作方法。明代中期，昆山人梁辰鱼的《浣纱记》是以新昆山腔创作的第一部传奇，其中男女爱情与家国兴亡融为一体，在明清戏曲史上，这具有开创性意义。据说是王世贞创作（或谓太仓人唐凤仪作）的《鸣凤记》开明代时事剧之先河，并成为艺术典范。长洲张凤翼的传奇创作，为后世传奇剧本"缩长为短"导夫先路。钱塘高濂《玉簪记》极负盛名，400年来演唱不衰。明代后期，吴江人沈璟，潜心研究昆腔格律体系，编著《南曲全谱》《南词韵选》《古今词谱》《遵制正吴编》《论词六则》《唱曲当知》等，时人徐复祚赞其"订世人沿袭之非，铲俗师扭捏之腔，令作曲者知其所向往，皎然词林指南车也"②。围绕在沈璟身边的一批江南曲家，如吕天成、叶宪祖、王骥德、冯梦龙、范文若、袁于令、卜世臣、沈自晋、顾大典等，形成了后人所说的吴江派。临川派中著名的作家有：吴炳，宜兴人；孟称舜，会稽（今浙江绍兴）人；阮大铖，怀宁人，流寓南京期间，完成其《石巢传奇四种》。明清之际，以李玉为代表的苏州剧派为中国戏曲史上规模盛大的戏曲流派，并通过他们成功的创作实践，确立了以伦理道德为核心的内容与案头场上两擅其美的艺术风格。金华人李渔的《笠翁十种曲》，为中国古代喜剧发展贡献卓越。在清康熙年间剧坛，钱塘洪昇与曲阜孔尚任并称"南洪北孔"，前者创作的《长生殿》"一时梨园子弟，传相

① 邓长风：《明清戏曲家考略全编·四编》，上海古籍出版社2009年版，第88—109页。

② 徐复祚：《曲论》，见中国戏曲研究院编：《中国古典戏曲论著集成》第8册，中国戏剧出版社1959年版，第240页。

搬演，关目既巧，装饰复新，观者堵墙，莫不俯仰称善"①，至晚清，"百余年来，歌场舞榭，流播如新"②。在乾隆年间剧坛，最负盛名的"东张西蒋"之一的江宁人张坚创作了《玉燕堂四种曲》，时人誉为"梦梅怀玉"。名家名作为江南戏曲艺术中心地位的确立提供了重要保障。以曲种而论，昆曲是江南戏曲中历史悠久的一支曲种，已被列入世界"人类口头和非物质遗产代表作"，曲目多，人才盛，成就最为突出。重要的曲目有：王世贞的《鸣凤记》，汤显祖的《牡丹亭》《紫钗记》《邯郸记》《南柯记》，沈璟的《义侠记》，高濂的《玉簪记》，李渔的《风筝误》，朱素臣的《十五贯》，洪昇的《长生殿》，以及一大批著名的折子戏，如《游园惊梦》《阳关》《三醉》《秋江》《思凡》《断桥》等。名家有：魏良辅、汤显祖、沈璟、沈自晋、李玉、李渔，降至近代，有俞振飞、周传瑛、张娴等。

越剧自1906年从说唱艺术演变成戏曲后，剧目来源主要三个方面：一是将原唱书节目改编成戏曲形式，如《赖婚记》《珍珠塔》《双金花》《懒惰嫂》《箍桶记》等；二是从兄弟剧种中移植，如从新昌高腔移植的《双狮图》《仁义缘》《沉香扇》等，从徽班移植的《粉妆楼》《梅花戒》等，从东阳班（婺剧）移植的《二度梅》《桂花亭》等，从紫云班（绍剧）移植的《龙凤锁》《倭袍》《三看御妹》等，从鹦歌班（姚剧）移植的《双落发》《卖草囤》《草庵相会》等；三是根据宣卷、唱本、民间传说故事进行编写，如《碧玉簪》《蛟龙扇》《烧骨记》等。1920年以后，越剧进入绍兴文戏时期，新增许多剧目，如《方玉娘》《七美图》《天雨花》等，又从海派京剧中学来《狸猫换太子》《汉光武复国走南阳》等连台本戏和《红鬃烈马》等剧目，从申曲（沪剧）、新剧（文明戏）里学来《雷雨》《啼笑因缘》等时装戏。越剧老一辈著名越剧表演艺术家有袁雪芬（袁派）、尹桂芳（尹派）、范瑞娟（范派）、傅全香（傅派）、徐玉兰（徐派）、王文娟（王派）、戚雅仙（戚派）、张桂凤（张派）、陆锦花（陆派）、毕春芳（毕派）、张云霞（张

---

① 蔡毅编著：《中国古典戏曲序跋汇编》第3卷，齐鲁书社1989年版，第1584页。

② 梁廷枏：《曲话》，见中国戏曲研究院编：《中国古典戏曲论著集成》第8册，中国戏剧出版社1959年版，第270页。

派)、吕瑞英(吕派)、金采风(金派)、竺派(竺水招)等。

黄梅戏也是深受江淮一带百姓喜爱的曲种,在江南戏曲中影响较大,源于湖北、安徽、江西三省交界处黄梅一带的采茶调。清末其传入毗邻的安徽省怀宁县等地区,与当地民间艺术结合,并用安庆方言歌唱和念白,逐渐发展为一个新生的戏曲剧种。黄梅戏一度被称为"怀腔""皖剧",安庆也被称为"黄梅戏之乡"。全国解放以后,其整理改编了《天仙配》《女驸马》《罗帕记》《赵桂英》《慈母泪》《三搜国丈府》等一批大小传统剧目,又创作了神话剧《牛郎织女》、历史剧《失刑斩》和《玉堂春》、现代戏《春暖花开》《小店春早》《蓓蕾初开》。其中《天仙配》《女驸马》《玉堂春》和《牛郎织女》相继被搬上银幕,在国内外产生了较大影响。优秀剧目有:《天仙配》《牛郎织女》《槐荫记》《女驸马》《孟丽君》《蓝桥会》《路遇》《王小六打豆腐》《小辞店》《玉堂春》《西楼会》《纺棉花》《秋千架》等。黄梅戏名家众多,代表性的有:严凤英、王少舫、黄新德;马兰、韩再芬、吴琼、吴亚玲、张辉、潘璟琍、黄宗毅、张云风、杨俊、袁玫、周莉、李萍、汪菱花、汪静、李文、赵媛媛、孙娟、余顺、周源源、周珊等。

沪剧流行于上海和江浙一带的吴语区,源于上海浦东的民歌东乡调,清末形成上海滩簧,其间受苏州滩簧的影响,后采用文明戏的演出形式,发展成为小型舞台剧"申曲"。1927年以后,申曲开始演出文明戏和时事剧。1941年,上海沪剧社成立,申曲遂正式改称沪剧。主要经典剧目有:《十不许》《小分理》《女看灯》《借黄糠》《捉牙虫》《顾鼎臣》《杨乃武与小白菜》《啼笑因缘》《黄慧如与陆根荣》《阮玲玉自杀》《马永贞》《罗汉钱》、《庵堂相会》等。庐剧,旧称"倒七戏",是安徽省地方戏主要剧种之一。清末以来,流行于安徽境内的淮河以南、长江以北地区。它在大别山一带的山歌、淮河一带的花灯歌舞的基础上吸收锣鼓书(门歌)、端公戏、嗨子戏的唱腔发展而成。花腔小戏以反映劳动人民生活情趣和爱情为主要内容,也有一些讽刺喜剧和闹剧,如《卖线纱》《放鹦哥》《上竹山》《借妻》《骂鸡》等;此外还有部分反映清末人民斗争生活临时编演的剧目,如揭露鸦片鬼丑态的《打烟灯》,反映农民投奔太平军的《下广东》等。折戏有《张四姐闹东京》中的

《捣松》、《梁祝》中的《闯帘》、《蓝衫记》中的《张太和休妻》、《三元记》中的《教子》等。本戏以家庭悲欢离合、爱情、公案为主要内容，除本剧种独有的《柴斧记》《手巾记》《干旱记》《河神》等外，大都移植改编明清传奇、鼓词和其他剧种的剧目，如《彩楼配》《琵琶记》《药茶记》《孟姜女》《天宝图》等。名家有王本银、丁玉兰、孙邦栋等。

锡剧是由武进（今属常州）、无锡一带的东乡小调经曲艺滩簧阶段发展而成的剧种，其后又陆续吸收了江南民间"采茶灯"的舞蹈，辛亥革命前后搬上舞台。锡剧传统剧目也不少，如：《卖草囤》《卖水饺》《卖排骨》《摘毛桃》《摘菜心》《摘石榴》《借汗巾》《借披风》《借黄糠》《盘陀山烧香》《牙痕记》《烧骨记》《咬舌记》《灰阑记》《蓝衫记》《金环记》《鲫鱼记》《红鞋记》《吕布与貂蝉》《宝莲灯》《红鬃烈马》《武松杀嫂》《薛刚闹花灯》《金玉奴》《斩经堂》《昭君出塞》《陈杏元和番》《隋炀帝看琼花》《梁祝》《碧玉簪》《火烧红莲寺》《荒江女侠》《包公案》《血滴子》《珍珠塔》《双珠凤》《白蛇传》《孟丽君》《孟姜女》《何文秀》《杨乃武与小白菜》《描金凤》《啼笑因缘》《秋海棠》《枪毙阎瑞生》《黄慧如与陆根荣》《苦命的女单帮》《卜灵望》《陈阿尖》《一条黄瓜三扁担》《显应桥》《庵堂认母》《庵堂相会》《双推磨》《君臣游苑》《红花曲》《海岛女民兵》等，名家有姚澄、王彬彬、梅兰珍、王兰英、汪韵芝、王汉清、倪同芳、杨企雯、吴雅童、薛静珍、小王彬彬、周东亮、袁梦娅、黄静慧、潘华、潘佩琼、张金华等。

扬剧发源于江苏扬州，成长于上海。它以古老的"花鼓戏"和"香火戏"为基础，吸收了扬州清曲、民歌小调后发展起来，原名"淮扬文戏"，1930年代中期称为"淮扬戏"，新中国成立后，改称"扬剧"，主要流行于江苏、上海全境和安徽部分地区。经典剧目有《香罗带》《玉蜻蜓》《喜娟》《修匾记》《十二寡妇征西》《珍珠塔》《洪宣娇》《纣王与妲己》《碧血扬州》《梁祝哀史》《八姐打店》《皮匠挂帅》《秦香莲》《海公大红袍》等。名家有高秀英、金运贵、王秀兰、石玉芳、华素琴、顾玉君等。

淮剧又名"江淮戏"，是一种古老的戏曲剧种，源于清代，流行于江苏、上海全境和安徽部分地区。清代中叶，其流行于淮安府和扬州府地区，在民间逐步发展起来。淮剧是在民间说唱和一些戏曲（如京剧）的基础上演化而来的。淮剧流派有"筱派旦腔""何派生腔""李派旦腔""马派自由调""徐派老旦""周派生腔""杨派生腔""李派生腔"八大流派，分别是淮剧名家筱文艳、何叫天、李玉花、马麟童、徐桂芳、周筱芳、杨占魁、李少林在长期的艺术实践中创立和发展的淮剧艺术流派。其后以陈德林、黄素萍为代表的陈派，代表现代唱腔。传统经典剧目有《孟丽君》、《牙痕记》（又名《安寿保卖身》）、《玉杯缘》、《九件衣》（又名《嫁衣血案》）、《哑女告状》、《恩仇记》、《柜中缘》、《白蛇传》、《岳飞》、《千里送京娘》、《状元袍》、《柳燕娘》、《官禁民灯》以及清宫戏《蓝齐格格》等。

苏剧是由花鼓滩簧与南词、昆曲合流而成的汉族戏曲剧种，流行于苏南和浙北地区。其前身是"苏滩"，原名对白南词，俗称"打山头"，是一种围坐清唱的艺术形式。由于苏剧在文学、音乐方面都与昆曲有着渊源，许多苏剧艺人兼能昆曲，在昆曲衰落时期，也有不少昆曲艺人改演苏剧，所以也可以说苏剧表演艺术得到昆曲的滋养。传统剧目有《西厢记》《牡丹亭》《红梨记》《烂柯山》《玉簪记》《绣襦记》《精忠记》《西楼记》《白蛇传》《义侠记》《水浒记》《占花魁》《渔家乐》等，以上称为"前滩"。《教歌》《张三借靴》《嵩寿》《呆中福·洞房》《琵琶记·大小骗》《扦脚做亲》《探亲相骂》《卖草囤》《卖青炭》《卖矾》《捉垃圾》《打斋饭》《游观十八景》等，以上称为"后滩"。著名演员有丑角林步青、净角朱菊峰、老生张筱棣（以上三人称为"苏滩三鼎甲"），以及费西冷（丑）、范少山（丑）、陈少赓（丑）、朱国梁（老生、净、丑）、蒋婉贞（小生）、庄海泉（二花）、龚祥甫（小生）、张凤山（旦）等。

绍剧又名"绍兴乱弹""绍兴大班"，起源于上虞（现为绍兴上虞区），流行于绍兴、慈溪、余姚、萧山及浙沪其他地区。绍剧是浙江三大剧种之一，有300多年的历史，拥有400多个剧目。绍剧的猴戏独树一帜，达到了较高的艺术水平。一出《孙悟空三打白骨精》被拍成电影后，发行72个国家和地区，曾风靡全国，声播海外。1950年其定名为"绍剧"。绍剧有深厚的群众基础，也是名家辈出，主要有梁幼依、吴昌顺、陆长胜、林芳锦、汪筱奎、章宗信（七龄童）、章宗义（六龄童）、筱昌顺、陈鹤皋、章艳秋、王振芳（十三龄童）、筱艳秋等。电视剧《西游记》主演章金莱（六小龄童）就出身绍剧世家，其父章宗义（六龄童）人称"南派猴王"，他的表演不仅出神入化，而且对六小龄童后来的电视剧演出启发很大。从某种程度上说，这对绍剧艺术也是一种弘扬。①

第二类是与江南戏曲的传播、评论等和戏曲间接相关的资源，以及相关的戏台等物质化形态的资源。

在明代中期以后崛起的大众娱乐文化热潮中，戏曲因为其自身内容的通俗性，更因为如火如荼的戏剧演出的助推，其休闲阅读的需求也迅速提升，于是剧本曲选评点刻印风行，其中以江南为甚。有学人结合经典《西厢记》，探讨其在明清时期传播接受过程中的小说化转向。②其实，不独《西厢记》，明清时期诸多剧本的评点刊刻，多具有这样的特征，这正反映了剧本曲选自身也成为大众娱乐文化的事实。如《奇妙全相西厢记》卷尾云："本坊谨依经书重写绘图，参订编次大字本，唱与图合，使寓于客邸、行于舟中、闲游坐客，得此一览始终，歌唱了然，爽人心意。"其生产大众娱乐休闲文化商品的目的昭然可见。

剧本曲选，其曲词文字并不通俗，于是绘图、评点应运而生，帮助其实现向通俗的转化。《牡丹亭还魂记·凡例》云："戏曲无图，便滞不行，故不惮仿摹，以资玩赏，所谓未能免俗，聊复尔尔。"又《吴歈萃雅·选例》云："图画止以饰观，尽去难为俗眼，特延妙手，布出题情，良工独苦，共诸好事。"③两者都透露了这一信息。

剧本与曲选成为明清书坊争相刊印的商业出版题材，如金陵明代书坊广庆堂、文林阁、世德堂、师俭堂、环翠堂、继志斋、富春堂，钱塘明代书坊容与堂等，都刻印了大量剧本、曲选，或以刻印剧本、曲选为其主要出版内

第四章　江南审美文化资源梳理与创意研究

---

① 以上各剧种资料为笔者根据网络相关信息综合整理而得，下文同此。

② 薛慧：《明清时期〈西厢记〉传播接受的小说化转向》，《明清小说研究》2014年第1期。

③ 周之标：《吴歈萃雅·选例》，转引自蔡毅编著：《中国古典戏曲序跋汇编》第1卷，齐鲁书社1989年版，第434页。

容。有学人就明代全国戏曲之刊刻进行统计，结论是：刻印之地虽然涉及江苏、浙江、安徽、北京、陕西、山东、江西、福建、广东等省份，但主要集中于南京、苏州、杭州、绍兴、乌程数地，并认为"吴越地区是明代戏曲刊刻的中心，其中又以南京为剧本刊行的核心城市"①。书坊之曲类刻本，还通过丰富版面内容，进一步加强其通俗可读性，如明刻《八能奏锦》《乐府玉树英》《乐府万象新》《大明春》，均分上、中、下三栏，上、下栏为曲选，中栏为时调；明刻《词林一枝》《玉谷新簧》，分上、中、下三栏，上、下栏为曲选，中栏为散曲、时调；明刻《摘锦奇音》，分上、下栏，上栏小曲等，下栏戏曲；明刻《尧天乐》，分上、下栏，曲选附笑谈、酒令；明刻《时调青昆》，分上、中、下三栏，上、下栏为曲选，中栏为笑话、酒令等。

见诸文献记载，最早进行戏曲评点工作的是江南人徐渭。②明清时期著名的戏曲评点有陈继儒评点《西厢记》《幽闺记》《琵琶记》《红拂记》《玉簪记》《绣襦记》，孟称舜评点《古今名剧合选》，金圣叹评点《第六才子书西厢记》，毛纶评点《琵琶记》，吴人评点《长生殿》，吴人三妇合评《吴吴山三妇评本牡丹亭还魂记》；著名的曲论有徐渭的《南词叙录》、王世贞的《曲藻》、沈璟的《南九宫十三调曲谱》、吕天成的《曲品》、王骥德的《曲律》、沈宠绥的《度曲须知》；清代毛先舒的《词学全书》《韵学通指》、沈自晋的《南词新谱》、李玉的《北词广正谱》、李渔的《闲情偶寄》等，均出自江南作者之手，特别是李渔的戏曲理论，其上升到戏曲美学的高度，达到了我国古代戏曲理论的高峰。

今天我们传承江南的戏曲资源，对古戏台的保护十分重要，因为戏曲艺术本身属于非物质文化遗产，但戏台却是物态化的，从戏台中可以窥见戏曲演出的状况："明清时期，戏曲文化昌盛，各种地方剧种形成，演剧活动极为频繁，从而也使戏台遍布各个城镇乡村，成为乡村中的重要公共建筑。戏台不仅是村民聚会活动的场所，也往往是当地较高建筑水平的体现。由于各种原因，

---

① 戴健：《明代后期吴越城市娱乐文化与市民文学》，社会科学文献出版社2012年版，第209页。

② 朱万曙：《明代戏曲评点研究》，安徽教育出版社2004年版，第19页。

虽然传统戏台建筑大部分已遭毁坏，但是浙江、江西以及江苏与安徽南部等地依然保留着相当数量的传统戏台。"①这些保留下来的传统戏台，正是江南地区戏曲文化繁盛的见证。

"中国传统戏台通常有神庙戏台、祠堂戏台、会馆戏台、皇家戏台、私宅戏台、商业剧场以及市井戏台等多种类型，不过在乡村中基本不存在商业性剧场，普遍以神庙戏台和祠堂戏台为主。戏台多附属于祠庙，与各种祭祀活动有着密不可分的联系。演剧活动以及戏台建设更多地成为乡村公共生活的一个方面，而不是单纯的艺术欣赏或者娱乐方式。"②戏剧大舞台，舞台小社会。戏曲舞台体现的是中国江南乡土社会的人际交往和公共生活形态。

第三类是民间艺术中与江南戏曲有关联的艺术门类，其资源也是我们研究江南戏曲文化时应该关注的。比如白局和评弹，它们属于说唱艺术。一般认为，我国说唱艺术形成于唐代，成熟于宋代，而戏曲则形成于宋代。戏曲音乐在形成与发展的初期就吸收了当时的说唱音乐，如《诸宫调》《唱赚》等的艺术元素。到了清末，一些地方小戏是直接由说唱音乐发展形成的。如《滩簧》，它本是乾隆年间盛行于江南一带的说唱音乐，在辛亥革命前后，相继发展成戏曲，如苏剧、沪剧、锡剧等。可以说，地方戏曲的前身多为民间说唱，两者的关系十分紧密。

评弹又称"苏州评弹""说书"或"南词"，是苏州评话和弹词的总称，是一门古老、优美的汉族说唱艺术。评话通常一人登台开讲，内容多为金戈铁马的历史演义和叱咤风云的侠义传奇。弹词一般两人说唱，上手持三弦，下手抱琵琶，自弹自唱，内容多为儿女情长的传奇小说和民间故事。评弹有说有唱，大体可分三种演出方式，即一人的单档、两人的双档、三人的三个档。演员均自弹自唱，伴奏乐器为小三弦和琵琶。唱腔音乐为板式变化体，主要曲调为能演唱不同风格内容的"书调"，同时也吸收许多曲牌及民歌小调，如"费伽调""乱鸡啼"等。"书调"是各种流派唱腔发展的基础，通过不同艺人演

第四章　江南审美文化资源梳理与创意研究

---

① 葛佳平：《明清江南戏台与乡村公共生活研究》，《美术教育研究》2013年第15期。

② 葛佳平：《明清江南戏台与乡村公共生活研究》，《美术教育研究》2013年第15期。

唱，形成了丰富多彩的流派唱腔。如今，评弹仍在苏州百姓中有一定的市场，这种说唱艺术也可视为江南戏曲的外延。

南京白局是南京地区民间的方言说唱，是南京唯一的古老艺术种类，已有600多年历史。白局形同相声，表演一般一至二人，多至三五人，说的全是南京方言，唱的是俚曲，通俗易懂，韵味淳朴，生动诙谐，是一种极具浓郁地方特色的说唱艺术。这是植根于南京民间文化中的艺术，有着浓郁的市民情调和乡土情结。南京白局戏剧曲种起源于南京云锦织锦机房，是南京土生土长的一种戏剧形式，所唱曲子皆以苏南苏北和安徽小调为基础，同时糅进了南京秦淮歌妓弹唱的曲调，因其曲种收调众多，唱腔丰富多彩，所以又有"百曲"之称。南京白局以南京调为古腔本调，此调又称数板或新闻腔，其他主要曲调为"满江红""梳妆台""哭小郎""穿心""剪剪花""老八板""闪板"等。

丰富的民间说唱艺术，为戏曲的发展提供了文学素材。它们和戏曲虽有区别，但依然有千丝万缕的关系。

三、江南戏曲文化资源的活态传承与发展

首先，戏曲文化来自民间，成熟于市井，这是其活态传承最重要的土壤。因此，江南戏曲文化需从民间开始培育市场。在德国法兰克福学派的代表人物阿多诺和霍克海默提出"文化产业"的概念后，西方学者在此基础上对其持续争论。但有一点，就是近年来世界各国几乎都对文化产业高度重视，在国家层面相继出台政策扶持本国的文化产业。与此同时，我国对文化产业的认识也在不断深入，国家统计局颁布了新修订的《文化及相关产业分类（2012）》，更是提出了"文化创意和设计服务"这一类别标准。但是，我国在文化产业方面发展仍然有很多问题，主要体现为产业的良性运行机制还未真正形成，基本行业素养有待提高。以戏曲产业为例，我们与国外的差距就十分明显，这种差距不仅是在创作方面，同时也体现在产业发展的很多要素上。日本的"歌舞伎""能乐"（包括"能"与"狂言"）也是在融入民间文化仪式后，才有可能继续传承的。如果完全脱离百姓生活文人化，是

不利于戏曲生存发展的。

其次，对各曲种进行理论研究，系统整理文本和音像资料。把江南现存的明清至近代以来的各类戏曲文化资源进行整理，考证研究、正本清源，系统分析。不妨采取绘制文化地图、编制数据库并加以推广的方式，让公众不仅能直观了解当前戏曲文化资源的分布和现状，更能够参与文化资源的保护与开发。研究考证性文章多多益善，更重要的是，针对江南戏曲的有关问题，利用大数据时代的特点进行文化主动创新，变散而无序为集中有序，整合江南地区的戏曲文化资源，打造文化产业集群和创意产业链，充分适应智慧城市的建设需要，让古老的戏曲与现代科技相结合，这是焕发其活力的一条路径。

再次，研究消费心态，适应现代文化，开发新的内容，摒弃门户之见，淘汰落后观念。举个例子，中国台湾的"霹雳布袋戏"虽不是戏曲作品，但这类布袋戏却和传统戏曲有着天然的亲缘关系，而"霹雳布袋戏"能广受欢迎与创作者因时而变、继承求新的思路不无关系。江南的戏曲文化资源应当借力"非遗"保护和传承的工作，把自己和皮影戏、木偶戏等"非遗"的保护与发展结合起来。戏曲等传统艺术也须打破门户之见，广采博纳："江南众多剧中在上海同存共荣，除了苏剧、锡剧、沪剧、甫剧、越剧、绍剧、滑稽戏、评弹有众多观众，不仅顺利生存，沪剧、越剧和评弹活得非常滋润；而且也有困境中挣扎的昆剧，南下寻求最大市场的京剧，还有因苏北人大量定居上海，带来了扬剧和淮剧。上海文艺界并不歧视和排斥新来的扬剧和淮剧。更有苏州评弹。话剧虽然观众不多，但上海是中国话剧的中心。上海集中了十多种剧种，只是中国绝无仅有的，在国际上也是罕见的。这么多剧种在上海，大家互相敬重，从不攻讦，艺术竞争，各自发展，没有一家独大，只有共赢，是共同繁荣的最佳局面。上海的新闻媒体也抱海纳百川的态度，谁演得好就宣传谁，没有门户之见。"[1]这话是不错的，旧有的传统不适应艺术发展的就要果断破除。

最后，江南戏曲的活态传承在于面向未来，建设新的文化生态。"首先，

① 周锡山：《江南地方戏多剧种通用的共同智慧和繁荣发展》，见查清华、詹丹主编：《江南都市与中国文学——第二届江南文化论坛论文集》，上海三联书店2017年版。

青春版《牡丹亭》将观众锁定在具有青春激情的年轻人群体。之所以将观众定位在具'青春'特征的年轻人，尤其是大学生，一方面是从昆曲在当代新的生态下发展的角度来考虑的。……年轻人尤其是大学生是国家的未来，昆曲为他们所喜爱和了解，他们就会自觉地成为'昆曲义工'，为昆曲的传承和弘扬作出努力，昆曲也就能得以持续发展。而且，作为古典艺术的昆曲，要在当代发展，需迎合当代观众的审美情趣，而年轻人尤其是大学生是现代审美情趣的引领者和追逐者，如早先影视剧中所谓的'韩流'、'日流'，以及港台的流行歌曲，首先都是从年轻人群中兴起的。因此，若在传统昆曲中融入现代性因素，能迎合年轻观众的审美情趣，得到他们的认同，古老的昆曲也就能得以传承与流传。另一方面从《牡丹亭》这一具体剧目来说，在古典与'青春'之间，也找到了与现代年轻观众在心灵上实现对接的因素。"①作为戏曲资源的掌握者，心态要开放，思维要活跃，绝不能先验地认为青年人对传统艺术没有兴趣，与老一代艺术家有"代沟"，应当积极地将这些资源向青年人敞开，多举办一些如"传统艺术进校园"的活动，这样才能让江南戏曲的"百花"在新世纪再度绽放。

第四节　江南传统文学资源

一、江南文学的时空背景

历代文人骚客对江南的深情吟咏和多样抒写，形成了丰富的江南文学资源。江南文学资源形成和积淀于江南历史文化的悠久发展过程中，江南文化的源流和精神决定了江南文学的面貌和特色。学界公认江南的核心区域为"八府一州"，即明清时期的苏州、松江、常州、镇江、应天、杭州、嘉兴、湖州八府和从苏州府辖区划分出来的太仓州。此区域亦称长江三角洲或太湖流域，地理、水文、自然生态以及经济等方面之间的联系极为紧密。周边的宁波、绍

①　俞为民：《昆曲的现代性发展之可能性研究》，《文化艺术研究》2011年第1期。

兴、扬州、徽州等府县在自然环境、生产和生活方式、商贸与文化等方面与江南"八府一州"的联系较为密切，可视为核心江南区的外延部分。江南地区湖泊众多，水网遍布，物产丰饶，环境优美，在自然环境、生产条件等方面，有着北方地区无法比拟的优越条件，自东晋以来就成为人杰地灵之所在。而富饶的江南地区形成的以长江文明为渊源、以诗性文化为本体的江南文化，也具有鲜明的个性特征。

稻作文化作为史前长江流域文明的一大成就，是促使江南发展的重要因素。新石器时代，江南地区已出现古越族人创造的文化，[①]长江文化和黄河文化的碰撞已然开始。黄河文化首先占据上风，周朝礼乐文化的流行也集中在黄河流域，而这期间的江南则相对落后。先秦时期吴越文化之间的碰撞、交融，构成了江南文化的重要基础。尤其是吴越间城市的兴建，孕育了江南的审美文化。此时的江南自身的文化精神尚未觉醒，但黄河文化的影响和吴文化野性的发展，使得以吴文化为代表的江南古国呈现出积极拓展、向外扩张的状态。后来越国战胜了吴国，而南方的大国楚国又消灭了越国，江南地区开始被统一于一个行政区域之内。此后的秦汉大一统王朝未能给江南文化带来发展的契机，秦汉王朝的政治、军事以及文化的重心都在黄河流域，其统治基础也是北方的"政治—伦理"话语体系，而当时萌芽的江南文化还无法与成熟的北方黄河文化比肩抗衡。

魏晋南北朝时期是江南发展的轴心期。这一时期北方战乱频繁，江南文化却迎来了第一个发展高峰期。孙吴的立国使得江东的经济文化在经过数百年的萧条后，得到快速的更新发展。后经"八王之乱"、晋室"永嘉南渡"，到东晋南朝时期，都城建康成为江南政治文化中心。北人的南下促进了南北文化的交流和融合。这一时期经济的迅速发展，为江南在隋唐时代的发展打下了坚实的基础。时代的动荡促进了江南士人精神的觉醒，他们对生死的思考更加深入，江南名士所表现出的"魏晋风度"，对个体精神自由的追求，表明审美个

---

① 杨东晨、杨建国：《江南太湖和杭州湾地区的氏族部落探寻——兼论新石器时代黄河与长江流域氏族的迁徙与融合》，《广西右江民族师专学报》2004年第2期。

体从摆脱名法礼教中获得了真正的解放。而"就艺术文化史的发展而言，魏晋南北朝时期艺术文化的特点不是平行的南北差异，而是文化主流由北向南的摆动与重新生成"①。总之，经历过轴心期的精神觉醒后，后世公认的江南文化精神和审美细节得到确立，并具有了自身再生产的条件和土壤。

隋代江南在短暂的沉寂后迎来新的发展机会，由于京杭大运河的开凿，扬州成为帝国粮运的生命枢纽，更由于隋炀帝的偏爱，扬州成为文化重心。到了唐代，扬州巩固了自身作为江南经济中心的地位，商业消费文化蓬勃兴起，出现了大量和扬州有关的诗词文学作品。朝廷虽倾全力经营西北，中唐的古文复兴运动又提出"尊王攘夷"的口号，高蹈北方中心主义，但扬州的经济和文化生活依然在全国居首，史有"扬一益二"之称。尤其是在北方的安史之乱之后，江南文化地位上升，开始成为汉民族文化创造的重要一极，奠定了宋代江南文化繁荣的基础。

宋元时代以杭州为文化中心，南方人才优势明显，南宋即有"维南多士，栉比周行，北客凋零，晓星相望"②之叹。朝政势力南人压倒北人，因有"公卿将相，大抵多江浙闽蜀之人"之说。③宋代以城市为中心的诗性文化的繁荣达到了顶峰，杭州（古称临安）不仅使江南城市再次成为王朝首都，而且使江南文化繁盛并衍生出独立的精神传承。这主要表现在以下三个方面：首先是城市生活的高度发展使江南文化发展逐渐脱离朝政束缚而变得较为独立和自觉；其次是江南都市文艺活动日益精致化和市民化的并存互动；最后是随着经济文化重心的南移，江南地区逐渐发展成为东亚汉文化圈的精神家园。

明清两代，江南的发展水平远超中原及其他区域，随着经济与文化的长期兴盛，江南的政治地位也愈加重要。以苏州为中心的明清江南城市文明高度发展，工商主导、物质精致化和雅俗结合是其主要的文化特征，这也在很大程度

---

① 高小康：《永嘉东渡与中国文艺传统的蜕变》，《文学评论》1996年第4期。

② 张嵲：《祭陈参政去非文》，见陈与义：《陈与义集》，中华书局1982年版，第544页。

③ 参见黄宽重：《从和战到南北人：南宋时代的政治难题》，见《中国历史上的分与合学术研讨会论文集》，联合报系文化基金会1995年版；吴松弟：《北方移民与南宋社会变迁》，文津出版社1994年版。

上成为中国文化发展的大趋势。江南成为全国举足轻重的经济中心，随着社会民生的富庶、教育的发达、文明程度的提高，成为时人心中的向往之地。江南文学在这一时期达到鼎盛。

纵观江南历史，江南地区形成了独特的审美文化传统，这些传统对江南文学产生了极为重要的影响。有学者认为江南的美首先是一种烟雾缭绕的"雌性的丽辉"，即江南文化审美精神中特有的"甜美"，可以吸附所有冲动与力量，可以溶解所有郁积与顽固。其次，江南之美往往闪耀出自由个性的光辉，明清江南布衣诗人传统就是这方面的重要代表。江南人往往珍惜重视真挚情感，其艺术审美因而显得更为纯粹。"发乎情"而不一定"止乎礼"，这一特征使得明清时期的江南诗性文化成为中国人文精神的代表。[①]

二、江南文学资源的主要类型及特点

江南文学从萌芽至繁盛经历了漫长的历史演变。六朝时期，江南文学迎来第一个发展高峰。刘义庆《世说新语》展示了魏晋名士的风流潇洒，萧统《昭明文选》尽显典雅华美，徐陵《玉台新咏》则收录民歌俗唱，而蓬勃发展的乐府民歌表现出民间与文人审美体系的逐渐结合。陆机《文赋》和刘勰《文心雕龙》对文学的抒情特征和艺术美感都高度重视，显示出对文学特质有了明确的认识，这些都表明了江南文学进入自觉阶段。

在唐诗发展的各个时期尤其是中晚唐，江南诗人均做出了重要贡献。江南诗人主要集中于环太湖、浙东及皖南地区，江南诗歌创作经历了由初盛唐的发展到中晚唐的兴盛的过程。晚唐江南的文艺活动体现出明显的城市化特征，无论是曲子词的兴起，还是传奇小说的繁荣，都折射出与初唐不同的状况，这些传奇作品很多都成为宋代话本的先驱。

宋元时期，手工业和商业的发展促进了城市的繁荣，城市的变革促使了市民阶层的大量涌现，这直接引起了文学的变革。在以杭州为中心的江南城市的勾栏瓦舍里，兴起了各类以娱乐为目的的文艺形式，宋词、白话小说与

---

① 刘士林等：《风泉清听——江南文化理论》，上海人民出版社2010年版，第80—83页。

戏曲等文学样式进入兴盛期。词是宋代最引人注目的文学样式，而江南地区的自然和人文环境催生出无数优秀的宋词作品。话本小说、说唱文学等满足了江南市民阶层的需求。元代北方杂剧圈的南移使杭州成为南方杂剧创作的中心，南戏也逐渐兴盛。宋元时期江南小说和戏曲的兴盛为明清通俗文学的繁荣奠定了基础。

明清江南文学是宋元文学的深化，也是近代文学的发端。明代中期江南地区产生了资本主义萌芽，小说、戏曲等通俗文学的价值得到肯定和重视，非儒观念与民间文化密切结合，雅俗文学的交流互动频繁。而王守仁"心学"的兴起以及与禅宗的结合，促成了明代中后期的思想解放潮流，复苏人性、张扬个性的思想得到广泛传播，文学领域占主流的是重"情"观念。清中叶文学领域尊情、求变及反传统的思想盛行。清代作为中国传统文学的总结期，在江南地区也出现了集大成的文学作品。下面分类介绍明清江南文学资源的类型和特征。

（一）小说

明清江南作为全国的经济和文化中心，城市生活繁盛，通俗文学的发展蔚为壮观。许多文人参与到小说的创作中，有作品传世且姓名可考的作家数量众多，产生了很多优秀的作品。

文言小说有着悠久传统，明初文学创作处于低谷，但文言短篇小说还是有了新的发展，最具代表性的就是瞿佑的《剪灯新话》。瞿佑（1341—1427）字宗吉，钱塘（今浙江杭州）人。他的《剪灯新话》收录宋元以来的灵怪和爱情故事，接续宋元文言小说传统，是反映市井民众的生活和思想情感、描写市民阶层青年男女爱情的作品，题材有所扩大，所表现的生活情调也更具世俗化的色彩。它明显受到话本小说的影响，如《联芳楼记》中对富商两个女儿求爱行为的描写以及事情败露后其父的态度，反映出市民阶层，尤其是商人家庭少受礼教束缚的道德观念。语言风格上，虽仍好用骈俪、多引诗词，但叙述已完全是浅近的文言。

明中期，随着思想控制的松动，文言小说创作愈趋活跃。苏杭一带的祝允明、沈周、徐祯卿、陆粲、田汝成等，都有作品传世。这一时期的小说思想情趣和具体内容庞杂，反映出了当时文人广泛而活跃的生活兴趣。与城市工商业的逐渐繁荣相呼应，小说中反映市井人物包括商贾生活的作品也开始增多。如蔡羽的《辽阳海神传》，写美丽女神爱上商人并成为他的保护神，这是以前从未出现过的。对市井人物、商贾生活等的详细描写，表明了普遍重商的社会心理，且突出"情"而蔑视礼教，生活情调上更趋世俗化。

明后期的文言小说中，产生了相当优秀的作品，松江华亭（今上海松江）人宋懋澄（1570—1622）《九籥集》中所收的《负情侬传》和《九籥别集》中所收的《珠衫》是杰出的代表作。《负情侬传》后来被冯梦龙改编为《杜十娘怒沉百宝箱》，被收入《警世通言》，在情节和人物性格方面几乎未作任何改动。虽说妓女对爱情极度渴望，最终只能破灭的故事早已屡见不鲜，但《负情侬传》仍有出色之处。小说中杜十娘以"发乎情，止乎礼义"这样的正统道德教条指斥士大夫的伪道德，指责李生对"情"的背叛，颇有深意。在传统道德标准中，李生抛弃妓女以求得父母的欢心，并无过错；以元稹写《莺莺传》的态度来看，这种行为甚至还可得到赞美。但在这篇小说中，李生的背信弃义和对杜十娘人格的轻辱，已经被视为严重的不道德行为。相比于过去一般描写追求婚姻自主的文学作品，这篇小说表达了更为深刻的人生理想。其结构的细密完整也是之前同类小说所不及的。《珠衫》描写了一个商人家庭的婚姻波折，后被冯梦龙改写为《蒋兴哥重会珍珠衫》，即《喻世明言》的第一篇。这篇小说虽有较多的巧合，但这些巧合在推进故事发展时显得合情合理，较以往关于商人的小说有着更浓厚的市井生活气息。其中表明的生活观念也很值得注意。传统礼教中妇女贪于情欲而"失节"被认为是极大的罪恶，但在《珠衫》中，妇女"失节"虽被视为过错，但并不是不可饶恕的罪恶，夫妻之间还是相爱的。这种对"失节"妇女的同情与宽容，体现出在摆脱礼教教条之后，人性所具有的真正美德，闪耀着人道主义的光彩。江南地区文言小说的发展和艺术价值可见一斑。

文言小说中，长洲（今苏州）人冯梦龙（1574—1646）编纂的《情史类略》（简称《情史》）也值得注意。此书分类编排，大量汇录历代有关"情"的历史故事、笔记及传奇小说（间有删减），也是重"情"的时代风尚的体现。

通俗小说是明清小说中最具活力、优质高产的文学样式。短篇白话小说在宋元话本小说的基础上有很大的发展，明中后期，随着商业经济的活跃、思想的不断开放、印刷业的繁荣，白话短篇小说的创作成绩斐然。而产生于江南地区的"三言""二拍"代表了明代白话短篇小说的最高成就。

冯梦龙出身书香门第，少有才名，年轻时行止颇为风流。然科场蹭蹬，57岁时才选为贡生。他一生精力主要放在通俗文学的研究、整理与创作上，最重要的成就就是编著"三言"。"三言"的出现，标志着古代白话短篇小说整理和创作高潮的到来。"三言"中的小说，既迎合了广大市民阶层读者的阅读趣味，也反映出作者严肃的人生思考和艺术追求。"三言"中表现出的道德观往往带有新的时代特征。比如《卖油郎独占花魁》在描述感情如何成为美好婚姻之基础的同时，还突出了妇女维护人格尊严的要求。人物形象上，其涉及不同社会阶层、各种类型的人物。它最引人注目的特点是大量描写普通市井人物的凡俗生活，并肯定人们按照自身意欲追求生活幸福的权利。这既是新时代观念的产物，也促进了社会风气的进一步转变。

乌程（今浙江湖州）人凌濛初（1580—1644）在冯氏"三言"的影响下，创作了白话短篇小说集"二拍"。凌濛初18岁补廪膳生，和冯梦龙一样科场不利，不得已转向编书卖文的人生道路。"二拍"是作者据野史笔记、文言小说和当时社会传闻而编撰的，标志着中国短篇小说的创作进入了一个新的阶段。"二拍"对传统陈腐观念的冲击与反抗、所表现的市民社会意识，比"三言"更为强烈。如《硬勘案大儒争闲气》一篇所攻击的直接对象，是当时的假道学。在反映商人的经济活动和追求财富的人生观念方面，"二拍"也更为集中和具体。如《乌将军一饭必酬》对以经商为"正经"、颇为贪财的杨氏的称赞，明显属于市民观念上的评价。爱情和婚姻也是"二拍"中最重要的主题，和"三言"一样常常对妇女的权利作出肯定，如《满少卿饥附饱飏》篇。不同的是，"三言"中一些优秀的爱情故事总把"情"视为理想的人伦关系的基础，而"二拍"中除了肯定"情"的价值，更多地把"情"与"欲"联系在一起，并对女性的情欲予以肯定，这对传统道德观的冲击更为直接。

"三言""二拍"卷帙浩繁，旧时一般人不易购置，明末姑苏抱瓮老人（真名不详）从两书中选出佳作40篇，编成《古今奇观》。其后300年中，它成为一部流传最广的白话短篇小说的选本。"三言""二拍"做到了"极摹人情世态之歧，备写悲欢离合之致"，推动明末清初白话短篇小说创作走向兴盛，也影响了明清传奇的创作，在现代也被改编为戏曲、电影，足见影响之深。

　　清初才子佳人小说在江南极其流行。才子佳人小说从晚明话本小说发展而来，大抵是社会下层文人与书商合作的结果，以青年男女诗简唱和、思想爱慕、经历挫折、最后奉旨（或奉父母之命）成婚为基本模式，千篇一律。这些小说反映了人们追求爱情与婚姻的愿望，总是竭力与传统伦理调和，《玉娇梨》《平山冷燕》是这类小说的代表作。有趣的是，这些才子佳人小说虽然流行不久就广受指责，评价不高，但流传至东亚及欧美后却产生了深远的影响。例如《玉娇梨》《好逑传》曾得到过歌德、黑格尔的关注和赞赏，而《金云翘传》经越南诗人阮攸改编成喃传《金云翘》后，成为越南文学经典之作。

　　明代是中国长篇章回小说发展的定型期，以"四大奇书"为标志，达到了长篇小说艺术的发展高峰。首先是《水浒传》和《三国演义》等通俗文学巨著的诞生，其巨大的活力来自历代文学成果及当代民间文学成就，堪称中国古代叠积型小说的翘楚。浙江乌程人陈忱以明遗民自居，常怀国破家亡的伤感。他的《水浒后传》虽说是《水浒传》的续书，但在继承原著主题的基础上，偏向于表现作者的民族意识。作者作为"亡国孤臣"的悲愤心情常常流露在叙事中，较能打动读者。

　　"四大奇书"之一的《金瓶梅》所展示的社会现实与江南地区有着千丝万缕的关系，其作者"兰陵笑笑生"曾有王世贞（江南太仓人）之说，但迄今难考。明末江南城镇经济的兴盛带来市民人口的激增，主人公西门庆作为一个暴发户式的富商，是当时市民阶层中的显赫人物。全书反映出江南地区流行"好货"及"好色"的新思潮，甚至连书中的饮食描写也颇具江南风味。①

　　《金瓶梅》为明清世情小说的发展奠定了基础。世情小说主要有两大流

---

① 谭兰芳：《〈金瓶梅〉饮食的江南特色》，《湘南学院学报》2008年第6期。

派，一派以才子佳人的故事和家庭生活为题材来描摹世态，《红楼梦》是其杰出代表；另一派以社会生活为题材，用讥刺的笔法来揭露社会黑暗，《儒林外史》为其重要代表。正是江南这片土壤的无限生机和活力，使得世情小说获得了长足的发展。

《儒林外史》与《红楼梦》这两部著作堪称明清江南文学的集大成者。吴敬梓（1701—1754）为安徽全椒人，年轻时多次来南京游历，33岁时移家南京。《儒林外史》作于吴敬梓40岁至50岁时。曹雪芹童年和少年时代是在南京度过的，其祖父曹寅长期担任江宁织造，那时曹家家势煊赫，曹雪芹也过着锦衣玉食的生活。然而在雍正初年曹雪芹随全家徙回北京时家道已经中落，成年后的曹雪芹则一贫如洗，南京的富裕生活只能成为一种抹不去的记忆。这些印象与情绪大都被融入《红楼梦》中，成为小说中时时隐现的"金陵情结"。两部作品的作者都是败落的世家子弟，都具有较高的文化素养，特殊的人生经历使他们更清醒和冷峻地看到了世态人情中某些本质的东西，并对社会所宣扬的价值观与实际生活状态的背离，以及统治阶层人物的堕落与虚无有了更深刻的体验。同时，如同《儒林外史》中的杜少卿和《红楼梦》中的贾宝玉这两个核心人物的言行所体现的，作者对封建正统文化的价值提出了深刻的怀疑，并试图探求某种新的人生方向和精神途径，但他们都无法找到这样的出路。虽然作者未必意识到，但他们确实描绘出一种封建末世的氛围，反映出具有新的人生理想的文人在这一时代中的困惑与痛苦。《儒林外史》与《红楼梦》是严肃的小说创作，贯穿于其中的是作者独特的人生经验、深刻的人生思考和倾注心血的艺术创造。

总之，明清江南地区的小说创作尤其是通俗小说的创作达到鼎盛，在各个方面都发展到了顶峰。明清江南小说的兴盛再次印证了江南自古作为富庶之地，不仅经济发达，而且文风昌盛，极具创造性和活力，引领时代风尚，占据了中国文学发展的制高点。

（二）戏剧文学、说唱文学

宋元南戏在明代经过规范化、文雅化及声腔化改良之后，成为明代流行的传奇。南戏长期流传于南方各地，逐渐形成了弋阳腔、余姚腔、海盐腔、昆山腔四大声腔。据《南词叙录》记载，嘉靖前期昆山腔仅在吴中地区流行，且只用于文人士大夫之间的清唱小曲。嘉靖中后期，经过魏良辅等人改良的昆山腔，轻柔而婉折，富于跌宕变化，具有很强的艺术表现力。梁辰鱼为昆山（今属江苏）人，他的《浣纱记》取材于《吴越春秋》，把勾践复仇灭吴的历史大事件与范蠡、西施的爱情传说结合在一起，剧中中心人物实为西施。此剧写出了文人富于浪漫色彩的生活理想：忠君报国，功成身退，才士与佳人放浪江湖。剧本赞扬了范蠡和西施为了国家利益牺牲个人爱情和幸福的行为，也以相当多的篇幅渲染了西施在成为政治牺牲品时的深深悲哀，写出了妇女不能自主把握命运的悲哀。

明代后期是明传奇的繁盛期。吕天成《曲品》云："博观传奇，近时为盛。大江左右，骚雅沸腾；吴、浙之间，风流掩映。"①汤显祖是当时最有影响力的剧作家，常年生活在南京、杭州一带，他的《牡丹亭》问世不久，便"家传户诵，几乎《西厢》减价"，之所以在江南地区如此流行，是因为汤显祖通过此剧诠释的"至情"观与江南地区的文化氛围相契合。当时社会虽然已出现思想解放的潮流，但对封建传统的冲击还是远远不够的。在剧作中，汤显祖以情反理，反对正统的程朱理学，肯定和提倡人的自由权利和情感价值，褒扬了杜丽娘这样的有情之人，这对当时饱受迫害的女性来说是莫大的安慰。此外，本剧崇尚个性解放，突破了禁欲主义，肯定了青春的美好、爱情的崇高以及生死相随的美满结合。它既源于社会现实又超越了社会现实，具有鲜明的时代特征和震撼人心的力量。吴江派的沈璟曾依据昆曲音律将《牡丹亭》改编为《同梦记》，引起了汤显祖的不满，"沈汤之争"自此始。代表音律派的沈璟与代表文辞派的汤显祖的交锋，使当时的曲学家对于戏曲形式的雅俗问题有了很深入的理解。当时的曲学家们普遍认同音律与文辞"合则并美，离则两伤"的观点。自此以后，兼文辞与音律两者之长，便成为传奇文体的基本规范，达到了雅俗合流的最高境界。而《牡丹亭》的原本后被曲学家和演唱家们用昆曲搬上舞台，成为昆曲最有影响的代表作。

---

① 叶长海主编：《曲学》第2卷，上海古籍出版社2014年版，第385页。

晚明代表性的戏剧作品，吴江派有叶宪祖的杂剧《寒衣记》、袁晋的《西楼记》传奇等，钱塘高濂的《玉簪记》，宜兴（今属江苏）吴炳的《西园记》，等等，都反映出晚明江南社会发达、思想解放的特色。

清初形成了以李玉为首的苏州剧作群。李玉（约1602—约1676）于明亡前创作戏剧，以"一笠庵四种曲"（《一捧雪》《人兽关》《永团圆》《占花魁》）最为有名，合称"一人永占"。这四种传奇表现的是社会下层的世态人情，着重嘲讽鞭挞唯利是图、忘恩负义的卑劣行径，道德高尚者往往出自微贱中人，近于"三言"小说的世界，但道德意识更重。入清后其转向关注朝政军国之事，创作了《千忠戮》（又名《千钟禄》）、《万里缘》等。李玉晚期代表作为《清忠谱》，写天启年间魏忠贤"阉党"迫害东林党人的史实。此剧所写事件过程注重与事实相符，突出了周顺昌等人刚正不阿、宁死不屈的精神，反映出市民阶层的壮大和他们的精神力量。这种对现实的观照表明，江南文化精神不仅有出世的一面，也有入世的一面；不仅注重个人生活的舒适，也关心国家和社会现实；不仅满足大众娱乐上的需求，也关心他们精神世界的构建。

清初的李渔代表了善写风情趣剧的一类作家。李渔（1611—1680）为浙江兰溪人，长期居住杭州，作剧总题《笠翁十种曲》，其中《比目鱼》写得最为感人，《风筝误》是其代表作。他的戏剧题材多是婚恋故事，大多表现满足人生快乐、满足情与欲的要求的愿望，写人物较有生气，格调虽不高雅，性情却有着世俗化的活跃性，能在离奇的情节中表现出真实的生活气氛，剧本的写作富于才情和机智。这种灵活性和创造性是江南文化所催生的。

此外，太仓吴伟业、苏州尤侗的剧作以结合个人身世、借历史素材抒发内心郁闷为主，抒情性强而不重演出效果，实际是一种书面文学。吴伟业有传奇《秣陵春》和杂剧《通天台》《临春阁》。尤侗（1618—1704）有传奇《钧天乐》，杂剧《读离骚》《吊琵琶》《桃花源》《黑白卫》《清平调》，合称《西堂乐府》。无锡嵇永仁（1637—1676）有杂剧《续离骚》，传奇《扬州梦》《双报应》等。

康熙年间，清朝统治趋向稳定，明亡的阵痛归于平静，文人们开始更多地以一种空幻与伤感的情绪看待明清的更替。这时期出现的洪昇（1645—1704）为钱塘人，其《长生殿》写唐明皇与杨贵妃的爱情故事，这一故事是历代诗歌、小说、说唱、戏剧创作的常用素材，但洪昇《长生殿》与前代不同之处有两点：一是对"情"这一核心作了充分的描写和渲染；二是在写"情"的同时，用相当大的篇幅写安史之乱及有关的社会政治情况，使此剧显得场面宏大、人物众多、情节曲折，既是浪漫的爱情剧，又有历史剧的特色，双线交织，更加动人。

弹词是清代流行于南方的兼有说唱的曲艺形式。弹词的演出至为简单，这使它适宜成为家庭的日常娱乐活动，弹词的文本也成为一种老幼皆宜，尤其是适宜女性消遣的读物。许多有才华的女性也参与了弹词的创作，通过自娱娱人的方式，抒发了她们的人生感想。

在长篇弹词中为人称道的是乾隆年间出现的《再生缘》，全书20卷，前17卷为陈端生所作，后3卷为梁德绳所续，最后由侯芝修改为80回本印行。陈端生（1751—约1796）是浙江杭州人在前17卷中鲜明地表现出挣脱封建伦理对于女性束缚的要求，不受传统拘禁的思想，使得作品富有灵性生气。整个故事虽然出于想象和虚构，但情节的展开却并不生硬，描写人物也细致生动，结构上虽然头绪纷繁，却丝毫不乱，故事写得跌宕起伏而严谨清楚。陈端生写完前17卷后就搁笔，可能是难以为故事设计出一个满意的结局。后3卷梁德绳的续作以"大团圆"的陈套收场，削弱了全剧的艺术表现力，但也表现出现实与理想的差距。陈端生在前17卷中塑造的女扮男装的孟丽君形象，在明清现实社会中是不可能存在的，她对理想状态的抒写表现出其对社会现实的不满和反抗。

（三）诗歌

从先秦"诗言志"的发端到唐代近体诗的定型，历代文人志士都借助诗歌写人生抱负，抒胸中块垒，明清江南诗歌发达，佳作如林。另外，明中期散曲极盛，到晚明出现了大量江南民歌，价值不逊于文人诗文，词的创作也在清代实现中兴。

"吴中四杰"和袁凯（约1310—？）在明初诗坛颇有代表性，其中诗歌成就最高者为高启（1336—1374），他的许多诗篇烙印着鲜明的时代特征，反映了时代更替时的社会现实和作者自身的处境。诗作的优秀固然源于江南文化氛围的熏陶，而高启的个性特征也昭示了江南文化中崇尚自由的一面。松江华亭人袁凯少时因赋《白燕》诗而得名"袁白燕"，其涉及个人身世遭遇的诗作真切感人。

明中期祝允明（1460—1526）的诗歌表现出自我觉醒的意识和向外拓展的强烈要求。唐寅（1470—1523）有意识地强化自己"狂诞"的形象，《一年歌》《桃花庵歌》《把酒对月歌》等诗作凸显了不同于传统的狂士风范。此外，他还用浅白通俗的语言在诗中热情歌颂苏州的民俗风情、繁华的市井面貌、绮丽的湖光山色，吟咏自己悠闲放浪的生活。关于唐寅，后人附会出许多故事，最有名的当属"三笑"故事，其他的还有"九美图"故事等。这些故事在后世的小说、戏曲中不断被演绎，推演至现代，1993年由周星驰等主演的喜剧电影《唐伯虎点秋香》深入人心。这表明了唐寅的性格存在与市民情趣相契的特征，他的才气得到了后人的充分认可，也体现出普通民众对风流倜傥的一代才子的喜爱以及对他一生坎坷经历的同情。据此可知，历史上真实的唐寅及其文学作品和后代演绎化的唐寅构成了内涵极为丰富、极具人文意味的文学资源，至今都散发着迷人的魅力。

明末江南出现了太仓人张溥、张采等发起的复社和松江人陈子龙等创建的幾社，两者是当时有较大影响的文人结社。他们以"复古"为口号，希望复兴传统精神，挽救明朝的危亡。陈子龙（1608—1647）以诗见长，有不少作品表达了自己建功立业的志向和壮志难酬的失意，还有不少感时伤事的作品，感情色彩浓烈，真挚感人。夏完淳（1631—1647）的文学观点受陈子龙影响，主张复古，诗歌创作方面的成就为人称道。晚明诗坛还出现了一批富有个性和才华的女诗人，比如朱无瑕、柳如是、徐媛和陆卿子。她们的诗获得了社会的认可和欣赏，并刊刻成书、广泛流传。这表明，在晚明社会女性的个性和才华在一定程度上获得了尊重。

清初三大儒之一的顾炎武是清初遗民诗人的代表，以气节的高尚为后世所敬仰。顾炎武（1613—1682）为昆山人，明末加入复社，清兵入关后在江南积极参与抗清活动，失败后亡命北方。他论诗主性情，反对模拟，提倡"文须有益于天下"。顾炎武的诗是其崇高人格和深厚学力的表现，格调质实坚苍，深雄悲壮，接近杜甫。昆山人归庄（1613—1673）为人豪迈尚气节，与顾炎武有"归奇顾怪"之称。如"不信江南百万户，锄耰只向陇头耕"（归庄《己丑元日》）写出了遗民新的思想境界，难能可贵。总之，在面对时代剧变时，江南文人并未一味哀叹、躲避，而是勇于发声、表露自己内心深处的情感，使心中郁结得以消化、提升。这源于江南文化中至柔至刚的底蕴。

清初钱谦益引领的虞山诗派与吴伟业的娄东派、陈子龙的云间派三足鼎立，其中虞山派和娄东派影响较大。钱谦益致力于清诗学建设，对明代的复古派和反复古派有所批判又有所取，强调时代、遭遇和学问的重要性。钱谦益的诗歌叙事抒情，各体兼善，近体犹佳，艺术造诣极高，被称为清诗开山宗匠。

吴伟业以其歌行"梅村体"风行一代，创作了很多以重大历史事件为背景的诗篇，在叙事诗里开出新境界。《圆圆曲》是其代表作，以吴三桂、陈圆圆的悲欢离合为主线，以委婉的笔调讽刺吴三桂为一己之私情叛明降清，诗中个人身世与国家命运交织，一代史实与人物形象交相呼应。

清中叶诗坛比较著名的诗人有提出格调说的沈德潜，标举"性灵说"的袁枚，以及在乾嘉盛世吟唱悲歌的黄景仁等。钱塘人袁枚（1716—1798）标举"性灵说"，独树一帜，在乾隆诗坛上造成很大影响。他所主张的"诗人者，不失其赤子之心也"，要求诗必须是"我"的"不失其赤子之心"的自得之性情，与晚明李贽"童心"中要求"我"的"童心自出之言"相通。袁枚认为诗人应冲破儒家的清规戒律，凭自己的性情创作诗歌。其诗以才运笔，抒发性灵，极具特色。其"性灵说"风靡大江南北，影响诗坛甚巨。

词经过元明两代的沉寂，在明清易代之际出现中兴。清初江南出现了以陈维崧为首的阳羡词派和以朱彝尊为首的浙西词派，掀起清初词坛的高潮。陈维崧（1625—1682）为宜兴（今常州）人，以豪情抒悲愤是陈词的风格特征。他作为清词的一面旗帜，集结万树、蒋景祁、史唯园、陈维岳等大批阳羡派词人，为清词的振兴做出重要贡献。随着清朝走向鼎盛，浙西词派以醇正高雅的盛世之音取代了阳羡派，继续引领词坛风尚。朱彝尊（1629—1709）为秀水（今嘉兴）人，是浙西词派的开创者，和陈维崧并称"朱陈"，与龚翔麟、李良年、李符、沈皥日、沈岸登号为"浙西六家"。在其影响下，浙西词派标举"清空醇雅"的风格，蕴藉空灵，无轻薄浮秽之弊，也不落浓艳媚俗。

明清江南的散曲和民歌也成就甚伟。明中叶成化、弘治时，江南散曲复兴，代表性作家有陈铎、唐寅、祝允明等。这些文人在醉心词曲、书画等艺术时，往往不同程度地表现出对于朝政的疏离，以及对于世俗文章的轻视，闪烁着个性解放的思想光彩，这方面尤以陈铎的散曲最具代表性。陈铎（约1454—1507）家居南京，世袭指挥使，然不守官职，醉心于词曲，当时南京教坊中人称其"乐王"。陈铎的散曲主要描写市井生活，分为两大类：一是描画风月艳情，内容以写男女风情最多，文辞流丽；二是描写城市景象与市民生活百态。其《滑稽余韵》收曲136首，用当时以城市为主的各种社会职业为题，表现了各行各业人们的生活，以及多种店铺的经营活动，人情世态，形形色色，是散曲中别开生面之作，极具时代感。明中期江南散曲的繁荣，是启蒙思潮下通俗文学兴盛的独特表现之一。

晚明江南民歌兴盛，冯梦龙编撰的《挂枝儿》（又名《童痴一弄》）和《山歌》（又名《童痴二弄》），绝大部分是用吴语写的，反映了晚明文学的精神及文人文学与俗文学的结合，表现出强化娱乐功能与反传统教化的倾向。冯梦龙关注日常生活琐事，以直露的民歌阐发他对"情"的诠释，"借男女之真情，发名教之伪药"[①]。这与晚明江南地区社会经济的发达、思想的活跃息息相关。

（四）文章

明清科举考试规定文体，最引人注目的文章范式当属八股文。关于八股文历来多有诟病，但如何能在规定的范式内游刃有余地写出好文章，也是才能和技巧的体现。明代江南出现了一批八股文名家，如苏州的王鏊、华亭的钱福、昆山的归有光、武进（属常州）的唐顺之、德清（湖州）的胡友信、归安（属湖州）的茅坤、常熟的瞿景淳、松江华亭的陈子龙、嘉定的黄淳耀等人，他们都能在严格的形式要求下写出优秀的八股文。这根源于江南社会注重教育、多

---

① 冯梦龙：《序山歌》，见杨君：《冯梦龙诗文》，海峡文艺出版社1985年版，第1页。

科举世家的传统，其本身也成为江南文化中灵动多变、富于才气的文学资源，明清两代江南地区进士数量之多就反映出这一特征。

嘉靖文坛出现唐宋派，江南地区的唐顺之、茅坤、归有光是其中的重要代表。其创作主张上强调文以明道，但在实际创作中较为成功的是富于文学意味的篇章，其中成就最高的当属归有光。归有光（1507—1571）的散文善于捕捉日常生活中的生活琐事和普通人物，描写刻画细致永新，流露出作者真实的生活感受，富于感情色彩，如《先妣事略》《项脊轩志》等，描写质朴自然、抒情真挚感人。

晚明江南的小品文极具时代特色，在晚明文学散文中占据重要地位。公安派的袁宏道曾游历和仕宦江南，有小品名篇《西湖》《天池》等。绍兴人张岱的《西湖七月半》《湖心亭看雪》最为人津津乐道。这些江南小品文趋于生活化、个性化，反映出江南文人日常生活的状态和趣味，渗透各自的生活情调和审美倾向，也折射出当时的社会现实，有着很高的文学价值。

清初散文"三大家"中的汪琬为长洲（今苏州）人，侯方域虽为河南商丘人，但长期生活于江南地区。他们的散文创作代表了从明末向清初的文风转变，向古文传统靠拢，反映现实，取材广泛。明末清初的李渔的《闲情偶寄》内容驳杂，涉及戏曲理论、饮食、园艺等多方面的内容。此书接续了晚明笔记传统，教人把日常生活变成艺术化的享受，把许多话题说得新鲜有趣，有真实的感情和活泼的美感，文学趣味充沛。清中叶骈文复兴，出现"骈文八家"，其中除去江西南城的曾燠和山东曲阜的孔广森，其余六位——袁枚、邵齐焘、刘星炜、吴锡麒、洪亮吉、孙星衍均为江南人。汪中是清代骈文中成就最高的，内容上取材现实，感情上真挚动人，风格遒丽富艳、渊雅淳茂。清中叶长洲（今苏州）人沈复（1763—1822后）的自传体笔记《浮生六记》，记述其家居及游历生活。前3卷《闺房记乐》《闲情记趣》《坎坷记愁》记叙与妻子陈芸的感情生活和悲惨遭遇，文字细腻，不假雕饰，真挚感人。《浮生六记》的特别之处在于，以夫妻生活作为主线，记叙了平凡而又充满情趣的居家生活和浪游各地的见闻，反映出当时江南社会风气的一个侧面。

三、当代江南文学资源的传承

21世纪是高度信息化和数字化的时代，对传统文化精神的继承和发展显得至关重要。当今的长三角地区经济发展迅速，成为中国经济发展的领头羊，但在文化的承上启下方面却明显比不上明清时期的江南地区，不再能产生大量辐射广大、社会影响巨大的文化领先产品。如何调整经济高峰与文化低谷之间的不平衡，是放在当代江南地区进一步发展的重要课题，而对传统文学资源的当代传承，理所当然地是构建当代江南和谐社会、再创先进江南文化的重要参考。

（一）古剧的现代改编

在当前生活节奏越来越快的情况下，传统文学资源因其节奏缓慢及诉求过时而被忽视，这已经是一个不争的事实。因而摆在思考者面前的，是如何改造慢节奏的传统文学，使之适应当代观众的需求，这显然是非常重要的课题。明清江南产生过很多优秀的戏剧作品，当今戏剧家往往对其进行改编，然后将其完美地呈现在现代舞台上。比如现代昆曲中有重新搬演《牡丹亭》《长生殿》《占花魁》《桃花扇》等传统名剧的。2004年，由著名作家白先勇主持、两岸三地艺术家携手打造的青春版《牡丹亭》备受全球华人欢迎，可视为古剧改编的成功典范。

为适应当代观众的观剧审美需求，白先勇先生将原本择其精华删减成29折，分为上中下3本，保持了剧情的基本完整与精简瘦身。其在主题表达上贴近汤显祖"情至""情真""情深"的理念，在原剧演出偏重主角杜丽娘的基础上，加强了配角柳梦梅的戏份，形成了生、旦并重的演出格局。艺术表现上，其一方面尽量保持昆曲抽象写意、以简驭繁的美学传统，另一方面利用现代戏剧表现概念及技巧，巧妙衬托古剧神韵，使其既适应现代观众的视觉要求，同时亦能表现出昆曲的古典精神。此外，歌剧音乐创作技法的运用，唱腔和旋律的改进、色调淡雅、具有中国山水画风的服饰等，手工苏绣，都表明了青春版《牡丹亭》制作时的用心。

青春版《牡丹亭》的演出大获成功，吸引了大量的观众，尤其是青年学生观众。这样旧剧新编的成功尝试，降低了年轻人观赏传统戏剧时的困难，这对于提高学生的审美情操及艺术品位、延续昆曲的生命力意义重大。江南的地方戏曲种类繁多，名剧名段丰富，在百姓心目中地位很高，如何更好地将优秀传统文学资源与当代审美需求结合起来，使传统文学艺术焕发出强大的生命力，继往开来，再创鼎盛，是需要相关从业者和研究者用心钻研和勇于创新实践的。

（二）当代影视作品中的江南文学

当代中国的影视作品中，有许多是在继承和借鉴古代文学资源基础上的再创造。比如《红楼梦》等四大名著不断被改编成影视剧并且频频热播，表明当代影视观众对于古典文学题材翻新的热心依旧。

当代很多的电视剧、电影都取材于明清江南文学，比如"三言""二拍"就多次被改编成影视剧上映。1991—1993年，福建电视剧制作中心出品了54集电视剧版《三言二拍》。电影方面的改编更多，比如1993年永盛电影制作有限公司出品的《唐伯虎点秋香》，根据《警世通言》第二十六卷《唐解元一笑姻缘》改编而来；《玉堂春》则根据《警世通言》第四十四卷《玉堂春落难逢夫》改编而来。另外，《吴越春秋》《儒林外史》等大量饱含江南因素的古代文学名著，都曾被改编成影视剧而呈现于当代荧屏，对中国百姓的影响极大。近现代江南文学的名人名著被改编成影视剧的也不在少数，比如电视剧《人间四月天》讲述徐志摩的故事，至于鲁迅的作品，更成为当代影视剧拍摄的大宗，这些都成为当代中国社会正能量的突出表现。

改编文学名著的影视剧，难免会重新认识和重塑名著本身的艺术价值和思想价值，在此过程中拿捏得是否恰当，认识的深度是否恰当，就成为改编是否能够成功的关键所在。1984年版的电视剧《红楼梦》被认为是改编和重塑古代名著的成功典范，为后来的影视剧改编树立了很好的榜样。但是近年来在商品经济大潮的冲击下，急功近利的改编影视剧多有出现，而其中一些不恰当的改编会把古典名著改得不伦不类，甚至沦为当代低俗的娱乐消费的牺牲品。如何更好地传承江南文学资源的精髓，是需要下功夫做的。

（三）“三馆”的建设和故居、遗址的保护

图书馆、博物馆、各类纪念馆即所谓“三馆”，是沟通古今的重要载体，而对名人故居和遗址的保护和开发可以使今人对古代文学传统、文化精神有直观的了解。因此，在激活江南传统文学资源的社会工程中，这方面的建设和开发显得极其重要。

新中国成立以来，尤其是改革开放以来的40多年，江南地区的文化事业蓬勃发展，其中各级政府对“三馆”的建设格外重视，频频出现大手笔，产生了极佳的社会影响。以江南文化重镇苏州市为例，苏州市博物馆坐落在原太平天国时期的忠王府之内，是一所在全国都颇有声誉的历史文化博物馆。目前，经过著名建筑大师贝聿铭重新设计的苏州博物馆新馆，集现代化馆舍建筑、古建筑和江南园林三位一体，既有粉墙黛瓦、山水池榭的传统韵味，又具有简洁明快的现代立体感。其在馆务运作方面也做得细致到位，富有人性化，极具江南韵味。苏州博物馆开设了面向大众的官方网站，还有微博平台、微信平台、APP（应用程序）等，查看极为便利，让广大市民及游客通过多种渠道来了解博物馆的基本情况。苏州博物馆的官方网页上还有预约、临时展览通告、资源共享、学术研究等板块，可以满足大众的多层次及多方面的文化审美需求。尤其值得一提的是苏州博物馆举办的各类展览。以2014年冬季举办的“六如真如——吴门画派之唐寅特展”为例，此次展览历时3个月，官方网站上有公告，更有专门的链接来具体介绍展览情况，内容翔实。从序言对唐寅生平的介绍，到展厅的绘画书法珍品展示，都直观唯美，精细入微。市民通过参观这样的展览，不仅仅可以欣赏吴门画派的艺术真迹，还可以对历史上的唐寅有较为客观、接近历史事实的了解，而不是停留在“唐伯虎点秋香”的戏谈传说中。

“三馆”对江南历史文化的还原，有助于今人真切地认识古人，更加客观理性地评价历史。在向历史和先贤致敬的同时，人们可以思考当下的社会现实和自身处境，获得历史的智慧和获取前行的动力。在江南特色博物馆的运营方面，上海市博物馆同样做得非常成功，而浙江省博物馆也极具人气，这些地方文化事业成功运营的事例，应当被推广到各地。

（四）当代文学创作的传承

明清时期，江南是通俗文学流行的中心地区。近代，随着吴越人士的大量涌入，上海成为近代中国通俗文学的新中心。清末四大小说的作者，除吴趼人外，都是江苏人。上海新式学风的树立也与江南人密切有关。李善兰、王韬、冯桂芬、徐寿、华蘅芳、程小青等吴人，不尚考据而好谈时务，冲破夷夏大防，乐于与西方人合作，他们的通俗文学创作及反传统行为在上海知识界产生很大冲击，以至于很多年轻人与读书人以他们为楷模。

当代江南作家中的陆文夫、高晓声、王安忆、苏童、范小青等皆蜚声文坛，为新时代的代表作家。他们共同的特点就是来自江南，并在作品中讴歌江南，用精彩的文学作品写出了江南的山水精魂，塑造了感人的江南故事和妩媚的江南诗情画意。苏州人范小青现任江苏省作家协会主席，她的小说创作有着明显的江南文化烙印，立足于水乡文化根基，融入了江南文学的历史传统，如刚柔相济的文化品格，诗性审美精神，对市民文学的进一步发扬，等等。新生代著名作家苏童的"枫杨树乡村""香椿树街""城北地带"等系列故事，其生活原型大都来自江南城镇，带有明显的"南方"乡土文化特色。而陆文夫的小说作品大都描写江南市民的平凡生活，文笔幽默、诙谐，如其短篇小说集《小巷人物志》的许多故事，都让人在笑中感到一种苦涩和深沉，令人深思。其小说佳作《献生》《小贩世家》《围墙》先后获全国优秀短篇小说奖；《井》获《中篇小说选刊》优秀中篇小说奖。当代江南地区的作家虽然没有北方作家尤其是北京作家那样气势恢宏，但他们细腻的观察和微妙的文笔，都源自江南文学传统的长期熏陶，形成了独特的江南文风，在全国文坛独树一帜，创作成绩斐然。

（五）现代旅游对文学资源的开发

文化旅游的关键在于感受旅游资源的文化内涵。以苏州为例，苏州园林可说是苏州的城市名片，拙政园、留园等均为国家5A级景点，在发展文化旅游方面有很大优势。一方面，江南园林本身就是宝贵的文化遗产；另一方面，江南园林与江南文人有着丝丝缕缕的联系。江南园林是江南文人身体和心灵的栖居地，是他们暂时得以逃避现实的桃花源。江南文人创造了江南园林，江南园林也在无形中塑造了江南文人的性格和精神世界。因此，在当今时代，应当充分发掘这些旅游资源中隐含的文学、文化内涵，与客观的自然和人文景观结合在一起。比如苏州枫桥景区最近在古老的枫桥边新增了唐代诗人张继的塑像，不仅保留了《枫桥夜泊》碑刻，并将明代唐寅的《枫桥有感》也刻石展示，从而在原本略显单薄的旅游资源基础上，增添了富有文化内涵的一道靓丽的风景线。

类似这样的旅游景点开发，在江南地区可谓比比皆是，都是当地政府开发文化旅游的种种尝试。而像《苏园六论》《西湖》等旅游风光片的成功拍摄，结合当地丰富的旅游资源进行深入挖掘，推陈出新，开拓新径，取得了较大的成功。

结语　江南文化资源的当代内涵与战略价值

一、世界城市发展背景与国家战略需要

尽管从表面上看，江南文化只是一种区域文化现象，其研究长期以来也主要局限在历史学、区域研究等范围内。但是从深层次来看，首先，古代江南在地理范围上与当今中国经济最发达和城市化水平最高的长三角地区大体吻合，这使江南文化研究必然要超越单纯的学术范围并开始获得越来越鲜明的实践性价值；其次，由于以"国际化大都市"与"世界级城市群"为中心的当代都市化（Metropolitanization）进程已成为影响当今人类生存与发展的核心力量和主导机制，极大地提升了以上海为龙头的长三角城市群对当代中国和世界的影响力；最后，在全球人口爆炸、能源危机、生态环境急剧恶化的当下，无论是文化产业直接带来的富可敌国的巨大经济效益，还是文化事业对精神文明、社会建设与心理生态健康的深层作用，都表明文化在人类可持续发展战略中占有的地位越来越重要，这是江南文化研究逐渐摆脱其传统的主题与范式，并被赋予越来越多的深刻而庄重的当代价值的直接原因，特别是在2008年国务院颁布《进一步推进长江三角洲地区改革开放和经济社会发展的指导意见》（以下简称《指导意见》）之后，江南文化研究迅速成为长三角建立"世界级城市群"这一国家战略的重要组成部分。

恩格斯说："社会一旦有技术上的需要，则这种需要就会比十所大学更能

把科学推向前进。"①这也可以看作是江南文化研究在当代生机勃勃、异彩纷呈的根源。江南文化越来越"热"的原因自然是多方面的，如果说直接原因是改革开放以来长三角区域经济的迅速发展，那么就可以说，其深层原因则是当代中国对世界城市化这一发展主流的深度融入。此外，当代人文学术研究关注中国现实的巨大热情与文化理想，也是推动江南文化研究走出书斋、与时俱进的一个重要原因。对当代都市化进程以及长三角城市群建设这一时代背景进行必要的阐释，有助于我们认识和把握江南文化研究发生学术转型的深层原因及重大的现实意义。

首先，始于1960年代的都市化进程，是江南文化研究在全球化时代的远景。1961年，法国地理学家戈特曼（Jean Gottmann）发表《城市群：美国城市化的东北部海岸》，第一次提出并论证了"城市群"（Megalopolis）的概念与存在。城市群是城市发展到成熟阶段的最高空间组织形式，如"波士沃施"（BosWash）、北美五大湖、日本太平洋沿岸等世界级城市群，它们集聚着数千万城市人口和数以万计的高级人才，有着优越的地理位置、良好的自然环境、合理的城市布局、高效的基础设施和先进的产业结构，并以雄厚的经济实力、发达的生产能力、完善的服务能力和连通全球的交通、信息、经济网络为基础，使自身成为可以控制与影响全球政治、经济、社会、科技与文化的中心。其巨大的影响力是以往任何形态的城市都无法相比的。城市群的出现意味深长，在理论上，它标志着以"国际化大都市"与"世界级城市群"为中心的都市化（Metropolitanization）进程，正在取代人口与资源流动相对缓慢、空间分布相对均衡的城市化（Urbanization）模式；在实践上，它标志着城市群战略成为当代城市发展的主流趋势，也意味着当今世界竞争正在超越传统的单体城市之间的博弈，"城市群兴则国家兴"成为当今世界生存与发展的最新法则。但由于其时新中国刚成立不久，正与西方处于意识形态冷战中，因而对这一日后注定要影响全球的新概念，可以说几乎没有作出任何积极的反应。

但席卷全球的都市化进程并没有遗忘这个古老而年轻的国度。1976年，

江南文化资源研究

---

① 中共中央编译局：《马克思恩格斯全集》第4卷，人民出版社1977年版，第505页。

就在"文革"结束的同一年，同样是戈特曼这个人，在《城市和区域规划学》杂志发表了《全球大都市带体系》一文，明确提出世界上已存在六大城市群：（1）从波士顿经纽约、费城、巴尔的摩到华盛顿的美国东北部大都市带；（2）从芝加哥向东经底特律、克利夫兰到匹兹堡的大湖都市带；（3）从东京、横滨经名古屋、大阪到神户的日本太平洋沿岸大都市带；（4）从伦敦经伯明翰到曼彻斯特、利物浦的英格兰大都市带；（5）从阿姆斯特丹到鲁尔和法国西北部工业聚集体的西北欧大都市带；（6）以上海为中心的城市密集区。[①]对于以上海为中心的城市密集区，戈特曼还特地申明，这是当时研究比较少的一个大都市区。戈特曼所说的"以上海为中心的城市密集区"，即自改革开放以来受到广泛关注的长三角经济区或长三角城市群。尽管长期的冷战使中国对戈特曼缺乏理论上的自觉，但由于在1970年代中国面临的强大生存压力和更强烈的发展需要，以长三角经济区（圈）的提出和探索为标志，中国可以说是以"实践先于理论"的方式开启了自身的都市化进程。1982年，在戈特曼发表《全球大都市带体系》6年以后，中国国家领导人便开始有意识地规划"以上海为中心建立长三角经济圈"。尽管当时的范围只包括上海、南京、宁波、苏州、杭州，但却具有重大的创新意义和很强的示范作用。以"长三角经济圈"首次浮出水面的长三角城市群，标志着改革开放的中国开始在全球性的都市化进程中击水扬波。当然，作为一个传统的农业大国，中国在都市化进程中不可能是一帆风顺的。但回顾改革开放40多年的历史，我们无疑可以发现正是长三角扮演了中国都市化进程的开路先锋。如果说，1983年正式起步的长三角经济圈（包括上海、苏州、无锡、常州、南通、杭州、嘉兴、湖州、宁波）仅是不自觉地投石问路，那么，1996年以长江三角洲城市经济协调会为基本框架（包括上海、杭州、宁波、湖州、嘉兴、绍兴、舟山、台州、南京、镇江、扬州、泰州、常州、无锡、苏州、南通16个城市）的长三角城市群，无疑可以看作是第一个具有比较成熟形态的中国城市群。此后，在中国都市化进程中，两个具有里程碑式的事件分别是：2005年，在《中央关于制定十一五规划的建

---

① 刘士林主编：《2007 中国都市化进程报告》，上海人民出版社2008年版，第120页。

议》中，"城市群"建设首次上升为国家战略；2008年，国务院颁布《指导意见》，提出将包括上海、江苏、浙江的长三角建设成具有较强国际竞争力的世界级城市群。特别是直接针对长三角城市群的后者，不仅标志着"长三角城市群建设"正式纳入国家战略层面，同时也意味着中国城市群理论正是借助长三角才在实践中走上最高环节。

从长三角城市群的空间演化看，尽管其在区域规划上屡有变化，先后经历了以1983年"长江三角洲经济区"为主体的一市八城（上海、苏州、无锡、常州、南通、杭州、嘉兴、湖州、宁波等城市）、以1986年"长三角经济圈"为主体的五省一市（上海、江苏、浙江、安徽、福建、江西）、以1996年"长江三角洲城市经济协调会"为主体的15个城市（2003年台州市进入后变为16个城市）、以2008年国务院《指导意见》为基础的26个城市（上海及江苏、浙江境内的全部地级市）等形态，但中国古代经济社会最发达、文化教育最富于创造活力的江南地区始终是长三角城市群的核心区。进一步说，尽管城市群是一个西方概念，长三角城市群是一个当代概念，但在实际上，长三角城市群并不是无本之木，而是以古代江南城市的经济发达与文化繁荣为基本条件的。以作为成熟形态的明清江南城市为例，从工商业的角度看，在明代全国50个重要的工商城市中，位于江南的就有南京、苏州、常州、镇江、松江（上海）、嘉兴、湖州、宁波、扬州等。至鸦片战争前夕，江南已成为大中小城镇遍布、经济发展水平居全国之冠的地区，从芜湖沿江到宁、镇、扬，经大运河到无锡、苏州、松江、杭州，再沿杭甬运河到绍兴、宁波，10万人口以上的城市共有10个，这一数量同比占当时全国的一半。[①]从城市文化繁荣的角度看，"明清时代的南京是一个包含多个卫星城（如苏州、扬州等）的中心大都会。……富裕的江南地区不仅在经济上支持着整个国家机器的现实运转，同时它在意识形态、精神文化、审美趣味、生活时尚等方面也开始拥有'文化的领导权'。在这一时期的都市文化中，它所呈现出的许多新特点与现代都市文化在内涵上都

---

① 长江三角洲城市经济协调会办公室编：《走过十年——长江三角洲城市经济协调会十周年纪事·序言》，文汇出版社2007年版，第1页。

十分接近。"①此外，还有其他一些重要线索，如1980年代的长三角经济区概念，其雏形可追溯到明清时期太湖流域经济区。而1990年代以后的长三角城市群，其胚胎或基因实际上早在古代江南城市发展中就已开始培育。古代江南地区高度发达的经济与文化，既是中国现代化与城市化进程在江南地区开始最早、发育最完善的原因，也是长三角在新时期以来能够以率先发展的态势引领中国都市化进程的根本原因。

由此可知，江南文化在当下的"热"并非偶然，在本质上是长三角"热"的一种表现形式或人文风景，同时也是中国在更高改革开放阶段上回应全球性的都市化进程，以及长三角城市群这一国家重大战略在人文学术界风云激荡的必然结果。

二、文化认同与交流对长三角一体化进程的影响

城市群建设的目标是一个资源集约、结构优化、功能互补、生态和谐的城市共同体。它既是人类城市发展在当代世界环境中进化出的新城市形态，同时也是对现代城市化进程进行充分反省和扬弃的结果。

在经历了200多年的现代化进程之后，人们发现有两个问题严重影响到当代城市的可持续发展：一是现代城市的主要发展模式可归结为"单兵作战"或"孤军深入"，这虽然在某些方面容易形成优势并在某些年代造就城市的辉煌，但由于其发展模式固有的"片面的深刻性"直接导致了"单子化的城市"。因而，同以"他人就是地狱"为生存理念的现代个体一样，对自然资源与环境的恶性损耗以及城市之间的恶性竞争与博弈，必然会成为现代城市化进程始终挥之不去的噩梦。当今世界发展在环境与资源上面临的巨大压力与困境，实际上就是由现代城市化进程一手酿造的苦果。二是现代城市本质上是一种"经济型城市"，与"政治就是命运"的古代"政治型城市"相比，尽管它充分解放了社会的生产力和传统个体受压抑的欲望，因而在人类历史上表现出巨大的进步。但同时也要看到，出于"经济型城市"的本性，一方面，其进步

---

① 刘士林：《江南都市文化的历史源流及现代阐释论纲》，《学术月刊》2005年第8期。

主要体现为物质力量的增长，如马克思和恩格斯在《共产党宣言》中指出的那样："资产阶级在它的不到一百年的阶级统治中所创造的生产力，比过去一切世代创造的全部生产力还要多，还要大。"①另一方面，作为物质力量增长的代价则是人性的普遍异化，这正如马克思对作为"人格化的资本"的资本家的深刻讽刺："你可能是一个模范公民，也许还是禁止虐待动物协会的会员，甚至还负有德高望重的名声，但是在你我碰面时你所代表的那个东西里面是没有心脏跳动的。"②在有消费社会之称的当代都市中，现代资本家对物质财富不择手段的追逐正在演变成都市人对奢侈生活方式的普遍狂热。这在直接损害城市社会的公平与正义及城市人精神生态的同时，也在很大程度上深度解构了"城市提供美好生活"这一城市的本质。芒福德曾反复指出："确定城市的因素是艺术、文化和政治目的"，"城市不只是建筑物的群集，……不单是权力的集中，更是文化的归极"。③但在当代都市化进程中，毋庸讳言，我们看到的却多是与之完全相反的现象与景观。由于长三角城市群从一开始就是作为一个经济区被规划的，加上改革开放以来中国发展经济的强烈现实需要，因而在长三角城市群的发育与发展中，西方现代城市的主要问题不仅普遍存在，在一些方面甚至还可以说有过之而无不及。

由于古代城市化水平与近代工业化程度"双高"等原因，推动长三角经济区一体化，在新时期以来一直是最重要的国家大事之一。早在1983年1月，姚依林副总理在《关于建立长江三角洲经济区的初步设想》中就提出：长江三角洲经济区规划范围可先以上海为中心，包括长江三角洲的苏州、无锡、常州、南通和杭州、嘉兴、湖州、宁波等城市。1986年，长三角经济圈在范围上扩大到上海、江苏、浙江、安徽、福建、江西五省一市。但在1980年代末至1990年代初，红极一时的长三角经济区突然销声匿迹。在某种意义上，这表明了以行政手段推动区域经济一体化的困难与尴尬。在经历了最初的碰壁之后，心存不

① 中共中央编译局：《马克思恩格斯选集》第1卷，人民出版社1972年版，第277页。

② 中共中央编译局：《马克思恩格斯全集》第23卷，人民出版社1972年版，第262页。

③ 刘易斯·芒福德：《城市发展史——起源、演变和前景》，宋俊岭、倪文彦译，中国建筑工业出版社2005年版，第132、91页。

甘的上海于1993年正式提出推动长三角大都市圈发展的战略构想，其标志性的成果即1996年成立的长江三角洲城市经济协调会，并在2003年最终稳定为以上海、江苏、浙江16个城市（具体包括上海、杭州、宁波、湖州、嘉兴、绍兴、舟山、南京、镇江、扬州、泰州、常州、无锡、苏州、南通）为主体的长三角城市群。此后，这一长三角框架一直保持稳定，并受到普遍的认可。与国家推动的长三角经济区不同，在这一新的构架中，经济成为区域内最重要的联系纽带与交流机制，因而，即使是行政上隶属于江、浙的一些城市，也由于其经济发展水平而被排斥在外。

这一由于经济需要而自发形成的长三角，在本质上可以看作是以"经济代行政"的新探索。但实际上，即使在以长江三角洲城市经济协调会为基础的框架内，那个资源集约、结构优化、功能互补、生态和谐的"世界第六大城市群"依然是空中楼阁。特别是由于资源与环境的相似与发展规划的趋同，"产业同构"与"同质竞争"一直是影响长三角一体化的两个幽灵。如"十一五"期间长三角的产业竞争主要集中在高新科技上，有关研究报告指出，在"十一五"期间长三角高新科技产业规划中，集成电路产业的同构性达35%，纳米材料为48%，计算机网络为59%，软件产业为74%。另一项调查还表明，在长三角的15个城市中，有11个选择了汽车零配件制造，8个选择石化，12个选择通信产业。尽管近年来长三角诸城市在一体化建设上做了很多工作，但由于城市群之间最重要的层级分工体系未能建设出来，因而城市之间的重复投资、重复建设与"同质竞争"仍然是"树欲静而风不止"。在"十二五"期间，新的"产业同构"与"同质竞争"已蠢蠢欲动，特别是在动漫制作基地、文化产业园区、现代服务业等领域。经济只是一个方面，更严重的是在城市群的空间拓展。与中国其他城市群一样，新世纪以来，尽管长三角城市群"在促进产业集群、规模经济以及在吸引国际产业转移等方面发挥了积极的作用"，但作为现代西方"经济型城市"的中国版本和扩展形态，由于未能超越现代西方"经济型城市"的各种发展弊端，因而在长三角成为"具有国际影响力"的中国第一大城市群的同时，其作为一个"经济型城市群"的后遗症也日益突出，即"由于过分强调满足产业发展的要求，具有太强的地方功利性，唯GDP

马首是瞻，没有充分考虑到环境承载能力、能源供应、工业排放等方面的问题，以工业园的名义圈地之风严重，造成了严重的产业结构失衡、区域发展失衡、城乡发展失衡问题，制约了区域产业体系的可持续发展"①。由此可知，如果长三角不能超越作为一个经济区的"出身"，那么，长三角经济区近30年一体化建设的努力，最后很可能仍将付诸流水。

但最令人遗憾的是，在探讨"长三角的圈为什么总是画不圆"时，当下最有影响的主流意见却主要是"各自为政"，即认为与珠三角诸城市同属一行政省不同，长三角城市分属一市二省，由于职权、利益和责任很难统一和规范，因而导致了以不同地方政府为代表的利益主体之间的"诸侯割据"与无序竞争。以之为出发点，不少人都寄希望于通过强化行政、立法等制度手段推动长三角一体化进程。"各自为政"固然是影响长三角一体化的重要原因，但这一解决方案仍显得过于理想化和简单化。原因有二：一是它在逻辑上有"从经济向政治复辟"的嫌疑，不仅遗忘了1980年代以行政推动一体化进程的前车之鉴，尤其忽视了经济全球化背景下城市经济与行政管理之间更复杂的博弈关系。特别是在都市化进程中，与传统大都市相比，世界级城市群的一个基本特点就是逐渐超越了国家、种族和政体的束缚，成为真正全球性的"主干道"或"公共空间"。因而它自身的许多问题都不是通过简单的行政手段可以解决的。二是并没有找到1990年代以来影响"经济长三角"建设的深层原因。表面上看，直接的经济利益是影响长三角城市群发展的主要原因，但在实际上，一切政治与经济矛盾在最深层都必然要涉及文化领域。对于长三角也是如此，不是每个成员不明白只有组团作战才能实现共赢，但那种结构优化、功能互补的长三角城市群之所以始终是纸上谈兵，最深层的原因恰在于我们缺乏能够有效解决城市间矛盾与纠葛的文化交流与心理认同机制。此外，这一现状与矛盾还表明，从一开始就作为一个经济功能区规划的长三角，最终未能跳出以城市文化功能的牺牲与恶性损耗为代价的现代城市化进程的怪圈。甚至还可以说，由于发展经济的心理焦虑和实践上更加急功近利，长三角城市群比西方现代城市

---

① 李程骅：《城乡一体化与产业空间优化的战略选择》，《创新》2008年第5期。

在文化上付出的代价还要沉重。以上海为例，上海曾是中国现代文化中心，有丰富的现代文化资源和重要的文化影响力，如20世纪以来深入中国社会的电影、音乐、舞蹈、戏剧，以及西方礼仪文化、餐饮文化、节日文化等生活方式资产。但自20世纪中期以来，由于种种原因，上海文化建设徘徊不前，文化影响力也逐渐减弱，不仅在电影、音乐、美术、文学、新闻出版等方面优势衰退，同时在文化产业、文化服务业、文化贸易、公共文化等新兴文化产业和文化事业领域也缺乏品牌。如与纽约新闻出版业相比，上海至今没有一家世界性大报。即使就国内看，其文化影响不仅远逊于北京，在一些具体领域也明显落后于其他省市。如在广播电视业上比不上湖南，在教育竞争力上则排在江苏、湖北之后。至于造成这种状况的原因，可以分两方面看，如果说其一在于改革开放以来上海选择的"经济中心城市"发展模式，使其城市文化、精神文明与文化生态受到严重的冲击，直接影响了当代上海文化的创新与发展，那么其二则在于，新世纪以来，尽管人们强烈意识到文化建设的重要性，并先后提出"国际文化交流中心""文化大都市"等发展目标，但未能对上海文化建设与"四个中心"（国际经济中心、贸易中心、金融中心和航运中心），特别是就文化大都市与国际大都市建设、文化软实力与城市综合竞争力等进行科学论证与"无缝对接"，并以有效的制度建设与政策研究予以及时支持，因此必然导致城市硬实力与软实力的脱节，而无法取得和谐的发展。在某种意义上，人们之所以总是批评上海文化模仿西方、缺乏本土特征以及自主创新能力，最根本的原因就在于丧失了对包括江南文化在内的中华文化的认同心理与接续机制。

文化是经济的天敌，也是其自由发展的舞伴。要想从根本上改变长三角作为"经济型城市群"的痼疾，除了必要的行政、法律、制度等"硬件"建设，更需要有文化、风俗、心理、趣味等方面的"软件"设置。从历史上看，长三角有着共同的江南文化传统。在现代化进程中，江南地区特有的人文地理、社会结构、文化传统与精神范式，不仅直接参与并始终影响着长三角城市群的历史、现在与未来，同时也是其城市发展在当下必须倚重、利用与借鉴的最重要、最直接的传统精神文化资源。但遗憾的是，江南文化对长三角城市群的重要作用，在学术界与现实中并没有受到应有的关注与重视。

三、江南文化重建与长三角城市群的可持续发展

长三角区域内各城市的各自为政及在资源、产业等方面的冲突与无序竞争，既不利于区域资源的合理使用与高效配置，也不利于长三角城市经济社会发展的长远利益。尽管这些现实问题表面上由争夺经济利益与空间资源而起，但未能顺利实现江南地区传统文化及交流机制的当代转型与创新却是其深层根源所在。

从历史源流上看，当代长三角城市群并非无本之木。如1980年代的长三角经济区概念，其雏形可追溯到明清时期包括苏州、松江、常州、镇江、应天、杭州、嘉兴、湖州八府及从苏州府辖区划出来的太仓州。[①]而1990年代以后的长三角城市群，其胚胎或基因实际上早在古代江南城市发展中就已开始培育。从明清时期到近代，江南既是中国古代商品经济最发达的地区，也是世界当时城市化水平最高的地区之一。以工商业为例，早在明代，位于江南的南京、苏州、常州、镇江、松江、嘉兴、湖州、宁波、扬州等，就进入了当时全国工商城市50强。至鸦片战争前夕，江南已成为大中小城镇遍布、经济发展水平居全国之首的地区，当时江南10万人口以上的城市有10个，这一数量同比占当时全国的一半。[②]在某种意义上，这也是中国现代化与城市化进程在江南地区开始最早，并一直遥遥领先于中国其他城市或地区的根源。

但在20世纪的100年中，长三角的城市积累与发展却受到重创。推其主要原因有三：一是自太平天国开始一直延续到20世纪中期的战争灾难，战争对江南经济的破坏和对区域人口的屠戮，直接中断了江南地区自明清以来一直领先的城市化进程。二是1980年代改革开放以前中国"政治型城市"发展模式的制约，政治型城市的首要功能是如何聚敛与控制社会生活资料与物质财富，同时，为了更有效地强化统治的物质基础与社会秩序，政治型城市总是限制、压迫城市经济的规模与实力。在某种意义上，计划经济是新中国"政治型城

江南文化资源研究

① 李伯重：《多视角看江南经济史（1250—1850）》，生活·读书·新知三联书店2003年版，第448—449页。

② 长江三角洲城市经济协调会办公室编：《走过十年——长江三角洲城市经济协调会十周年纪事·序言》，文汇出版社2007年版，第1页。

市"发展模式的象征，其对生产、流通与消费的高度管制严重扼制了城市经济的自然发展与自由竞争，使已获得较大发展的长三角城市出现了相当严重的倒退与萎缩。"新中国成立后改革开放前的30年间，由于实行闭关锁国和高度集权的全民制计划经济，长江三角洲的城市化进程几乎处在停滞状态，城市格局一直没有大的变化。改革开放前，整个长江三角洲地区在一次又一次的意识形态运动中逐渐成为公社制和计划经济根基最为深厚的地区之一，以至于迄今由计划到市场的转轨还是困难重重。上世纪六七十年代，虽然长三角也在稳步发展，但远离了世界经济体系的分工和循环。上海'东方巴黎'的辉煌成为历史记忆，其远东第一大都市的地位逐渐让位于东京、香港、新加坡、汉城和台北。"①尽管其中有不得已的苦衷或者说时势使然，但在深层上看，仍可看作是朱元璋对"中古时期最富裕、城市化程度最高和最先进地区的经济文化中心"②——苏州实施限制与打压的延续。三是改革开放新时期采取的"经济型城市"发展模式的影响。"经济型城市"在本质上是以GDP为中心、一切服从于经济生产需要的现代城市发展模式。总结长三角改革开放40多年来的发展史，如果说其成功的一面是迅速恢复了古代江南地区的经济活力，"长江三角洲经济区以占全国1%的土地和6%的人口，创造了20.7%的GDP。23.3%财税收入和37%的外贸进出口贸易额和34%的累计实际外商直接投资，成为中国经济的增长极和发动机之一"③，"改革开放以来，以上海为中心的长江三角洲已经发展成为我国人口最稠密、经济最发达、文化最昌盛、人民最富裕的经济核心地区，构成了我国'外通大洋，内联腹地'两个辐射扇面的战略枢纽点和中国第一、世界第六大城市群"④。那么也可以说，与西方现代城市一样，以不可持续为本质特征的"经济型城市"的所有问题与弊端，在当今长三角城市群

① 焦新旺：《长江三角洲城市格局的新变化》，《经济观察报》2001年7月23日。

② 林达·约翰逊主编：《帝国晚期的江南城市》，成一农译，上海人民出版社2005年版，第24页。

③ 长江三角洲城市经济协调会办公室编：《走过十年——长江三角洲城市经济协调会十周年纪事·序言》，文汇出版社2007年版，第1页。

④ 郭培章主编：《中国城市可持续发展研究》，经济科学出版社2004年版，第336页。

也正在日益严重地暴露出来。而所有问题与矛盾的核心，实际上都集中在经济与文化的失衡与发展的不和谐上。

在城市环境与资源日益枯竭和转变经济发展方式的巨大压力下，文化与经济的矛盾被人们越来越多地关注到，并在借助文化发展推动长三角城市群建设这一点上达成了共识："从可持续发展的角度看，长江三角洲城市群的经济增长离不开社会文化的协调发展，文化发展的活力将给经济增长和社会全面进步以强大的推动。"[①]但深入探讨这个问题时，人们又遇到了一个无法解释的悖论，尽管长三角发展文化的各种条件都很好，"长江三角洲城市群所拥有的文化传统资源，特色化程度高，形态丰富，构成了互补整合的重要条件；在文化资源的流动条件、资源培育的社会投入方面，长江三角洲城市群不断扩大增量，加强了优化整合的物质基础；在文化资源整合的现实基础方面，这一城市群具有体制改革上的互补性、制度创新上的多向性、区域开放上的协作性。得天独厚的优势表明，长江三角洲城市群形成以上海为中心的大都市文化圈乃是历史潮流所趋"[②]。还有一些其他方面的优势，如长三角地区教育经费投入大约占全国的1/6，科研机构和经费投入占全国的1/5，高校科研经费投入占全国的1/3。此外，长三角还有人才优势，有关统计表明，长三角城市群的文化艺术专业人才数量约占全国的1/5。甚至在2007年春夏之交，上海还明确提出要建设"文化大都市"，[③]但实际效果却并不显著，以上海为龙头的长三角的文化软实力不增反降就是最突出的反映。从长三角城市群的文化建设现状看，可以说主要存在着以下几方面的问题：一是文化建设的紧迫意识强和政治热情高，但却缺乏深入的文化理论研究与科学的文化决策系统；二是文化资源储量丰富，但在文化资源开发上却主要呈现为以"跟风、浮躁、投机"为主要内涵的"粗放形态"；三是文化产业投入增长快、融资渠道宽，但在战略定位、业态结构、文化产业管理上存在的问题较多，特别是与前些年经济发展上相似的"同质竞争"，使文化产业发展的风险也在不断地增大；四是文化事业的基

① 郭培章主编：《中国城市可持续发展研究》，经济科学出版社2004年版，第336—337页。

② 郭培章主编：《中国城市可持续发展研究》，经济科学出版社2004年版，第336页。

③ 刘士林：《文化都市的界定与阐释》，《上海大学学报》（社会科学版）2008年第3期。

础设施投入大、硬件条件好，但现代服务意识、管理水平与部门联动等方面滞后，浪费了宝贵的公共文化资源，使政府文化服务功能处于低效运行中；五是文化推广的主动性逐年提高，但手段与方案比较简单或雷同，特别是缺乏整体性的文化推广理念与技术手段，很难发挥出城市群的"系统大于部分之和"的"格式塔"效应。以上这些，是以上海为龙头的长三角文化影响力逐年走低的原因，同时这也在深层上制约着城市群本身的综合竞争力。

　　城市群建设不只是经济一体化进程，也包括政治、文化、社会在内的全面发展。在这一无比复杂的巨型发展系统中，最重要的是要找到科学的发展理念或文化枢纽。而长三角区域内历史形成的江南文化传统，无疑是我们首先需要关注的文化理念和精神资源。对于长三角城市群文化发展而言，仅仅意识到文化储量丰厚、传统相关度高是远远不够的，最关键的是如何在"返本开新"的基础上实现江南文化的重建与当代转换。这既是江南文化对当代长三角城市群应承担的历史功能与职责，同时也是当代江南城市发展对其文化传统提出的最重要的当代性问题。江南文化之所以未能对长三角城市群发挥应有的作用，主要的深层原因可以说有两方面：一是维系江南区域经济社会的传统机制已经老化，而新的城市群文化联系机制却未能建立起来，在"青黄不接"中无法为促进区域社会融合与和谐发展创造出新的精神文化资源；二是由于时代背景的巨大转换，作为人类城市发展的高级空间形态的国际性大城市群，其规模之巨大、影响之广泛以及对城市之间开放与融合程度的要求，也远非古代城市在农业文明背景下所结成的"松散"联系所可比拟。如何通过理论创新与路径设置实现江南传统城市文化的当代转型，为长三角城市群的良性与可持续发展提供"内在生产观念"或"实践原理"，已成为当务之急。在这个意义上，江南文化研究是应长三角城市群建设这一巨大的现实需要而兴起的一门新的经世之学，这一切必定要超越传统的文史之学的藩篱，在现代化与城市化的双重背景下率先实现自身的学术转型与理论创新。

　　这个工作自然包括许多方面，也需要假以时日才能完成。但就当下而言，有两个属于语境方面的问题必须加以关注。一是在"现代化"框架下重新认识江南文化的当代性价值。现代性的基本困境在于，在现代城市条件下获得充分独立和发展的个体，如何解决"自我"与"他人"之间日益严重的分裂与对立。在中国文化传统中，除了审美功能比较发达的江南诗性文化，其他传统对个体基本上都是充满蔑视与敌意的。①因而江南文化最有可能成为启蒙、培育中国民族的个体性的传统人文资源。所以说，在这个严重物化、欲望化的消费时代中，如何守护与开放好沉潜的江南诗性人文资源并依据其原理创造出一种诗化新文明，是研究江南文化的重要目标之一。二是以作为城市化进程当代形态的"都市化进程"为背景重点研究江南城市文化资源。在都市文化学的视野中，江南城市从一开始就不是单体的与孤立的，借助于大体相近的自然地理条件、经济生产方式与社会文化生态，它们在很早的时代就形成了一个有着深刻经济社会与文化联系的古代城市群。以人口城市化、城市功能商贸化、生活方式多元化、文化生态多样化为基本特征的江南城市文明，是中国古代城市体系中一个独特的形态与谱系，它在极大地促进本地区不同城市、城乡之间进行交流与对话的同时，也对以政治型城市为主体的北方城市模式、历史悠久的农业文明形态及积淀深厚的农耕精神传统产生了重要的影响。今天的长三角地区在中国城市发展中之所以遥遥领先，既与传统江南城市的自然地理、经济模式、人口与社会结构、区域文化传统、精神生产方式、文化心理结构、生活方式密切相关，同时，这些传统因素也是影响当今长三角城市群在都市化进程中生存与可持续发展最重要的基础与背景。这是研究长三角城市群必须与传统的江南文化、江南城市紧密联系起来的重要原因之一。如果说，长三角城市群文化建设的不足乃至匮乏，是影响长三角区域融合与一体化战略的深层原因，那么也可以说，只有通过作为长三角地区传统联系机制的江南文化，特别是江南城市文化的当代转型与创新，才能为长三角城市的一体化建设提供必需的文化认同与价值归属。

但很显然，由于"经济型城市群"的影响，"重经济轻文化"的现象依然十分普遍，因而在当下最重要的是如何认识江南文化研究的重要现实意义。这

①　刘士林：《"诗化的感性"与"诗化的理性"——中国审美精神的诗性文化阐释》，《上海师范大学学报》（哲学社会科学版）2009年第1期。

可以从三方面加以阐释。首先，江南文化研究可以为长三角建设"世界级城市群"提供重要的文化资源支持。就全球而言，城市群已成为当今世界发展的主流与普遍趋势，从目前已经出现的五大城市群而言，基本上都属于欧美体系，并且是现代城市化进程的结果。长三角城市群的特殊性，不仅在于它独特的亚洲背景与社会主义属性，同时也是在经济全球化背景下、在当代都市化进程中的新产物。因而，其发展对中国与世界中均具有重要的引领与示范意义。从目前的发展态势看，尽管长三角最有可能跃居世界第六大城市群的宝座，但也有一个基本的前提，就是必须顺利地解决其一体化进程中的矛盾与冲突。在这一背景下，以长三角城市群为总体框架，对其共同的发生机制、内在结构、历史源流与人文精神进行学术梳理与现代阐释，有助于推动长三角城市彼此之间形成更深的文化认同与价值共识，这对它们在实践中采取一致的战略与和谐的步调，共同推动长三角城市群在经济全球化时代走向复兴与新生、实现自身跨越式发展是十分必要的。其次，江南文化研究可以为中国都市化进程提供重要的文化发展经验。就国内而言，近年来，长三角在经济社会发展与城市综合实力等方面一直处于中国城市的前沿，并成为中国国力与综合竞争力的中流砥柱，其独特的现代化经验对中西部不发达地区也具有重要的引领与示范性价值。由于"发展在前"的原因，当代长三角模式正在成为中西部地区竞相参照、甚至"克隆"的对象，在这个意义上，研究江南城市社会与文化在当下遭遇的困境与问题，就是研究当代中国城市社会与文化的可持续发展问题。深入研究江南城市社会文化系统在现代化与都市化进程中的种种得失利弊，可以为正在艰难行进的中国城市化进程提供一种实现科学发展、促进和谐生存的参照系。再次，研究江南文化有助于解决当代长三角城市群经济与文化的不平衡问题。当代长三角在迅速发展的同时，也开始遭遇越来越多的矛盾与困境。在这些问题中，除了经济迅猛发展带来的环境与资源问题之外，一个相当重要但迄今尚未引起足够关注的是都市文化与城市精神生态问题。晚近十年来，长三角区域经济的迅速增长是刺激江南城市走在中国城市前沿最重要的原因，但与城市化进程相伴生的人口的剧烈增长、资源的相对不足、生活方式的剧变等，也严重地影响着当代长三角城市社会的和谐与精神生态的良性循环。新世纪以来，尽管有关长三角城市群的研究逐渐增多，但却主要集中在经济圈的建构上，而对长三角城市群的文化整体、历史传统、精神关联等的研究一直是空白。以江南文化为主题对长三角的社会与精神生态问题进行切实地研究，可以为其社会重建与文化生态建设提供直接的理论指导与实践框架。

当代长三角城市群的建设与发展，既有经济与资源在当下的矛盾与激烈竞争，也有政治与文化上共同的长远利益，如何通过文化传统的修复与文化模式的创新，消除城市间的各种不良与恶性竞争，推动它们的深度合作及走向更高层次的共赢与发展，已成为摆在长三角城市群建设道路上最关键的问题。在经济全球化和世界城市化的双重背景下，作为长三角城市群文化传统的江南文化必然要被提到历史议事日程上来。这不仅是因为，在长三角逐渐成为中国社会改革和发展最有力的支撑系统的同时，其自身特有的历史、文化与精神的传承与发扬光大，也同样要被重建和创新；更为重要的原因是，江南文化研究有利于推动区域内城市的一体化进程，防止城市单体发展而引发的资源浪费乃至恶性竞争，实现长三角城市群的高水平与可持续发展。由此可知，以江南文化为主题重建当代长三角的文化联系机制，为长三角世界级城市群建设提供服务，既是实现江南传统文化转换与创新的必然选择，也是江南文化研究最重要的当代性价值所在。

附篇

在江南探寻中国民族的诗性精神

——刘士林教授访谈录

廖明君(《民族艺术》总编辑,以下简称"廖"):我注意到,在《学术月刊》与《文汇读书周报》联合评选的2005年度十大学术热点中,有一个是"城市化与文化研究转型",其中一个重要部分为"江南美学与文化研究",如"江南诗性文化""江南美学与中国文化""上海与长江三角洲区域文化发展""当代江南都市文化的审美生态"等,大都是你近年来开拓的新研究方向,看到它们受到学界重视,我感到十分高兴,在此首先向你和其他从事研究的学者朋友表示祝贺,在开始今天的访谈之前,想请你先介绍一下,这个研究方向是怎样成为一个学术热点的?

刘士林(以下简称"刘"):我对江南文化的关注,大约是从2002年暑假开始的。当时我刚读完了博士学位,很想做一点自己更喜欢的事情,美丽的江南就是在这个时候进入了我的学术视野。我的这个想法得到一些朋友的赞同,所以很快我们在第二年就推出了"江南话语丛书",丛书第一辑有三册,分别是《江南的两张面孔》《人文江南关键词》《江南文化的诗性阐释》。这套书设计精美,附有江南音乐CD,再加上我们追求的"诗性叙事"风格,所以很快受到读者的欢迎，截至去年已经印了3版。这同时也引起媒体的关注，如《中国文化报》《社会科学报》《评论》等先后开辟"人文江南"专版，《江苏大学学报》推出了常设性栏目《江南文化诗学研究笔谈》，《光明日报》《中国教育报》《解放日报》等也很快介入，研讨的话题也涉及"江南诗性文化""江南文化与中国诗学""江南小城镇文化""江南文化与齐鲁文化""江南文化与中原文化"等方面，我在2002年招收的研究生朱逸宁、李正爱、刘铁军的硕士论文也集中研究江南文化，分别是《晚唐五代江南诗性文化研究》《江南鱼稻文化的诗学研究》《明清江南乡绅话语研究》，预示着一种集群效应，预示了一个新的学术方向正在诞生。

在2005年，江南美学与文化更显欣欣向荣。这主要表现在三方面：一是文章发表与著作出版，如《光明日报》《新华文摘》《学术月刊》等重要媒体纷纷发表或转载相关研究成果，东方出版社则推出了我的《西洲在何处——江南文化的诗性阐释》，《光明日报》《中国教育报》《中国图书评论》等先后发表评论，使江南诗性文化开始为更多的人所接受。二是表现在主题性的学术会议上。我所供职的上海师范大学在4月份连续召开"江南都市文化的历史源流及现代阐释""中国美学的地方经验与世界价值"（一个主要议题为"中国美学与江南文化"）学术研讨会，提出注重从江南地方经验的角度研究中国美学的新构想，《人民日报》《光明日报》《中国教育报》《中华读书报》《社会科学报》《文艺报》《中国文化报》《文艺研究》等发布有关会议信息与文章，引起了学术界的广泛关注。三是一些相关研究机构正在浮出水面，上海师范大学成立了中国美学研究中心，"江南美学与江南文化研究"是其中最具特色的一个方向。据悉，华东师范大学也正在筹备成立"江南文献与文学研究中心"，作为一种江南美学与文化的专业研究与知识生产机制，它们将会有力地推动江南美学与文化走向学科化与中心化。也许正是这些原因，使"江南美学与文化研究"在2005年度中国人文学术研究中显得十分醒目，并在年度学术热点评选中，与"生态文艺学美学""超女"等都市文化现象研究一同占据了"文化研究"的席位。

廖：据我所知，江南概念主要是一个政治经济学术语，学术界一般也是从经济功能去界定江南地区的。如明清经济史学者李伯重认为，江南主要包括"八府一州"，八府是苏、松、常、镇、应天（江宁）、杭、嘉、湖，一州则是指太仓，它的总面积大约4.3万平方公里，由于东面是大海，北面是长江，南面是杭州湾和钱塘江，西面是皖浙山区，因而构成了一个相对封闭的地理空间。以地理、水文、自然生态上的相似性为基础，同时江南也构成了一个完整的经济学"单元"。另一方面，尽管古典文学、中国历史等学者在具体的研究中，对江南文学、社会、文化也多有涉及，但基本上不出"诗分南北""衣冠南渡""南唐""南明"一类的话题。尽管不少人都挺喜欢这个对象，或者说，江南本身很有精神魅力，但具体到学术研究方面，一般人很难想象，这里面还有什么重大的问题需要分辨和研讨，我想这就是江南文化研究一直"不温不火"的原因。所以我想问的是，到底什么原因使江南研究在学术上成为"热点"，或者说，"江南美学与文化"研究到底给我们提供了哪些新东西？

刘："文变染乎世情，兴废系乎时序"，这是刘勰《文心雕龙》的一句名言。对于江南文化研究也是如此。这既有历史的背景，也有现实的原因。在某种意义上讲，江南文化是中国民族审美创造与审美享受的最高表现形态，而"现代性"运动的一个重要诉求则是所谓的"美拯救世界"。由于在西方审美文化中无法得到真正的满足，所以从后现代文化的"肉体狂欢"，回归"花轻似梦""细雨如愁"的古典江南文化，是十分自然的。另一方面，文化的生产与消费都需要有雄厚的经济基础，当代长江三角洲地区在经济社会发展上表现出的勃勃生机，特别是像中心城市上海提出的"国际化大都市"发展目标，以及整个长江三角洲地区16个城市联手推进的"世界第六大都市群"建设，也是使人们对其文化传统与学术研究开始重视的重要原因。我们从美学角度进行的江南文化研究，就是对这种当代现实的一种学术敏感或者说是理性的回应。至于我们的具体工作，我想主要在这样几方面：一是为江南文化研究提供了新的"文化理论"；二是提供了以美学为中心的"解释框架"；三是阐释了江南文化的"本体精神"与"深层结构"；四是在实证角度探讨了"江南诗性文化"的历史源流；五是初步涉及它在当代的发展问题。也许正是由于这样的工作，我们的江南文化研究才给人一种既焕然一新，又似曾相识的感觉，说"焕然一新"，是因为人们会发现"原来可以这样来理解江南"，而说"似曾相识"，则意味着这绝非好事者有意为之，而是它早就活生生地存在于心灵世界的深处。用古人讲江南园林的话，就是"虽由人作，宛若天开"。当然，这是我们希望达到的理想境界，至于是否可以达到，还要看大家怎么看。

廖：正如我们前边谈到，在江南文化的研究上，由于不存在重大的分歧，所以也很难出现重要的突破。在基本文献与材料上看，由于江南地区自古就以教育与文化发达著称，所以在文献保存与整理上做得相当出色，不可能在这个方面有重大的突破。另一方面，在理论与方法上大家也相差不大，主要是来自本土的文史之学与来自西方的人文社会科学理论。由于这两方面的原因，要实现江南文化研究的学术创新，其困难是可想而知的。从美学角度出发研究江南文化，对它的传统学术形态具有明显的发展与创新意义，在这里想请你具体谈一下，是哪些特殊的条件促成了江南美学与文化研究的崛起？

刘：经验材料与理论方法的趋同，既是一门学术有一定积累、相当成熟的标志，同时也是一种负担，甚至预示着开始走下坡路。要改变这种停滞或发展迟缓状态，一般来说也不外乎两条道路，一是有新材料出来，使既有学术研究的经验基础发生改变，从而带动已形成的思维模式与解释框架变革与拓展；二是吸收新的思维、观念、理论与方法，通过发动思想观念的革命创新传统学术范式，使各种已成定论的经验材料重新进入学术生产的循环中。对江南文化也是如此。一方面，20世纪中国人文社会科学的迅速发展，特别是"西学"的大量引用并被普遍认同，为我们提供了重新研究任何问题的工具与空间，这是不言而喻的。另一方面，20世纪以来，对长江流域诸文明的考古学研究，绝不只是发现了一些新材料——如果是那样，只需对既有框架做一点修修补补就足以应付了——而是直接颠覆了人们习以为常的中国文化解释框架。具体说来，就是我们第一次发现了江南文化传统的独立性。长期以来，由于历史与政治等方面的原因，人们普遍使用的解释框架是"黄河中心论"，而把包括江南在内的中国其他区域文化，都看作是黄河文化向不同方向传播的结果。它造成的一个最大问题是，不管江南的什么事情，都要在黄河文化中去找原因、找答案。但晚近几十年来的考古学发现，早在新石器时代，长江文明就已发育得相当成熟，两者"本是同根生"，根本不存在所谓的"文化传播"问题。正如李学勤先生所说，"黄河中心论"最根本的问题，就是"忽视了中国最大的河流——长江"。在确认有一个独立发生的长江文明之后，中国文明的起源研究陡然变得十分复杂起来，同时也提出这样的要求，只有重建全新的"文化理论"与"解释框架"，才能使江南文化研究获得合法性。江南美学与文化研究正是在这个背景下发生的。需要申明的是，一方面，由于江南文化研究的传统相对比较稳定，吸收新的理论与方法不足，所以一旦有新的视角与话语出来，就很容易使人们感到新鲜与兴奋；另一方面，由于黄河文明的"文化理论"基础是伦理文化，而江南文化在本质上可以称为审美文化，所以从美学研究的路向，也比较容易切入江南文化与精神的核心。这大概也是江南美学与文化研究容易产生一定影响的一个原因。

廖：江南地区向来以文人荟萃与学术发达著称，对乡邦文献收集整理的重视，对区域文化传统与精神的弘扬，一直是江南学术研究的重要方面，你是如何看待当代江南学术研究的，比如如何分类，各自的代表与基本特色，它们存在的问题，等等。与之相对，从美学角度研究江南文化最重要的意义是什么，它是否也有自己的传统或早期形态？

刘：由于特殊的自然环境与人文传统，有关江南文献的整理、区域社会与文化的研究，在当代人文学术界一直颇受关注与好评。比如在书店中看到题名中有"江南"二字的新书，我想很多人都会驻足、观赏一下的。这是因为，与所谓的"理论是灰色的"不同，江南学术是一个极富魅力、诗意的东西。但就当代江南学术研究的深层结构看，却主要局限在历史学与经济学两大领域中，也就是说显得相对的单调与枯燥，开个玩笑，就是好像有点对不住"江南"这个美丽的名字。具体说来，在历史学中又有两大显学：一是各种文献的整理与汇编。从卷帙浩繁的集大成者，如《江苏地方文献丛书》，到某一专学的资料汇编，如《明清苏州农村经济资料》，都是如此，这样的东西在当代非常多，而且可以相信以后会越来越多。文献整理尽管必不可少，但也不应评价过高，因为它只是学术研究的初级阶段。二是偏重于区域文化小传统的研究，如地方志、方言、民俗土风等具有"乡邦文化"或"旧国旧都"性质的研究与著述，在江南文化研究中占据的份额也很大。它们的主要问题是有时流于"钻故纸堆"，缺乏现代人文价值的阐释与发明。在经济学的研究中，主要侧重的是区域经济与经济社会史，这也可分两种类型：一是侧重历史，如李伯重《多视角看江南经济史（1250—1850）》、陈学文《明清时期太湖流域的商品经济与市场网络》、张佩国《近代江南乡村地权的历史人类学研究》、段本洛《苏州手工业史》等；二是侧重当下，近年来，随着长江三角洲区域经济发展的不断升温，特别是从城市化水平、国际化程度、经济社会发展、文化教育事业等方面看，由于这一地区最有希望建成世界第六大都市群，以上海为中心的长江三角洲经济社会发展研究因此呈现出勃勃生机。如上海社会科学院的《2004年上海社会发展蓝皮书》系列，如上海证大研究所的《长江边的中国——大上海国际都市圈建设与国家发展战略》，尽管它们也涉及文化发展问题，但由于主旨在于区域经济一体化，所以这些研究的基本特点可以概括为"偏实证而轻人文""偏江南文化的科学研究而轻其现代性价值阐释"。即使有所谓的"文化研究"，如果不是局限在文化产业、提高城市综合竞争力等方面，就是偏重于对西方消费文化、时尚文化的引进与介绍，传统研究中轻人文、重实用与轻审美、重功利的态度与旨趣，也没有发生根本性的改变。如果追究根源，我以为就在于在当代江南学术研究中美学的"缺席"。

真正使这一局面有所突破的，是以美学为中心话语的江南文化研究的出现。这其中最重要的原因在于，以美学为学科背景去研究江南文化，容易发现在其他研究中被忽略的江南文化的审美本质。也就是说，美学的研究方法与作为研究对象的江南很容易建立起桥梁，或者说有充分的合法性。这可以从三方面加以深入认识。首先，借助于美学学科的特殊知识形态——既与认识论领地的概念、逻辑等相联系，与社会科学研究有沟通的可能，又与伦理学领域中的欲求、价值等相牵连，与人文学科有内在密切联系——可以使江南文化的审美精神得到揭示，同时这对于经济学、历史学的实证研究也有一种重要的矫正作用。其次，这与我提倡的非主流美学话语相关。与西方理性美学——如思辨型的西方古典美学，以语言分析和存在主义为基础的现代西方美学，还有中国主流美学——主要是指在西方影响下滋生的各种"西学为体"的中国美学，在研究话语与价值理念上不同，非主流美学是一种以汉语言为表述媒介、以诗性智慧为审美认知图式、以中国民族的生命自由活动为研究对象的美学知识谱系。特别需要指出的是，非主流美学与江南文化具有内在的统一性，它恰好为江南诗性文化的研究提供了最佳的学术语境。再次，这也与当代美学形成的开放的学术襟怀相关。当代中国美学一直是一门勇于接受其他学科新知识、新理念的开放型学科，对江南文化也是如此。比如它充分吸收了20世纪考古学关于长江文明的研究成果，与多数江南研究对江南文化源自长江文明置若罔闻不同，江南美学与文化研究最早把这个新成果吸收进来，为重新理解江南文化精神提供全新的解释框架。正是借助新的知识条件与开阔的胸襟，在美学研究中才发现了江南文化中最耀眼的东西。在某种意义上讲，这个美学视角一直存在，不过是以中国美学的特殊形态与话语方式存在的。多年前，我就有一个说法，中国民族精神主要表现在古典诗学中，今天也不妨说，江南文化的精神内涵主要是以诗词、绘画、园林等话语形态存在的。在中国古典诗歌或其他文学艺术话语中，江南文化的诗性精神一直明白无误地存在着。而我们今天所做的工作，不过是想把它们转换为一种更具普遍性与现代意义的理论话语而已。

廖：听了你关于美学方法与江南研究的解释，我也有同感，想想也是，从儿时诵读的"忆江南""江南春""采莲曲""长干行"等古诗词开始，江南对于我们就几乎是一个唯美的世界，但另一方面，从审美角度研究江南文化，在学术界是很少见的。这也就是古人说的司空见惯混常事。但是这里还有一个问题应该提出来，说江南文化中包含或较多地包含了审美精神，可能容易被大家认同，但如果说江南文化的本体精神是审美，可能有人就会不同意，如果碰到这样的疑问，你会如何回应呢？

刘：我想不是"如果不如果"，肯定会碰到这样的质疑，关键在于如何理解"本体"或"本体精神"的概念。在我看来，一个对象的本体或本体内涵在于与其他相关对象的差异上。研究江南文化也是如此。比如，我们说江南文化是诗性文化，这并不意味着江南文化中就没有功利与残酷的东西，正如我们说齐鲁文化是伦理文化，也不等于说它完全没有任何审美的超功利的表现。进一步说，在后者，尽管有所谓"孔颜乐处"的美感，但与江南的"登山临水"相比，它在本质上更是一种道德愉悦而在审美上不够纯粹，反过来看，在前者，尽管也有"文以载道"的要求，但与"讽诵之声不绝"的齐鲁文化相比，它在严肃性、主流性与霸权性等方面要逊色许多。在这个意义上讲，我所谓的本体论阐释主要有两层内涵：一是在江南与其他区域文化的关系上，重点在于探索它们的差异而非相同或相通处；二是就江南自身而言，由于任何文化在结构与机理上都是复杂的，所以最关键的是确定具有结构要素意义的东西。因为正是由于这些东西，江南才成其为江南。反过来说，如果失去了它们，江南与其他区域文化就不再有明显的区别。这既是我们阐释江南文化精神所遵循的基本思路，同时也是我把它命名为"江南诗性文化"的根本原因。

具体说来，在江南与其他区域文化的关系上，我主要是在江南与巴蜀、齐鲁的比较中探索的。首先，尽管江南的第一个特点是所谓"鱼米之乡"，但雄厚的经济基础却并非为其所独有，因为有"天府之国"之称的巴蜀地区同样也是"富甲天下"的。其次，文教发达、文人荟萃、文运昌盛也不能看作是江南的本质，因为齐鲁文明之地在这方面更有资格做中国文化的代表。如果说物质财富只是文化的基础，在这个层面上没有什么可比性，那么也可以说，江南之所以成为江南，或者说江南文化的最高本质恰在于要比齐鲁的"礼乐"多一些什么。在我看来，与人文积淀深厚悠久、"讽诵之声不绝"的齐鲁礼乐之地相比，它多出的正是几分"越名教而任自然"、最大限度地超越了文化实用主义、代表着生命自由理想的审美气质。正是在诗性与审美的环节上，江南文化才真正超越了儒家的人文观念。儒家最关心的是人的道德教化问题，对于作为生命更高需要的审美自由基本上没有怎么考虑过。在中国区域文化传统中，正是由于充分关注到人的审美需要，才使得江南文化呈现出一种特殊的人文景观。需要强调的是，由于诗性与审美代表着个体生命更高层次上的自我实现，所以说，人文精神发生最早、积淀最深厚的中国文化，是在江南文化中才实现了它最高的逻辑环节，以及在现实中获得了最全面的发展。一言以蔽之，江南文化中的诗性人文，或者说江南诗性文化，是中国人文精神的最高代表。

廖：与中国其他区域文化相比，江南文化的确是最具审美价值，但接下来我想提的一个问题是，江南文化的审美本体是自古就有的，还是在历史中逐渐生成的，如果是生成的，那么，在这个发生过程中最关键的时期或环节是什么？

刘：根据我在《苦难美学》中的看法，早在人类的轴心期，就是公元前8世纪到前2世纪这段历史时期，人类生命结构中的真善美三种机能就已生成，作为人性中三种相互矛盾、对立的结构要素，由于各自需要的现实条件不同，它们在历史上的发展形态也不一致。在这个意义上，对江南文化的审美本体只能分两层说，在作为人性结构要素的层面上，审美是在轴心期和人类的其他精神要素一同发生的，也可以说是自古就有的。但在历史发展形态上看，在轴心期以后相当漫长的岁月中，由于缺乏必要的社会条件与现实空间，它只能以非主流的方式或不成熟的形态缓慢地延续着。江南诗性文化走向成熟形态，最关键的时期是我提出的"江南轴心期"。这个概念借鉴了雅斯贝尔斯的轴心期理论。在他看来，在轴心期以前，尽管人类已生存了漫长的年代，但由于人的哲学意识尚未觉醒，所以还不能说有了人类的历史。仿此也可以说，在江南文化的历史过程中，直到主体的审美意识觉醒之前，江南同样也是没有什么江南精神的，或者说与中国其他区域文化差别不大，只有经历了一个具有脱胎换骨性质的审美精神觉醒过程，江南诗性精神及其每一个审美细节，才由一种古老的逻辑形式转换为具体的现实存在形态。

具体说来，就像每个民族早期都有一个"野蛮的童年时代"一样，后来文质彬彬、长于"动口"而短于"动手"的江南民族，同样有过一个野蛮好斗、总是喜欢逞匹夫之勇的年代。这与近代以来人们熟悉的天津卫的小混混，在性格和行为上是十分相近的。像这样一块贫瘠、野蛮的社会土壤，之所以可以成为"人人尽说江南好，游人只合江南老"的生命胜境，当然是既需要有特殊的历史与现实条件，同时也需要有一种全新的生命精神焕发出来。在我看来，这些条件是在魏晋南北朝时代才终于凑齐的。如同人类在轴心期的巨大现实变革一样，东汉末年的"天下大乱"可看作是江南轴心期的开端。剧烈而痛苦的政治与文化震荡，迫使江南人去找根源、想办法，生产出一种回应现实的新智慧。这种新智慧的核心是在两汉文化中极其稀有的审美精神。如果说，中国民族在轴心期最重要的精神觉醒是"人兽之辨"，是由于意识到人不同于动物而把自身同大自然区分开，那么也可以说，江南轴心期最根本的精神觉醒是唤醒了个体的审美意识，使人自身从先秦理性精神的异化中解放出来。如果说前者的目的是提升为道德主体，那么后者的理想则是发展出自由的生命。正如诸子哲学对中国文化具有的基础本体论意义一样，在江南轴心期中觉醒的审美精神，也构成了中国民族审美意识的"原本"与审美活动的"深层结构"，以后大凡真正的或较为纯粹的中国审美经验，都可以在江南轴心期的精神结构中找到原型。江南轴心期对中国文化结构的建构意义重大而深远，正是有了这"半壁江山"，中国文化的基本构架才完整起来。如果说北方政治—伦理文化是中国现实世界最强有力的脊梁，那么江南诗性—审美文化则构成了中国民族精神生活的支柱。如同西方哲人说人类文明产生于轴心期的精神觉醒一样，正是在经历了大灾难之后的南朝文化中，一种具有诗意栖居内涵的江南才成为一个务实民族倾心向往的对象。

廖：据我的了解，对江南美学与文化研究，至少存在一种不同的看法或态度，就是在中国当下，既有广大不发达，甚至是相当贫困的中西部地区，也有在城市化进程中大量的"城市社会问题"，这些问题不是更值得去关注与研究吗？所以在偏激者看来，像江南诗性文化这样的研究，无异于一种当代形态的风花雪月乃至于无病呻吟，我不知道你们在具体的研究中碰没有碰到这类价值判断或认同上的障碍，你本人如何看待这一类的意见？

刘：对这种观点，我既有所耳闻，也早在意料之中，因为在最初这也是我自己真实的思想。后来为什么发生改变呢？主要有两方面的原因：首先是一种现代学术意识的自觉，使我在自己的研究中学会了区分"现实问题"与"学术问题"。或者说希望破除在学术研究中的"大一统"或"宏大叙事"，前者的问题是要干什么大家都不分彼此一拥而上，不懂得现代学术的一个基本特点在于"术业有专攻"；后者的问题是用一种话语、一种观念去强制本该千姿百态的学术研究，完全忽略了学术要求多元化、多向发展这种当代诉求。具体到中国文化的研究，一个人当然可以按照自己的学术训练与价值理想去研究他认为最重要的学术问题或现实问题，但这也要有一个基本底线，用我对康德伦理学的阐释就是"己之所欲，亦勿施于人"。另一方面，这也是我对自己的要求，从不敢"以天下之美尽在江南美学与文化研究"，它的意义充其量只是使我们的学术研究在话语上多元一些，使日常生活世界的精神文化消费更丰富多彩一些。其次是在研究江南文化的同时，也改变了我心目中许多因袭下来的"江南假象"。这里可以举一个例子，大家都知道法国作家莫泊桑有一篇小说叫《项链》，讲的是追求虚荣如何害人不浅。这个故事当然是走极端的，但由于非常投合中国民族的传统文化心理，所以也是现代中国人最喜闻乐见的西方故事之一。但如果去读一下李渔的《闲情偶寄》，就会发现在江南话语中存在着另一种经验。同是对待女性的穿着打扮，李渔与莫泊桑就完全不同，在他看来，"妇人青春几何？男子遇色为难"。对一个交上"桃花运"的普通人，如果由于自己的吝啬而不舍得以"一二事娱悦其心""一二物妆点其貌"，这就无异于"暴殄天物"。他还说，一般的普通修饰多费不了几文钱，结果却是"既悦妇人之心，复娱男子之目"，这难道不是非常合算吗？巧合的是，明代的苏州人卫泳在所编《枕中书》中也说："儒生寒士，纵无金屋以贮，亦须为美人营一靓妆地。或高楼，或曲房，或别馆村庄。清楚一室，屏去一切俗物。"这些话语，代表的是与中国北方文化圈完全不同的"江南意识形态"或"江南人生哲学"。它的核心意思是，不要把审美与实用的矛盾搞得那么突出、势不两立，如孟子讲的"鱼"与"熊掌"不可兼得那样。在某种意义上讲，把江南诗性文化看作是当代的风花雪月或无病呻吟，其实也不奇怪，这本就是延续着历史上黄河文化对江南文化的"道德批判"而来，属于康德说的"在理论上讲不通，在实践中行得通"的历史现象。对此，我想我们不妨以江南文化特有的风格给以"同情之了解"。也就是说，我们如果能够相认同，自然很好，即使目前不能，甚至受到一些非议与批判，也无可厚非。令我们并不特别寂寞的是，作为一个富有学术魅力的话题，江南美学与文化在相当的范围内还是颇受欢迎的。这或许就表明，每一个人的心中都有一个江南，都有对优美、和谐的古典生活世界的渴望与向往。而我自己之所以很看重江南诗性文化——因为要是不看重，我就不会投入精力研究它了——主要有两方面的原因：一是江南特有的诗性精神气质在粗鄙的后现代文化中正在走向消失，这是令人不能不加以关注的；二是阐释江南诗性文化的现代性意义，可以为我们研究与解决现实问题提供一种具有另类性质的精神资源。正如我在一篇讲演中所说：现代性的基本困境在于，在现代条件下获得充分发展的个体，如何才能解决"自我"与"他人"日益严重的分裂与对立。在中国文化传统中，除了审美功能比较发达的江南诗性文化，其他传统对个体基本上都是充满蔑视与敌意的。所以江南诗性文化最有可能成为启蒙、培育中国民族的个体性的传统人文资源。在这个严重物化、欲望化的消费时代中，如何守护与开放好这一沉潜的诗性人文资源，依据它的原理创造新的诗化文明，是必须充分研究江南诗性文化的根本原因。

江南文化资源研究

廖：我们已经谈到，在一般的江南学术研究中，往往牺牲了江南文化研究的审美特质，另一方面，江南文化最根本的东西又恰恰在审美—诗性方面，那么在你看来，如何才能改变现状，使这一具有重要理论与实践意义的学术研究深入下去？

刘：对此我想最重要的有两方面。首先，对于一般的江南学术研究来说，最重要的是对既有学术框架做必要的修正与拓展，使江南文化固有的审美属性可以进入研究的视野中。否则，就如我们在当下众多江南学术研究中所见到的那样，尽管可以找到一大堆有关江南的地理位置、历史沿革、生产方式、风俗民情等知识，但它最核心的东西、最具现代人文价值的东西却变得下落不明。这也是不能简单地把江南诗性文化纳入这些人文社会科学框架，或者是直接运用相关的技术手段分析、归纳与总结的原因。在某种意义上说，江南学术研究本身的特殊性在于，与一般的知识与学术研究要求尽力罢黜主体的情感与主观性不同，对于像江南这样被充分诗化了的研究对象，恰恰需要有特殊的审美感觉、审美体验乃至艺术化的人生观与世界观才可能进入。其次，是以美学的理论与方法为基础，为江南诗性文化的深入研究建构一种新的人文学术框架。在这个过程中，我想最重要的是切忌把问题简单化。一般人总是有一个错觉，以为像江南诗性文化这样的感性对象很容易处理，而实际情况往往相反，由于审美对象本身特有的不确定性与发散性，要解释它们的内在机制与存在方式，往往需要比一般的实证科学与学术更复杂的思维与方法才行。在我看来，对于江南诗性文化来说，最重要的是如何区别经济人文、社会人文与诗性人文三个范畴。如果说经济人文属于经济学及其相关社会科学的研究对象，社会人文属于历史学及其相关实用性人文科学的研究对象，那么对于诗性人文来说，就必须建构一种以纯粹审美经验为对象的中国诗性美学。所谓中国诗性美学，是相对于以"真"为对象的西方主流美学，以及以"善"为对象的中国主流美学而言的，它以更为纯粹的审美经验为自己的研究对象。具体到江南诗性文化，是特别注意要把它与经济学的江南研究、历史学的江南研究区别开，因为在这两种当代江南研究的"显学"中，江南文化的诗性与审美特质恰恰被遮蔽了起来。当然，这绝不是完全排斥经济学与历史学的研究，而是要解决好目的与手段的关系问题。对于江南诗性文化的研究来说，经济学与历史学的研究提供的只是物质条件与社会背景，如何在这个基础上揭示中国民族审美机能的历史发生及其活动原理，才是江南诗性文化研究的根本目的。总之，只有为这个特殊对象建立一种适合它自身的人文学术框架，才能为我们在当代发现与认识江南诗性文化提供可行的道路。

廖：记得几年前，我们曾就你原创的"中国诗性文化"理论作过一次愉快而有意义的对话，几年以后，我们的话题已经成了"江南诗性文化"，请你简要谈谈两者之间的关联，好吗？

刘：在某种意义上讲，江南诗性文化是中国诗性文化研究的进一步延伸与发展。至于发生这种转换的原因，主要可以从两方面看：一是与我本人的一点学术觉悟有关，就是在学术范式上反对宏大叙事，以及努力在叙事上使学术话语微型化。具体到中国文化研究，尽管诗性文化的范围已经缩小到以诗学文献为基础，但实际上这个题目还是内容过于丰富、层次过于复杂、叙事过于宏大。江南诗性文化的提出，是进一步缩小材料、经验与视角，或者说对中国诗性文化进行"南北"分层研究的结果。二是这也与我这几年的江南生活有关。8年前，我写"中国诗性文化"的时候，尽管当时人已在南京，但由于个人的北方经验居多，所以当时的研究仍然主要是从政治伦理语境入手的。记得在书的后记中，我还写道："如果一个人对中国政治一窍不通，就根本不可能懂得中国文学。"尽管不能说这一解读完全错了，但却是有片面性的，因为它只能解释北方的诗性文化。与北方那种充满政治伦理内涵的诗性文化不同，江南诗性文化在气质上是艺术的与审美的。所以，现在我倾向于这样理解中国诗性文化，它有两个系统，一个是以政治伦理为深层结构的"北国诗性文化"，另一个是以审美自由为基本理念的"江南诗性文化"。至于两者的关系，我的基本看法是，由于"北国"的审美特征不够清晰，所以应该被看作是中国诗性文化的"初级阶段"或"早期状态"。

廖：最后还有一个问题，在前面我们主要谈了美学对江南文化研究的启示，另一方面，以江南文化为经验基础的美学研究，反过来对中国美学研究会有哪些影响呢？

刘：经验基础的改变，当然会影响理论思维。江南文化独特的地方经验，对中国美学也会有重要的影响。具体说来，江南美学与文化的研究，不仅为中国美学提供了全新的经验基础，也直接影响或改变了中国美学一些广为认同的原理与观念。以美感的发生为例，以前人们多认同李泽厚的"积淀说"，以为最初的艺术与审美活动是实用的，只是随着时间流逝，政治、伦理等直接的现实需要消失，它们才成为审美对象或具有了美学意义。但如果以江南诗性文化为经验基础，就会发现"积淀说"有很大的局限性，它源于北方文化圈的审美经验，充其量只能解释北方民族的审美活动。如果说，北方民族的审美类型是"伦理在前，审美在后"，那么在江南民族中，伦理与审美的矛盾对立在审美活动中要微弱得多。如果说北方民族的审美机能主要是后天积淀的经验产物，那么在江南民族中，审美从一开始就是作为一种天性而存在的。这也就意味着，中国美学研究应该从江南诗性文化开始。总之，江南美学与文化研究是当代人文学术的一个新方向，代表了从西方理性美学向中国诗性美学、从本土经验向地方经验、从宏大叙事向微型叙事的转型，深入地研究与阐释它，对于推动中国美学的学科建设与深层结构更新，对于重新理解与多角度地认识中国文化精神，都是有重要意义的。

（原载《民族艺术》2006年第2期）

在江南发现诗性文化

——刘士林教授在全国审美文化学术研讨会上的演讲

中国是一个诗的国度，在古代社会中，诗歌的成就不仅表现在艺术上，直接进入了上层建筑，而且也与人们的日常生活融为一体。这都是因为这个民族在文化创造上的灵感、激情与意念，与他们心理结构中发育最为完善的审美机能直接相关。

女士们先生们，大家好。今天我发言的题目是"什么是江南诗性文化"。关于这个题目，我想是需要做一点解释的，诗性文化，是我原创的一个对中国文化的称谓，也可以说是一个新的解释框架。它的基本意思是，中国文化是一种以诗性智慧为深层结构的文化形态。这个阐释对一般不了解这个专业的人们来说，可能仍然是很费解的，对此我不能在学理上做全面的展开，只从我如何提出、为什么提出这个中国文化解释理论，做两点简单说明。

首先，它与我本人的一点学术觉悟有关，就是如何把学术研究在叙事上微型化，特别是像中国文化这样的大题目，它的内容过于丰富，层次过于复杂，要想面面俱到，最终得出一个大家都认可的最高本质，几乎是不可能的。这就不如从一些特殊的材料、经验与视角出发，对中国文化进行局部的分层研究，尽管这样得出的结论不是最高本质，但它却更合乎现代学术"知识专业化"的旨趣。像这样专业的局部的研究多了，也足以改变人们头脑中一些僵化的中国文化观念，比如一说什么就是"天人合一"，就是"儒道互补"等。

其次，这也与我的个人经验与学术方向相关。我早年写过诗，直到现在，每天晚上的催眠书仍是各种古代诗歌选本。另外，我一个主要学术方向是中国诗学，所以从诗学材料与观念出发去阐释中国文化，也是自然而然的。我有一位朋友就不赞成我的说法，他说，以诗人之眼观中国文化，当然一切都是中国诗性文化了。他的言外之意是，如果用其他的眼光，比如说以强盗的眼光看中国文化，那肯定会有一种中国强盗文化理论出来。这样说不是没有道理，比如庄子就讲过"盗亦有道"，"有道"是什么意思呢？就是有理念、有理论，可以上升到哲学乃至本体论的高度。但对他的批评，我是不同意的。因为它会导致一种学术上恶劣的相对主义，就是既然大家都不是最高真理，所以每种观点，不管怎么来的，都是等量齐观的，具有同样的学术价值。这就抹杀了不同学术研究之间实际存在的高与下、先进与落后，也取消了知识生产本身的意义。如果什么都是真理，有同样的价值，那读书不读书、读得多和少、坐不坐冷板凳、思考刻苦不刻苦，还有什么区别呢？为中国诗性文化理论做一点辩护就是，我的用意是在抓最高环节，抓深层结构，特别是在中西文化比较这个现代语境中，如果说，西方文化的深层结构在他们的哲学中，那么中国民族的最高智慧则在中国诗学里。

举一个例子，比如帕斯卡尔说"人是会思想的芦苇"，它的意思是，人与自然的区别不在其他方面，仅仅是因为他多了一种思想机能。在《诗经·秦风·蒹葭》中也写到芦苇，大家都知道"蒹葭苍苍，白露为霜"的名句，如果仿照西方哲人的比喻，可以把它称为"人是一根有情感的芦苇"。如孔子仁学源于"血缘亲情"，如庄子美学强调"人而无情，何以之为人"，他们的意思是说，人不同于自然界的其他物种，主要原因不在于他会不会"思想"，而是因为他比大自然中的万物多了一颗有情之心。对人自身的认识不同，不仅直接影响到他们对世界的理解，也会在主体内部形成很不相同的"主观能动性"。简单说来，以"思想芦苇"自居的民族最发达的是理性机能，以"情感芦苇"自居的民族最发达的则是审美机能。主体机能发育的不同，也直接影响到他们思考、解决现实问题的思路与方式。如果说解决"思想"问题主要靠哲学，那么最擅长解决"情感"问题的则是诗学，这也是哲学在西方文化中占主导地位，而诗学成为中国文化深层结构的根源。人们常说，中国是一个诗的国度，在古代社会中，诗歌的成就不仅表现在艺术上，直接进入了上层建筑，而且也与人们的日常生活融为一体。这都是因为这个民族在文化创造上的灵感、激情与意念，与他们心理结构中发育最为完善的审美机能直接相关。

顺便提及一点，自近代以来，中国民族在文化上的创造越来越少，从人文思想资源这种形而上的"道"，到生产工具这些形而下的器物，基本上都是从西方引进的。这个过程与中国诗性文化的衰亡是同步的，它说明了什么问题呢？对它的解答不在今天的讨论范围，这里只是提请各位留意这个问题。现在言归正传，关于什么是江南诗性文化，我今天主要讲三个方面的内容：一是江南文化在地理上的完整性与文化传统上的独特性，重点要破一下中华文明起源中的黄河中心说；二是说明江南文化的最高本质是一种诗性文化，同时会谈一下它与齐鲁文化的不同；三是介绍一点我在思考这个问题时的个人经验，以及今天谈论这个话题的现代性意义。

晚近几十年来考古学发现表明，早在新石器时代，长江文化就已经发育得相当成熟，它根本就不是黄河文化的传播产物，两者之间是一种"本是同根生"的关系。江南文化不仅在这里可以找到自己真正的根，以往许多常识化的东西，也都面临着重新评估的现实审判。

我们知道，任何一种区域文化，只要它自成一体，具有独特的结构与功能，一般说来都离不开两个基本条件，一是区域地理的相对完整性，一是文化传统的相对独立性。所谓相对完整性，一方面，是一个区域与其他自然地理单元的差异，这是不同生产、生活方式得以形成的自然基础，如果没有这种自然差异，就不可能出现异质性的文化因子，所有的文化都是"千人一面"，这当然就不可能有什么区域文化存在；另一方面，也不能仅仅把它理解为自然条件的差异，因为不同的自然条件直接导致的是生产、生活方式的不同。比如《史记》把古代江南的生产、生活方式称作"饭稻羹鱼""火耕而水耨"，它之所以不同于北方的旱作农业与游牧文化，主要是由长江中下游特殊的气候、土壤、水文等自然条件决定的。因此，说到自然环境，一定是要与经济地理挂钩的。同时，区域地理的完整性，也正是文化传统独立性的基础。文化传统的独立性可以从两个方面考察：一是追问一下，在它的原始发生中有没有一个独立的文化传统？二是如果有，那么它在历史进程中是否保存下来？这是区域文化得以独立存在与发展的另一个基本前提。道理很简单，不同的自然环境直接产生了不同的生产、生活方式，而不同的生产、生活方式又直接塑造出不同区域人民的文化风俗与精神性格。由于在地理、种族、生产方式等方面的巨大差异，在中国文明早期产生过许多相对独立的"小传统"，这是完全可以理解的。这些"小传统"既相互对立，又相互补充，丰富了中国文化内在的层次结构，使它在功能上也充满活力与弹性。套用今天的一句话，这些"小传统"的存在与可持续发展，是中国文化革故鼎新、绵延不已的内在资源与动力。古人也盛赞这种"有容乃大"的境界，如《中庸》说："万物并育而不相害，道并行而不相悖。"相反，如果对这些"小传统"采取一元化的态度，眼中只有一个标准、一种模式，那么其结果必然要走向"均质化"，而牺牲掉中国文化在生态学意义上的丰富性，这当然是不符合中国文化可持续发展的原则与根本利益的。在我看来，要研究包括江南在内的中国区域文化，这是一个首先确立的价值理念、需要解决的文化立场。

关于江南文化在自然地理、经济地理上的完整性，在学术界是有定论的，主要是指长江三角洲。举一个例子，如李伯重认为，明清时期的江南地区，主要包括"八府一州"，八府是苏、松、常、镇、应天（江宁）、杭、嘉、湖，一州即太仓州，它的总面积大约4.3万平方公里。它们东面是大海，北面是长江，南面是杭州湾和钱塘江，西面是皖浙山区，构成了一个相对封闭的地理空间。除了在地理、水文、自然生态上的相似，这"八府一州"在经济活动中的联系也格外密切，又是一个完整的经济学"单元"。主要由于这两方面的原因，江南不仅与北方文化圈判然有别，同时与巴蜀等南方的区域文化也有很大的不同。这个问题已经解决，不需要做更多的解释。今天我们重点谈一下江南文化在文化传统上的独立性。

由于两个原因，江南在文化传统上的独立性，一直是很成问题的。一个原因来自历史与政治方面，中国文化向有"重北轻南"的传统，北方往往是政治、军事与意识形态的中心，而江南文化一般扮演的只是一个附属角色。举一个例子，史可法就非常赞同一句话，"从来守江南者必战于江北"。尽管这里面的原因与道理很多，但它对江南"小传统"的发展、延续，无疑是非常不利的。另一个原因来自现代学术界，就是一说起中华文明的起源，大家都十分熟悉的"黄河中心论"，什么黄河是中华民族的母亲呀，摇篮呀，等等。而把包括江南在内的其他区域文化，看作是北方黄河文化向不同方向传播的结果。政治因素与学术因素结合起来，造成了一个很不利的后果，就是不管江南的什么事情，都要到黄河文化的框架中去找原因、找答案。这样，在江南文化中，只要不符合北方"口味"，就会成为口诛笔伐的对象。而实际上，由于北方文化圈基本上属于伦理文化，江南文化本质上是一种审美文化，所以两者的矛盾是不可能少的。由于"重北轻南"的传统，当两种区域文化出现矛盾时，就很难在平等基础上协商解决，所以在历史文献上，我们看到的多半是北方对江南批判与审判。从诗人的"商女不知亡国恨"，到方志学者的对吴越"土风民情"的道德谴责，都属于此类。如果说中国文化既需要有北方伦理生命的"铁肩担道义"，也需要有江南审美主体的"我欲乘风归去"，获得心灵的自由与解放，那么也可以说，江南与北方文化圈在历史上这种尖锐的矛盾、冲突，显然不利于中国文化健康、全面的发展。

退一步说，如果江南文化确是北方文化传播的产物，那它也情有可原，在原理上如同老子教训儿子一样，虽不能说完全正确，但也有充足的理由。而如果不是这样，比如说江南文化另有渊源，那么，你凭什么根据北方那一套理论，来对江南文化指手画脚呢？不幸的是，晚近几十年来的考古学发现，恰好表明了江南文化是另有渊源的，它的渊源就是长江文明。根据考古学的研究，早在新石器时代，长江文明已发育得相当成熟，它根本就不是黄河文化的传播产物，两者之间是一种"本是同根生"的关系。李学勤先生就说，"黄河中心论"最根本的问题，就是"忽视了中国最大的河流——长江"。在中国文明的起源中，如果一开始就有一个独立的长江文明，如果它与黄河文明在结构与功能上有明显差别，那么就可以说，江南文化不仅在这里可以找到自己真正的根，以往许多常识化的东西，也都面临着重新评估的现实审判。这是一个原则性的问题，有了它，既可以清理北方人对江南文化的误读与曲解，同时也可以为重新理解江南文化提供一个全新的解释框架。

人文精神发生最早、积淀最深厚的中国文化，正是在江南诗性文化中实现了自身在逻辑上的最高环节。一句话，江南文化中的诗性人文，或者说江南诗性文化本身就是中国人文精神的最高代表。

"东南财赋地，江左文人薮。"这是康熙写给江南大小官吏的一句诗。

这句诗很值得玩味，一方面，它表明政治家的眼光看得很准，与其他区域文化相比，江南最显著的特点就是物产丰富与人文发达，特别是明清以来。另一方面还可以说，政治家毕竟只是政治家，所以只能看到对他们统治有用的物质财富与人力资源。但这个江南，与一般人心目中的"江南"的差别是显而易见的。在一般中国人的心目中，江南更多的是一个诗与艺术的对象，是"三生花草梦苏州"的精神寄托，也是"人生只合扬州老"的人生归宿，它可能很大，大到是白居易诗中的杭州，也可能很小，小到如李流芳画里的横塘，但它们有一个共同的特征，即都是超功利的审美存在，与帝王那种实用的江南不可同日而语。除此之外，还有劳动者的江南、商人的江南、青楼里的江南等，套用一句话说，就是有一千个中国人，就有一千种江南文化。这就有必要问一下，什么是江南文化的本质特征？

要回答这个问题，必须首先弄清什么叫"本质特征"？如果最简单地说，一个事物的本质特征就是它自身所独有的东西，那么关于江南文化的本质特征，就可以通过与其他区域文化的比较来发现。从这个角度出发，第一，仅仅有钱、有雄厚的经济基础，即政治家讲的"财赋"，并不是江南独有的特色，在中国，"天府之国"的巴蜀，在富庶上就可以与它一比高下。第二，政治家讲的文人荟萃，也不能算是它的本质特征，这是因为，孕育了儒家哲学的齐鲁地区，在这一方面是更有资格代表中国文化的。江南之所以会成为中国民族魂牵梦萦的一个对象，恰是因为它比康熙最看重的"财赋"与"文人"，要再多一点东西。多一点什么呢？这也可以在比较中去发现，比如，我们可以说，与生产条件恶劣的经济落后地区相比，它多的是鱼稻丝绸等小康生活消费品；而与自然经济条件同等优越的南方地区相比，它又多出来一点仓廪充实以后的诗书氛围。一般说来，富庶的物质基础与深厚的文化积淀已经够幸运了，特别是在多半属于孟子说的"救死恐不赡"的古代历史中，但江南文化的"诗眼"，使它与其他区域文化真正拉开距离的，老实说却不在这两方面，而是在于，在江南文化中，还有一种最大限度地超越了儒家实用理性、代表着生命最高理想的审美自由精神。儒家最关心的是人在吃饱喝足以后的教化问题，如所谓的"驱之向善"，而对于生命最终"向何处去"，或者说心灵与精神的自由问题，基本上没有接触到。正是在这里，江南文化才超越了"讽诵之声不绝"的齐鲁文化，把中国文化精神提升到一个新境界。

如果说，由于文化本身是无所不包的，在江南文化中同样有伦理的、实用的内容，它们与北方文化圈也是一脉相通的，那么也可以说，只有在审美自由精神这一点上，才真正体现出古代江南民族对中国文化最独特的创造，是其他区域文化不能替代的，在这个意义上，把审美精神看作江南文化的本质特征，当然是不成问题的了。另一方面，在这里也需要做一点补充，把审美精神看作是江南文化的本质特征，并不是说中国其他区域文化都没有审美创造，而是说这不是它们最显著的贡献。以齐鲁文化为例，它当然也有自己的审美性格，如孔子就说过，他最赞同的人生境界，就是带着几个大人、几个小孩，到春天的郊野中春游。但在儒家文化中，更明显的却是审美与伦理的紧张关系，比如孔子严格区分的"德"与"色"，"德"是伦理本体，"色"是感性存在，它们在多数情况下，是无法和平共处的。由于沾染了太多的道德色彩，儒家的审美活动就不够纯粹，它经常发生的一个异化，就是"以道德代替审美"。在江南文化中，由于一是有比较丰厚的物质基础，二是审美精神本身发育得比较正常与健康，因而它所受到的现实的与道德的异化，相对要小得多。中国民族本性中的"审美-诗性"机能，正是在这里获得了健康成长的最好环境。由于审美存在代表着个体生命的最高理想，所以还可以说，人文精神发生最早、积淀最深厚的中国文化，正是在江南诗性文化中才实现了自身在逻辑上的最高环节。一句话，江南文化中的诗性人文，或者说江南诗性文化本身就是中国人文精神的最高代表。

在现代性的角度看，由于江南诗性人文代表着中国文化中稀有的个体性因子，因而它最有可能成为启蒙、培育中国民族的个体性的传统人文资源。尽管它主要局限在情感机能方面，不够全面，但毕竟是来自中国文明肌体自身，也是我们所能设想的最有可能避免抗体反应的文化基因。

在研究江南诗性文化过程中，我有两点比较特殊的个人经验，应该介绍一下，特别是对那些一直生活在北方文化圈里的朋友。

一是它改变了我对中国诗性文化的一个基本理解。六七年前，当我还在写作"中国诗性文化"的时候，尽管当时人已经在南京，但由于个体生命中的北方经验居多，对江南文化也没有特别留意，所以当时的中国诗性文化研究，主要是从政治伦理语境入手的。在那本书的后记中，我甚至还写道："如果一个人对中国政治一窍不通，就根本不可能懂得中国文学。"尽管不能说这种解读完全错了，但它却是相当片面的，因为它只能解释北方的诗性文化。在南京生活了五六年以后，我就日益迷恋并开始了江南诗性文化研究，与北方那种充满政治伦理内涵的诗性文化不同，江南诗性文化在气质上完全是艺术的与审美的。现在，我倾向于这样理解中国诗性文化，它有两个系统，一个是以政治伦理为深层结构的"北国诗性文化"，另一个是以审美自由为基本理念的"江南诗性文化"。至于两者的关系，我的态度是，由于"北国"的审美特征不够清晰，它应该被看作是中国诗性文化的"初级阶段"或"早期状态"。

二是它还改变了我对中国美学的一个基本理解。和许多朋友一样，我过去一直信仰的是李泽厚的"积淀说"，即最初的艺术与审美活动都是实用的，只是随着社会实践的变革，随着时间的流逝，它们逐渐脱离了政治、伦理方面的现实需要，成为一种没有功利利害的"纯粹形式"，这才开始具有了美学意味。在今天看来，尽管不能说"积淀说"完全错了，但它似乎也只能说明北方文化圈里的审美经验。在北方文化圈中，政治伦理具有绝对的优先性与权威性，它渗透在文化的方方面面，具有很强的实用性。只有在岁月流逝，现实利害消失以后，才可能有相对纯粹的艺术与审美活动。而如果从江南文化经验出发，理解就会有很大的不同，一方面，与中国其他地区相比，江南文化的审美功能发育得最好；另一方面，对个体生命来说，它还最大限度地实现了伦理与审美两种机能的融合，因而，它的审美创造活动，不是反抗或超越政治伦理异化的结果，而是像春蚕吐丝一样源自这个民族与生俱来的艺术天性。从这里出发，很可能会对中国文化、中国美学带来一个全新的理解，就是说，在江南民族与江南文化中，一方面，很可能存在着一种完全不同于北方民族"伦理在前，审美在后"的审美活动方式；另一方面，中国民族的审美机能也很可能从一开始就是独立存在的，而不是后天积淀的经验产物，这当然也就意味着，中国美学研究应该从江南诗性文化开始。江南诗性文化，代表着这个实用民族异常美丽的另一半。

如果说江南诗性文化的存在已确定无疑，那么当下最关键的问题是：一、它有没有出场的现代性契机？二、它的现代性意义何在？前一个问题可以从两方面讲，首先，在区域地理上看，今天的长江三角洲，已是一个比以往任何时代联系更加密切的经济共同体，区域经济的高度发达也为它的文化创造提供了坚实的物质基础。其次，在这个越来越功利、商业化的消费时代中，如何消除商业的异化力量，全面地提高人的生活质量，在物质小康基础上获得更高层次的精神发展，大而言之是一个全球性的难题，小而言之则关系到如何在江南地区落实科学发展观。从中国区域文化的各种"小传统"看，只有江南诗性文化才最符合这种时代的需要，这两方面共同构成了江南诗性文化的现代性契机。至于江南诗性文化的现代性意义，主要是它可以提供一种解决现实问题的精神资源。在我看来，现代性的基本困境在于，在现代条件下获得充分发展的个体，如何才能解决"自我"与"他人"之间日益严重的分裂与对立。在中国文化传统中，除了审美功能比较发达的江南诗性文化之外，其他传统对个体基本上都是充满蔑视与敌意的。所以说，江南诗性文化最重要的现代性意义就在于，它最有可能成为启蒙、培育中国民族的个体性的传统人文资源。尽管它主要局限在情感机能方面，不够全面，但毕竟是来自中国文明肌体自身的东西，也是我们所能设想的最有可能避免抗体反应的文化基因。在这个严重物化、欲望化的消费时代中，如何守护与开放好这一沉潜的诗性人文资源，如何依据它提供的原理创造出一种诗化新文明，就是在江南重新发现中国诗性文化的根本目的。

也许有人会提出：在当代不是还有很多更重要的事情吗？在此我想到一个

关于古希腊美女海伦的故事。"荷马史诗"中讲到，当特洛伊的长老面对美丽的海伦时，他们没有抱怨为这个女人所进行的残酷战争与付出的巨大牺牲，而是说"值得"，因为她太美丽了。对于江南诗性文化来说，也是如此，为这样一个美丽的、直接关系着一个务实民族的审美生活的对象去思考与探索，如果不是多余的，那就让我们为之做出应有的努力吧！

（原载《解放日报》2004年10月17日）

后 记

　　本书为2013年国家社科基金项目"江南文化资源研究"的最终成果，2016年2月以免于鉴定的方式结项，2018年7月入选"十三五"国家重点图书出版规划增补项目。尽管本书的出版周期显得略长，但适逢长三角共建江南文化精神家园的时代步伐，这多少也算是一个安慰和弥补吧。

　　具体各章节的内容及作者如下：

　　绪　论　　　　江南与江南文化的界定及当代形态（刘士林）

　　第一章　　　　文化资源理论与江南文化资源分类框架（刘士林、刘新静）

　　第二章第一节　江南水利工程文化资源（李正爱）

　　第二章第二节　江南农桑文化资源（孔铎）

　　第二章第三节　江南现代工业文化资源（张立群）

　　第三章第一节　江南城市文化资源（张兴龙）

　　第三章第二节　江南乡镇文化资源（李正爱）

　　第三章第三节　江南饮食文化资源（周继洋）

　　第三章第四节　江南运河文化资源（朱逸宁）

　　第三章第五节　江南现代红色文化资源（翟子莹、张书成）

　　第四章第一节　江南山林文化资源（李健、姜晓云）

　　第四章第二节　江南园林文化资源（张婕）

　　第四章第三节　江南戏曲文化资源（冯保善、朱逸宁）

　　第四章第四节　江南传统文学资源（徐晨阳、严明）

作为主其事者，在此我谨对参与本项目研究的专家、师友，对全书进行最后校勘的王晓静博士，以及对本书出版给予大力支持的百花洲文艺出版社表示深深的感谢。是为后记。

刘士林

2019年11月3日于沪上春江锦庐寓所

江南文化资源研究